교사의 권위에 대한 역사적 전개와 전망

김상현

경북대학교 사범대학 역사교육과를 졸업하고 미국 사우스다코타 주립대학교에서 인간발달학 전공으로 석사학위를, 오하이오 주립대학교에서 교육철학 전공으로 석사와 박사학위를 받았다. 현재 경북대학교 사범대학 교육학과 교수이며, 한국교육철학회 회장을 맡고 있다. 저서로는 *The Wiley Handbook on Violence in Education: Forms, Factors, and Preventions*(공저), 『교육과 정치 그 오래고 익숙한 관계』(공저)가 있으며, 논문으로는 「부모의 자녀교육권에 대한 고찰」, 「국가의 교육권과 부모의 교육권에 대한 고찰」, 「듀이의 교육이론에 나타난 교사중심성에 대한 연구」, 「John Dewey의 역사교육론 연구」 등이 있다.

송수진

전주교육대학교와 경북대학교에서 교육학을 공부하고 경북대를 비롯한 여러 대학에서 교직 과목을 강의해 왔다. 현재는 경북대학교 인문학술원에서 연구원으로 재직하며 한국연구재단 과제(조선시대 '부형(父兄)'의 교육적 책무와 권한 연구)를 수행하고 있다. 저서로는 『교육사 교육철학 입문』(공저)이 있으며, 논문으로는 「노년의 잘삶을 위한 유가 '분노'관의 교육적 접근: 사서를 중심으로」, 「연암 박지원의 『열하일기』에 나타난 배움의 의미 검토」, 「최남선의 『산수격몽요결』 검토: 입지(立志)가 아닌 입지전(立志傳)을 위한 공부」, 「맹자 사상에 근거한 폭력예방교육 고찰」 등이 있다.

경북대학교 학술총서 18

교사의 권위에 대한 역사적 전개와 전망

찍은 날 2025년 8월 14일 • **펴낸 날** 2025년 8월 19일
지은이 김상현·송수진 • **펴낸이** 허영우 • **펴낸 곳** 경북대학교출판부
출판등록 1973년 10월 10일 ㉣97호 • **주소** 대구광역시 북구 대학로 80 • **전화** 053-950-3830
팩스 053-953-4692 • **이메일** press@knu.ac.kr • **홈페이지** www.knupress.com
ISBN 978-89-7180-662-3 93370

정가는 뒤표지에 있습니다. 파본은 바꾸어 드립니다.

이 저서는 〈2023년 경북대학교 학술총서 집필 및 출간지원사업〉의 재원으로 출간되었습니다.

교사의 권위에 대한 역사적 전개와 전망

김상현·송수진

경북대학교출판부

머리말

이 책에서 중점적으로 살펴보고자 하는 첫 번째 주제는 한국에서 오랫동안 교사가 가르치는 자로서 권위를 인정받고 존중받아 왔다면 그 근거와 배경이 무엇인가 하는 점이다. 한국에서 교사는 왜 존중받아야 하고, 그 권위를 어떤 방식으로 인정받았는지를 논의하고자 한다. 이에 대한 정확한 분석이 선행될 때 '한국' 교사의 교육권에 대한 제언이 제시될 수 있을 것이다. 눈치를 챈 독자들은 이 책이 결국 의도하고자 한 핵심을 벌써 파악했을지도 모른다. 이 책의 저자들은 한국 교사의 교권에 대한 그간의 오해를 풀고 교육 관련 문제에 합리적으로 접근할 아이디어를 제공하고 싶다는 바람에서 자료를 엮고 글로 풀게 되었다. 그간 교사와 관련하여 논의할 때는 교사란 어떤 자인가와 같은 정체성 또는 교사에게 요구되는 자질, 직업적 정의를 우선 다루었다. 이러한 논의는 교사와 교사가 아닌 자를 구분하는 기준을 제시하고 이상적인 교사상을 모색하는 데 도움을 주었다. 하지만 다소 추상적인 논의에 그친 측면이 있다.

따라서 이 책이 논의하는 두 번째 주제는 교사의 구체적인 활동과 밀접하게 연관된 교사의 권위 또는 권리에 대한 것이다. 현대에서는 교권(교사의 권위), 교육권(교육할 권리), 전통 사회에서는 권위와 관련된다. 한국 사회에서 교사의 존재는 아주 오래된 역사적 실제였다. 고대 삼국시대부터 교사가 존재했기 때문이다. 전통 사회에서 교사는 권위를 지닌 존재로 교육 활동이 정당화되었다. 현대로 넘어오면서 교사는 더 나아가 법적인 권리를 지닌 존재로 교육할 수 있는 권리를 부여받았다. 이 과정에서 교사의 권위, 권리, 교권 등은 고정된 개념이 아니라 역사적으로 변화하고 형성된 개념이었음을 유념할 필요가 있다. 또한 실제와 당위가 모호하게 섞여 언어적으로 사용되는, 굉장히 복잡한 개념이기도 하다. 이러한 복잡함은 교사의 권리, 교육권 등을 이해하고 전망을 제시하는 데 걸림돌이 될 수 있다. 따라서 이 책은 걸림돌이 되는 요소들을 하나씩 분해하고 분석한 다음, 독자들이 고민과 성찰을 할 수 있도록 유도할 것이다.

그렇다면 왜 '권위'에 주목해야 하는가? 신발이나 옷을 만드는 장인은 물건을 만든다는 이유로 손님에게 존경받지 않는다. 장인이 만든 물건은 그 가치에 합당하다고 여겨지는 자본과 동등하게 교환될 뿐이다. 마찬가지로 농부가 품질이 좋은 농산물을 생산한다고 농부에게 특별한 권위를 부여하지는 않는다. 이들은 오랜 시간 동안 작업한 결과 그 분야의 전문가로 인정받는다. 그러나 몇몇 직업은 먼저 권위를 인정받고 존중받아야지만 그 일을 할 수 있다. 그 대표적인 직업이 교사이다. 교사는 학생과 학부모를 비롯하여 사회 구성원으로부터 교사로서의 권위를 먼저 인정받고 존중받음으로써 가르칠 수 있다. 대체로 교사 자격증을 취득하여 임용시험에 합격 후 발령받는 순간부터 교사로서의 권위를 가지게 된다. 이제 막 교단에 들어선 신규 교사라고 예외가 아니다. 저경력 교사도 마찬가지로 학생과 학부모에게는 고경력 교사와 똑같은 권위를 인정받는다. 애초에 권위가 세워지지 않는다면 가르침의 의미가 퇴색되거나 성립되지 않기 때문이다.

그런데 한국 사회에서 교사에게 부여하는 권위는 오늘날 법과 제도에서 말하는 권리 개념과는 다르다. 전 세계적으로 교사는 전문가로서 학생이 교육 목표에 도달할 수 있도록 가르치고 지도할 수 있는 권리와 함께 책임을 지닌다. 그러나 한국 사회에서 교사는 본이 되는 자라는 점에서 미성숙한 학생으로부터 인격적인 존중을 받는다. 자녀가 부모에게 효도해야 하듯, 학생은 교사를 사제지간의 의리로써 따라야 한다. 자녀는 부모의 신체를 공유받은 자이며, 학생은 교사의 영혼과 지식을 전수받는 자인 만큼, 교사와 부모는 공경과 은혜의 대상이다. 이런 식으로 교사의 권위를 이해해 온 것이 지금까지의 통념이었다.

한국 사람이라면 이러한 통념의 근거와 배경으로 흔히 유교식 스승관을 언급한다. 유교식 스승관에 따르면 교사는 부모와 같은 존재이며, 제자는 부모에게 효도하듯 교사를 대해야 한다. 이러한 유교식 스승관은 서구식 가치관과 시스템이 도입된 근대에도 미약하게나마 적용되어 왔다고 본다. 절대적인 권위를 지닌 자로서의 교사를 바라보는 시각은 교육을 안정적으로 실시하게 해 준다. 특히 산만한 교실을 통제하고 미성숙한 학생을 지도하는 데 유리하다. 그러하기에 한편으로는 민주주의와 자본주의가 도입된 현대 교육의 발전을 방해하는 구시대적인 유물로 평가받는다. 개인의 권리와 다양성을 강조하는 현대 사회에서 이제 유교식 스승관에 근거한 교사의 활동은 점점 설 자리가 사라지고 있다.

그러나 이러한 해석은 근대 이전 교육의 실제를 지나치게 단순화한 것이다. 노대체 유교식 스승관이란 무엇인가? 한국에서 교사상은 고정된 것이 아니라 유학 외에도 불교, 기독교 등 다양한 사상의 영향을 받아 형성되었다. 게다가 유학을 국가 통치 이념으로 표방한 조선시대만 하더라도 유학적 가치와 이념이 현실에 완벽하게 실현된 경우는 드물었다. 특히 한국 전통 사회에서 교사는 정치와 불가분의 관계에 있어 현실 정치의 영향을 받을 수밖에 없었다. 교사에게 주어진 권한과 권위는 시대에 따라 달랐다. 또한 우리에게 익숙한 '군사부일체(君師父一體)' 구절의 출처만 보자면, 당시에는 분명하게 존재하지 않아 그 연원을 밝히기도 쉽지 않다. 오늘날 다수가 믿고 있는 통념에 근거한 한국적 교사의 이미지는 역사적 실제와 거리가 있다. 이처럼 통념에 근거하여 교육에 접근한 결과는 안목을 흐리며 전망에 대한 제언을 가로막는다.

따라서 유교식 스승관에 대한 그간의 오해를 해명하기 위해서는 그 실체를 객관적으로 들여다볼 필요가 있다. 또한 한국 사회에서 교사의 권위를 설명하기 위한 근거가 무엇이었는지를 살펴보는 작업이 선행되어야 한다. 더불어 실제로 한국 사회에서 교사의 권위가 어떤 방식으로 작동되었는지를 분석해야 한다. 결론부터 말하자면, 한국 사회에서 교사의 권위를 정당화하기 위해 학문·사상적 즉 이론적 근거를 구축했으나, 실제로 이를 현실에 온전히 적용한 것만은 아니었다는 것이다. 이념과 현실의 부조화 속에 교사의 권위는 쉽게 흔들리거나 잘못 세워진 경우가 비일비재했다. 그럼에도 전통 사회에서도 교육은 중요한 국가적 일이었기에, 교사의 권위에 대한 논의는 비중 있게 다루어졌다. 하지만 놓쳐서는 안 될 사실이 있다. 이로 인해 교사의 권위가 순전히 교육 그 자체의 활동보다는, 국가의 정치적 이해관계 또는 정치적 행위에 영향을 받았음을 시사한다. 즉 교사의 권위가 교육 본연의 활동에 의해 정당하게 형성되기보다, 교육 외적인 요인들에 영향을 받느라 명목상 존재하는 경우가 상당했다.

그럼에도 유학의 아이디어는 한국 사회의 교사 권위를 이해하는 데 매우 중요한 개념으로 작용한다. 갑오개혁 이후 서구식 교육이 도입되고부터 유학은 고리타분한 옛이야기로 취급되기도 하지만, 아직까지도 한국인의 의식 저변에 영향을 주고 있는 것은 분명하다. 특히 변화의 속도가 의외로 더딘 교육 현장의 경우, 전통 사상과 현대적 아이디어가 공존하고 있는 현실이다. 따라서 한국 사회에서 교사의 권위에 제대로 접근하려면 유학을 이야기하지 않고서는 충분하지 않다. 이에 이 책에서는 유학적 스승의 권위가 어떠한 배경에서 세워지고 실제로 어떻게 행사되었는지를 중점적으로 살펴보고자 한다. 이러한 작업을 통해 한국에서 교사의 권위가 왜, 어떤 경로로 형성되고 전개되었는지에 대한 일종의 이론을 구축할 수 있을 것이다.

이 책에서 주로 다루는 대상은 한국인의 의식 속에 잠재되어 있는 (그렇다고 여기는) 한국적 교사의 권위이다. 그러나 이 책에서 이를 해석하는 데 의도적으로 법률적 설명에서 벗어나고자 했다. 교사의 권위, 교권, 교육권 등 법률적 설명이나 해석은 많이 알려졌기에 이 책에서 반복적으로 다루지 않는다. 대신 이 책에서는 '존사(尊師)'라는 명칭을 발굴하여 새롭게 개념을 정립하고자 했다. 한국 전통 교육에서는 교사의 권위라는 말을 사용한 적이 없었다. 대신 '스승을 높인다'는 함축적 표현으로 교사의 권위를 나타내고자 하였다. 따라서 이 책에서는 '존사'에 관한 언술과 행위를 중심으로 교사의 권위에 대한 전통적 이해를 도모하고자 하였다.

이 책은 총 8장으로 구성되어 있다. 제1장의 2. **'존사(尊師)'의 유학적 근거**는 송수진의 「조선 전기 태조-중종 대 '존사(尊師)': 유교 이념과 현실 사이에서」(『민족문화연구』 101, 고려대학교 민족문화연구원, 2023,

405-433쪽), 제1장의 3. **자(子), 권위를 이어받은 자**는 송수진의 「한국 전통 교육에서 '학우(學友)' 개념 검토: 유가(儒家) 교유(交遊)관을 중심으로」(『한국교육사학』 43(3), 한국교육사학회, 2021, 25-47쪽), 제3장 **중앙집권 체제에서의 교사의 권위**는 송수진의 「조선 전기 태조-중종 대 '존사(尊師)': 유교 이념과 현실 사이에서」(『민족문화연구』 101, 고려대학교 민족문화연구원, 2023, 405-433쪽), 제4장의 3. **조선**은 송수진의 「조선 전기 태조-중종 대 '존사(尊師)': 유교 이념과 현실 사이에서」(『민족문화연구』 101, 고려대학교 민족문화연구원, 2023, 405-433쪽), 제5장 **조선 중기 사림의 등장과 존사**는 송수진의 「조선 중기 율곡 이이의 사 이해: 사인에서 진유로」(『교육사상연구』 36(3), 한국교육사상학회, 2022, 83-107쪽), 제7장의 2. **지규식의 사례로 본 교사의 권위**는 송수진의 「근대 전환기 평민 지규식(1851~?)의 교육 인식과 실천」(『국학연구』 49, 한국국학진흥원, 2022, 415-446쪽), 제8장 **현대적 논의: 교권에서 교육권으로**는 김상현의 「교사의 교육권에 대한 고찰: 다른 교육주체들의 교육권과의 관련을 중심으로」(『한국교육철학회』 77, 한국교육철학회, 2020, 1-29쪽)를 재구성하고 확장한 것이다.

제1장에서 제7장까지는 한국 전통 교육에서 교사의 권위가 어떻게 이해되었는지를 다루었다. 오늘날 한국 교사의 권위를 설명할 때 그 기원으로 여기는 전통적 스승의 권위가 어떠한 배경에서 출발했으며 그 실상은 어떠했는지를 다룬다. 제8장은 오늘날 교사의 권위를 이해하기 위한 다양한 학술적 이론들과 관련 쟁점들을 살펴보았다. 각 장의 내용을 약술하면 다음과 같다. 먼저 제1장에서는 유교식 스승의 권위를 정당화하는 유학적 근거와 권위를 높이는 방식을 다룬다. 제2장에서는 불교 및 유교를 대표하여 왕실의 스승들이 지

닌 권위를 살펴볼 것이다. 전통 사회에서 왕실의 스승들은 국가 통치의 정당성을 구축하기 위해 요청된 존재들이다. 왕실이 이들의 권위를 높이던 방식을 고찰함으로써 전통적 스승이 지닌 권위의 한계를 살펴보고자 한다. 제3장에서는 중앙집권 체제를 지향한 조선 왕조에서 스승을 관료제의 일부로 편성하면서 생긴 변화를 살펴볼 것이다. 관료제에서 스승은 국가에 의해 실적을 평가받고 공로를 인정받음으로써 권위를 내세울 수 있었다. 이는 존사의 본래 의미를 구현하는 것에서 멀어지게 했다. 오늘날 관료제 체제 속에서 가시적인 결과를 통해 평가받아야만 하는 한국 교사들의 모습과 유사한 점을 확인할 수 있을 것이다. 제4장에서는 유교사회를 표방한 조선 사회에서 스승의 권위를 어떻게 이해하고 '존사'를 실질적으로 어떻게 시행했는지 그 모습을 살펴보고자 한다. 조선 전기에서 중기 사이까지 '존사'의 실제적 추이를 밝힐 것이다. 특히 국왕의 유교 이념에 대한 이해와 실현 의지에 따라 '존사'의 실질적 의미가 달라졌음을 살펴보고자 한다.

제5장에서는 조선 중기 사림(士林)의 등장이 '존사'에 대한 사회적 담론에 어떠한 영향을 줄 수 있는지를 살펴보고자 한다. 사림은 유교적 이념과 가치에 따라 '존사'를 구현하고자 했다. 이들은 스승 또한 유교 지식인[士]이라는 전제하에, 기본적으로 '사'의 정체성을 확립하고자 하였다. 제6장에서는 조선 후기 강력한 왕권을 내세우고자 했던 영조와 정조 두 임금의 '존사'에 대한 이해와 실제를 고찰하고자 한다. 또한 스승, 임금, 어버이 세 주체의 권위를 내세우는 과정에서 어떠한 논쟁이 벌어졌는지를 살펴보고자 한다. 스승의 '권위'에 관한 논의가 단순히 학문적 또는 교육적 문제만은 아니었음을 확

인할 수 있다. 제7장에서는 구한말 달라진 교사의 권위에 대해서 고찰할 것이다. 교육의 목적과 내용이 달라지면서 교사의 권위 또한 실추되었음을 살펴보고자 한다.

이처럼 교사의 권위에 대한 실체와 변천을 다룸으로써 한국 전통 교육에서 교사의 권위가 어떻게 세워졌는지를 고찰할 것이다. 이를 통해 교사의 권위는 고정된 것이 아니라 사회 구성원의 이해관계에 따라 그 의미가 미묘하게 달라졌음을 밝힐 것이다. 또한 이론상 교사의 권위는 존중받아야 했음에도 실질적으로 그러하지 못했음을 살펴볼 것이다. 마지막으로 제8장에서는 오늘날 교사의 권위를 이해하고 설명하는 다양한 해석과 논의를 살펴봄으로써 교사의 권위에 대한 현대적 전망을 살펴보고자 한다. 전통적으로 이해해 온 '존사'의 논리를 비판적으로 바라보고 새로운 대안을 모색하는 철학적 안목을 제시하고자 하였다.

이러한 작업은 한국에서 교사의 권위가 왜, 어떠한 근거로 존중되어 왔는지 그 실제를 파악하게 할 것이다. 분명한 것은, 한국 사회에서 교사의 권위는 이상보다는 현실 논리에 더 많은 영향을 받았다는 것이다. 이론적으로는 매우 높은 권위를 지니나, 현실적으로는 여러 제약에 의해 온당히 권위를 인정받지 못했다. 하지만 이러한 결론은 앞으로의 교육을 논의하는 데 큰 도움을 주지는 못할 것이다. 이 책은 통념에 갇힌 교권이 아닌 철학적 논의에 근거한 교육권을 통해 교사된 자의 역할과 책무를 논의하는 데 작은 성찰을 제공할 것이다.

목차

제1장

존사(尊師), 스승의 권위를 정당화하는 유학적 근거

1. 전통 교육에서의 '스승[師]'

한국 전통 교육에서 '스승[師]'은 '도덕과 학문에 능통하여 사람을 가르치는 자'를 의미한다. 옛사람들이 스승에게 기대한 역할은 글을 가르치고 기예를 활용하게 하며 바른 마음을 가지게 하는 것이었다. 스승 담론은 어떻게 가르칠 것인가와 관련한 방법론보다는, 무엇을 가르칠 것인가 즉 스승이 제자에게 전수해야 할 내용이 무엇인가에 주로 초점이 맞추어져 있었다. 이에 교수-학습 방법보다는 교육의 목적과 내용에 따라 가르치는 자의 권위가 형성되었다.

> 천자로부터 서인에 이르기까지 스승을 의지하지 않고 이름을 이룬 자는 있지 않다. 천자와 제후와 경과 사와 서인의 그 지위는 비록 같지 않고, 성인과 현인과 우인의 그 도는 비록 하나가 아니라고 할지라도, 사업을 연마하고 기질을 변화시키려면 아무래도 스승의 도움이 필요한 만큼 덕의와 술예와 구두의 가르침을 받는 점에 있어서는 동일하다고 할 것이다. 즉 구두를 가르쳐서 글을 익히게 하고, 술예를 교습해서 적절히 활용하게 하고, 덕의를 전수해서 바른 마음을 갖게 해야 하니, 그러고 보면 스승이 제대로 스승 노릇을 한다는 것도 쉬운 일은 아니라고 하겠다.[1]

---

1 『가정집』, 권7, 「사설을 지어 전정부에게 작별 선물로 주다」, "自天子至於庶人. 未有不資其師而成其名者也. 天子諸侯卿士庶人其位雖不同. 聖人賢人愚人其道雖不一. 而所以磨礱其事業. 變化其氣質者. 未嘗不係其師. 而德義術藝句讀之敎則一也. 訓之句讀以習其文. 傳之術藝以適其用. 傳之德義以正其心. 師之爲師. 亦勤矣哉."(인용 출처: 한국고전번역원 한국고전종합DB, https://db.itkc.or.kr)

앞의 글은 고려 후기의 학자 이곡이 공민왕의 스승이었던 전정부에게 쓴 작별 편지 중 일부이다. 이곡은 누구를 가르치느냐에 따라 스승의 직위는 달라지겠지만, 이들이 기본적으로 해야 하는 역할은 같다고 보았다. 덕의, 술예, 구두로 오늘날로 치자면 제자의 수준에 맞추어 전인적 소양을 길러 주어야 한다. 스승은 제자의 수준과 능력이 어떠하든지 간에, 제자가 학문의 세계에 입문할 수 있도록 노력해야 하는 존재임을 말하고자 했다. 이 중 하나만 가르치는 것도 쉽지 않은 일이다. 여기에 제자의 인성까지 맡아야 하니, 이곡이 말한 대로 스승 노릇을 제대로 할수록 극한 직업이라 할 수 있다.

하지만 '사'는 단순히 가르치는 일을 업으로 하는 존재를 의미하는 용어만은 아니었다. 『고려사』에서 처음으로 '사'는 불가에서의 '대사(大師)', 왕세자의 스승인 '사부(師傅)' 등과 같이 2인칭 존칭사로 사용되었다.[2] 특히 '사'는 일반 승려 가운데 존경받을 만한 승려를 대상으로 존칭의 의미를 적극 반영하여 표현한 명칭이었다.[3] 조선 건국 초에는 '사'를 경명행수(經明行修)에 있어 모범이 되는 자, 즉 '경전의 이치에 밝고 행실을 닦아서 도덕을 겸비한 자'로 규정함으로써, 기본적으로 '사'는 지식뿐만 아니라 인성이 높은 자가 선발되어야 한다고 여겼다.[4] '사범'이 될 만한 자를 특별히 종사(宗師)라 칭하기도 했

2 김용한, 「고려사 열전의 이인칭 대명사 연구(Ⅱ)」, 『한자한문교육』 1(15), 한국한자한문교육학회, 2005, 15쪽. 반면 김용한에 따르면 선생(先生)은 연장자에 대한 범칭이었으나 뒤에 스승이나 연장자와 유덕자(有德者)에 대한 존칭으로 사용되었다. 특히 고령의 관직자를 존칭할 때 사용한 것으로 보인다.

3 김희만, 「『삼국유사』의 '사(師)'와 일연(一然)의 승려 인식」, 『정신문화연구』 42(2), 한국학중앙연구원, 2019, 122쪽.

4 『태조실록』, 권2, 1392년(태조 1) 9월 24일.

지만[5] 고려에서부터 '사'라는 칭호에는 이미 존경의 뜻이 내포되어 사용되었음을 알 수 있다.

본래 '사'는 가르치는 일 외에도 다양한 의미를 지닌 용어였다. 고대의 2,500명 규모의 군대 편대를 의미하거나[6] 전문적인 기술을 가지거나 전문 분야를 담당하는 자를 뜻하기도 했다.[7] 그러나 공자(기원전 551~기원전 479) 이래로 '사'는 인격과 지식과 경험 면에서 존경을 받을 만한 사람을 일컫는 하나의 대명사가 되었다.[8] 이처럼 어떠한 사회적 변화를 거치면서 '사'는 학덕이 높은 자에 대한 존경의 의미가 전제되어 통용되었다. 뒷장의 논의에서 후술하겠지만, 이는 오랫동안 걸쳐 행해졌던 '의도적인' 교육의 결과라 할 수 있다.

'사'는 주로 스승으로 번역하는데 우리말에서 자음자 'ㅅ'은 '솟구치다', '쑥쑥 자라다'와 같이 높이 솟아오르는 기운을 상징하며 '스님'이란 말도 마찬가지로 '높은 님'이다.[9] 반면 솟구치는 기운을 가로막으면 'ㅈ'이 되어 '잦아'들며, '잠'이 들고 '저지'당하면 기운이 '졸(쫄)'게 되니, 그래서 '제자'는 아직 '솟아'나지 못한 존재이다.[10] 제자는 아직 스승처럼 '솟아'나지 못한 존재이기에 무지함과 가능성이라

---

5 『태조실록』, 권2, 1392년(태조 1) 윤12월 4일. 실록 기사에서 태조는 이색을 가리켜 유학의 '종사'라 언급하고 있다.

6 古代軍隊編制單位之一, 以二千五百人為師. Chinese Text Project Dictionary, "師"(https://ctext.org/dictionary.pl?if=en&char=%E5%B8%AB에서 2023년 11월 19일 인출).

7 有專門技藝的人. "師"(https://ctext.org/dictionary.pl?if=en&char=%E5%B8%AB에서 2023년 11월 19일 인출).

8 박영진, 「『순자』의 사(師)론 연구」, 『倫理研究』 105, 한국윤리학회, 2015, 86쪽.

9 『K스피릿』, 「장영주의 국학칼럼: 나에게는 스승이 계십니다」(http://www.ikoreanspirit.com/news/articleView.html?idxno=42341에서 2023년 11월 19일 인출).

10 『K스피릿』, 「장영주의 국학칼럼: 나에게는 스승이 계십니다」(http://www.ikoreanspirit.com/news/articleView.html?idxno=42341에서 2023년 11월 19일 인출).

는 모순적인 모습을 보여 준다. 배움에 뜻을 두었지만 앞으로 행해야 할 공부의 세계가 어느 정도의 규모이며 무엇이 있는지를 모르는 상태이다. 하지만 대개 스승의 지도하에 무지함과 가능성은 하나로 수렴 및 통일되고 성장이 이루어진다. 그러니 전통적 교육에서 배움에 뜻을 둔 제자라면 스승을 높이고 그의 권위를 존중하는 일부터 시작할 수밖에 없었다. 이 책에서는 특별히 '존사(尊師)'를 '스승의 권위를 높이고 존중하는 태도와 행위'를 지칭하는 용어로 사용하고자 한다.[11] 특히 국가 차원의 '존사' 정책은 '사'를 단순히 해당 분야의 전문가를 지칭하는 것에서 그치지 않고, 명목상 학덕이 높은 자의 권위와 그 존경을 내포하는 용어로 굳히는 데 큰 역할을 했다.

유학에서 스승의 권위(權威)를 높이고 그들을 존경해야 하는 근거를 제시할 때, 핵심 키워드는 하늘[天]과 본성[性] 그리고 도(道) 이 세 가지라 할 수 있다.[12] 이론적으로 '존사'는 배우는 자가 억지로 외부의 지시나 명령에 의해 형성해야 하는 것이 아니라, 사람으로 태어나 자신의 타고난 본성에 따른다면 반드시 행할 수밖에 없는 것으로 여겼다. 절대적으로 올바르고 모든 원칙의 근원이 되는 하늘의 명령에 따르는 삶인 만큼, 배우는 자는 응당 '존사'를 해야 한다고 여겼다. 유학에서 권(權)이란 현대와 같이 개인의 자의적 수단이 아니라,

11 '존사(尊師)'는 조선왕조실록을 비롯하여 옛 문집에서 발췌한 용어이다. 당시는 근대적 권리, 권위 개념이 없었던 시기였다. 하지만 스승을 존중하고, 높여야 한다는 인식을 공유했다. '존사'에 대한 강조를 통해 근대적 권위와 상응하지는 않지만 스승의 권위에 대한 공감대를 형성했음을 확인할 수 있다.

12 이 세 가지의 관계는 『중용』의 첫 시작, "하늘이 명령한 것을 성이라 하고, 성을 따르는 것을 도라 하고, 도를 등급에 맞게 조절한 것을 교라 한다."에서 유래한다(胡廣·胡渭 撰, 『中庸章句大全』, "天命之謂性 率性之謂道 脩道之謂教").

하늘의 뜻[天道]을 받들어서 저울처럼 공정하게 가늠하고 판단하여 그것을 행하는 것이다.[13] 유학이라는 학문이 애초부터 하늘에 대한 절대적 신뢰를 전제로, 인간은 천도를 마땅히 실현해야 하는 존재로 설정했기에 가능한 논리이다. 오종일과 천인석에 따르면 '권위'란 하늘의 뜻을 행하는 모습을 뜻한다는 점에서 자의적일 수가 없으며 그만큼 위엄이 담길 수밖에 없다. 인간의 세계에서 스승은 천도를 먼저 저울처럼 공정하게 헤아려 실현한 존재라는 점에서 위엄을 지니게 된다. '천도'를 헤아리고 행할 수 없는 능력을 가진 이가 '권'을 행사할 수 없기 때문이다.[14] 그런 점에서 성인(聖人)인 스승은 '권'을 행사할 수 있는 능력을 갖춘 자이며, 그 행위로 말미암아 권위를 지닐 수밖에 없다.

한편으로 스승의 권위를 하늘이 부여했다는 방식의 설명은, 그 권위를 정당화하는 일이 일종의 선험적 성격에 해당한다. 경험과 독립적으로 당위를 주장하기 때문이다. 하지만 '존사'는 무조건적인 명령이나 법칙은 아니었다. 국가와 스승, 제자와 스승 간의 관습적 계약을 전제한다. 계약이 파기되면 관계가 깨질 수 있다. '존사'는 이상적인 사회를 운영하기 위해 반드시 필요하지만, 계약이 실행되기 위해서는 당사자들의 쌍방 노력이 필요했다. 따라서 스승과 제자는 수직적 관계가 아닌 진리 앞에서 동등하게 서 있는 수평적 관계라는 점에서 사제존비(師弟尊卑)가 아니라 사제의리(師弟義理)의 관계이다.[15] 그런

13 오종일·천일석, 「유학의 권위와 현대적 권위주의」, 『공자학』 17, 한국공자학회, 2009, 129-130쪽.
14 오종일·천일석, 「유학의 권위와 현대적 권위주의」, 『공자학』 17, 한국공자학회, 2009, 141쪽.
15 정순우 외, 『사라진 스승: 다시 교사의 길을 묻다』, 2019, 현암사, 165쪽.

점에서 스승에게 부여된 권위가 엄중할수록 그 책무 또한 무거웠다.

2. '존사(尊師)'의 유학적 근거

유학자들은 군주를 포함한 지배층이 유학을 공부하여 백성들에게 혜택을 베푼다면, 피지배층이 자발적으로 그들을 따를 것이라 여겼다. 여기에는 지배층과 피지배층 간 학습 능력이나 도덕적 품성에 차이가 있다는 인식이 전제되어 있다. 이러한 차별적 인식은 맹자 사상에서 그 출처를 분명히 확인할 수 있다. 맹자는 "군자의 덕이 바람이라면 소인의 덕은 풀 같은 것이어서, 풀 위로 바람이 불게 되면 반드시 풀은 넘어지게 된다."[16]는 비유를 통해 지배층이 피지배층을 지배하고 교화할 수 있는 명분을 정당화하고자 했다. 풀은 바람이 이끄는 대로 움직인다는 점에서 주체적인 존재일 수 없다. 그러나 그 바람은 풀에게 이로울 수도 있지만, 풀을 해칠 수도 있다. 의존적 존재인 '풀'에게 이상적인 인간, 즉 군자에 해당하는 '이로운 바람'이 필요한 이유이다. 이처럼 유가 특유의 풍교론(風教論)은 유가의 수분론(守分論), 명분론(名分論) 등과 결합하여 평민층의 주체적인 교육 활동을 제약하는 주요한 요인이 되었다.[17]

맹자는 무력으로 피지배층을 교화하는 것이 아니라 자연스러운

---

16 김학주 역, 『맹자』, 제5, 「등문공 상」, 서울대학교출판문화원, 2013, "君子之德風. 小人之德草 草上之風, 必偃."

17 정순우, 『서원의 사회사』, 태학사, 2013.

교화만이 피지배층의 마음을 얻을 수 있다고 여겼다. 맹자의 "이 세상에서 백성이 가장 존귀하고 사직은 그다음이며 임금은 가장 가벼우며"[18], "지위가 낮은 백성들의 마음을 얻으면 천자가 된다."[19]는 민본주의적 태도는 피지배층의 자발적인 동의만이 지배층이 사용하는 통치권을 정당화할 수 있는 명분임을 분명하게 밝히고 있다. 이처럼 유학자들은 피지배층이 어리고 어리석은 존재지만 이들의 자발적인 복종이 뒷받침되어야만 나라를 올바로 다스릴 수 있다고 보았다. 그렇다면 백성들의 마음을 얻기 위해 무엇을 해야 하는가? 유학자들은 지배층이 덕을 쌓아 어짊[仁]을 행할 때 사람들이 마음속으로 기뻐하며 진심으로 따를 수 있음을 강조하였다.[20] 강제적인 복종이 아닌, 마음에서 우러나오는 '심복(心服)'을 이끌어야 하기 때문이다. 특히 맹자는 "윗사람이 좋아하는 것이 있다면 아랫사람들은 반드시 그것을 더 좋아하게 된다."[21]며 지배층이 먼저 도덕적인 품성을 확보함으로써 솔선수범해야 한다고 주장했다.

유학자들이 강조하는 '덕'이란 매우 추상적인 개념이지만, 맹자는 인(仁)·의(義)·예(禮)·지(智)라는 사덕(四德)을 통해 구체적으로 언술하였다. 맹자에 따르면 인간은 인·의·예·지를 본래 가지고 태어난다고 보았다. 맹자는 이를 다음과 같이 설명한 바 있다.

---

18 김학주 역, 『맹자』, 제14, 「진심 하」, 서울대학교출판문화원, 2013, "民爲貴, 社稷次之, 君爲輕."
19 김학주 역, 『맹자』, 제14, 「진심 하」, 서울대학교출판문화원, 2013, "是故得乎丘民而爲天子, 得乎天子爲諸侯, 得乎諸侯爲大夫."
20 김학주 역, 『맹자』, 제3, 「공손추 상」, 서울대학교출판문화원, 2013, "以力服人者 非心服也 力不贍也 以德服人者 中心悅而誠服也."
21 김학주 역, 『맹자』, 제5, 「등문공 상」, 서울대학교출판문화원, 2013, "上有好者, 下必有甚焉者矣."

> 사람이라면 누구나 다른 사람의 불행을 그대로 차마 보지 못하는 마음이 있다. 옛날의 훌륭한 임금들은 남의 불행을 차마 그대로 못 보는 마음이 있어서, 이에 백성의 불행을 차마 그대로 못 보는 정치를 했다. 남의 불행을 차마 그대로 못 보는 마음을 가지고 백성의 불행을 차마 지나치지 않는 정치를 행한다면 천하를 다스리는 일은 손바닥 위의 물건을 굴리듯 할 수 있을 것이다.
> 사람이라면 남의 불행을 차마 지나치지 못하는 마음이 있다고 말하는 까닭은 다음과 같다. 갑자기 어린아이가 우물 안으로 떨어지는 것을 보게 되면 놀라고 두려워하며 측은히 여기는 마음이 생긴다. 그것은 그 아이의 부모와 사귈 수 있게 되기를 바라기 때문도 아니고, 마을 사람들이나 친구들로부터 칭찬받기 위함도 아니며, 어린아이의 위험을 보고만 있는 자라는 평판이 싫어서도 아니다.
> 이로써 본다면 측은히 여기는 마음이 없다면 사람이 아니고, 옳지 않은 것을 부끄러워하고 미워하는 마음이 없다면 사람이 아니며, 남에게 사양하는 마음이 없다면 사람이 아니고 옳고 그름을 가리는 마음이 없다면 사람이 아니다. 측은히 여기는 마음은 어짊(인)이 시작되는 곳이고, 부끄러워하고 미워하는 마음은 의로움(의)이 시작되는 곳이며, 사양하는 마음은 예의(예)가 시작되는 곳이고, 옳고 그름을 가리는 마음은 지혜(지)가 시작되는 곳이다.[22]

22 김학주 역, 『맹자』, 제3, 「공손추 상」, 서울대학교출판문화원, 2013, “人皆有不忍人之心 先王有不忍人之心 斯有不忍人之政矣 以不忍人之心 行不忍人之政 治天下可運於掌上. 所以謂人皆有不忍之心者 今人乍見孺子將入於井 皆有惻隱之心 非所以內交於孺子之父母也 非所以要譽於鄉黨朋友 非惡其聲而然也. 由是觀之 無怵惻隱之心非人也 無羞惡之心非人也 無辭讓之心非人也 無是非之心非仁也 惻隱之心仁之端也 羞惡之心義之端也 辭讓之心禮之端也 是非之心智之端也.”

맹자에 따르면 측은히 여기는 마음, 옳지 않은 것을 부끄러워하고 미워하는 마음, 사양하는 마음, 옳고 그름을 가리는 마음은 본래 인간의 마음에 싹[端, 단]처럼 갖추어져 있다. 맹자가 언급한 사단(四端)은 외부자극에 접촉한 순간, 다른 심리작용의 방해 없이 저절로 생겨나는 심리작용이다.[23] 계산이나 생각이 개입되지 않은 일차적이고 자연스러운 심리작용이라 주자가 훗날 사단을 감정, 즉 정(情)으로 규정하게 된 까닭이 여기에 있었다. 맹자는 "자신에게 본래 주어진 사단을 넓히고 채울 수 있으면 마치 처음 불타오르며 샘물이 처음 통하는 것과 같을 것이니, 진실로 이것을 채울 수 있다면 온 세상을 차지하기에 충분하게 되고, 만약 채우지 못한다면 부모를 섬기기에 부족할 것이다."[24]라며 본성에서 우러나오는 사단을 더욱 확충해야 인의예지가 꽉 채워진 선한 마음을 완성할 수 있다고 보았다.

맹자에 따르면 인·의·예·지는 인간의 본성이지만 계산이나 생각 없이 자연스럽게 사단 등의 감정으로 발현되기 위해서는 수양을 통해 쌓아야 하는 덕목이다.[25] 지배층은 이러한 덕목을 수양하여 선한 본성을 되찾아[修己] 정치를 해야 한다고 여겼다[治人]. 특히 유학에서 인(仁)은 '다른 사람에 대한 사랑[愛人]'을 의미하면서 효(孝), 충(忠), 애(愛), 친(親), 신(信) 등의 다양한 가치들을 포섭하는 총칭으로서의 개

23 이치억, 「『맹자』 사단(四端)과 사덕(四德)의 관계에 대한 고찰: 고등학교 『윤리와 사상』 서술 개정 제언을 겸하여」, 『유교사상문화연구』 81, 한국유교학회, 2020, 226쪽.

24 김학주 역, 『맹자』, 제3, 「공손추 상」, 서울대학교출판문화원, 2013, "凡有四端於我者, 知皆擴而充之矣, 若火之始然, 泉之始達. 苟能充之, 足以保四海; 苟不充之, 不足以事父母."

25 이치억, 「『맹자』 사단(四端)과 사덕(四德)의 관계에 대한 고찰: 고등학교 『윤리와 사상』 서술 개정 제언을 겸하여」, 『유교사상문화연구』 81, 한국유교학회, 2020, 222-225쪽 참조.

념 또는 원리이다.[26] 왕을 비롯한 지배층이 사적인 이익이 아닌 '인'을 추구하여 나라를 다스리는 '인정(仁政)'을 왕도정치(王道政治), 그 반대를 패도정치(覇道政治)라 하였다.

> 대개 하늘이 사람을 날 때부터 그들에게 인·의·예·지라는 성(性)을 부여하지 않음이 없다. 그러나 그 기질이 간혹 고르지 못하여 모두 자신의 본성이 지니고 있는 것을 알아 온전히 하지 못하는 것이다. 그들 사이에서 똑똑하고 슬기로워 자신의 본성을 다 발휘할 수 있는 어느 한 사람이 나오면 하늘이 반드시 그에게 명하여 수많은 백성의 임금과 스승이 되게 하여 그들을 다스리고 가르쳐 그 본성을 회복하게 한다. 이는 복희, 신농, 황제, 요임금, 순임금이 하늘의 뜻을 이어 표준을 세운 까닭이고 사도의 직책과 전악의 관직이 설치된 이유이다.[27]

그러나 성인(聖人)을 제외하고 대부분의 사람들의 경우, 선한 본성이 그대로 발현되는 것은 아니기 때문에 교육이 필요하다고 여겼다. 게다가 더 이상 성인이 아닌 자가 왕이 된다면, 왕도 예외가 아니었다. 주희는 『대학장구』 서문에 교육을 통해 백성의 교화를 담당하게 된 사도(司徒)의 관직이 생기게 된 까닭을 앞에서와 같이 밝히고 있

---

26 안외순, 「호혜적 공감의 문화정전 『논어』와 『맹자』」, 『동방학』 45, 한서대학교 동양고전연구소, 2021, 93쪽.

27 주희, 『대학장구』, 상해고적출판사, 2002, 대학장구 서, "蓋自天降生民, 則旣莫不與之以仁義禮智之性矣. 然其氣質之稟或不能齊, 是以不能皆有以知其性之所有而全之也. 一有聰明睿智能盡其性者出於其間, 則天必命之以爲億兆之君師, 使之治而敎之, 以復其性. 此伏羲·神農·黃帝·堯·舜, 所以繼天立極, 而司徒之職·典樂之官所由設也."

다. 먼저 성선설에 따라 인간은 태어날 때부터 그 본성에 사덕을 지니고 있음을 지지한다. 하지만 대중은 기질의 영향으로부터 자유롭지 못해 본성을 온전하게 할 수 없는 문제를 지닌다. 이에 먼저 본성을 온전히 발휘한 사람이 임금과 스승이 되어 모든 사람의 본성을 회복시키는 책무를 하늘로부터 부여받았다고 보았다. 정치적 이상 사회는 사람의 타고난 본성만 믿고 가만히 있다고 만들어지는 것이 아니었다. 본성을 유혹하는 사적인 욕망들을 다스릴 수 있는 후천적인 배움이 있어야만 모두가 편안한 대동 사회를 만들 수 있다고 여겼다. 이런 연유로 유학자들은 교육 사업의 중요성을 강조할 수밖에 없었다.

주희 등의 성리학자들은 후천적인 교육에 해당하는 두 가지 방법을 제시하였다. 하나는 자신의 본성을 아는 것인 격물치지(格物致知), 또 하나는 본성을 온전하게 하는 성의(誠意)·정심(正心)·수신(修身)이었다. '학교'는 기본적으로 이 두 가지를 익히는 곳이다. 사람이 살아가는 도리를 가르쳐 인륜을 밝힘으로써 왕도정치가 행해질 수 있는 기반으로 작용한다. 앞의 설명에 따르면 스승은 자신의 본성을 온전히 회복한 자로, 하늘의 명을 받아 기질의 차이로 본성을 발휘하지 못하는 이들이 제 본성을 회복할 수 있도록 가르치는 자이다. '이론상' 스승의 권위는 천명(天命)으로 부여된 만큼 엄중하다고 할 수 있다.

> 사고를 깊게 하여 법칙에 부합되기를 구하며, 선량하고 현명한 자를 구하면, 작은 명성을 이루기에는 충분하지만 백성들을 감동시킬 수 없다. 현명한 자에게 나아가고 멀리 떨어져 있는 신하를 내

> 몸처럼 살핀다면, 이를 통해 백성들을 감동시킬 수는 있지만, 아직까지는 백성들을 교화시키기에 부족하다. 군자가 만약 백성들을 교화하고 풍속을 완성시키기를 원한다면, 반드시 학문을 통해야만 이룩할 수 있을 것이다. 옥을 다듬지 않으면 기물이 될 수 없고, 사람은 배우지 않으면 도를 알 수 없다. 이러한 까닭으로 고대의 천자는 나라를 세우고 백성들에 대해 군주 노릇을 할 때, 가르치고 배우는 것을 급선무로 삼았다. 『서』「열명」 편에서 "시작과 끝을 생각함에 배움에서 항상 본받는다."라고 한 말도 바로 이러한 뜻을 나타낸 것이다.[28]

『예기』의 「학기」 편 또한 유교 사회의 군주가 교육과 교화를 우선해야 한다는 명제를 정당화하고 있다. 국가의 근본임에도 불구하고 '풀'에 해당하는 피지배층은 독립적으로 사리를 판별할 수 있는 능력과 학습 능력이 없다. 그렇다고 일방적으로 이들에게 충(忠)을 요구할 수 없다. 이들의 자발적인 동의와 신탁이 있기 위해서는 일정한 동의와 이해를 전제로 하는 고도의 교화 정책이 필요했다.[29] 유학자들이 꿈꾸는 이상적인 사회는, 지배층은 교화를 통해 피지배층을 대상으로 인격적이며 도덕적인 품성을 계발하고 보호해 주며, 피지배층은 자발적으로 지배층을 따르는, 쌍무적인 관계로 이루어져 있었다.[30] 따라

---

28 陳澔 저, 정병섭 역, 『(역주) 예기집설대전: 학기』, 학고방, 2014, 3-12쪽, "發慮憲, 求善良, 足以謏聞, 不足以動衆. 就賢體遠, 足以動衆, 未足以化民. 君子如欲化民成俗, 其必由學乎. 玉不琢, 不成器. 人不學, 不知道. 是故古之王者建國君民, 教學為先. 兌命曰 念終始典于學. 其此之謂乎."

29 정순우, 『서원의 사회사』, 태학사, 2013, 156-157쪽.

30 정순우, 『서원의 사회사』, 태학사, 2013, 156-157쪽.

서 유학에 따르면 정치적 행위에는 교육 및 교화가 반드시 전제되어야 했다. 이에 교육사업은 정치와 필연적으로 관련을 맺게 되었다.

그러하기에 유학적 소양과 덕목을 갖춘 좋은 선생을 확보하는 일은 유교 사회로의 실질적 전환을 가능케 하는 전제 조건이었다. 그러나 자질을 갖춘 스승만 확보한다고 해서 교육적 성취를 얻을 수는 없다. 유학자들은 누구나 유학을 입으로만이 아니라 삶에 내면화하기 위해서는 유학이라는 학문 자체를 귀하게 여길 수 있어야 한다고 여겼다. 학문이 귀하다고 여기려면 학문을 전수하는 스승을 존경할 수 있어야 했다. 즉 학문이 권위가 없다면 배움이 행해질 수 없으며, 스승이 권위가 없다면 전수가 이루어질 수 없다. 제자가 스승을 그 자체로 높이 존중하면, 스승의 가르침에 전해지는 유학 또한 귀해지게 된다. 사람들이 유학을 존중하고 귀하게 여기다 보면, 유학이 일상생활에 자연스럽게 스며들 것이라고 보았다. 이에 『대명률(大明律)』에서 스승을 죽이는 일은 십악(十惡) 중 하나로 규정한 만큼, 스승의 위상은 일찍부터 높았다.[31]

이에 '존사(尊師)'는 유교화 과정에서 필연적으로 요청될 수밖에 없었다. 따라서 국가로서는 흥학(興學)을 위해 존사 정책을 구상하는 게 당연했다. '존사'는 스승을 가깝게 여기는 것[親師], 스승을 존엄하게 여기는 것[嚴師], 스승을 섬기는 것[事師]과 같이 배우는 자가 학문을 전수해 주는 이를 높이 공경하고 부모처럼 친하게 여기는 행위이

31 『경국대전주해』, 「후집」, 고과 조, "九曰不義, 謂部民殺本屬知府知州知縣, 軍士殺本管指揮千戶百戶, 吏卒殺本部五品以上長官, 若殺見受業及聞夫喪匿不擧哀, 若作樂釋服從吉及改嫁."(인용 출처: 국사편찬위원회 한국사데이터베이스, https://db.history.go.kr)

다. 스승을 존엄하게 여기는 것은 '부친을 존엄하게 여긴다'는 뜻과 같으니, 예법에 따라 존숭하며 존엄하게 대하여 공경한다는 의미이다.[32] '존사'는 유학자들이 학문적·정치적 신념 내지 구호처럼 자동반사적으로 읊는 용어로 사용했다. 스승을 존경한다는 것은 스승에 해당하는 한 인간을 뛰어넘어 유학이라는 학문, 그 도(道)를 존중한다는 것이다. 그러니 엄밀히 말하자면 스승의 권위는 그 사람의 권위가 아니라 그가 전수하는 학문의 위상을 상징한다. 따라서 '존사'는 이론상 학문에 대한 진정성 더 나아가 삶에 대한 올바른 신념과 가치관을 증명해 주는 척도라 할 수 있다. 이와 관련한 자세한 출처를 살펴보면 다음과 같다.

> 무릇 학문의 도에 있어서는 스승을 존엄하게 여기는 것이 가장 어려운 일이다. 스승이 존엄하게 된 이후에야 도가 존엄하게 되고, 도가 존엄하게 된 이후에야 백성들이 학문을 공경해야 할 줄 안다. 이러한 까닭으로 군자가 자신의 신하들 중 신하로 여기지 않는 대상은 두 종류가 있다. 첫 번째는 군주의 제사에서 시동이 된 자는 신하로 대하지 않는다. 두 번째는 군주의 스승이 된 자는 신하로 대하지 않는다. 『대학』에서 시행되는 의례에서도 비록 경사(經師)들이 천자에게 아뢰는 일이 있지만, 일반 신하들처럼 북면(北面)을 하지 않는 것은 스승을 존엄하게 대하기 때문이다.[33]

32 陳澔 저, 정병섭 역, 『(역주) 예기집설대전: 학기』, 학고방, 2014, 185-186쪽.
33 陳澔 저, 정병섭 역, 『(역주) 예기집설대전: 학기』, 학고방, 2014, 185쪽, "凡學之道, 嚴師爲難, 師嚴然後道尊, 道尊然後民知敬學. 是故君之所不臣於其臣者二. 當其爲尸, 則弗臣也.

유학의 대다수 경전이 가정 및 국가의 체계와 질서를 논하는 일종의 정치 교과서임에도 불구하고, 공자와 맹자 등 이상적인 스승의 상과 배움에 관한 언술을 찾아볼 수 있다. 특히 공자의 생전 모습에 대한 기록은 '배움을 좋아하며 교학상장(教學相長)하는 자'가 스승이라는 인식에 영향을 주었다. 스승의 일상적 모습은 진리를 추구하는 제자들에게 자연스럽게 존경의 대상이 되었다. 그렇다고 이러한 언술 속에서 제자가 스승의 권위를 반드시 인정해야 하는 특별한 이유를 찾기는 어렵다. 유가 경전 중 '존사'를 뒷받침하는 대표적인 학문적 출처는 『예기(禮記)』의 「학기(學記)」 편이다. 『예기』는 중국 고대 유학의 대표적인 다섯 가지 경전(五經) 중 하나이다. 앞의 인용글에서와 같이 『예기』는 존사숭유(尊師崇儒), 즉 '스승을 존경하고 유학을 높임'이 교화를 완성하기 위한 전제가 됨을 직접적으로 논한다. 군주가 자신의 신하 중 군주의 스승이 된 자를 신하로 대하지 않거나, 군주의 스승 된 자가 일반 신하들처럼 북면(北面)하지 않는 것은 '존사'가 예로 구현된 결과였다.[34] 유교적 질서에 따르면 스승의 위상은 이론상 국왕보다 상위에 자리한 것으로 보인다.

그러나 엄밀히 따지면 스승보다 상위에 자리한 최고의 권위는 바로 유학에서 추구하는 '도(道)'라 할 수 있다. '도'는 이념상 최고의 권위를 가진다. 이에 따라 "'사'는 그 도(道)를 모범하는 자"이기에 권

當其爲師, 則弗臣也. 大學之禮, 雖詔於天子無北面, 所以尊師也."

34 남면(南面)은 북쪽을 기준으로 남쪽으로 향하여 앉는 것이고, 북면(北面)은 남쪽에서 북쪽을 향하여 앉는 것이다. 고대의 예법에서 남면은 임금이 앉는 자리를, 북면은 신하의 자리를 상징한다(『논어』 제6, 「옹야」, "子曰 雍也 可使南面").

위를 지니는 것이다.[35] 『예기』에 따르면 스승을 존경해야 하는 이유, 즉 스승이 권위를 지닐 수밖에 없는 까닭은 '도'라는 것과 관련함을 확인할 수 있다. 다른 요인이 아닌, 전수하고자 하는 학문의 순수한 가치가 스승의 권위를 정당화한다.

그렇다면 도대체 '도'란 무엇인가? 공자는 "아침에 도에 대하여 들어 알게 된다면 저녁에 죽어도 좋다."며 '도'가 자신의 삶에서 얼마나 중요한지를 보여 주었다.[36] 공자에게 '도'를 아는 삶과, 알지 못하는 삶은 사느냐 죽느냐의 생존과 직결될 정도였다. '도'에 해당하는 한자는 '길'을 의미한다. '길'은 방향과 방법에 대한 선택이라는 숙제를 제시한다. 결과를 예측할 수 없는 다양한 길을 놓고, 어느 길을 가야 할 것인지 선택을 해야 한다. 또 방향을 정했으면 어떻게 길을 가야 할지도 고민해야 한다. 선택과 방향이 있다는 것은, 좋고 나쁨의 가치 판단이 작용할 수 있다는 것이다. 게다가 인간은 사람의 꼴을 가지고 태어났다고 해서 모두 사람이 아니라, 사람임을 실천해 가야 하는 존재이다. 결국 어떤 길을 선택하느냐에 따라 사람다운 삶 또는 그 반대의 삶을 살아가게 된다. 공자에게 '도'는 사람이라면 마땅히 행해야 하는 올바른 길을 의미했다. 따라서 '도'란 한마디로 삶의 목표이자 방향을 의미한다. 성리학자들은 더 나아가 '도'를 타고난 본성에 부합하는 것으로 보았다. 즉 일상생활에서 인·의·예·지의 본성을 자연히 따르는 길이라 할 수 있다.

---

35 『태조실록』, 권15, 1398년(태조 7), 9월 18일.

36 김학주 역, 『논어』 제4, 「이인」, 56쪽, "朝聞道 夕死 可矣."

스승은 먼저 그 목표의 방향을 고민하고 걸어가기 때문에, 설사 여정을 다 마치지 못했다 하더라도 뒷사람들에게 전해 줄 무언가를 가지게 된다. 마치 플라톤의 '동굴의 비유'에서 먼저 영혼을 전향한 철학자처럼 말이다. 가시계의 불완전함을 깨닫고 참진리를 터득한 철학자가 다시 동굴 안으로 들어가듯, 공동체의 구성원으로서 사회적 책무를 강하게 느끼는 자는 '도'를 향해 걸어가는 일이 버거운데도 불구하고 그 무언가를 전수해 주고자 한다. 특히 아직 삶의 목표와 방향을 정하지 못했을 어린 후학들에게 어떤 길을 가야 사람다운 삶을 살아갈 수 있는지를 안내한다. 이런 연유로 선생(先生), 즉 앞서 알고 힘쓰는 자를 스승(師)이라 칭했다.[37] 그러나 아직 스승도 제자도 '도'를 향해 가고 있다는 점에서, 수직적인 관계가 아니라 동반자라 규정할 수 있다. 또한 제자는 스승이라는 인물을 따르는 것을 목표로 삼는 것이 아니라, 결국 길 위를 제대로 걸어가는 것, 즉 올바른 삶을 살아가는 것이 목표임을 잊어서는 안 된다. 하지만 제자가 스승을 믿지 못한다면 또는 따르지 못한다면 길을 제대로 걷지 못할 가능성이 높아진다. 그러하기에 『예기』의 언설, 즉 '도'를 귀중히 여기기 위해서는 '스승'을 귀하게 여기는 일에서부터 시작한다고 한 것이다.

주자에 의해 편찬된 『소학』 또한 '존사'의 이유를 설명한다. 『소학』에 따르면 사람(정확히 남자)은 보통 10살을 기준으로 이전까지는 가정에서 어머니로부터 교육을 받으나 이후에는 바깥에 나가 스

37 성백효 역, 『소학집주』 제1, 「입교」, 67쪽, "先生師也."

승으로부터 배워야 한다.[38] 스승은 나를 낳아 주신 부모와 나를 먹여 주신 임금과 함께 나를 가르쳐 줌으로써 살아가게 해 준다고 여겼다. 스승이 가르쳐 주지 않으면 알지 못하니 스승은 부모와 임금처럼 섬겨야 하는 존재이다.[39] 유학에서 스승의 가르침을 받는 자를 '제자(弟子)'라 부르는 이유가 여기 있다. 스승을 높이기를 마치 부형(父兄)과 같이 해야 하기 때문이다.[40] 스승은 '도'를 가르쳐 주어 사람의 꼴에서 사람다운 사람으로 살아가게 하는 은혜를 준다는 점에서, 존경의 대상이 된다.

한편 스승을 부모와 군주처럼 존중해야 한다는 사상은 중국 고대인들이 오랫동안 숭상해 온 대상인 '하늘·땅·조상·임금·스승[天地祖君師]'과 관련한다.[41] 순자(荀子)는 이러한 사유를 '예'로 발전시켰다.

> 예에는 세 가지 근본이 있다. 하늘과 땅은 살아감의 근본이고 선조는 종족의 근본이고 임금과 스승은 다스림의 근본이다. 천지가 없다면 살아갈 수 없으며 선조가 없다면 태어날 수가 없으며 임금과 스승이 없다면 어떻게 다스려지겠는가. 세 가지 중에 어느 하나가 없으면 편안할 수 없다. 그러므로 예는 위로는 하늘을 섬기고 아래로는 땅을 섬기며 선조를 존중하고 임금과 스승을 높이는 것이다. 이것이 예의 세 가지 근본이다.[42]

---

38 성백효 역, 『소학집주』 제1, 「입교」, 49쪽, "十年出就外傅 居宿於外."
39 성백효 역, 『소학집주』 제2, 「명륜」, 162쪽, "欒共子曰 民生於三 事之如一 父生之 師教之 君食之 非父不生 非食不長 非教不知 生之族也 故一事之 唯其所在 則致死焉."
40 성백효 역, 『소학집주』 제1, 「입교」, 67쪽, "曰弟子者 尊師如父兄也."
41 박영진, 「순자의 『사론』 연구」, 『윤리연구』 105, 한국윤리학회, 2015, 91쪽.
42 『순자집해』, 「예론」, "禮有三本이라 天地者는 生之本也요 先祖者는 類之本也요. 君師者

순자에게 있어 '예'는 자연계와 인간계의 최고 법칙이다.[43] 그는 예의 세 가지 근본 중 하나로 군주와 스승을 존중하는 것을 강조하였다. 군주와 스승은 혈연적 관계가 없음에도 천·지·부모처럼 비중 있는 존재로 부각시켰다. 순자는 스승이 단순히 지식만을 전수하는 것이 아니라 도덕적 인격으로 감복시키고 많은 혜택을 주기 때문에 절대적으로 존경해야 한다고 여겼다.[44] 순자에 따르면 "말할 때 스승을 칭송하지 않는 일은 '반(畔)'이며 가르칠 때 칭송하지 않는 일은 '배(倍)'"로 '배반'이란 스승을 존경하지 않는 행위를 가리켰다.[45] 이러한 사고는 우리에게 익숙한 '군사부일체(君師父一體)'와 닮아 있다.[46] 하지만 맥락을 생략할 경우 자칫 오해하여 받아들일 수 있다. 순자가 언급한 '존사'가 행해지기 위한 전제는 '현명한 스승(賢師)'을 택하는 것이다.[47] '존사'는 스승의 권위를 무조건적으로 존중한다는 것이 아니라, 스승의 자질을 갖춘 자에 한해 존중한다는 뜻이다. 유학의 공부에서 스승의 자질이란 하루아침에 갖추어지는 것이 아니라, 진행형

는 治之本也라 無天地惡生이며 無先祖惡出이며 無君師惡治리오 三者偏亡焉이라도 無安人하리라. 故禮는 上事天하고 下事地하며 尊先祖하고 而隆君師라 是禮之三本也라."(인용 출처: 한국고전번역원 한국고전종합DB, https://db.itkc.or.kr)

43 박영진, 「순자의 『사론』 연구」, 『윤리연구』 105, 한국윤리학회, 2015, 91쪽.

44 박영진, 「순자의 『사론』 연구」, 『윤리연구』 105, 한국윤리학회, 2015, 94쪽.

45 『순자집해』, 「대략」, "言而不稱師謂之畔하고 教而不稱師謂之倍라."(인용 출처: 한국고전번역원 한국고전종합DB, https://db.itkc.or.kr)

46 박영진에 따르면 '군사부일체' 구절은 중국이나 우리나라의 주요 고전에 그대로 나오는 경우는 없다. 다만 조선시대 아동용 기초교재였던 『추구(推句)』에 비슷한 문장이 나올 뿐이다(『推句』, "天地人三才, 君師父一體. 天地爲父母, 日月似兄弟"). 그러나 『추구』가 언제 어디서 누구에 의해 편찬되었는지 정확한 문헌 정보가 현재까지는 없다. 박영진, 「순자의 『사론』 연구」, 『윤리연구』 105, 한국윤리학회, 2015, 92쪽 참고.

47 『순자집해』, 「성악」, 제23, "加之以造父之馭니 然後一日而致千里也라 夫人雖有性質美而心辯知라도 必將求賢師而事之하고 擇良友而友之라 得賢師而事之면 則所聞者堯舜禹湯之道也요 得良友而友之면 則所見者忠信敬讓之行也리라. 身日進於仁義而不自知也者는 靡使然也라."(인용 출처: 한국고전번역원 한국고전종합DB, https://db.itkc.or.kr)

에 가깝다. 게다가 이를 아는 '현명한 스승'의 경우, 제자에게 오히려 무조건적인 존중을 요구할 수 없을 것이다. 앞서 언급했듯, 스승의 권위는 제자를 압도하는 수직적인 성격이 아니었음을 상기할 필요가 있다.

> 옛날의 배우는 자에게는 반드시 스승이 있었는데 스승은 도(道)를 전수하고 학업 방법을 알려주고 의혹을 풀어주는 분이다. 사람이 날 때부터 모든 것을 아는 자가 아니라면 누가 능히 의혹이 없겠는가. 의혹이 있는데 스승을 따르지 않는다면, 그 의혹됨이 끝내 풀리지 않을 것이다. 나보다 먼저 태어나 그 도를 들어 진실로 나보다 앞선다면 나는 그를 좇아 스승으로 삼을 것이다. 나보다 나중에 태어났어도 그 도를 들음에 나보다 앞선다면 나는 좇아 스승으로 삼을 것이다. 나는 도를 스승으로 삼는 것이니, 어찌 그 나이가 나보다 먼저인가 뒤인가를 가릴 것인가. 이런 까닭에 지위의 귀한 것도 천한 것도 없고, 나이 많은 것도 없고 어린 것도 없다. 도가 있는 곳이 스승이 계신 곳이다.[48]

한유(韓愈)는 위의 「사설(師說)」에서 스승의 역할로 '도'를 전수하고, 학업을 가르쳐 주며, 미혹을 풀어 주는 이 세 가지를 제시하였다. 이

48 『고문진보 후집』, 권4, 「사설」, "古之學者는 必有師하니 師者는 所以傳道, 授業, 解惑也라 人非生而知之者면 孰能無惑이리오 惑而不從師면 其爲惑也 終不解矣리라 生乎吾前하여 其聞道也 固先乎吾면 吾從而師之하고 生乎吾後라도 其聞道也 亦先乎吾면 吾從而師之라 吾師道也니 夫庸知其年之先後生於吾乎리오 是故로 無貴無賤하며 無長無少요 道之所存은 師之所存也니라."(인용 출처: 한국고전번역원 한국고전종합DB, https://db.itkc.or.kr)

는 곧 동양 전통에서 인사(人師)와 경사(經師)라는 두 종류의 스승과 관련하여 오랫동안 스승의 상을 정립하는 데 영향을 주었다. 한유는 '도'를 나보다 더 안다면 스승이 될 뿐, 그의 사회적 지위나 나이의 고하는 스승을 선택하는 데 있어서 고려 사항이 아니라고 말한다. 더 나아가 '도'가 있는 곳에 스승이 있다는 구절은 스승을 존경해야 하는 이유를 말해 준다. 유학에서 존사, 즉 스승을 존중해야 하는 근거는 스승이 지닌 '도', 즉 스승이 진리를 지녔기 때문이지(정확히 말하자면 스승 또한 그 진리를 추구하고 있기 때문이지), 단순히 나이가 많거나 지위가 높기 때문이 아니다. 종합하자면 스승에 대한 존경은 '그 사람에 대한 존경'을 넘어서, 그 사람이 지닌 '진리 그 자체에 대한 존경'으로, '사제지간은 진리를 매개로 하는 사랑과 존경의 관계'라 할 수 있다.[49]

3. 자(子), 권위를 이어받은 자

전통 사회에서 스승의 권위를 높이고 존경하는 일은 '예'라는 구체적인 형식으로 형성 및 확립되었다. 단지 개개인이 마음으로만 '존사'를 행했다면, '존사'의 전통은 만들어질 수 없기 때문이다. 이러한 형식은 어느 날 갑자기 생긴 것이 아니라 시간이 지나면서 덧칠된 것이다. 오늘날 현대의 교육에서 '존사'의 '형식'은 완벽히 행해지지는 않지만, '존사'에 대한 사회적 공감대와 함께 일부 남아 있다. 전

49 정순우 외, 『사라진 스승: 다시 교사의 길을 묻다』, 2019, 현암사, 182쪽.

통 사회에서 '존사'가 어떤 방식으로 형식화되었는지를 살펴보는 작업은 오늘날 바뀐 현실에서 '존사'의 의미가 무엇이어야 하는지 고민하는 계기를 제공할 것이다.

결론부터 언급하자면, '존사'는 배우는 자가 스승을 매개로 스승이 전수하고자 하는 '도(道, 진리)'를 익히고 실천하여 계승함으로써 교육의 목표에 도달하기 위함이었다. 앞서 언급했듯, 스승의 권위는 그 사람에게서 나오는 것이 아니라, 그가 추구하는 학문에서 비롯되었다. 배우는 자가 '도'에 헌신하는 삶을 살아가는 과정에서 '존사'는 배움의 한 과정이자 수단이라 할 수 있다. 그러나 시간이 지나면서 '존사'의 목적이 변질되는 일도 발생했다. 각 학파의 제자들이 도통을 계승한 스승과 그렇지 못한 스승을 구분하기 위한 잣대를 세우고, 이 잣대로 도통을 계승한 학파 또는 정당과 그렇지 못한 집단을 변별하여 우열을 가리는 정치적 행위로 작동하였다. 즉 '존사'의 예는 존사하는 이들의 집단 권력을 상징하게 되었다. 이러한 작업을 통해 도통을 계승한 스승을 존사하는 제자 집단의 위상이 높아지고 정치적 목소리를 높일 수 있었다. 모두가 유학을 실천하는 지식인 집단이었음에도 불구하고, 이는 유학 내에서도 정통 또는 비정통으로 낙인찍으면서 진정한 학문 실천을 오히려 방해하게 했다. 게다가 이러한 존사 '형식'은 한국 사회에서 전통적 스승상을 유학적 스승에 한정하여 인식하게 했으며, '존사'의 본래 의미와 기능보다는 형식화된 의식과 수직적 권위 의식에 대한 강렬한 인상을 남게 했다고 본다.

먼저 '존사'의 '예'는 어떻게 출발했는지 살펴보도록 하자. 유학의 전통 속에서 스승상의 전형으로 알려진 자는 단연 공자이다. 공자는 춘추시대가 끝나기 220년 전에 태어나 70여 년을 살다가 갔지만, 이후 지금까지 유학을 대표하는 스승으로 존경받고 있다. 스승으로서 공자의 권위는 생전보다 그의 사후에 더욱 확고해졌다고 할 수 있다. 오랜 시간에 걸쳐 의도적인 작업, 즉 예(禮)가 축적된 결과였다.

정작 공자의 출생과 성장 과정은 비천할 정도였다. 『사기』의 「공자세가」에 따르면 공자는 64세의 공흘과 젊은 안징재 사이에서 출생했다. 부친은 공자가 세 살 때 죽었다. 공자는 홀어머니 밑에서 생계를 위해 온갖 허드렛일을 해야 하는 궁핍한 삶을 살았다. 어머니마저 17세에 돌아가시자 공자는 이후 혼자 살아남기 위해 여러 직업을 거쳐야 했다. 신분도, 직업도 특별하지 못했던 공자가 어떻게 만세의 스승으로서의 권위를 지니게 되었을까? 스승 공자의 권위는 그와 함께 공부한 제자 집단에 의해 세워졌으니, 먼저 공자의 문인 집단을 살펴볼 필요가 있다.

공자 학단은 공자라는 스승을 매개로 함께 공부하면서 형성된 집단이다. 이들은 대개 제후 밑에서 이상적인 정치, 즉 인정(仁政)을 행하는 것을 목표로 삼았다. 이들이 활동했던 시기인 춘추·전국시대는 최초로 본격적인 학(學)이 성립되었다.[50] 이른바 육예로 알려진 기존의 전통적 지식은 씨족 장로에 의한 구성원의 교육으로 전수되었던 만큼 폐쇄적이고 비전적(非傳的)인 성격을 띨 수밖에 없었다.[51] 그러나 혈연적 친소 관계에 의해 유지되었던 전통적 봉건 질서가 와해

---

50 서울대학교동양사연구실, 『강좌 중국사 I : 고대문명과 제국의 성립』, 지식산업사, 1989, 157쪽.
51 서울대학교동양사연구실, 『강좌 중국사 I : 고대문명과 제국의 성립』, 지식산업사, 1989, 162쪽.

되면서 사회 위기를 해결할 수 있는 새로운 지식이 필요해졌다. 기존의 귀족 계급이 아닌 몰락 귀족이나 하급 사인(士人)층이 선도하였고, 이들이 추구하는 학은 전통적인 지식의 재정리나 새로운 해석의 성격을 지닐 수밖에 없었다. 그 가운데 공자는 주 왕실의 봉건적 질서에 대한 복고를 원했으나 형식보다는 내용을 강조하였다.[52] 공자가 이상적 인간으로 설정한 군자는 자기 자신도 그러했듯, 신분 세습을 통해 획득하는 것이 아니라 개인의 지적이고 도덕적인 노력에 의해 완성되었다. 공자의 가르침이 기본적으로 '유교무류(有敎無類)'에 있기에 학인의 공부는 타고남이 아닌 개인의 후천적 노력에 의해 평가받았다.

이에 따른 공자 학단은 공자의 가르침을 따르며 모인 제자들로 구성된 사적인 학단이며, 입문(入門)에 신분적 차별을 두지 않았다. 훗날 사마천은, 공자가 자신의 문하에서 학업에 힘써 육예에 통달한 사람이 일흔일곱 명이라고 한 바를 주목하고 제자들에 관한 자료를 정리한 바 있다.[53] 여기에서 확인할 수 있는 바는, 제자들의 나이와 출신 등이 다양하다는 점이다. 노나라 출신인 안회는 공자보다 서른 살이 적었으나 끼니를 자주 거를 만큼 가난하였고 스물아홉에 머리가 하얗게 세더니 죽었다는 기록으로 보아 귀족 계급과는 거리가 먼 하층 인물이었음을 짐작할 수 있다. 또 다른 제자인 중궁은 아버지가 미천하였고, 중유는 수탉의 깃으로 만든 관을 쓰고 수퇘지의 가

52 서울대학교동양사연구실, 『강좌 중국사 I : 고대문명과 제국의 성립』, 지식산업사, 1989, 162-163쪽 참고.

53 사마천 저, 김원중 역, 『사기 열전 I 』, 민음사, 2011, 147쪽.

죽으로 주머니를 만들어 허리에 차고 다녔다. 이처럼 출신 배경이 다양한 이들이 제자 집단을 형성할 수 있었던 배경은 '공자'라는 동일 스승을 매개로 하였기 때문이다. 구체적으로 공자가 추구한 도(道)의 성격상 가능할 수 있었다. 이들은 공자로부터 '정치하는 법'을 배우고자 모였지만 단순한 기술이 아닌 인문(人文)으로서의 정치를 실현하고자 하였다. 이 중 자로는 노나라 계씨의 재상이 되거나 위나라 포 지방의 대부, 위나라 대부 공회의 읍재가 되었다.

그렇다면 공자 학단 이전 교육은 어떠했을까? 사(士) 이상의 신분에 속하는 사람들이 모여 만든 향당(鄕黨)에는 학식 높고 덕망 있는 노인을 교사로 하여 그 단체에 속한 청년을 일정 기간 교육하는 조직을 구성하고 있었다.[54] 교육이란 연장자인 노인을 공경하며 그가 지닌 지식과 지혜를 전수받아 공동체의 일원으로 사회화되는 과정이라 할 수 있다. 청년들은 이곳에서 기존 사회의 규범과 전통적 교양을 배우는 것이 목적이었다. 이러한 집단에서는 연륜을 상징하는 '나이'가 교유의 기준으로 작용했을 것이다. 게다가 정해진 사회 질서를 벗어나지 않는 범위 내에서 교육 공동체가 형성되었을 터, 함께 공부하는 벗도 차별적 계층 간의 만남과 교유에서 벗어나지 못했을 것이다. 그러나 공자가 추구한 학문은 전통적 질서를 무조건적으로 따르기보다 전통에 비판을 가함으로써 새로운 것을 이해하는 입장이었다. 이는 공자를 따르는 학인 집단 또한 새로운 만남과 교유를 가능케 하는 요인이 될 수 있었다고 본다. 따라서 공자 학단 등장

54 카이즈카 시세키 저, 박연호 역, 『공자 생애와 사상』, 서광사, 1991, 60-61쪽.

이전의 교육 기관에서의 벗은 대개 종속적이고 신분적인 질서 속에서의 만남을 전제로 하지만, 공자 학단에서의 벗은 스승의 가르침을 공유하며 실천할 수 있는가로 맺어진다. 즉 공자 학단은 나이나 신분 등의 선천적 요인보다 개인이 성장하고 생활하면서 가지게 되는 후천적 신념과 실천 여부가 모임의 결성 및 유지 조건을 지닌다고 할 수 있다. 이처럼 유학 교육에서 '벗[友]'이란 전통적 봉건 질서 속에서 혈연적 친분 관계로 맺어진 특정 신분 계층 간의 사귐이 아니라, 비혈연적·반계급적 성향을 지닌 만남을 전제로 맺어진 도우(道友)에 해당한다.

각기 출신 배경이 다른 이들이 '함께 공부하는 벗'으로서의 연대의식을 갖기 위해 치른 중요한 입단 행사는 '유자(儒子)의 옷을 입고 스승에게 존경의 의미를 담은 예물을 올리는' 의례였다. 그리고 공자의 문인들을 통해 제자가 되고 싶다고 의사를 내비친다. 제자가 되고자 하는 사람이 스승을 택해 자신을 제자로 받아들여 주기를 청하는 것이다. 이 의례를 통과하기 전까지 두 사람의 관계는 주인과 객이지만, 그 이후의 단계를 거치면서 스승과 제자라는 '완전히 새롭고 특별한 관계로 재탄생'하게 된다.[55] 자발적 동기에 따라 자유롭게 모여들었지만 특별한 입단 의례를 치르면서 공동의 목표 의식과 혈연적 관계 못지않은 형제 의식을 공유하였을 것이다. 입단 시 모두가 동일하게 '유자'의 옷을 입는 행위는 인(仁)을 향한 일상적 실천 공부로 입문하겠다는 의지뿐만 아니라, 이러한 공부 과정에서 학단

---

55 정순우 외, 『사라진 스승: 다시 교사의 길을 묻다』, 현암사, 2019, 153쪽.

에 들어오기 전의 세속적 신분이나 환경은 중요하지 않음을 상징한다고 할 수 있다. 더불어 자발적으로 스승의 권위를 인정하고 높이며 스승의 가르침을 따르겠다고 약속하는 일이다. 또한 학우 간에도 존경과 예의를 갖추기 위한 것들이다. 이러한 의례를 통해 전혀 다른 배경에서, 다양한 삶을 살아온 타인들이 특정한 스승을 선택하고 그를 존경하며 따르는 삶으로 입문할 수 있었다. 비록 자발적으로 스승을 선택하고 배움의 길에 들어섰지만 의례를 통해 스승과 배움 공동체의 권위를 높임으로써 자신의 선택과 신념을 다시 한번 확신하며 강화할 수 있었을 것이다.

입단 시 치르던 의식이 함께 공부하는 학인들에게 어떤 영향을 주었을지는 공자의 예악(禮樂)에 대한 기본 관점과 함께 살펴보아야 할 것이다. 공자에게 예란 사치스럽기보다 검소해야 하며, 그 속에는 인(仁)이 담겨 있어야 한다.[56] 의례는 무엇보다 공자가 추구한 삶과 앎에 비추어 보자면 종교적 미신이 아닌 합리적 인간중심적 성격을 지녔다고 본다. 공자는 속수의 예를 행한 제자라면 누구든지 학단에 받아들였다.[57] 속수(束脩)란 말린 고기 한 묶음이다. 공자가 제자에게 가르침의 대가로 물질적 비용을 요구했다는 뜻이 아니다. 공자는 스승을 존경하는 마음을 가지고 최소한의 예를 갖추어 찾아올 것을 요구한 것이다. 공자 학단의 경우 스승이 가르치는 학문과 그를 존경하는 마음을 갖추게 하는 것에서부터 교육을 시작했다. 이러한 의

56 김학주 역, 『논어』 제3, 「팔일」, 36쪽, "子曰 人而不仁 如禮何 人而不仁 如樂何."
57 김학주 역, 『논어』 제7, 「술일」, 106쪽, "子曰, 自行束脩以上, 吾未嘗無誨焉."

식인 속수례(束修禮)는 공자 사후 작헌례(酌獻禮)와 함께 학교에 입학할 때의 의례에서 가장 중요한 의식으로 자리 잡았다.[58] 작헌례는 왕세자가 학교에 입학할 때 대성전에서 공자의 신위에 술잔을 올려 예를 표하는 것을 말한다. 공자 학단에서 사적으로 행해지던 '존사' 의식은 공자 사후 유교 이념이 강화됨에 따라 국가에 의해 실시되거나 장려되면서 중요한 공적인 의례로 자리 잡았음을 알 수 있다.

이를 종합적으로 고려해 보면, 입단 시 치르던 예식은 기존의 형식을 관습적으로 답습한 절차와 거리가 멀었을 것이다. 복장과 예물의 범위도 소박하고 간소했겠지만, 스승과 제자, 제자와 제자 사이에 지켜야 할 보편적 도리를 구성원의 마음속에 새기는 의식 활동으로 충분했을 것이다. 따라서 입단 시 하늘[天]을 두고 치르던 예식은 덕(德)을 추구하는 자들을 향한 순수한 공경과 신의를 어떠한 상황에서도 저버리지 않겠다는 일종의 자기 맹세라 할 수 있다. 이러한 '예'는 혈연으로도 엮이지 않은 낯선 관계에서 벗어나 스승과 제자라는 특별한 관계로 재탄생하게 해 주었다.

이처럼 공자를 중심으로 제자 집단이 형성되고 의례를 통해 맺어진 스승과 제자의 관계가 계승되면서 공자의 권위는 자연스럽게 높아졌다고 본다. 이 과정을 정리하자면 다음과 같다. 제자는 자기가 추구하는 길[道] 위에 먼저 걸어가고 있는 스승을 알아보고 선택한다. 배우는 자가 자발적으로 원하는 스승을 찾아가 배움을 청하는 '택사(擇士)'의 전통은 현대 공교육에는 존재하지 않는 고유한 전통이

---

58 김문식·김정호, 『조선의 왕세자교육』, 김영사, 2003, 136쪽.

자 유학에서 교육의 성패를 좌우하는 중요한 출발점이었다.[59] 공자는 출생이나 지위 같은 기존의 사회적 지위의 관점에서 보자면 내세울 것이 없었지만, 그가 15세에 뜻을 두고 평생 추구한 배움과 그에 대한 열정을 인정받아 스승으로 선택되었다. 공자가 뜻을 둔 배움은 '도'를 추구하는 유학이었다. 스승 공자의 권위는 그를 부르는 명칭에서도 확인할 수 있다. 본래 공자의 이름은 구(丘)로, 자(子)는 유학에서 존경받는 인물을 지칭한다. 일반적으로 자식을 가리키나, '천(天)'과 '천자(天子)'의 관계처럼 '~의 권위를 이어받은 자' 혹은 '~의 권위를 행사하는 자'라는 뜻이었다.[60] 공자는 유학에서 추구하는 '도'를 지니고 이를 후학에게 전수함으로써 '도'를 계승하게 한 인물임을 의미한다. 따라서 스승으로서 공자는 제자 집단에 의해 '도'의 권위를 행사하는 자로 존경받게 되었음을 시사한다. 그리고 공자 문하에서 스승과 제자 사이에 행해진 의례는 존사를 구현하는 중요한 의식이 되어 갔다.

공자 사후 존사를 구현하는 대표적인 의례는 문묘석전(文廟釋奠)이다. 문묘(文廟)에서 공자를 비롯한 선성·선사(先聖先師)의 학덕을 기리며 그의 뜻을 본받고자 제사 지내는 의례이다. 문묘란 당나라 현종 개원 27년 공자에게 내려진 시호인 문성왕(文宣王)의 묘, 즉 공자 묘를 의미한다. 본래 선성·선사에 해당하는 인물은 요·순·우·탕·문왕·무왕·주공·공자·맹자 등이다. 이 중 특별히 '선성'이라 함은 내성외

---

59 정순우 외, 『사라진 스승: 다시 교사의 길을 묻다』, 현암사, 2019, 140쪽.

60 이준영, 「군자의 사회적 지위에 대한 연구: 주나라의 권위 상실을 중심으로」, 『유학연구』 53, 충남대학교 유학연구소, 2020, 122쪽.

왕(內聖外王)의 개념으로 보자면 학문 세계의 극존칭으로서 공자를 지칭한다.[61] 요에서 주공까지는 군주가 곧 스승인 군사(君師)로, 유학의 이상적 인물인 내성외왕에 해당했다. 고대의 성인은 본성을 갖추어 백성에 대한 지배권과 교화권을 하늘로부터 부여받은 군사였으나 공자 이후 군사의 직이 분리되었다고 여겼다.[62] 이제 군주는 어진 신하의 도움을 받아 성인이 되고자 수양해야 함을 뜻한다. 군주는 제왕 교육의 과정에서 신하이면서 스승인 자에게 배워야 했다. 바로 공자 같은 자들이다. 공자는 신하의 신분에서 '만세백왕지사(萬世百王之師)'가 되는 이중성을 띤다.[63] 이로 인해 조선시대에는 왕실에서 공자 또는 공자 외 성인에게 술잔을 올릴 때 어디까지를 대상으로 해야 하는지에 대한 논란이 발생하기도 했다. 이는 스승이면서 신하라는 이중적인 역할 때문이었다. 여러 논란에도 불구하고 석전은 이들의 학문과 인격과 덕행과 사상을 단순한 이론으로만 배우는 것이 아니라, 이를 숭모하고 존중히 여기며 스승을 높이고 진리를 소중히 여기는 기풍을 체득하기 위해서, 문묘에서 거행하는 국조 오례 중에 길례에 속하는 국가적 대제였다.[64]

우리나라에서 석전이 언제부터 시작되었는지는 확인할 수 없지만 중국의 학교를 모방한 유학식 학교가 세워졌을 때 석전도 시행되었을 것으로 추정한다. 고구려 소수림왕 2년(372)에 설립된 태학, 신문

61 장재천, 『조선 성균관 교육 문화』, 교육과학사, 2012, 31쪽.
62 장재천, 『조선 성균관 교육 문화』, 교육과학사, 2012, 31쪽.
63 장재천, 『조선 성균관 교육 문화』, 교육과학사, 2012, 31쪽.
64 장재천, 『조선 성균관 교육 문화』, 교육과학사, 2012, 30쪽.

왕 2년(682)에 설립된 국학에서 석전이 시행되었을 것으로 본다. 신라의 경우 진덕여왕 2년(648) 김춘추가 당의 국학에서 시행된 석전 의식을 참관했다는 기록[65]이나 신라 성덕왕 때 김수충이 당으로부터 공자상(孔子像)과 10철 72제자의 영정을 들여와 국학에 안치했다는 기록[66]으로 보아 석전을 행했을 것으로 본다. 시간이 지날수록 공자뿐만 아니라 통일신라·고려·조선의 선성·선사에 해당하는 인물도 함께 존숭되었다. 고려 현종 11년(1020)~13년(1022)에는 최치원과 설총을 증직하고 각각 문창후와 홍유후로 추봉하여 선성 묘정(先聖廟庭)에 배향했다. '문창'은 동국의 문학 영토를 열었기에, '홍유'는 동국의 유학 영토를 넓혔기에 그 공로를 인정하여 공자의 학문 왕국의 제후로 추숭한 셈이다.[67] 이를 통해 보건대 통일신라와 고려 전기에는 공자의 사원과 공자의 학문을 통합 운영하는 이른바 '묘학제(廟學制)'가 시행되었고, 거기다 자국의 선현을 함께 추숭하는 자체적 기준을 마련하기까지 했음을 알 수 있다.[68]

유교 사회를 지향한 조선의 경우 왕위의 정통성을 확립하기 위해 문묘석전을 더욱 중시하였다. 태조는 즉위한 다음 달에 석전을 성대히 지내게 했다.[69] 석전은 전란과 같은 특별한 경우를 제외하고는 계속 행해졌다. 조선이 유교화되어 가는 과정에서 석전의 내용과 형식

---

65 『삼국사기』, 권5, 신라본기, 진덕왕 2년 3월조.
66 『삼국사기』, 권38, 잡지 7, 직관상 국학조.
67 윤주필, 「동아시아 문명권의 공자 형상과 인식」, 『민족문화연구』 61, 고려대학교 민족문화연구원, 2013, 220쪽.
68 윤주필, 「동아시아 문명권의 공자 형상과 인식」, 『민족문화연구』 61, 고려대학교 민족문화연구원, 2013, 220쪽.
69 『태조실록』, 권1, 1392년(태조 1) 8월 8일.

은 수정되었다. 대략적으로 조선시대 문묘석전이 형성·정립되는 시기는 태종 10년(1410)에서 성종 5년(1474)에 완성된 『국조오례의(國朝五禮儀)』까지라고 할 수 있다.[70] 성균관 대성전에는 중앙에는 공자의 신위가, 그 앞에는 공자의 제자이면서 성인으로 불린 안자·증자·자사·맹자(四聖)가 배향되었다. 대성전의 동쪽과 서쪽의 익실에는 10인의 철인(十哲)이, 동무(東廡)와 서무(西廡)에는 중국과 조선의 학자들이 종사되었다. 동서 양무에 종사된 이들은 시기별로 변화가 있었다. 정조 9년(1785)에 완성된 『태학지』「위차」에는 공자와 안자·증자·자사·맹자, 공문 10철, 송조 6현, 중국 93현, 한국 15현으로 모두 129위로 되어 있다.[71] 1883년 이후에 수정·보완된「향사도」는 조선시대 문묘의 향사 대상을 최종적으로 반영한 것으로 중국 1현, 한국 3현이 추가되었다. 한국 18현은 고려시대 때 종사된 안향(충숙왕 6), 최치원(1020), 설총(1022)과 정몽주(1517/중종 12), 김굉필·정여창·조광조·이언적·이황(1610/선조 34), 이이·성혼(1682/숙종 8), 김장생(1717/숙종 43), 송시열·송준길(1758/영조 32), 박세채(1764/영조 32), 김인후(1796/정조 20), 김집·조헌(1883/고종 20)이었다.[72] 하지만 문묘종사된 인물들은 오로지 유학자들로, 불교·도교·잡학 등의 기타 학문과 기술 분야는 배제되어 있다.

> 온 천하가 다 같이 제사를 지내는 것은 오직 문묘뿐이다. 우리나라에서는 안으로는 국도로부터 밖으로는 주군에 이르기까지 모두

70 김현수,「조선시대 문묘석전의 쟁점과 특징」,『동양철학연구』 113, 동양철학연구회, 2023, 11쪽.
71 김현수,「조선시대 문묘석전의 쟁점과 특징」,『동양철학연구』 113, 동양철학연구회, 2023, 31쪽.
72 장재천,『조선 성균관 교육 문화』, 교육과학사, 2012, 343쪽.

> 묘학을 세워서 매년 봄 2월과 가을 8월의 첫 번째 정일(丁日)에 예로써 제사를 지낸다. 성인의 가르침이 천하에 있는 것은 마치 해와 달이 하늘에 운행하는 것과 같다. 여러 군왕이 이것으로써 규범을 삼고, 만세에 이것으로써 사표를 삼는 것이다. 대개 언어로써 형용할 수 없는 것이 있으니 그것은 인성의 고유한 것에 뿌리를 박고, 인심의 공통성에 근거하고 있다. 이것은 어찌 신의 말을 기다릴 필요가 있겠는가? 전하는 문묘 제사에 필요한 제물을 넉넉하게 하고 제기를 정결하게 하여 스승을 존중하는 뜻을 극진하게 하였으니, 이를 적어둔다.[73]

정도전의 위 발언은 유교 사회에서 행해지는 문묘의 의미와 성격을 이해하는 데 도움을 준다. 문묘는 일단 모든 사람이 참여하는 유일한 제사라는 것이다. 조선은 『경국대전』에 "6품 이상의 문관이나 무관은 3대까지 제사 지내고 7품 이하는 2대까지 제사 지내며 일반 사람은 단지 부모에게만 제사 지낸다."라는 조항을 규정함으로써 국가가 개인이 주관하는 의례의 대상과 범위를 통제하였다.[74] 유교 경전에 근거하여 나라에서 신분과 관직에 따라 제사를 지내야 하는 대상을 제한한 것이다. 신분의 고하와 무관하게 누구에게나 허용된 것은 조상 제사이나, 천자에서 서인에까지 계급에 따라 그들이 모셔

---

73 『삼봉집』, 권13, 「조선경국전 상」, 예전, "天下之通祀。惟文廟爲是。國家內自國都。外至州郡。皆建廟學。當春秋二仲上丁之日。祀之以禮載。惟聖教之在天下。如日月之行乎天。百王以之爲儀範。萬世以之爲師表。蓋有不可以言語形容者。而其根於人性之固有。而人心之所同然者。亦豈待臣之言哉。惟殿下豐其饑饎。潔其器皿。以致尊師重道之意。則可得而書也."(인용 출처: 한국고전번역원 한국고전종합DB, https://db.itkc.or.kr)

74 이욱, 『조선시대 재난과 국가의례』, 창비, 2009, 39쪽.

야 할 조상의 범위가 다르다.[75] 이는 고려의 모습과 달라진 것이다. 그런 점에서 조선 왕조는 문묘에 사회 구성원 전체를 참여시켜 스승을 존중하여 유학을 생활화함으로써, 국가 차원에서 유교 사회를 지향하겠다는 의지를 천명하고자 했다.

> 지금 천하 사람들이 사당을 세우고 제사를 올리는 대상 가운데 가장 대표적인 분을 꼽는다면 석씨와 노씨와 공씨를 들 수 있다. 그런데 공씨의 사당의 경우는 변두에 관한 일이라면 전담하는 관원이 별도로 있는 만큼 감히 사적으로 청탁할 수가 없으니, 이는 대개 본원을 잊지 않고 은혜에 보답하려는 목적으로 올리는 제사이기 때문이다. 반면에 석씨와 노씨의 경우는 그 궁묘나 상설에 정해진 제도나 정해진 장소가 없고, 제사 지내는 사람도 공사나 귀천을 막론하고 누구나 모두 가능하니, 이는 역시 사적으로 복을 구하려는 의도에서 올리는 제사이기 때문이다.[76]

고려 후기 유학자 이곡은 흥왕사에서 흥교원을 중수하고 낙성 법회를 개최한 일에 대한 기문을 작성하면서 고려 후기 일반 대중들 사이의 신앙 대상을 위와 같이 기록하였다. 기문에 따르면 제사의 대상 중 부처, 노자, 공자 등은 인기가 많아 사당에 주로 모셔졌다.

---

75 이욱, 『조선시대 재난과 국가의례』, 창비, 2009, 39쪽.

76 『가정집』, 권2, 「흥왕사 중수 흥교원 낙성회 기」, "今天下廟食之尤盛者。釋氏老氏孔氏也。孔氏之廟。籩豆之事。則有司存。不敢干以私。盖報本而已。若釋老氏則其宮廟像設。無定制無常所。人無公私貴賤。皆得以事之。亦其求福者然也."(인용 출처: 한국고전번역원 한국고전종합DB, https://db.itkc.or.kr)

그런데 부처와 노자의 경우는 공인이든 일반인이든, 신분이 높든 낮든 모두가 제사를 지내고 섬기는 풍습이 성행했다. 대중이 자신의 조상도 아닌 부처나 노자를 제사 지내는 일은 만연했는데 그 이유는 그들을 믿음으로써 '복'을 얻기 위함이었다. 그 복이란 내세의 구원이었다. 그러나 정도전 등의 유학자들은 조선을 건국하면서 공식적으로 각자 자신의 조상을 제사 지내고 그 외에는 음사로 규정하였다. 또한 '복'을 얻기 위해 제사를 지내는 것이 아니라 조상의 공로에 보답하기 위해 제사를 지내야 했다.[77] 이제 제사를 받으려면 현세에서 공로를 쌓아야 했다.

그렇다면 다시 앞의 정도전의 발언으로 돌아가 보자. 온 천하가 함께 제사를 지낸다는 점에서, 문묘는 예외인가? 그렇다면 공자는 모든 사람들에게 현세적 공로를 준 자라 할 수 있다. 그러하기에 제사의 참여 대상이 유일하게 모든 사람인 것이다. 하지만 이론적으로는 문묘에 모셔진 공자의 학문은 제왕의 학문일 뿐만 아니라 일반 백성에게도 참된 진리를 보여 주었기에 천하 사람들이 그 공로에 보답하고자 제사에 참여할 수 있으나, 실제로 문묘에 참여하는 대상은 유사 등으로 제한되어 있었다.[78] 이는 문묘에 제사 지내는 것은 공자 등의 성현들에게 복을 얻기 위함도 아니고, 이들의 권위를 높여야 하는 까닭은 공로에 보답하기 위함임을 명시한 것이다. 앞서 정도전은 문묘를 행하는 까닭이 스승에 대한 존경[尊師]에 있음을 명확하게

---

77 이욱, 『조선시대 재난과 국가의례』, 창비, 2009, 39쪽.
78 이욱, 『조선시대 재난과 국가의례』, 창비, 2009, 41쪽.

언급하였다. 유교 사회로 전환하면서 '존사'를 행해야 하는 이유가 불교식 존사와 크게 달라졌다.

> 나는 석씨의 글을 읽어 본 적이 없기 때문에 뭐라고 운운한 것이 무엇을 의미하는지 알지 못하겠다. 그래서 우선 유자의 입장에서 말해 볼까 한다. 무릇 사람이라면 누구나 추우면 옷을 입고 배고프면 밥을 먹을 줄 알며, 이로운 곳을 향해 나아가고 해로운 곳을 피할 줄 안다. 그런데 여기에 또 사람들이 강상의 아름다움과 예의의 정대함을 알아서 금수의 지경으로 떨어지지 않게끔 되었는데, 이것은 누가 가르치고 누가 전해서 그렇게 된 것인가. 그렇다면 어찌 그 본원을 생각해서 그 은혜에 보답하려는 마음을 품지 않을 수 있겠는가. 유자는 공씨를 배우는 자들이다. 그럼에도 불구하고 그 묘학이 퇴락한 것을 보고도 개연히 마음 아파하며 차마 눈으로 보지 못하는 자들은 대개 얼마 되지 않는다. 반면에 석씨의 무리 중에는 달환 스님처럼 부지런히 교화하고 유도하여 도량을 새롭게 하고 사업을 확대하는 자들이 많은데, 그들이 자기의 스승을 저버리지 않았다고 말하지 않는 사람들이 있다면 나는 그 말을 믿지 못하겠다. 그들 무리의 입장에서는 응당 자기 스승의 설을 따르려고 힘쓸 것이요, 당초 그 도가 어떠한 것인지는 따져 보려고 하지 않을 것이니, 석교가 성행하며 복을 구하는 자가 날로 불어나는 것도 당연한 일이다.[79]

---

79 『가정집』, 권2, 「흥왕사 중수 흥교원 낙성회 기」, "余未嘗讀釋氏之書。不知所謂云云者。姑

다시 이곡의 글을 보자면, 이곡은 이어서 대중이 공자를 존숭하는 것과 석가모니를 따르는 이유의 차이에 대해 언급하였다. 공자를 존경하여 문묘를 지내는 까닭은 '도'를 알게 해 금수와 달리 인간답게 도덕적인 삶을 살아가게끔 해 주기 때문이다. 개인으로서는 본성을 회복하는 일이지만, 천리에 보답하는 일이었다. 이처럼 도덕적인 사회를 만들어 가게 해 준다는 점에서 천하 사람들이 그 공로를 보답할 수밖에 없다고 보았다. 이를 이해하게 되면 자연스럽게 공자를 존경하고 그 공로에 보답할 수밖에 없다. 반면 석가모니의 경우, 개인의 사사로운 욕망을 채워 주는 데 부응할 뿐, 사회적으로 혜택을 주는 게 없다고 보았다. 그럼에도 개인의 사적 욕망에는 한계가 없으며, 그 욕망의 분출은 개인적으로 행해지는 신앙 활동으로 나타났다. 불교식 스승에 대한 '존사'는 결국 존사 대상의 영험한 능력에 따른 사적인 행위에 가깝다고 할 수 있다. 영험성은 이를 실험하고 의지하는 사람이 많을수록 그에 비례하여 높아지기에[80] 시간이 지날수록 더 많은 대중들이 신분 및 지위를 막론하고 참여하게 되었다. 반면 문묘는 이론과 달리 백성들이 아무나 쉽게 다가갈 수 없는 공간이었으며 국왕과 일부 관리들이 제사를 수행했다. 이는 제사를 지냄으로써 복을 누리는 것이 아니라, 제사를 통해 제사 대상을 '계승'하

以儒言之。凡人之寒衣而飢食。就利而避害。又知綱常之懿禮義之正。而不爲禽獸之歸者。孰敎之而孰傳之然耶。盍思其本而報之乎。儒。學孔氏者也。視其廟學之廢。而慨然有動于心目者蓋寡。而釋氏之徒。有能孜孜化誘。新其宮廣其業如幻師輩多矣。其不謂不負其師。吾不信也。爲其徒者當懋其師之說。初不計其道何如。是宜釋敎之盛行而求福者之日進也."(인용 출처: 한국고전번역원 한국고전종합DB, https://db.itkc.or.kr)

80 이욱, 『조선시대 재난과 국가의례』, 창비, 2009, 39쪽.

여 '도통'을 이어 가는 것이 중요하기 때문이다. 즉 '계승 의식'을 강조했기 때문이다.

생전의 속수례와 입단 의식은 공자 사후 관학을 중심으로 '존사'를 구현하기 위한 의례로 발전하였다. 이는 유학의 공부가 단순히 앎을 습득하는 데 그치는 것이 아니라 '도'를 행하여 본성을 회복함으로써 성인·군자가 되는 것에 있기 때문이다. 존사를 행하는 의례는 과거의 인물을 추억하고 그들의 업적을 기리는 단순한 추모 의식이 아니었다. 추모 대상은 배우는 자가 현실에서 결코 엿볼 수 없는 초월적 존재가 아니다. '존사'와 관련한 의례들은 배우는 자가 이들이 걸어갔던 길을 본받아 스승이 지닌 '도'를 계승하기 위한 교육 장치였다. 따라서 '존사'의 진정성은 제자가 스승의 '도'를 계승할 때 실질적으로 실현될 수 있었다. '존사'의 핵심은 배우는 자가 스승을 매개로 '도의 전통[道統]'을 익히고 실천하여 계승함을 의미한다. '도'를 계승한다는 것은 후학자가 도를 실천하여 학문을 완성한다는 뜻이다. 즉 '존사'는 '존사' 그 자체가 목표가 아니라, 배우는 자가 자신의 교육 목표를 완성하기 위한 과정이라 할 수 있다. 이런 점에서 스승의 권위는 교육 행위를 완성하기 위한 일종의 수단이며, 그 이상의 의미를 지닐 수는 없다.

하지만 시간이 지날수록 도통에 대한 의식, 즉 누가 도통을 잇고 있는지에 대한 해석에 따라 '존사'되어야 할 인물이 달라지면서 이로 인한 치열한 논쟁이 발생했다. 또한 선정 기준, 방법 등과 관련하여 집단의 이익에 따라 당쟁과 같은 정치적 갈등을 야기하는 빌미로 작용하기도 했다. 학파와 당파에 따라 문묘종사에 대한 의견이 분열되었다. 누군가 문묘에 종사된다는 것은 누군가는 배제되어야 하며, 무엇보다 스승으로서의 권위를 국가적으로 공인받는 일이 되었기 때문이다. 특히 자국의 학자 중 누구를 선정할 것인지는 정치적 논쟁으로 이어졌다. 숙종 8년 이이와 성혼이 문묘에 종사되었으나 숙종 15년에 기사환국이 일어나면서 출향되었다가 숙종 20년에 갑술환국이 일어나면서 복향된 사건만 봐도 그렇다. 스승이 문묘에 종사되면 그 학파 또는 정당은 그렇지 못한 집단보다 우월한 위상을 지니게 된다. 종사된 스승을 둔 학파 또는 당파의 정치적 목소리가 높아질 수밖에 없었다. 조선 후기로 갈수록 종법 질서가 강화되면서 이로 인해 적장자(嫡長子)가 우대되고 그 외 자식들이 차별받았듯, 종사된 스승과 그렇지 못한 스승 간 구분 및 차별이 생길 수밖에 없었다. 문묘에 종사되지 못했다고 해서 훌륭하지 못한 학자 또는 스승이라 할 수 없음에도, 문묘종사는 학파 및 정당 간 차별의 근거로 작용했다. 이는 제자 집단이 스승의 가르침을 잘못 계승한 결과이자, '존사'의 본래 의미와 역할과 거리가 먼 것이라고 할 수 있다.

또한 문묘종사의 인물들이 모두 유학자라는 사실은, 후대에 한국 전통 스승상을 논할 때 유학에만 한정하도록 하였다. 유학은 도덕 실천 학문이다. 인격과 덕성의 기준이 스승상에 영향을 주었으며, 스승의 권위를 세우는 일은 무엇보다 스승의 인격과 덕성을 높이 평가하는 것과 관련되었다. 뿐만 아니라 조선이 소중화로서 유교 정통의 계승자임을 자임함에 따라 중국 성리학자들에 대한 종사도 강화되었다. 조선 중기 이후 성리학 일변도의 사회로 전개되면서 문묘종사를 통한 '존사' 의례가 표준이 됨에 따라, 존사의 본래 취지는 잃어

가고 형식화되어 갔다. 즉 스승의 권위를 높이는 이유는 배우는 자가 학문에 진심으로 뜻을 두고 일상에서 이를 실천하기 위함이었으나, '존사'의 '형식'에 치중하여 배우는 자의 정치적 이해관계를 드러내거나 이단 또는 미개한 자와 변별하고 구분하고 차별을 정당화하는 데에 활용되기도 했다. 이는 공자 학단에서 행해졌던 '존사'의 성격과도 다르며, 본래 유학의 취지와 거리가 멀다고 할 수 있다. 무엇보다 '존사'의 본질적 의미와 기능은 배우는 자가 교육 목표를 완성하기 위함에 있음을 잊지 않을 때, 전통에 바탕을 둔 '존사'가 오늘날 변화된 사회에서 시사하는 바를 모색할 수 있을 것이다.

제2장

왕실의 스승이
지닌 권위

1. 국사(國師) 및 왕사(王師), 불교식 스승

"대개 신라와 고려는 불교를 숭상했기 때문에 우리 나라의 초엽에도 오히려 여풍(餘風)이 있었고, 중엽 이후에서야 비로소 물리쳐 금지하게 되었다."[81]라는 조선 후기 영조의 발언처럼 한국 전통 사회에서 불교는 매우 오랫동안 영향력을 행사했다. 후대 한국인이 인식하는 유교 국가로서의 전통은 생각했던 것보다 짧다고 할 수 있다. 오히려 전통 신앙과 불교, 유교 등이 혼재하여 한국인의 사유를 형성해왔으며, 그 영향은 현재에도 남아 있다. 서구식 근대 교육으로 대체되었음에도 이들 전통 사상은 교육 개념을 형성하고 이를 실천하는 데 영향을 주고 있다. 이 장에서는 유교화 이전, 즉 불교적 사유와 종교 활동이 스승의 권위를 형성하는 데 어떤 논리적 근거로 뒷받침되었는지를 살펴보고자 한다.

이에 앞서 불교의 특징, 한국 고대 국가와 불교와의 관계 등을 이해할 필요가 있다. 불교는 실천 원리인 중도관과 이론 근거인 연기법을 사유의 근간으로 제시한다.[82] 팔정도(八正道) 즉 팔중도는 양극단을 넘어선 가장 올바른 길이며 불교적 인간상을 추구하는 이들의 삶의 구심이자 나라를 다스리는 원기가 된다.[83] 불교의 국왕관에서

---

81 『영조실록』, 권35, 1783년(영조 9) 8월 26일.(인용 출처: 국사편찬위원회 한국사데이터베이스, https://db.history.go.kr)

82 고영섭, 「국가불교의 '호법'과 참여불교의 '호국': 호국불교의 전개와 의미」, 『불교학보』 64, 동국대학교 불교문화연구원, 2013, 93쪽.

83 고영섭, 「국가불교의 '호법'과 참여불교의 '호국': 호국불교의 전개와 의미」, 『불교학보』 64, 동국대학교 불교문화연구원, 2013, 93쪽.

는 자신의 특권만을 옹호하는 존재가 아니라 일체 중생의 이익과 안락을 도모하는 존재이며, 자기의 신하와 백성뿐만 아니라 모든 중생의 행복을 원하는 것이 이상적인 왕의 모습이다.[84] 불교의 정법치국 사상에 의하면 왕이란 존재는 초월적이고 신성한 지위를 가지고 백성 위에 군림하는 존재가 아니라, 왕도 일반 백성과 다를 바 없는 하나의 인간에 불과하다.[85] 하지만 불교가 인도에서 동아시아로 전래되면서 자비와 보시 및 평등의 정신인 정법치국 사상의 의미는 왜곡되거나 퇴색되어 왔다.[86] 불교의 관점에서 보자면 세속의 모든 인간은 이타적인 마음으로 평등에 기여하며 살아야 한다. 이런 점에서 세속의 '권위'는 중생의 행복을 위해 일시적으로 주어지는 것이라 볼 수 있다. 이론상으로 왕이든, 스승이든 중생의 자비와 보시를 진정으로 실천할 때, 백성들의 존경과 지지를 얻을 수 있다. 즉 불교식 스승의 권위는, 스승의 가르침과 실천이 어느 한 개인의 사욕이 아니라, 전체 중생들의 행복에 기여한다는 전제하에 정당화되는 것이라 할 수 있다. 그렇다면 실제 통일신라의 경우는 어떠했는가?

통일신라는 불연국토(佛緣國土) 사상에 근거하여 입각하여 고유 신앙과 불교 신앙 간의 조화를 모색하였다.[87] 대표적인 노력들은 다음

84 고영섭, 「국가불교의 '호법'과 참여불교의 '호국': 호국불교의 전개와 의미」, 『불교학보』 64, 동국대학교 불교문화연구원, 2013, 96쪽.
85 고영섭, 「국가불교의 '호법'과 참여불교의 '호국': 호국불교의 전개와 의미」, 『불교학보』 64, 동국대학교 불교문화연구원, 2013, 96쪽.
86 고영섭, 「국가불교의 '호법'과 참여불교의 '호국': 호국불교의 전개와 의미」, 『불교학보』 64, 동국대학교 불교문화연구원, 2013, 97쪽.
87 고영섭, 「국가불교의 '호법'과 참여불교의 '호국': 호국불교의 전개와 의미」, 『불교학보』 64, 동국대학교 불교문화연구원, 2013, 99쪽.

과 같다. 불교식 왕명을 사용하였으며 국민 통합과 왕권 강화를 위해 팔관회와 백고좌법회 등과 같은 호국법회를 자주 열었다. 팔관회는 진흥왕 12년(551)에 고구려에서 귀화한 승통 혜량에 의해 처음 시작되었다. 이것은 불교 의례와 명산대천과 용신 신앙 및 전통적 제천의례가 습합된 대표적인 의례였다.[88] 백고좌법회는 국가 위기나 천재지변을 막고 국왕의 병을 고치는 호국적 기원 법회로 '호법은 곧 호국'이라는 등식이 강조되었다.[89] 문무왕이 "짐은 죽어서 호국대룡이 되어 불법을 받들고 나라를 수호하고자 한다."라고 말한 대목에서 신라의 용신 신앙과 호국염원의 결합을 볼 수 있다.[90] 나아가 세속오계를 제시한 원광, 황룡사 9층탑을 조탑한 자장, 암호문을 해독하여 고구려군의 공격에서 신라군을 구한 원효, 당나라의 신라 침공 정보를 알리기 위해 귀국한 의상, 김유신의 용화향도, 황룡사 9층탑과 황룡사 장륙상 및 진평왕의 옥대 등의 신라 호국삼보 등은 모두 호국 신앙을 주도한 인물들이자 호국 신앙을 뒷받침하는 기제들이었다.[91]

신라시대의 대표적인 고승은 단연 원광 법사이다. 신라는 삼국 중 불교를 가장 늦게 수용하였지만, 법흥왕에 의해 공인된 후 왕실

88 고영섭, 「국가불교의 '호법'과 참여불교의 '호국': 호국불교의 전개와 의미」, 『불교학보』 64, 동국대학교 불교문화연구원, 2013, 99쪽.

89 김영태, 『승산박길진박사화갑기념 한국불교사상사』, 원광대출판부, 1975, 99쪽, 제2부 통일신라시대의 불교 참고.

90 고영섭, 「국가불교의 '호법'과 참여불교의 '호국': 호국불교의 전개와 의미」, 『불교학보』 64, 동국대학교 불교문화연구원, 2013, 100쪽.

91 고영섭, 「국가불교의 '호법'과 참여불교의 '호국': 호국불교의 전개와 의미」, 『불교학보』 64, 동국대학교 불교문화연구원, 2013, 100쪽.

을 중심으로 기틀을 잡아 갔다. 원광은 스물다섯 살이 되자 불교 공부를 위해 중국으로 유학을 떠났다.[92] 중국에서 불교 이론을 섭렵한 후 진평왕 22년(600) 고국으로 돌아와 왕에서 일반 백성에 이르기까지 대승불교를 가르친 당대 최고의 스승이었다. 귀산과 추항에게 불교의 계율 대신 세속오계(世俗五戒)를 가르쳐 이들이 훗날 국가에 공로를 세우도록 기여하였다.[93] 널리 알려졌다시피, 세속오계는 사군이충(事君以忠), 사친이효(事親以孝), 교우유신(交友有信), 임전무퇴(臨戰無退), 살생유택(殺生有擇)으로, 신라 청소년들이 지켜야 할 윤리로서 화랑의 실천 덕목이 되었다. 원광은 특히 그 시대 신라인이 제각기 처한 현실에서 실천이 가능한 수계를 내려 계(戒)의 자발적 본의를 고양시켜 '자리이타(自利利他: 자신도 이롭고 다른 사람도 이롭게 함)'라는 대승불교의 이념을 구현하였다.[94] 원광 법사가 신라에 돌아왔을 때 왕실이 보인 행동은 다음과 같았다.

> 원광이 갔다가 돌아온 것이 수년이 되니 늙은이도 아이도 서로 기쁜 마음으로 받들었다. 신라왕 김씨는 대면하고 공경하여 성인과 같이 받들었다.
>
> 원광은 성품이 허한하고 심정은 널리 사랑하는 것이 많았으며 말을 할 때는 항상 미소를 머금고 있었고 결코 노한 빛을 띠지 않았다. 그리고 상표문, 계서, 오고가는 국서는 그의 심중에서 나왔으

92 『삼국유사』, 권 제4, 의해 제5, 원광서학.
93 『삼국유사』, 권 제4, 의해 제5, 원광서학.
94 홍나연, 「원광의 사상과 그 진영 복원을 위한 일고」, 『정토학연구』 34, 한국정토학회, 2020, 299쪽.

> 며 하나라도 극진히 받들어 모두 다스리는 방향을 맡겼으며 도화하는 것을 물었다. 사정은 금의환향한 것과 달랐으나 실정은 중국의 국정을 돌아보고 온 것과 같았다. 기회를 타서 훈계를 하여 지금에도 모범을 드리웠다.
> 나이가 이미 많아지자 수레를 타고 궁궐에 들어갔다. 의복과 약·음식을 왕이 손수 마련하고 옆에서 돕지 못하게 하여 오로지 복을 혼자 받으려고 하였으니 그 감복하고 공경하는 것이 이와 같았다. 장차 생을 마치기 전에 왕이 친히 손을 잡고 위문하며 누차 법을 남기고 겸하여 백성을 구제할 것을 부탁하니, 원광이 상서로움을 말하여 그 공덕이 바다 구비에까지 미치었다.[95]

고국으로 돌아온 이후 원광은 위의 『삼국유사』 기록에서와 같이 신라의 임금과 신하들에 의해 성인과 같은 스승으로 대우받았다. 화를 내지 않고 늘 미소를 지으며 신분에 상관없이 누구에게나 친절한 모습은 불교식 스승으로서의 권위를 더욱 높여 주었으며, 원광의 모습은 인격과 학덕이 높은 스승의 상 그 자체였다. 특히 인상적인 구절은 왕이 원광을 성인처럼 공경하며 손수 옷, 약, 음식 등을 장만하여 챙겨 주고 다른 사람이 돕는 것을 허락하지 않았다는 부분이다.

---

95 『삼국유사』, 권 제4, 의해 제5, 원광서학, “光徃還累紀, 老幼相欣.校勘 新羅王金氏面申虔敬仰若聖人. 光性在虛閑, 情多汎愛, 言常含笑慍結校勘 不形. 而牋表啓書徃還國命並出自胸襟, 一隅傾奉皆委以治方詢之道化. 事異錦衣. 請同觀國. 乘機敷訓垂範于今. 年齒旣高乘輿入内. 衣服·藥·食並王手自營不許佐助用希專福, 其感敬爲此類也. 將終之前王親執慰, 囑累遺法兼濟民斯, 爲說徵祥被于海曲.”(인용 출처: 국사편찬위원회 한국사데이터베이스, https://db.history.go.kr)

게다가 놀랍게도 원광이 죽자 나라에서 왕실에 버금가는 최고 장례를 치러 주었다.[96] 원광은 신분이 높지 않았음에도 신라 왕실과 백성의 스승이었으며, 스승으로서의 그의 위상과 권위가 왕실에 의해 더욱 높아졌음을 확인할 수 있다. 오늘날 후대인이 전통적 스승의 상과 권위를 떠올릴 때 머릿속에 그려지는 이미지는 바로 원광의 모습에 가깝다고 할 수 있다.

그렇다면 원광은 어떻게 절대적인 존경을 받을 수 있었을까? 먼저 원광은 '자신을 성찰하고 참회를 한다면 누구나 자리이타를 행할 수 있는 존귀한 대승보살이 될 수 있다'는 자각을 당시 신라인들에게 불러일으킴으로써 신분과 상관없이 평등하게 교화를 실시했다.[97] 또한 신라 국가를 위해 걸사표와 외교문서를 작성하고 국난 극복과 평안을 기원하는 국가적 호국 불교 행사에 적극 참여하였다. 원광은 정치와 교화 방면에서 각자가 원하는 혜택을 확실히 제공하고 정법과 불국토를 수호하는 호국 불교를 지향했다. 여기까지만 보자면 원광은 불교에서 언급하는 이상적 스승의 모습이라 할 수 있다. 하지만 앞의 기록에서 왕이 직접 원광을 공경하는 행동을 보임으로써 자신만 복을 독차지하고자 했던 것처럼, 대중이 원광에게 기대한 모습은 복잡했다고 할 수 있다. 대중에게는, 그가 대중과 왕실을 구원해주고 현실적 복이라는 혜택을 준다는 신념에 근거하여 무한한 존경의 대상이 되었음을 확인할 수 있다. 당시 불교는 원래 종교가 추구

96 『삼국유사』, 권 제4, 의해 제5, 원광서학.
97 홍나연, 「원광의 사상과 그 진영 복원을 위한 일고」, 『정토학연구』 34, 한국정토학회, 2020, 313쪽.

하던 정신과 달리, 개인 각자의 세속적 욕망(출세, 무병 장수, 부귀영화)을 위로해 주고 충족시키는 데 협조하였다. 이 시기 한국에서 불교는 국가와의 관계 설정에서 '상위의 지위'나 '대등한 지위'를 유지하지 못하고 '종속적 지위'로 밀려나게 되었다.[98] 이처럼 불교식 스승은 종교적 가르침의 전수 못지않게, 개개인에게 사적인 복을 기원해 줌으로써, 대중으로부터 권위를 얻었다고 할 수 있다.

신라의 왕사를 비롯한 중들과 왕실의 관계는 다음의 일화를 통해 확인할 수 있다. 충담 스님은 경덕왕이 "나를 위하여 백성들이 편히 살도록 다스리는 노래를 지으라."라는 명령을 내리자, 임금의 명령을 받들어 노래를 지어 바쳤다. 이 노래가 〈안민가(安民歌)〉였다.[99] 그러자 경덕왕은 기뻐하며 충담을 왕사로 임명하고자 했다. 그러나 충담이 왕사 자리를 거부했다는 일화를 보면, 일방적으로 왕실의 명령에 따르지 않았음을 알 수 있다. 국왕이 스승 될 자를 선택하지만 이들의 결정에 관하여 함부로 명령을 내릴 수 없었음을 확인할 수 있다. 그러나 충담의 경우는 예외적이며, 대부분은 왕실과 밀접한 관련을 맺으며 활동할 수밖에 없었을 것이다.

또 다른 일화를 살펴보자. 경덕왕이 아들이 없어 고민하며 표훈 스님에게 "내가 복이 없어 자식을 얻지 못하니 원컨대 스님은 하늘의 상제에게 청하여 아들을 점지하도록 하라."라는 명령을 내린다. 그러자 표훈이 하늘로 올라가 상제에게 부탁하여 임금과 하늘 사이

98 고영섭, 「국가불교의 '호법'과 참여불교의 '호국': 호국불교의 선개와 의미」, 『불교학보』 64, 동국대학교 불교문화연구원, 2013, 98쪽.
99 『삼국유사』, 권 제2, 「기이」, 경덕왕·충담사·표훈대덕.

의 중재자 역할을 한다. 하늘의 경고를 외면하면서까지 우여곡절 끝에 경덕왕이 아들을 낳았는데 이 아들이 혜공왕이었다. 이들 일화를 통해 왕실의 스승이 어떤 역할을 담당했는지를 확인할 수 있다. 이들은 왕의 명령을 받아 왕의 개인적 바람을 충족시켜 주는 역할을 했다. 물론 이 바람이 왕실 및 국가의 안정과도 관련된다는 점에서 온전히 사적이라고는 할 수 없다. 하지만 신라 당시의 불교계 종교인들을 바라보는 대중의 시각이 어떠했는지 짐작하게 한다. 이들은 하늘과 개인을 중재하며 개인이 복을 얻을 수 있도록 도와주는 역할을 했다. 이러한 일화들은, 불교식 스승들이 정치적 이해관계와 독립적으로 종교 및 교육 활동을 할 수 없었으며, 이들의 권위를 형성하는 데 국가 권력이 어느 정도 영향을 주었음을 의미한다.

신라 멸망 이후 후삼국의 혼란을 극복하고 건국한 고려의 경우, 새로운 국가를 운영하고 왕실의 권위를 높이기 위해 불교를 적극 활용했다. 태조 왕건은 국가가 안정되고 발전하는 데 불교의 도움을 받고자 했다.[100] 왕건의 『훈요십조』 제1조에는 "우리나라의 대업(大業)은 반드시 모든 부처가 보호하고 지켜 주는 힘에 의지하고 있으므로, 선종과 교종의 사원을 창건하고 주지를 파견하여 분향하고 수도(修道)하게 함으로써 각각 자신의 직책을 다하도록 하는 것이다."라며 고려가 불교 국가임을 내세웠다.[101] 그리고 제2조에는 사원의 위치가 국조(國祚)의 흥륭과 관련되어 있다는 비보사탑(裨補寺塔)의 관념이 표명

100 이종서 외, 『고려시대사 2』, 푸른역사, 2017, 113쪽.
101 『고려사』, 권2, 「태조세가」, 943년(태조 2) 4월.(인용 출처: 국사편찬위원회 한국사데이터베이스, https://db.history.go.kr)

되어 있다. 또 제6조에서는 "연등회와 팔관회의 지속적 거행을 당부"하고 있는데, 이들 의례는 국가에서 성대한 의식으로 거행되었다. 왕건은 정치는 유교로 하되 민심 수습과 안정은 불교를 통해서 하겠다는 원칙을 세우고 정책에 반영했다.[102] 왕건은 국가 운영에 불교를 이용하면서도 신라처럼 불교가 지나치게 비대해지는 것을 경계하고자 불교와 정치를 분리하려는 입장을 내세웠지만, 왕권을 높이고 국민을 통합하는 데 있어 불교의 정치적 기능을 간과할 수는 없었다.[103] 고려는 왕실의 안정과 권위를 높이기 위해 불교계 인물들의 협조를 적극 필요로 했다. 이 과정에서 왕실은 이전 시기보다 더 적극적으로 불교식 스승의 권위를 높이고 이들을 존사했을 것이다.

고려 왕조에서 불교계 인사들은 정치뿐만 아니라 국방과 교육 분야에서도 중요한 역할을 했다. 스님들은 거란군에 맞서 전쟁에 참전하였다. 숙종 9년(1104)에는 여진 정벌을 위해 윤관이 별무반을 설치할 때 승도들로 구성된 항마군도 선발하였다.[104] 고려의 경우 불교 사원은 보(寶)와 계, 교통 및 여관 등의 사회복지 시설의 운용은 물론 수원승도나 사원의 장·처(莊·處) 등 국가의 정치행정 및 경제적인 분야에서 그 일조를 다하였을 뿐만 아니라 사원의 본래 기능이라고 할 신앙과 더불어 교육·출판 등의 측면도 담당하였다.[105] 통일신라에 이어 교육 분야에서는 민간과 왕실의 스승으로 활동했다.

---

102 이종서 외, 『고려시대사 2』, 푸른역사, 2017, 134쪽.
103 이종서 외, 『고려시대사 2』, 푸른역사, 2017, 113쪽.
104 『고려사』, 권113, 「열전」, 최영.
105 황인규, 「고려 유생의 하과와 사찰」, 『종교교육학연구』 22, 한국종교교육학회, 2006, 16쪽.

왕실의 스승인 왕사(王師: 왕의 스승), 국사(國師: 국가의 스승)를 살펴보면 다음과 같다. 고려에서는 국사가 왕사보다 높은 것으로 인식되어 왕사를 거친 후 국사가 되었고, 입적한 고승의 업적을 기려 국사로 추증하는 일도 많았다.[106] 왕은 명망 있는 고승을 초빙하여 그를 왕의 스승으로 책봉하고, 보살계를 받기도 하며 스스로 직접 제자가 되는 의례를 거행했다. 왕이 자신의 정체성을 현세의 국왕보다는 불교의 신자로 자임하게 된다면, 왕사와 국사의 권위가 매우 높아질 수밖에 없다.[107] 하지만 불교의 가르침이 세속의 권력보다 우위에 있기는 하나, 즉 국가와 국왕의 숭불을 상징하는 것이었으나, 왕사와 국사의 임명권은 국왕에게 있어 현실에서는 국왕권에 종속되어 있었다.[108] 왕에게 임명된다는 점에서 왕사와 국사의 위상은 이중적 성격을 지녔다.

왕사 및 국사의 권위는 이들을 존사하는 의례를 통해 확인할 수 있다. 관련 기록이 고승비에 압축적으로 전하는데 사료의 특성상 왕이 승려를 스승으로 모시기까지의 의례 과정이 대단히 부각되어 있다.[109] 세속의 예[世禮]를 초월하여 승려를 대하는 것은 군주가 불교를 높이는 방법이었다.[110] 즉 불교식 스승의 권위는 군왕에 의해 특별하게 높여졌는데, 그 이유는 명목상 스승을 높임으로써 불자로서 자신이 믿는 종교를 높이기 때문이다. 왕은 승려를 스승으로 높이는

---

106 이종서 외, 『고려시대사 2』, 푸른역사, 2017, 145쪽.
107 이종서 외, 『고려시대사 2』, 푸른역사, 2017, 145쪽.
108 이종서 외, 『고려시대사 2』, 푸른역사, 2017, 145쪽.
109 김연지, 「고려시대 왕사·국사 책봉 의례와 군신·사자 관계의 구현」, 『역사와현실』 119, 한국역사연구회, 2021, 51-52쪽.
110 김연지, 「고려시대 왕사·국사 책봉 의례와 군신·사자 관계의 구현」, 『역사와현실』 119, 한국역사연구회, 2021, 53쪽.

의식을 행함으로써 그와 스승과 불자의 관계를 맺었고 이러한 인연으로 불법의 보호를 받기를 바랐다. 이는 재위 동안 나라의 평안, 국왕 만만세와 같은 축수(祝壽)로 표상된다.[111]

김연지의 연구에 따르면, 이 공경 의례는 신라에서부터 왕이 고승을 초빙하여 스승으로 높이던 의식을 이어 나간 것이며 그것은 피석(避席), 구의(摳衣), 서신(書紳) 등으로 기록되었다.[112] 또한 이를 구현하는 것을 국사 또는 왕사의 예, 사자(師資)의 예, 제자의 예로도 적었는데 이 외에도 매우 다양하다.[113]

고려의 왕들이 거행한 사례(師禮), 즉 사자례는 보살계를 받은 왕이 부처의 화신을 향해 극진한 공경 의례를 펼치는 것이었다.[114] 이는 국초부터 고승을 궁으로 모셔 거행하던 것으로, 왕과 승려가 특별한 인연을 맺는 상징적인 행위였다.[115] 무엇보다 태조가 표방한 제불호위(諸佛護衛)에 대한 자부심과 삼보를 신앙하라는 기조를 가장 잘 보여 주는 시책이었으며 당시 사람들이 공유하고 있던 불교식 세계관

---

111 김연지,「고려시대 왕사·국사 책봉 의례와 군신·사자 관계의 구현」,『역사와현실』 119, 한국역사연구회, 2021, 53쪽.

112 피석은 앉아 있던 자리에서 일어나서 상대에게 예의를 갖추는 행위이다(『효경』, "仲尼居 曾子侍 子曰 先王有至德要道 以訓天下 民用和睦 上下無怨 汝知之乎曾子避席曰 參不敏 何足以知之"). 소매를 걷어올려 윗사람을 높이는 행위인 구의와 함께 승려에 대한 공경의례를 언급할 때 빈번히 나타난다. 서신도 마찬가지이다. 신(紳)은 띠를 가리키며 서신은 상대의 말씀을 잊지 않기 위해 띠에 쓰는 행위이다(『논어』, "衛靈公, 子張 書諸紳"). 김연지,「고려시대 왕사·국사 책봉 의례와 군신·사자 관계의 구현」,『역사와현실』 119, 한국역사연구회, 2021, 53-54쪽.

113 김연지,「고려시대 왕사·국사 책봉 의례와 군신·사자 관계의 구현」,『역사와현실』 119, 한국역사연구회, 2021, 54쪽.

114 김연지,「고려시대 왕사·국사 책봉 의례와 군신·사자 관계의 구현」,『역사와현실』 119, 한국역사연구회, 2021, 69쪽.

115 김연지,「고려시대 왕사·국사 책봉 의례와 군신·사자 관계의 구현」,『역사와현실』 119, 한국역사연구회, 2021, 69쪽.

을 구현해 내는 데 유효했다.[116]

고려의 왕들은 스승으로 삼을 만한 승려를 택하여 군신 관계를 초월한 형태의 의례를 거행했다. 그것은 승려를 향한 지극한 공경 의례로 대표되며 통치자가 불보살의 화신을 맞이하고 그에게 귀의하는 행위에서 비롯되었다.[117] 국가 체계가 정비되는 과정에서 왕사·국사에게도 최고 수준의 임명 문서인 책이 수여되기 시작하는데, 문종대의 기록이 가장 이르다. 승려도 책을 받는 새로운 절차가 거행되는 것이다.[118]

정리하자면 왕사·국사는 고려시대 불교의 높은 위상을 보여 주는 상징적인 존재이지만, 그에 대한 책봉 의례는 그들의 권위가 통치 체계 안에서 작동되어 세속 권력을 초월하지 않았음을 분명하게 보여 준다. 왕사·국사 책봉 의례는 고려에서 국왕을 정점으로 한 권위 체계를 구현한 방법이자, 이 시기 정교(政敎) 관계의 실제를 구체화할 수 있는 중요한 단서이다.[119] 왕사·국사를 포함한 스님들은 거리와 왕실의 스승 역할을 했다. 이들은 종교 활동뿐만 아니라 경전에 대한 지식 전수 및 기본적인 문해 교육, 국가를 위한 봉사, 대중을 위한 설법 등 다양한 분야에서 활동했다. 이 과정에서 때로는 불

---

116 김연지, 「고려시대 왕사·국사 책봉 의례와 군신·사자 관계의 구현」, 『역사와현실』 119, 한국역사연구회, 2021, 69쪽.
117 김연지, 「고려시대 왕사·국사 책봉 의례와 군신·사자 관계의 구현」, 『역사와현실』 119, 한국역사연구회, 2021, 68쪽.
118 김연지, 「고려시대 왕사·국사 책봉 의례와 군신·사자 관계의 구현」, 『역사와현실』 119, 한국역사연구회, 2021, 70쪽.
119 김연지, 「고려시대 왕사·국사 책봉 의례와 군신·사자 관계의 구현」, 『역사와현실』 119, 한국역사연구회, 2021, 83쪽.

교 본래의 정신과는 거리가 먼, 개개인의 출세적 욕구 등을 충족시키는 일을 하기도 했다. 이들이 대중과 왕실의 세속적 욕망 충족에 거리를 두고 순수한 종교적 활동만을 했다면, 그토록 대중적이고 높은 권위를 형성할 수 있었을까? 현실에서 불교식 스승들은 대중의 세속적 욕망과 국가의 이해관계에 적극 관여함으로써, 대중으로부터 높은 신망과 지지를 얻을 수 있었다. 이 과정에서 국왕을 포함한 국가가 이들에게 극진한 예를 갖춤으로써 불교식 스승의 권위를 높이는 데 결정적 역할을 했다. 하지만 이러한 요인들이 오히려 불교식 스승의 교육 활동을 제한하는 데 작용하기도 했다. 결국 이들 스승의 권위라는 게 독립적 성격을 지니기보다, 교육 외적인 요인들에 의해 종속적으로 형성되는 것이었음을 확인할 수 있다.

2. 경연관(經筵官), 왕의 스승

『삼국유사』에서 처음 언급하는 국가는 "무릇 옛날 성인이 바야흐로 예악으로써 나라를 창건하여 도덕으로써 교화를 베풀 때"로, 고조선 시기이다.[120] 이와 관련하여 자세한 설명은 다음과 같다.

『고기(古記)』에 이르기를, "옛날에 환인의 서자인 환웅이 천하에

120 『삼국유사』, 권 제1, 「기이」, 서왈, "大抵古之聖人方其禮樂興邦仁義設敎."(인용 출처: 국사편찬위원회 한국사데이터베이스, https://db.history.go.kr)

자주 뜻을 두어, 인간세상을 구하고자 하였다. 아버지가 아들의 뜻을 알고 삼위태백을 내려다보니 인간을 널리 이롭게 할 만한지라, 이에 천부인 세 개를 주며 가서 다스리게 하였다. 웅이 무리 삼천을 거느리고 태백산 정상 신단수 밑에 내려와 신시라 하고 이에 환웅천왕이라 하였다. 풍백·우사·운사를 거느리고 곡·명·병·형·선악 등 무릇 인간의 삼백육십여 가지의 일을 주관하며 세상을 다스리고 교화하였다.[121]

위의 기록에서 알 수 있는 것은 환웅이 정치와 교화에 직접 관여했다는 것이다. 성인(聖人)인 왕이 직접 교화를 펴서 '재세이화(在世理化)'를 펼치는 자, 즉 군사(君師)의 역할을 했다. 국가 운영의 목적은 왕권 강화나 부국강병에 있지 않고 도덕적인 정치, 즉 본래의 품성 회복을 통한 '홍익인간·재세이화'의 구현에 있었다.[122] 교화의 내용은 다음과 같았다. ① 성실해서 속임이 없기, ② 부지런해서 게으름이 없기, ③ 효도해서 어김이 없기, ④ 청렴해서 음탕함이 없기, ⑤ 겸손해서 싸움이 없기이다.[123] 환웅은 사람마다 참사람을 만들어 참나라를 만들고자 했다.[124] 교육과 정치, 양자의 성격과 목적이 다르지 않

121 『삼국유사』, 권 제1, 「기이」, 고조선, "古記云, "昔有桓囯 謂帝釋也. 庶子桓 雄數意天下貪求人世. 父知子意下視三危 太伯可以弘益人間, 乃授天符印三箇遣徃理之. 雄率徒三千降於太伯山頂 即太伯今妙香山.神壇 樹下謂之神市, 是謂桓雄 天王也. 將風伯·雨師·雲師, 而主穀·主命·主病·主刑·主善惡凡主人間三百六十餘事在世理化."(인용 출처: 국사편찬위원회 한국사데이터베이스, https://db.history.go.kr)

122 조미옥, 「한국선도의 복본 사상과 스승 전통」, 『유라시아문화』 1, 유라시아문화학회, 2019, 84쪽.

123 안호상, 「한국윤리의 사상적 고찰: 배달겨레의 정통적 윤리사상」, 『한국사상과 문화』 2, 한국사상문화학회, 1998, 14쪽.

124 안호상, 「한국윤리의 사상적 고찰: 배달겨레의 정통적 윤리사상」, 『한국사상과 문화』 2, 한

기에 가능한 일이었다. 또한 환웅이 일반인과 다른 신성한 존재, 즉 성인이었다는 설정은 통치와 교화의 정당성과 관련된다. 고대 사회에서 '사'는 무엇보다 신성한 자질을 갖춘 자가 타고난 능력을 발휘하여 인간살이에 혜택을 주는 자였으며, 이러한 이유로 절대적인 권위를 지닐 수 있었음을 시사한다.

이후 고구려 시조인 주몽과 신라 시조인 혁거세의 경우도 하늘로부터 신성한 왕의 자질을 부여받은, 평범함과 거리가 먼 특별한 자들이다. 환웅의 경우도 비록 인간 세상에 육체가 있지만, 출생의 기원은 하늘에 있었다. 그런데 『삼국유사』에 따르면 혜공왕 대 표훈이 죽은 후로부터는 신라에 성인이 나지 않았다.[125] 이는 군주가 통치의 정당성을 스스로 입증하여 피지배층으로부터 인심을 얻을 수 있어야만 안정적으로 국가를 운영할 수 있게 됐음을 의미한다. 게다가 고대 사회에서 왕권 강화와 중앙집권 통치체제 확립 등 정치적 목적을 위해 유학을 수용하면서 무엇보다 군주를 대상으로 하는 제왕 교육이 필요해졌다.

중세 봉건 사회에서 군주는 입법·사법·행정뿐만 아니라 사상 및 도덕적 가치의 최고·최종적인 재단자였다는 점에서 원칙상 절대적이고 초월적인 존재로 간주되고 있었다.[126] 하지만 군사(君師)가 분리된 이후부터는 군주가 통치의 정당성을 얻기 위해 수신이 필요해졌

국사상문화학회, 1998, 17쪽.

125 『삼국유사』, 권 제2, 「기이」, 경덕왕·충담사·표훈대덕, "自表訓後聖人不生於新羅云."

126 김정신, 「조선전기 사림·사림정치 연구의 쟁점과 전망」, 『한국사상사학』 64, 한국사상사학회, 2000, 73쪽.

다. 수신의 내용과 방법은 성리학 수용 이전과 이후에 따라 차이가 있었다. 이는 고려와 조선의 군주관의 차이와 관련된다. 고려의 경우 태조 왕건 이래 왕은 태생적 신성함을 가진, 성인은 아니나 성인으로 존중되는 존재로 인식했다.[127] 왕은 천명(天命)과 부처의 가호를 받은 신성한 존재로 설정되었다.[128] 다만 왕은 재이나 전란이 발생하면 자신의 부덕을 책망하고 반성하며 수신을 행함으로써 지배자로서의 역할을 수행하였다. 이때의 수신은 유학 공부뿐만 아니라, 불교계 스승들로부터 조언을 얻고 행하거나 불교 공부 등도 포함했다.

> 인군의 위(位)는 높기로 말하면 높고, 귀하기로 말하면 귀하다. 그러나 천하는 지극히 넓고 만민은 지극히 많다. 한 번 그들의 마음을 얻지 못하면, 아마 크게 염려할 일이 생기게 되리라. 하민은 지극히 약하지만 힘으로 위협할 수 없고, 지극히 어리석지만 지혜로써 속일 수 없는 것이다. 그들의 마음을 얻으면 복종하게 되고, 그들의 마음을 얻지 못하면 배반하게 된다. 그들이 배반하고 따르는 그 간격은 털끝만큼의 차이도 되지 않는다. 그러나 그들의 마음을 얻는다는 것은 사사로운 뜻을 품고서 구차스럽게 얻는 것이 아니요, 도를 어기어 명예를 구하는 방법으로 얻는 것도 아니다. 그 얻는 방법 역시 인(仁)일 뿐이다. 인군은 천지가 만물을 생육시키는 그 마음을 자기의 마음으로 삼아서 '불인인지정(不忍人之政)'을 행

127 이종서 외, 『고려시대사 2』, 푸른역사, 2017, 211쪽.
128 이종서 외, 『고려시대사 2』, 푸른역사, 2017, 211쪽.

하여, 천하 사방 사람으로 하여금 모두 기뻐해서 인군을 마치 자기 부모처럼 우러러볼 수 있게 한다면, 오래도록 안녕과 부귀·높은 지위와 영화로움의 즐거움을 누릴 수 있게 될 것이요, 위태로움·하락의 재앙을 끝내 갖지 않게 될 것이다. 인(仁)으로써 위(位)를 지킴이 어찌 마땅한 일이 아니겠는가.[129]

반면 성리학 수용 이후 조선의 경우 군주 역시 타고난 성인이 아닌 '보통 사람'으로, 인격적 완성을 목표로 하는 성학(聖學) 공부와 그 실천이 강조되었다.[130] 천명과 부처의 가호가 사라졌기 때문에 스스로 통치의 정당성을 입증해야 했다. 제왕 교육의 필요성과 근거를 마련한 사람은 고려 말 유학자인 정도전이었다. 정도전은 유교적 정치 이론에 따라 정치 체제를 구상하였는데 500년간 조선 정치의 틀로 수용되었다.[131] 중앙집권 체제하에서 군주와 신하 등 각자의 명분과 역할을 정리하여 제시하였다. 위의 인용글은 정도전이 군주에게 도덕 수양을 중심으로 하는 제왕 교육이 필요한 이유를 밝힌 것이다. 먼저 정도전은 군주의 자리[位]가 높고 존귀하지만 그 자리는 사적인

---

129 『삼봉집』, 권13, 「조선경국전 상」, 정보위, "人君之位。尊則尊矣。貴則貴矣。然天下至廣也。萬民至衆也。一有不得其心。則蓋有大可慮者存焉。下民至弱也。不可以力劫之也。至愚也。不可以智欺之也。得其心則服之。不得其心則去之。去就之間。不容毫髮焉。然所謂得其心者。非以私意苟且而爲之也。非以違道干譽而致之也。亦曰仁而已矣。人君以天地生物之心爲心。行不忍人之政。使天下四境之人。皆悅而仰之若父母。則長享安富尊榮之樂。而無危亡覆墜之患矣。守位以仁。不亦宜乎."(인용 출처: 한국고전번역원 한국고전종합DB, https://db.itkc.or.kr)

130 이종서 외, 『고려시대사 2』, 푸른역사, 2017, 251쪽.

131 김영수, 「동아시아 군신공치제의 이론과 현실: 태조-세종대의 정치운영을 중심으로」, 『동양정치사상사』 7(2), 한국동양정치사상사학회, 2008, 31쪽.

의지가 아닌 공적인 책무라는 점에서 정치의 공공성을 강조한다. 백성들이 오직 군주에게 복종하는 까닭은, 그가 천하를 대신하여 그 위(位)를 얻었기 때문이다. 왕위는 천지의 큰 덕인 생명을 현실에서 이루기 위한 수단이라 왕권은 천리와 인심 앞에 부차적인 것이다.[132] 따라서 백성들의 마음을 편안하게 해 주지 못해 그들의 마음을 얻지 못하면 통치가 위태로워진다. 군주가 공적인 책무를 다하지 못한 결과 국가가 흔들리며 위태롭게 될 수 있다는 것이다. 이처럼 유학자들은 백성이 어리석고 약하지만 힘으로 굴복하거나 속일 수 없는 존재이므로 반드시 어진 마음[仁]을 정치에 구현하는 것밖에 없음을 강조한다.

왕은 더 이상 태곳적으로 신성한 존재가 아니라 성리학의 수기(修己) 공부를 통해 욕망을 절제하여 나라를 다스릴 수 있어야 했다. 이때의 공부는 유학으로 한정되어 있다. 경연은 이와 같은 배경에서 생긴 국왕 교육 제도라고 할 수 있다. 왕은 타고나기를 '군사이자 성인'이었던 우월한 존재에서 '부처의 가호를 받은 신성한 존재'로, 이후 '성인이 되고자 후천적으로 노력해야 하는 자'로 위상이 변화해 오면서, 통치의 정당성을 위해 군주가 성인이 되기 위해 노력해야 하는 일의 중요성이 커졌다. 왕실이 정한 왕위 계승 원칙에 따라 국왕의 자격을 갖추고 왕위를 계승했을지라도, 군주로서의 실제 자질을 갖추었냐는 별개의 문제였다. 이에 군주 자질을 갖추기 위한 제왕 교육의 필요성과 중요성이 강조된 것이다. 경연은 제왕 교육을 위한 대표

---

132 김영수, 「동아시아 군신공치제의 이론과 현실: 태조-세종대의 정치운영을 중심으로」, 『동양정치사상사』 7(2), 한국동양정치사상사학회, 2008, 40쪽.

적인 제도였다. 경연에 참석하는 동안에는 왕과 신하가 아닌, 스승과 제자의 예를 갖추어 적극 교육에 참여하기를 요청받았다.

> 장차 크게 훌륭한 일을 할 수 있는 군주는 반드시 함부로 부르지 못하는 신하가 있다. 그리하여 서로 의논할 일이 있으면 찾아갔으니 덕을 높이고 도를 즐거워함이 이와 같지 않으면 더불어 훌륭한 일을 할 수는 없는 것이다. 그러므로 탕왕은 이윤에게 배운 뒤에 그를 신하로 삼았기 때문에 수고롭지 않게 왕 노릇 하였으며 제나라 환공은 관중에게 배운 뒤에 그를 신하로 삼았기 때문에 패자가 된 것이다.[133]

모든 사람의 위[萬人之上]에 군림하는 군주들에게 스승은 정치적으로는 자신의 신하이지만 마음대로 신하로 대하지 못하고 함부로 오라 가라 하지 못하는 상대[不召之臣]였다.[134] 맹자는 위의 인용글에서와 같이 신하이지만 스승 된 자의 권위를 높임으로써 군주가 왕이 될 수 있었지만, 군주의 권위만을 높이고자 했던 자는 패자가 되었음을 경고하였다. 하지만 맹자 또한 군주가 '불소지신'을 행하는 이유는 덕을 높이고 도를 즐기기 위함이라며, 이들보다 더 상위 권위를 상정하였다. 경연은 존사의 예를 제도화하여 군주가 진정한 왕으

133 김학주 역, 『맹자』, 제4, 「공손추 하」, 서울대학교출판문화원, 2013, "將大有爲之君 必有所不召之臣 欲有謀焉則就之 其尊德樂道不如是 不足與有爲也 故湯之於伊尹 學焉而後 臣之故不勞而王 桓公之於管仲 學焉而後臣之 故不勞而霸."

134 고대혁, 「유학의 전통에서 스승의 규범적 지위와 현대적 의미」, 『한국초등교육』 22(2), 서울교육대학교 초등교육연구원, 2011, 59쪽.

로 거듭나기 위함이었다.

경연은 중국 한나라 때 황제에게 오경을 포함한 유교 경서와 역사를 가르치던 관례가 당·송대를 거치면서 제도로 확립된 것이다.[135] 고려 예종 때 송의 경연 제도를 수용해 보문각(寶文閣)이라는 경연 기구를 만들고 학사들을 선발해 조석으로 경서를 강론하게 했다. 충렬왕 이후에는 명칭만 있었거나 서연으로 명칭이 격하되기도 했다. 그러다 조선 건국 이후 경연 제도가 확립되어 갔다. 경연은 이 외에도 군신 간에 경사를 논하는 자리이자 신하들과 정책을 소통하는 역할도 했다.

조선시대 경연은 다음과 같이 실시되었다. 제일 먼저 태조는 문무백관의 관제를 정하면서 경전과 역사서를 진강(進講)하는 경연관(經筵官)을 두었다. 자세한 사항은 다음과 같다. 경연관은 영사(領事) 1명 시중(侍中) 이상이고, 지사(知事) 2명 정2품이고, 동지사(同知事) 2명 종2품이고, 참찬관(參贊官) 5명 정3품이고, 강독관(講讀官) 4명 종3품이고, 검토관(檢討官) 2명 정4품이고, 부검토관(副檢討官)은 정5품이고, 서리(書吏)는 7품인데, 거관(去官)하게 했다.[136] 경연을 주관하던 경연청의 존재는 정종 때부터 나타나지만, 실질적인 시스템의 정비와 함께 제대로 운영된 것은 세종 대에 들어서이다.[137] 세종은 성실하게 경연을 개설하고 입석했다. 경연은 1894년 갑오개혁 이후 그 기능과 역할이 축소되었으나 대한제국이 멸망할 때까지도 존속하였다.[138]

---

135 김문식·김정호, 『조선의 왕세자교육』, 김영사, 2003, 178쪽.
136 『태종실록』, 권1, 1392년(태조 1) 7월 28일.
137 육수화, 『조선의 왕과 왕세자: 왕관을 쓴 자의 무게』, 민속원, 2017, 23쪽.
138 육수화, 『조선의 왕과 왕세자: 왕관을 쓴 자의 무게』, 민속원, 2017, 25쪽.

> 군자를 가까이하고 소인을 멀리하는 것은 군주의 지극한 덕입니다. 군자가 측근에 있으면 인의(仁義)의 설과 도덕의 의론을 항상 귀에 접하게 되어 훈도되고 점차 감화되어 날로 고명한 지경에 이르게 되지마는, 소인이 측근에 있으면 비루한 말과 달콤한 말의 청탁이 때때로 시행될 수 있고, 아첨하는 간사한 계획이 때때로 이루어질 수 있어서 날로 총명을 가리워 어두워지는 지경에 이르게 됩니다. 이것이 고금의 치란과 흥망의 기틀입니다. 원컨대, 전하께서는 날마다 여러 현인을 접견하여 정치하는 방법을 강론하시고, 여러 소인과 부녀자들을 날로 가까이 오지 못하게 하소서.[139]

태조 즉위 초 대사헌 남재 등은 태조에게 당시 시급한 12가지 조목에 관해 상소하였다. 위의 글은 그중 일부이다. 고려의 폐단이 군주의 도덕적 해이에 있었음을 지적하고 이를 반복하지 않기 위해 군주가 군자를 가까이해야 한다고 주장하고 있다. 무엇보다 불교식 스승을 곁에 두고 개인적 복을 기원했던 고려 왕실의 폐단을 반복하지 않기 위함이었다. 군주에게 유학적 이념과 가치를 학습시킬 수 있는 '사'가 가까이 있으면 기질이 회복되어 올바르게 정치를 펼칠 수 있으나, 그렇지 못한 소인들을 곁에 두면 기질이 어두워져 나라를 위험하게 운영할 수 있음을 경고하였다. 이러한 주장에는 군주가 공부

139 『태조실록』, 권2, 1392년(태조 1) 9월 21일, "近君子遠小人, 此人主之至德也。君子在側, 則仁義之說、道德之論, 常接乎耳, 薰陶漸染, 日進乎聖明; 小人在側, 則卑辭甘言之請, 有時而得行, 邪媚詭詐之謀, 有時而得成, 日就乎掩晦。此古今治亂興亡之機也。願殿下日接群賢, 講論治道, 無使群小婦女, 得以日近."(인용 출처: 국사편찬위원회 한국사데이터베이스, https://db.history.go.kr)

를 통해 기질을 회복하여 본성을 되찾아야 어진 정치를 행할 수 있다는 유학적 전제가 뒷받침되어 있다.

군왕을 성군(聖君)으로 만들기 위해 노력했던 대표적인 유학자는 조선 중기의 율곡 이이였다. 율곡은 성리학에 충실하여 제왕 교육의 필요성을 강조하고 체계적인 교육과정을 설계하였다. 이 말은 이전까지는 경연 제도가 국왕의 유학에 대한 이해와 정치에 대한 실현 의지에 주로 의존하여 유지되었다는 뜻이다. 경연의 활성화는 국왕의 타고난 호학(好學) 성향의 영향을 받았을 뿐, 이를 제제하거나 장려할 수 있는 정치 시스템이 발달하지 못했다. 게다가 제왕 교육을 위한 체계적인 교육과정이나 교재 등이 충분히 마련되지 못했음을 의미한다. 반면 이이는 국왕의 호학 성향과 상관없이, 군주의 제왕 교육 참여를 이끌어 내고자 했다. 이를 위해 당시 임금이던 선조에게 제왕학과 관련한 여러 저술을 지어 제출하였다. 대표적으로 『동호문답』은 임금의 학문하는 방법과 정치하는 도리를 문답 형식으로 논한 책이다. 이어 1575년(선조 8)에 이이는 경연의 자리에서 『성학집요』를 선조에게 지어 바쳤는데 그때 선조와 나눈 대화는 다음과 같다.

> 이이가 『성학집요』를 올리니, 치도에 도움이 있다 하여 매우 아름답게 여겼다. 이이는 격군에 뜻을 두고 힘을 써서 곧 경전과 사책의 요긴한 말 중에서 학문과 정사에 간절한 것을 뽑아 모아 분류 편찬하여 수기(修己)·치인(治人)으로 순서를 정했으니 모두 5편이었다. 책이 완성되자 선조에게 올리니, 이튿날 상이 경연에 나아

> 가 이이에게 이르기를, "그 글이 매우 간절하고 요긴하니, 이는 부제학의 말이 아니고 바로 성현의 말씀이다. 치도(治道)에 매우 도움이 있겠으나 다만 나같이 불민한 군주는 능히 행하지 못할까 걱정될 뿐이다." 하니, 이이가 일어났다가 다시 땅에 엎드려 아뢰기를, "임금께서 매양 이런 말씀을 하시니 신은 매우 민망하게 여깁니다. 전하께서는 자질이 탁월하시니, 성학(聖學)을 하지 않는 것이지 능력이 없으신 것은 아닙니다. 바라건대 퇴탁하지 마시고 독실한 뜻으로 스스로 분발하시어 윤덕을 이루소서. 옛날 송 신종이 '이것은 요순의 일인데 짐이 어찌 감당할 수가 있겠는가.'라고 하니, 명도가 근심스러운 낯빛으로 '폐하의 이 말씀은 종사와 생민의 복이 아닙니다.' 하였는데, 전하의 말씀이 이에 가깝지 않습니까." 하였다.[140]

위의 선조와 이이의 대화 장면이 시사하는 바는 다음과 같다. 성리학에 따르면 임금은 한 나라의 근본이 되므로 왕이 선한 정치를 행하면 나라가 바르게 운영되고 그렇지 못한 경우 국가의 위기를 초래할 수 있다. 인간은 본래 타고난 본성이 밝다는 점에서 임금 또한 공부할 바탕과 자질을 갖추었다. 하지만 이이가 봤을 때 선조의 경우

140 『선조실록』, 권9, 1575년(선조 8) 9월 27일, "李珥進 聖學輯要, 有補治道, 深用爲嘉。珥銳意於格君, 乃抄集經傳及史冊之要語, 切于學問政事者, 彙分次第, 以修己治人爲序, 凡五篇書成, 獻于上。翌日, 上御經筵, 謂珥曰 其書甚切要, 此非副提學之言也, 乃聖賢之言也。甚有補於治道。但如我不敏之君, 恐不能行耳。珥起而伏地曰 自上每有此教, 臣隣極以爲悶。殿下資質卓越, 其於聖學, 不爲也, 非不能也。願勿退托, 篤志自奮, 以成允德焉。昔者, 宋 神宗曰 此堯、舜之事, 朕何敢當?' 明道然曰 陛下此言, 非宗社臣民之福。殿下之言, 無乃近此乎."(인용 출처: 국사편찬위원회 한국사데이터베이스, https://db.history.go.kr)

사적인 욕심을 다스리지 못해 선한 정치를 제대로 행하지 않고 있어, 이에 대한 선조의 자각과 결심이 필요하다고 보았다. 이에 군주에게 성실하게 수양하여 요순의 정치를 행할 것을 조언한 것이다. 성리학에 대한 연구가 심화됨에 따라, 군주 또한 스스로 노력하여 성군이 되어야 하는 존재이며, 그의 자각과 노력 여부에 따라 나라가 망하느냐 보존되느냐 한다는 인식이 지배층 전반으로 확산되었음을 확인할 수 있다. 이때의 노력은 성인이 되기 위한 공부라 할 수 있다. 퇴계가 1568년(선조 1)에 지어 바친 『성학십도』도 군주를 성군으로 만들기 위한 공부 지침서이다. 이후 『성학집요』와 『성학십도』는 일반 사대부의 공부뿐만 아니라 경연에서 중요하게 다루어졌다.

이처럼 경연 제도는 임금이 유학자 신료들의 도움을 받아 군왕으로 거듭나도록 하는 제왕 교육 제도였다. 그렇다면 경연에 참석하는 유학자 신료들은, 신하이면서 동시에 스승의 역할을 하게 된다. 군주가 이들 신하들을 스승으로 높이 존중한 까닭은, 그들이 전수하는 유학의 권위가 임금의 권위보다 더 상위에 있기 때문이다. 하지만 제4장에서 살펴보듯, 경연에 참석하는 유학자 신료들은 그렇게 존중받았다고 할 수 없었다. 후술하듯, 현실의 경연관들은 군주가 권력을 사적으로 남용하는 것을 견제하는 데 상당한 노력을 기울였다. 이로 인해 군주는 이들을 순수한 학문적 동지로 여기기보다 정치적으로 경계할 수밖에 없었다. 일종의 껄끄러운 관계였다. 이로 인해 군주는 이들을 스승으로 대우하고 이들의 권위를 높여 주기보다, 군신-신하 간 상하 관계를 분명히 하고자 했다.

3. 세자의 스승

왕세자의 제왕 교육에서 가장 상징적인 '예'는 입학례라 할 수 있다. 입학례에서 주요 장면들은 왕세자가 성균관 박사를 '존사'하는 예이다. 차기 국왕이 아닌 성균관의 학생 중 한 명으로서 스승을 존경하는 예를 갖추는 행위가 상징하는 바는 다음과 같았다. 예비 군주로서 유학을 존숭하고 성군의 자질을 갖추기 위해 배움을 성실히 하겠다는 의지를 드러내는 자리인 만큼, 장차 왕위 계승이 안정적으로 행해질 수 있음을 보여 주었다. 또한 왕실에서 먼저 '존사'를 모범적으로 보여 줌으로써 유학에 근거한 교육과 교화가 순조롭게 행해지게 하는 효과를 노렸다. 위에서 먼저 '존사'를 실천함으로써 백성들도 자연스럽게 유학적 이념과 가치를 실천할 수 있다고 여겼기 때문이다.

하지만 왕세자가 일반인처럼 스승에게 몸을 낮추어 존사하는 일은 강력한 왕권을 행사하고자 하는 국왕에게는 심리적으로 수용하기 어려웠던 것으로 보인다. 군사(君師)가 분리된 이후로 어진 신하를 통해 성군 만들기를 주장한 유학자 신하들의 입장과, 강력한 왕권을 행사하며 왕의 권력을 높이고자 했던 군왕의 현실적 입장 차이가 없지 않았다. 그럼에도 유교화가 진행됨에 따라 예비 군왕이 마땅히 '존사'해야 한다는 공론이 형성되었으며, 그것이 당연하다는 인식이 수용되었다. 왕세자의 '존사'는 어떤 모습으로 전개되었는지를 살펴보고자 한다.

유학자들이 정치적 이상으로 삼았던 왕도정치란 어질고 선한 왕이 선정을 베풀어 위로는 하늘의 복을 받고 아래로는 백성들이 화답하여 태평성대를 이루는 것을 의미했다. 여기서 '어질고 선한' 왕이란 권력을 유교적 가치 기준에 따라 행사하는 왕을 말한다.[141] 국가의 주요 정책을 최종 결정하는 책임자인 왕이 그 권력을 어떻게 사용하는 것이 바람직한가에 대한 관심이 높아졌다. 군주에게도 교육이 필요했지만, 나라의 장래와 왕실의 안정을 위해 예비 군주에게 권력을 올바르게 사용할 수 있도록 유학을 가르치는 일은 매우 중요해졌다. 태자를 위한 교육 제도가 완전히 확립된 것은 고려 현종·문종 대였다.[142] 하지만 세자 교육의 중요성과 필요성을 체계적으로 주장한 이들은 조선 왕조 개창을 주도한 신진사대부였다. 그럼에도 조선 왕조에서도 세자 교육이 일관적이고 지속적으로 실시된 것은 아니었다.

> 세자는 천하 국가의 근본이다. 옛날의 선왕이 세자를 세우되 반드시 장자로써 한 것은 왕위 다툼을 막기 위한 것이고, 반드시 어진 사람으로써 한 것은 덕을 존중하기 위한 것이었으니, 천하 국가를 공적으로 생각하는 마음이 아님이 없었다. 그래도 오히려 세자의 교양이 부족하면 덕업이 진취되지 않아, 부탁한 중임을 감당하지 못할까 염려하였다. 그래서 노성한 학자와 덕행이 높은 현인을 택하여 세자의 사부(師傅)로 삼고, 단정한 사람과 정직한 선비를 세자의 요속(僚屬)으로 삼아서, 조석으로 강을 권하는 것이 바른말·바른

141 김문식·김정호, 『조선의 왕세자교육』, 김영사, 2003, 178쪽.
142 김문식·김정호, 『조선의 왕세자교육』, 김영사, 2003, 174쪽.

> 일이 아닌 게 없도록 하였으니, 그를 훈도·함양함이 이렇듯 지극하였다. 선왕은 세자에 대하여 다만 위(位)를 정해줄 뿐 아니라, 따라서 그를 가르침도 이와 같았던 것이다.
>
> 그러나 간혹 기술을 가진 인사를 초빙하여 한갓 사장의 학문을 배우는 경우가 있어서, 그 배우고 익힌 것이 도리어 본심을 미혹하게 하는 도구가 되었다. 심한 경우에는 참소하고 아첨하는 무리들만을 신임하고 유희나 안일한 일만을 좋아하다가 끝내 세자의 위를 보존하지 못한 자가 많았으니, 아! 애석하다.[143]

위의 인용글은 정도전이 세자의 선정과 제왕 교육에 관하여 밝힌 글이다. 정도전은 미리 장자와 현자를 왕세자로 선정하는 방식은 왕실의 사적인 욕심이 아닌 천하와 국가를 공적으로 이해하는 마음[公天下國家之心]에서 비롯됨을 강조하였다. 유교의 정치적 교의에 따르면, 정치는 하늘의 자손들인 만민을 편안하게 하는 것으로서, 정치권력은 이를 위해 하늘이 위임한 것이라 정치는 개인의 의지가 아니라 집단적 지혜와 역량을 모아야 하는 공공사이다.[144] 세자는 훗날 천명의 대리자인 왕위를 계승하는 자로서 백성을 보살피기 위한 공

---

143 『삼봉집』, 권13, 「조선경국전 상」, 정국본, "儲副。天下國家之本也。古之先王。立必以長者。所以絶其爭也。必以賢者。所以尙其德也。無非公天下國家之心也。尙慮敎養未至。則德業未進。無以克荷負托之重。於是。擇耆儒宿德爲之師傅。端人正士爲之僚屬。朝夕講勸。無非正言正事。則其薰陶涵養者至矣。先王之於儲副。不徒定其位。從而敎之者如此。而或有招致技術之士。徒事詞章之學。其所習者反爲喪心之具。甚者惟讒諂面諛之徒是信。嬉遊逸豫之事是好。卒無以保其位者多矣。吁可惜哉。恭惟我."(인용 출처: 한국고전번역원 한국고전종합DB, https://db.itkc.or.kr)

144 김영수, 「동아시아 군신공치제의 이론과 현실: 태조-세종대의 정치운영을 중심으로」, 『동양정치사상사』 7(2), 한국동양정치사상사학회, 2008, 30쪽.

적인 의무를 다할 수 있어야 한다. 이를 위해서는 사장보다는 성리학을 택해 사적인 욕망을 다스리며 유교의 정치적 교의를 익히는 공부를 해야 한다는 것이 주장의 핵심이다.

그런데 왕세자 교육은 왕위 계승 방식과 관련된다. 왕위 계승이 부자 상속제로 확립된 상황에서는 왕위에 오르기 전에 일정한 태자 교육이 필요하기 때문이다. 왕위 계승의 원칙이 정립되지 못한 상황에서는 왕권 다툼이 치열하게 벌어지다 보니 태자 교육이 제대로 이루어지기 힘들었다.[145] 어느 정도 왕위 계승이 안정화되자 중국을 모방한 제도를 마련하고자 했다. 중국에서 왕세자를 위한 교육기관을 서연(書筵)이라 명칭한 것을 모방해, 왕세자 교육을 '서연'이라 불렀다. 서연과 경연은 연속성을 가지고 진행되는 제왕학 교육이었다.[146] 본격적인 왕세자 교육이 이루어지기 전까지는 보양청(輔養廳)과 강학청(講學廳)에서 원자의 교육을 담당하였다. 보양청은 원자나 원손이 태어나면 이들의 보육을 전담하기 위해 설치된 보육기관으로 대개 3세 이전에 설치되었다.[147] 4세가 되면 강학청으로 바뀐다.[148] 1518년(중종 13) 11월 15일 인종의 보양을 위해 처음 보양관을 설직하였고, 1689년(숙종 15) 8월에 보양청이라는 보양관 소속의 관아를 신설하였다.[149] 원자와 원손의 보육을 담당하는 유모와 보모들이 있었지만 중종 대에, 어릴 적에 바르게 교양하는 방도를

145 김문식·김정호, 『조선의 왕세자교육』, 김영사, 2003, 178쪽.
146 김문식·김정호, 『조선의 왕세자교육』, 김영사, 2003, 178쪽.
147 육수화, 『조선의 왕과 왕세자: 왕관을 쓴 자의 무게』, 민속원, 2017, 113쪽.
148 김문식·김정호, 『조선의 왕세자교육』, 김영사, 2003, 82쪽.
149 육수화, 『조선의 왕과 왕세자: 왕관을 쓴 자의 무게』, 민속원, 2017, 114쪽.

익히지 못한 연산군의 폐단을 지적하며 따로 원자 교육의 중요성이 요구되었다.[150]

> 신 등이 삼가 고찰하건대, 삼대 때 성왕들은 사우가 있지 않은 이가 없었습니다. 대범 존숭하는 데가 있은 연후에 믿고 배우는 실지를 다하게 되고, 친근히 지내는 데가 있은 연후에 탁마의 공력을 다하게 되는 법인데, 진나라 이후부터는 임금을 높이고, 신하를 억누르는 풍습이 이목에 익숙해져 임금이 멀찍이 위에 있으며 처지와 권세가 가로막히고 성의와 정감이 통하지 못하여 임금이 스승을 얻지 못하게 되었으니, 어떻게 태자를 착해지도록 하였겠습니까? 세속의 소위 사부를 존대한다는 것이 오직 오르내릴 때 절하고 읍하는 사이에만 있고 성의는 있지 않은데, 오르내릴 때 절하고 읍함은 예의 절차이고, 마음에 진실로 도를 좋아하며 엄숙하게 신명처럼 여기는 것이 예의 실지입니다. 태부는 자신에게 부자·군신의 도리를 알게 해주고 태보는 자신을 보익하여 도(道)에 나아가게 하여 주는 사람입니다. 대범 내가 천지 사이에 살며 과오 없는 처지에 놓여 있는 것이 모두 사부가 보양하고 이끌어 준 힘이니 존대하는 성의를 마땅히 지극하게 해야 합니다. 비록 그러하나 자기 자신을 맡김은 세자에게 달렸고, 사부를 가리는 길은 임금과 정승에게 있는 것이니, 바라건대 성상께서는 유의하소서.[151]

---

150 『중종실록』, 권27, 1517년(중종 12) 1월 19일.

151 『중종실록』, 권27, 1517년(중종 12) 1월 19일, "臣等謹按, 三代聖王, 莫不有師有友。夫有所尊然後, 能盡信受之實; 有所親然後, 能盡琢磨之功, 自秦以後, 尊君抑臣之習, 循熟耳目,

앞의 글은 중종 12년 홍문관 부제학 한효원이 중종에게 원자인 인종을 교양하기 위한 방도와 그 중요성을 피력한 글의 일부이다. 당시 인종은 생모인 장경왕후가 출산 후 세상을 떠나자 원자의 안위를 걱정한 중종의 지시로 궐 밖에서 생활하고 있었다. 한효원은 원자가 체계적 교육이 없어 타고난 성품을 잃고 방종해질까 우려하면서 반드시 어릴 적부터 사부를 두어 효제·의리의 도를 가르칠 것을 건의하였다. 건의의 요점은 다음과 같다. 먼저 일로써 가르쳐 덕을 깨우치게 해 주는 '사(師)'와 자기 몸을 근신함으로써 유익하도록 보양하고 이끌어 타고난 본성을 회복하게 해 주는 '부(傅)'가 원자에게 꼭 필요함을 피력하고 있다. 원자는 국가의 근본으로 장차 종묘와 사직을 이어받을 자이기 때문이다. 이를 위해 원자가 스승에게 예의를 다하여 존경하는 것을 익히도록 요구하였다. 한효원은 임금이 스승의 권위를 자신보다 낮게 여기고 사부의 권위를 형식적으로만 높이는 세속의 풍습을 비판하면서 그 결과 어진 임금과 세자를 찾기 어려워졌다고 여겼다. 한창 보육받아야 할 어린 원자가 스승을 존사하는 예를 행하기는 어려울지 몰라도 어릴 때부터 존사를 행하는 환경에 노출되어야만 왕이 되어서도 학문에 성실할 수 있는 밑바탕이 만들어지기 때문이다.

人君邈然處於上, 地勢阻絶, 誠感莫通, 君不能得師, 其何以善太子乎? 世之所謂尊禮師傅者, 唯在於拜揖登降之間, 而誠意不存焉。拜揖登降, 禮之文也; 心誠樂道, 嚴若神明者, 禮之實也。太傅, 能使我審父子、君臣之道; 太保, 能輔翼我而歸諸道者也。凡我之俯仰天地, 立於無過之地, 皆師傅輔導之力也, 尊禮之誠, 宜無所不用其極。雖然, 委己之責, 在於世子; 擇師之道, 在於君相, 幸聖上, 留意焉."(인용 출처: 국사편찬위원회 한국사데이터베이스, https://db.history.go.kr)

> 사람이 자식을 낳아 말하게 되면 가르치는데, 『대학』의 법에도 미리 가르치는 것을 앞세웠다. 사람이 어렸을 적에는 지혜와 생각이 일정한 주장이 없으니, 그때 마땅히 격언과 지론을 날마다 앞에 늘어놓아야 한다. 비록 알아듣지 못하더라도 마땅히 가르치고 훈육하여 귀에 익고 속에 차도록 해야 하는 것이니, 오래도록 하면 스스로 차분히 익혀져서 마치 본래부터 그런 것같이 되어 아무리 딴말로 현혹하여도 빠지지 않는다. 만일 미리 그렇게 하지 않고 점점 자라게 되면 안으로는 사의(私意)에 치우치기를 좋아함이 생기고, 밖으로는 뭇사람의 말에 유혹되어 그때는 순완하고 싶어도 되지 않는 것이다.[152]

3세 이전은 아직 유모와 보모의 손에서 보육받을 나이이나 유학의 아동 교육에 따르면 태교에서부터 영유아는 의도적인 교육 환경에 노출되어야 했다. 위의 인용글에서와 같이 송나라의 성리학자 정명도(程明道, 1032~1085)와 정이천(程伊川, 1033~1107)은 영유아에게도 의도적인 유학 교육이 뒷받침되어야 한다는 근거를 제시하였다. 일상에서 격언과 지론을 귀에 익고 속에 차도록 훈육해야 커서 외물의 유혹과 사사로운 생각에도 흔들리지 않고 본래의 선한 품성을 발현할 수 있기 때문이다. 영유아 시기에도 특별히 보육뿐만 아니라 스승이 필요한 까닭이다.

---

152 『중종실록』, 권27, 1517년(중종 12) 1월 19일, "人生子, 能言而教之,《大學》之法, 以豫爲先。人之幼也, 知思未見所主, 便當以格ㅍ言至論, 日陳於前。雖未曉知, 且當薰薰, 使盈耳充腹, 久自安習, 若固有之, 雖以他言惑之, 不能人也。若爲之不豫, 及乎稍長, 私意偏好, 生於內; 衆口辯言, 鑠於外, 欲其純完, 不可得也."(인용 출처: 국사편찬위원회 한국사데이터베이스, https://db.history.go.kr)

> 원자와 보양관의 상견례 때에는 을사년(현종 6)에 강학 시의 예에 의거하여 동계에 옥잠을 꽂고 아청색 단련을 입고 흉배와 옥대와 흑화자를 구비한다. 그러나 원자 시절은 성동(成童)이 아니기 때문에 이러한 예를 적용하기 어렵기 때문에 착용하는 관복은 편리한 데로 차비한다. 원자와 보양관이 배견례(拜見禮)를 행할 때, 내시가 원자를 시봉하여 동벽에서 서향으로 서게 한다. 보양관은 흑당련을 갖추어 서벽에 이르러 동향으로 선다. 원자의 나이가 어려 행례를 할 수 없으므로 보양관은 지금은 짐짓 재배(再拜)하지 말고 단지 일배(一拜)만 행한다.[153]

숙종은 경종이 태어난 이듬해 7월에 보양관을 차출하고 8월에 보양청을 신설하면서 일련의 과정들을 『경종보양청일기』에 그대로 수록하였다.[154] 위의 인용글은 원자와 보양관의 상견례 장면이다. 아직 걸음마도 못 뗀 상황임에도 불구하고 원자가 스승을 대하는 예를 갖추게 하는 의도는 무엇일까? 이 경우 '존사'는 당사자인 원자의 교육보다는 백성 교화 측면에서 접근할 필요가 있다. 왕실이 유교 이념과 가치를 적극 실천하고 있음을 보여 줌으로써 유교화를 이끌어 내고자 하였다.

그러나 조정에서 원자에게 보양관이 필요하다는 인식에 공감했음에도 보양관과 보양청의 설치는 중종과 숙종 대에 와서야 이루어졌다.[155]

---

153 육수화, 『조선의 왕과 왕세자: 왕관을 쓴 자의 무게』, 민속원, 2017, 117쪽.
154 육수화, 『조선의 왕과 왕세자: 왕관을 쓴 자의 무게』, 민속원, 2017, 115쪽.
155 『영조실록』, 권40, 1735년(영조 11) 7월 25일.

원인은 다양했다. 전염병과 질병 등으로 원자 교육을 행하기 어려웠던 것도 하나의 요인이었다. 또한 보양관을 창설했을 당시 보양관이 삼정승을 겸직하고 있어 원자 교육이 소홀해지는 폐단이 발생했다.[156] 보양관과 원자의 관계는 훗날 국왕과 신하의 관계로 이어지기 때문에 특별한 사이가 될 수 있다. 이를 고려한다면 보양관을 선발하는 과정이 쉽지 않았을 것이다. 무엇보다 원자 교육에 대한 왕실의 현실적 이해와 유학자 신하들의 학문적 입장이 일치하기가 어려웠음을 확인할 수 있다. 여러 입장의 차이가 있지만, '존사'에 대한 이해가 군왕과 신하 간에 일치하지 않았음을 보여 준다. 중종 대는 성리학의 이념과 가치가 어느 정도 보급 및 정착된 시기라 할 수 있다. 이에 중종 대에 와서야 유학의 이념과 가치에 충실하여 '존사'의 의미를 강조할 수 있었다. 중종 대의 경우, 형식적으로 '존사'를 하지 말고, '성의'를 다하여 실제로 존사할 것을 요구하였다. 그 이전 시기의 세자 교육 관련 담론에서 세자가 존사해야 한다는 언술을 찾아보기 어려운 이유이다.

본격적인 왕세자 교육은 대략 8세 이후 실시되나 이 또한 처음부터 제도가 갖추어진 것은 아니었다. 조선의 경우 건국 초부터 세자 교육의 중요성을 인식하고 문무백관의 관제를 반포할 때 세자의 교육과 호위를 담당하는 관리인 세자관속(世子官屬)을 두었다.[157] 태종 즉위년, 원자의 나이가 8세가 되자 태종은 원자 교육을 사찰의 승려에게 맡기고자 했으나 유학자 관료들의 주장으로 성균관에서 수학하게 했다.[158] 이날

---

156 육수화, 『조선의 왕과 왕세자: 왕관을 쓴 자의 무게』, 민속원, 2017, 122쪽.
157 『태조실록』, 권1, 1392년(태조 원년) 7월 28일.
158 『태종실록』, 권2, 1401년(태종 1) 8월 22일.

사헌부 대사헌 이헌 등이 세자 책봉과 동시에 사부를 둘 것을 건의하였다. 상소의 내용은 다음과 같다.

> 보부편에 이르기를, '주 성왕이 어려, 소공은 태보가 되고, 주공은 태부가 되고, 태공은 태사가 되었다.'고 하였으니, 보(保)는 그 신체를 보전하는 것이요, 부(傅)는 덕의로 돕는 것이요, 사(師)는 교훈으로 인도하는 것이니, 이것이 삼공의 직책입니다. 또 삼소를 두었는데 모두 상대부로, 소보(少保)·소부(少傅)·소사(少師)라고 하니, 이것은 태자와 더불어 한가하게 쉬는 사람입니다. 그러므로, 두세 살에 앎이 있을 적부터 삼공(三公)·삼소(三少)가 효·인·예·의에 밝아서, 인도하고 익히어 간사한 사람을 쫓아버리어, 악한 행실은 보지 못하게 하는 것입니다. 또 경전에 말하기를, '사람이 태어나 여덟 살이 되면, 왕공 이하 서인의 자제에 이르기까지 모두 소학에 들여보내서 가르친다.'고 하였습니다. 생각건대, 원자의 나이가 이미 8세인데, 아직 보부(保傅)의 가르침이 없으니, 예전 성왕의 교양법에 어긋남이 있습니다. 당 태종이 말하기를, '예전부터 제왕의 아들은 깊은 궁중에서 태어나서 성인이 되기에 미치면 교만하고 방종하지 않음이 없다.'고 하였으니, 이것이 더욱 염려하지 않을 수 없는 것입니다. 만일 좌우 전후에서 바른 사람으로 하여금 항상 더불어 보익하게 한다면, 날마다 쓰는 사이에 귀에 젖고 눈에 물들어 착한 품성을 훈도하여, 그렇게 만들려고 기약하지 않아도 저절로 그와 같이 되는 것입니다. 원컨대 전하께서는 주나라의 아름다운 법을 본받으시고, 태종의 아름다운 말을 생각하시어, 동궁을 세워서 국본을 정하

> 시고, 덕행이 있는 노년한 신하와 충직하고 도를 갖춘 선비를 뽑아서, 사부(師傅)와 시학(侍學)을 삼아, 항상 더불어 시위하게 하여, 부모에게 효도하고 형제에게 우애하는 방도와 잠자리에 문안하고 수라상을 살피는 절차를 가르치게 하여, 교만하고 방일함에 이르지 말게 하시면, 국가에 매우 다행이겠습니다.[159]

이들은 유학 경전과 역사적 사례를 근거로 세자 교육의 필요성을 이야기하였다. 왕실의 자손일지라도 환경과 노력에 따라 본성이 타락하거나 함양될 수 있으니 삼공의 사례처럼 세자 곁에 사부와 시학이 필요하다고 여겼다. 고려 때부터 사찰의 승려에게 글자 교육을 맡기는 것이 아니라 유학 지식과 덕성을 갖춘 이를 선발하여 지식과 도덕적 품성을 지도해야 한다는 주장이다. 이들의 주장을 통해 세자 교육의 주된 내용이 세자라고 특별하지 않았으며 『소학』의 쇄소응대에 해당했음을 확인할 수 있다.

세종은 집현전 학사에게 경연과 서연을 겸직하게 했다. 그러나 이들이 다른 관직을 겸임하다 보니 서연 교육이 부실해질 것을 우려하여 좌우 보덕(左右輔德)으로부터 좌우 정자(左右正字)까지 따로 녹관으

159 『태종실록』, 권2, 1401년(태종 1) 8월 22일, “保傅篇 曰: 周成王幼, 召公爲太保, 周公爲太傅, 太公爲太師。保, 保其身體; 傅, 傅之德義; 師, 道之敎訓, 此三公之職也。又置三少, 皆上大夫也。曰少保、少傅、少師, 是與太子宴者也。故自孩提有識, 三公三少, 固明孝仁禮義以導習之, 逐去邪人, 不使見惡行. 且 傳 曰: 人生八歲, 則王公以下, 至於庶人之子弟, 皆入小學而敎之。竊惟元子年已八歲矣, 未有保傅之訓, 有違古昔聖王敎養之法。唐 太宗曰: 古來帝子, 生於深宮, 及其成人, 無不驕逸。此尤不可不慮者也。若使左右前後, 罔非正人, 常與輔翊, 則動靜語默日用之間, 耳濡目染, 薰陶德性, 有不期然而然者矣。願殿下法周家之令典, 念太宗之嘉言, 命立東宮, 以定國本, 擇有德行老成之臣, 與夫忠直有道之士, 以爲師傅, 以爲侍學, 使之常與翊衛, 而敎之以孝親友弟之方, 問寢視膳之節, 毋致驕逸, 國家幸甚.”(인용 출처: 국사편찬위원회 한국사데이터베이스, https://db.history.go.kr)

로 만들었다.[160] 세종은 왕세손의 교육을 위해 강서원(講書院)과 위종사(衛從司)의 관속을 두었다.[161] 세손강서원은 세손의 교육을 위해 처음 설치된 것이었다.

세조는 1456년(세조 2) 단종의 복위를 꾀한 사육신과 관련한 집현전을 혁파하면서 세자 교육을 전담할 세자시강원을 설립하고 직제를 공식화하였다. 세자시강원은 "경서와 역사를 강론하며 도덕과 의리로 이끌어 가는"[162] 일을 맡은 관청이다. 세자시강원의 관리인 사(師)는 영의정을 겸직, 부(傅)는 좌·우의정을 겸직하고 각 1명으로 품계는 정1품에 해당했다. 『경국대전주해』에 따르면 '사(師)'는 교훈으로 인도하는 것이고, '부(傅)'는 덕과 의로 도와주는 것이다.[163] 세자시강원을 설립한 목적은 시강경사(侍講經史)와 규풍도의(規諷道義)로 세자에게 군주로서 갖추어야 할 학문적 지식과 도덕적 자질을 가르치기 위함이었다. 세자의 사부는 모두 당대의 실력자들로 추천되어 영의정과 좌·우의정이 겸직하였는데 공무로 바빠 실제로 빈객 이하의 전임 관료들이 교육을 담당하였다. 이들은 주로 문과 출신의 참상관(정3품에서 종6품의 관료)으로 당상관 승진을 목전에 둔 사람들이었다.[164] 말하자면 왕세자를 가르치던 시강관은 그 세자가 국왕으로 즉위할 때쯤이면 국가의 요직을 담당하게 될 관리들이었다.[165] 시강원과 강서원에 소속된 관리의 숫자가 시간이 갈

---

160 『세종실록』, 권54, 1431년(세종 13) 11월 11일.
161 『세종실록』, 권119, 1448년(세종 30) 3월 21일.
162 『경국대전』, 권11, 「이전」, "掌侍講經史, 規諷道義."
163 『경국대전주해』, 「후집」, 시강원 조, "師, 道之教訓, 傅, 傅之德義."
164 김문식·김정호, 『조선의 왕세자교육』, 김영사, 2003, 186쪽.
165 김문식·김정호, 『조선의 왕세자교육』, 김영사, 2003, 186쪽.

수록 점차 늘어나고, 세자사, 빈객, 보덕의 품계가 높아진 것은 세자와 세손의 교육에 대한 왕실의 관심이 점점 커졌음을 의미한다.[166] 다만 왕세자와 왕세손의 위상 차이로 시강원과 강서원에 소속된 관리의 위상에는 차이가 있었다.[167]

그렇다면 시강관의 자격과 선발은 어떠했는가? 김문식과 김정호의 연구에 따르면 다음과 같은 절차로 선발하였다.[168] 시강관은 세자의 지식과 인격 형성에 영향을 줄 수밖에 없어 자격과 선발은 엄격하고 신중했다. 먼저 시강원의 사·부·이사·빈객은 국가의 최고위 관료로 고위직을 겸직하면서 시강원의 운영과 시강관의 임용에 관여했다. 시강관은 문관 중에서 선발하는 것이 원칙이었으며 문과에서 상위 석차로 급제한 사람이 후보자가 되었다. 시강관은 국왕이 직접 공신을 임명하거나 시강원 소속의 고위 관리가 추천해 올린 사람 중에서 국왕이 최종 선발하였다.[169]

시강관의 선발은 다른 관리 선발과 마찬가지로 삼망제(三望制)로 실시되었다.[170] 공정한 인사행정을 위한 방식이었다. 시강관에 선발 및 임명되기 위해서는 엄격한 자격 규정을 통과해야 했다. 부패한 관리의 자손은 시강관이 될 수 없었다.[171] 관리로 임명될 때에는 처

166 김문식·김정호, 『조선의 왕세자교육』, 김영사, 2003, 187쪽.
167 김문식·김정호, 『조선의 왕세자교육』, 김영사, 2003, 186쪽.
168 이하 내용은 다음 책을 참고하여 정리하였다. 김문식·김정호, 『조선의 왕세자교육』, 김영사, 2003, 191-196쪽 참고.
169 김문식·김정호, 『조선의 왕세자교육』, 김영사, 2003, 186쪽.
170 김문식·김정호, 『조선의 왕세자교육』, 김영사, 2003, 191쪽. 시강원의 사·부·빈객이 합석하여 권점을 친 다음 권점이 가장 많은 세 명의 후보자를 재추천하여, 국왕이 최종 임명자를 선발하는 방식이다. 이렇게 해서 선발된 사람은 시강관의 가장 낮은 직급인 설서(정7품)로 등용되었다.
171 김문식·김정호, 『조선의 왕세자교육』, 김영사, 2003, 191쪽.

의 사조(四祖: 부·조부·증조부·외조부)까지 신원조회를 하는 것이 관례였다.[172] 또한 상피제(相避制)를 적용하여 왕실의 친인척은 시강관으로 선발하지 않는 것이 원칙이었다.[173] 이러한 자격 규정은 당시 국가 관리를 임용할 때에도 일반적으로 적용하는 것이었지만 시강관에게는 보다 엄격하게 적용하는 것이 관례였다.[174]

시강관의 일차적인 임무는 세자에게 학문을 가르치는 것이었다. 세자의 학습에 있어서 사·부와 이사는 세자를 직접 가르치기보다 세자의 스승이라는 상징적 존재에 가까웠다.[175] 이들은 정기적으로 회강에 나아가 진행 상황과 세자의 학습 정도를 살피는 감독관의 역할을 수행했다. 시강관의 또 다른 임무는 "지식만 가르치는 것이 아니라 모든 일에서 올바르게 생활하도록 이끄는 일"이었다.[176] 시강관은 세자가 인격을 바르게 형성하도록 일상의 언행을 인도해야 했다. 세자가 생활하는 공간에는 항상 시강원 관리가 직숙(直宿)하였는데 그 이유는 세자가 환관이나 궁인들과 어울려 헛된 시간을 보내는 것을 막기 위해서였다.[177] 시강관들은 세자를 보필하기 위해 국가 제사나 중국 사신의 접견 등 왕세자가 참석하는 행사에는 반드시 수행하였다. 이처럼 시강관들은 왕세자와 함께 생활하면서 모든 행동의 모범이 되어야 했고, 왕세자의 일상생활을 꼼꼼히 살펴서 국왕에게 보

172 김문식·김정호, 『조선의 왕세자교육』, 김영사, 2003, 191쪽.
173 김문식·김정호, 『조선의 왕세자교육』, 김영사, 2003, 191쪽.
174 김문식·김정호, 『조선의 왕세자교육』, 김영사, 2003, 192쪽.
175 김문식·김정호, 『조선의 왕세자교육』, 김영사, 2003, 191쪽.
176 『중종실록』, 권35, 1518년(중종 13) 12월 26일.
177 김문식·김정호, 『조선의 왕세자교육』, 김영사, 2003, 193쪽.

고해야 했다. 그러나 실질적으로 스승들이 나이가 많아 세자의 모든 일을 지도하기가 힘들었고, 겸직을 하는 스승들은 공무로 바빠 자주 가서 가르치기가 쉽지 않았다. 나이가 젊고 바른 선비에게 이 일을 맡겨야 했지만 이 또한 쉽지 않았다.[178] 이런 상황에서 현 국왕의 신하이자 미래 국왕의 스승인 이들의 권위는 실제로 어떠했을까?

> 내가 큰 기업을 받아 조석으로 공경하고 두려워하며 길이 천지와 종사를 생각하여, 마땅히 국본을 세워야 하므로 이제 너 이황을 책봉하여 왕세자로 삼으니, 너는 일찍이 어진 이를 가까이하고 간사한 자를 멀리할 것이며, 스승을 존중하고 배우기를 좋아하여 원량(元良)의 덕(德)을 이루어 여망을 저버리지 말도록 하라.[179]

세조 대에 이르러 세자 시강원의 직제가 공식화되었듯, 세자의 교육을 담당한 스승들에 대한 '존사' 또한 세조 대에 공식적으로 언급되었다. 세조는 세자 이황을 왕세자로 책봉하면서, 스승을 존경하고 배우기를 좋아하여 장차 국왕으로서의 자질을 갖추도록 명하였다. 왕세자가 자신의 스승을 존경하는 일 또한 스승에 대한 '예'를 갖추는 데에서 시작한다.

왕세자는 책봉된 직후에 길일을 잡아 성균관 입학례를 거행하였

---

178 『중종실록』, 권35, 1518년(중종 13) 12월 26일.

179 『세조실록』, 권10, 1457년(세조 3) 12월 15일, "予受丕基, 夙夜祗畏, 永惟天地宗社, 宜建國本, 今冊爾晃爲王世子, 爾尙親賢遠佞, 尊師樂學, 成爾元德, 以負輿望."(인용 출처: 국사편찬위원회 한국사데이터베이스, https://db.history.go.kr)

다. 본격적인 제왕 교육이 이루어짐을 의미한다. 입학례란 왕세자가 성균관에 나아가 공자를 모신 대성전을 참배하고 명륜당에서 성균관 박사에게 제자로서의 예를 행하고 가르침을 청하는 의식이다. 입학례의 문헌적인 근거는 『예기』의 왕제(王制)와 문왕세자(文王世子) 편에 있다.[180] 책례(冊禮)와 관례(冠禮), 가례(嘉禮) 등 왕세자가 행해야 하는 통과의례와 달리 입학례는 반드시 성균관에서 행해졌다. 이 중 입학례는 상징적인 행사였다. 실제로 왕세자가 성균관에서 다른 유생들과 함께 수학하는 것은 아니었기 때문이다. 학생복을 입고 만세의 스승인 공자에게 제사를 올리고 성균관 박사에게 속수례를 행하는 의례를 통해 왕세자일지라도 스승을 존경해야 함을 일깨워 주었다. 왕세자는 성균관에서의 입학례를 거침으로써 유교적 이상을 실현할 군왕으로서의 의무를 상징적으로 부여받은 왕위 계승자가 되는 것이다.[181]

> 처음에 임금이 세자를 봉하고 대언 등에게 말하기를, "사람이 나이 8세가 되면, 입학하는 것은 옛날의 제도이다. 지금 세자가 나이 8세이니, 마땅히 이 해 안에 좋은 날을 가려서 입학해야 될 것이다."라고 하였다. 이때에 와서 세자가 의위를 갖추고 요속을 거느리고 성균관에 이르러, 유복을 입고 대성전에 들어와서 문선왕과 네 분의 배향위에 제사를 지내고, 학생으로 하여금 십철과 동무·서무에 술잔을 나누어 올리게 하였다. 박사에게 속수례를 행하고,

---

180 장재천, 『조선 성균관 교육 문화』, 교육과학사, 2012, 163쪽.
181 장재천, 『조선 성균관 교육 문화』, 교육과학사, 2012, 176쪽.

세자가 당에 올라 소학제사를 강하였다. 돌아와 신궁에 나아가서 잔치에 배석하였는데, 임금이 학관과 학생에게 음식을 주도록 명하였다. 이때 탁신이 겸 성균 사성으로서 박사가 되었다.[182]

왕세자의 신분으로 성균관 입학례를 처음 시행한 사람은 문종이었다.[183] 문종의 나이 8세가 되자 예조에서 왕세자의 입학과 관련한 의식을 제정하였다.[184] 문종은 광연루에서 이를 연습한 후 길일을 택해 위의 인용글과 같이 입학례를 시행했다.[185] 그 이전에 태종의 맏아들인 양녕대군은 왕자의 신분으로 성균관 입학례를 실시한 적이 있었다.[186] 그러나 정식으로 왕세자로 책봉되지 못한 상태라 의례의 일부가 생략되었다. 문종이 8세가 되자 세종은 입학례를 지시하였다. 세종 대에 제정된 입학례는 이후 개정되었지만 기본적인 토대가 되었다. 입학례는 다음과 같이 진행되었다.

① 그날에, 왕세자는 작헌한다. 마치면, 학생복을 입는다. 보덕이 인도하여, 명륜당 대문의 동쪽에 서향하여 선다. 백비 저포 3필와 주호 2두, 수안 5정을 왕세자의 서쪽에다 북향하여 겹줄로

182 『세종실록』, 권14, 1421년(세종 3) 12월 25일. "初, 上封世子, 謂代言等曰 人生八歲入學, 古之制也。今世子年八歲, 須以今年之內, 擇日入學。至是, 世子備儀衛、率僚屬, 至成均館, 以儒服入大成殿, 酌獻于文宣王及四配位。令學生分獻十哲與東西廡, 行束脩禮于博士。世子陞堂, 講 小學 題辭, 還詣新宮侍宴。上命饋學官與學生 時卓愼以兼成均司成爲博士."(인용 출처: 국사편찬위원회 한국사데이터베이스, https://db.history.go.kr)
183 『세종실록』, 권14, 1421년(세종 3) 12월 25일.
184 『세종실록』, 권14, 1421년(세종 3) 12월 23일.
185 『세종실록』, 권14, 1421년(세종 3) 12월 25일.
186 『태종실록』, 권5, 1403년(태종 3) 4월 8일.

서쪽을 윗자리로 해서 진설한다. 박사는 공복을 갖추고, 집사자가 인도하여, 명륜당의 동계 위에 서향하여 선다.[187]

② 장명자가 나와서 문의 서쪽에 동향하여 서서, "감히 행사하시기를 청합니다"라고 한다. 왕세자는 조금 앞에서 "아무개는 선생께 수업하기를 원합니다"라고 한다. 장명자가 들어가서 고한다. 박사는 "아무개는 부덕하오니, 청컨대, 왕세자께서는 욕됨이 없도록 하소서"라고 한다. 장명자가 나와서 고한다. 왕세자가 굳이 청한다. 장명자가 들어가서 고한다. 박사는 "아무개가 부덕합니다만, 청컨대, 왕세자께서 자리에 나아가시면, 아무개가 감히 뵙겠습니다"라고 한다. 장명자가 나와서 고한다. 왕세자는 "아무개가 감히 빈객을 볼 수 없으니, 청컨대, 꼭 뵙게 해주십시오"라고 한다. 장명자가 들어가서 고한다. 박사는 "아무개가 사양해도 명하지 않으시니, 감히 명을 따르지 않겠습니까"라고 한다. 장명자가 나와서 고한다.[188]

③ 집비자가 동향하여 비를 왕세자에게 드린다. 왕세자는 비를 든

---

187 『국조오례의』, 권4, 「가례」, 왕세자입학의, "王世子酌獻訖, 服學生服。輔德, 引立於明倫堂大門東西向。陳帛篚紵布三匹。·酒壺二斗。·脩案五脡。於王世子西, 北向重行西上。博士, 具公服。執事者, 引立於明倫堂東階上西向。將命者, 出立門西東向曰, 敢請事."(인용 출처: 국사편찬위원회 한국사데이터베이스, https://db.history.go.kr)

188 『국조오례의』, 권4, 「가례」, 왕세자입학의, "將命者, 出立門西東向曰, 敢請事。王世子少前曰, 某願受業於先生。將命者入告, 博士曰, 某也不德。請王世子無辱。將命者出告, 王世子固請。將命者入告, 博士曰, 某也不德。請王世子就位, 某敢見。將命者出告, 王世子曰, 某不敢以視賓客。請終賜見。將命者入告, 博士曰, 某也辭不得命, 敢不從命。將命者出告."(인용 출처: 국사편찬위원회 한국사데이터베이스, https://db.history.go.kr)

다. 박사가 내려가 동계 아래에서 서향하여 기다린다. 보덕이 왕세자를 인도하여, 문을 들어가서 왼쪽으로 간다. 집사자가 주호·수안을 받들고서 따라가 서계의 남쪽에 이르러서 동향한다. 봉주수자는 왕세자의 서남쪽에 동향하여 북쪽을 윗자리로 해서 선다. 왕세자는 무릎 꿇고서 비를 올리고 재배한다. 박사가 답배한다. 왕세자는 무릎 꿇고서 비를 취하여 바친다. 봉주수자가 좇아서 박사 앞에 올린다. 박사는 무릎 꿇고서 비를 받아 집사자에게 준다. 또 집사자가 무릎 꿇고서 주와 수를 취하여 물러난다.[189]

④ 보덕이 왕세자를 인도하여, 계단 사이에 북향하여 서서 재배한다. 인도하여, 나가서 편차로 나아가 기다린다. 박사는 상복으로 바꾸어 갖추고서 당으로 올라가 자리로 나아간다. 명륜당의 동벽에서 서향한다. 보덕이 왕세자를 인도하여, 문을 들어가 서계로 올라가서 박사 앞에 이른다. 때에 임해 좌석을 설치한다. 집사자가 강서를 박사 앞 및 왕세자 앞에 놓는다. 글을 강하고 뜻을 풀어준다. 마치면, 집사가 책상 및 책을 거둔다. 보덕이 왕세자를 인도하여, 서계로 내려가 나가서 편차로 나아간다.[190]

---

189 『국조오례의』, 권4, 「가례」, 왕세자입학의, "執篚者, 以篚東向授王世子, 王世子執篚。博士, 降俟于東階下西向, 輔德, 引王世子, 入門而左。執事者, 捧酒壺·脩案隨之。詣西階之南東向, 捧酒脩者, 立於王世子西南, 東向北上。王世子, 跪奠篚再拜, 博士答拜。王世子, 跪取篚以進, 捧酒脩者從, 奠於博士前。博士, 跪受篚, 授執事者, 又執事者, 跪取酒脩以退."(인용 출처: 국사편찬위원회 한국사데이터베이스, https://db.history.go.kr)

190 『국조오례의』, 권4, 「가례」, 왕세자입학의, "輔德, 引王世子, 入門陞自西階, 詣搏士前。臨時, 設席。執事者, 置講書於博士前有案。及王世子前。講書·釋義訖, 執事, 徹案及書。輔德, 引王世子, 降自西階, 出就便次."(인용 출처: 국사편찬위원회 한국사데이터베이스, https://db.history.go.kr)

왕세자의 입학식 절차는 왕세자가 동궁을 나가 성균관을 향해 출발하는 것부터 시작한다. 이를 출궁의(出宮儀)라 하였다. 왕세자가 성균관에 도착하면 본격적인 입학례가 행해졌다. 왕위 계승자들이 수행하는 입학례는 왕위 계승자들에게 권위를 부여하고 다음 세대를 이끌어 갈 지도자로서의 소명의식을 각인시키는 의례였다.[191] 입학례는 앞의 네 장면인 작헌의(酌獻儀), 왕복의(往復儀), 수폐의(脩幣儀), 입학의(入學儀)로 이루어졌다. 입학례를 마치면 다시 궁으로 돌아가 문무백관과 종친들의 하례를 받는 수하의(受賀儀)가 행해졌다. 수하의는 일종의 식후 행사로서 신하들은 국왕에게 치사(致詞)를 올려 왕세자의 입학을 경하했고, 국왕은 입학식에서 수고한 관리들과 성균관 유생들을 궁중으로 불러 잔치를 베풀고 상을 주었다. 입학례를 축하하는 경과(慶科) 별시가 치러지고, 사면령을 내린 것은 왕세자의 입학을 온 백성과 함께 경축하기 위해서였다.[192]

구체적인 장면은 다음과 같다. ① 작헌의는 성균관에 도착해 대성전으로 이동한 후 공자와 선유들에게 술잔을 올리는 의식이다. 이 의식을 통해 왕세자는 유학의 학통을 잇겠다는 마음을 다지게 된다. 다음으로 왕세자는 익선관과 곤룡포를 벗고 학생복인 성균관 청금복으로 갈아입는다. 이제 왕세자는 일시적으로 왕위 계승 후계자가 아니라 성균관의 학생 자격으로 대접받게 된다.

② 왕복의는 대성전에서 명륜당으로 이동해 박사에게 스승이 되

191 장재천, 『조선 성균관 교육 문화』, 교육과학사, 2012, 161쪽.
192 장재천, 『조선 성균관 교육 문화』, 교육과학사, 2012, 166쪽.

어 달라고 청하는 의식이다. 왕세자와 스승의 대화는 유생 중에 뽑힌 장명자가 전해 준다. 왕세자는 총 세 번 청하며, 세 번째에 스승이 청을 받아들인다. 학생 자격의 왕세자는 가르쳐 줄 스승을 택해 배움을 청해야 하기 때문이다.

③ 수폐의는 박사가 청을 수락하면 감사의 의미로 박사에게 예물을 드리는 의식이다. 왕세자는 백비와 술안주 등 세 가지 예물을 드린다. 이때 스승과 왕세자의 자리를 보면, 박사는 동벽에서 서향으로 서고 왕세자는 서벽에서 동향으로 선다. 자리를 구분하여 앉음으로써 왕세자가 스승의 권위를 높이고 존경해야 함을 의미한다. 이는 일반적인 왕자와 신하들의 자리 배치와 차이가 있다. 일반적인 자리에서의 만남은 다음과 같다.

> 왕자와 대신이 한자리에 모임을 가지게 되면 왕자가 도착할 무렵에 정1품의 관리는 몸을 숨기거나 자리를 피하며 종1품 이하의 관리들이 평상시와 같이 마중을 한다. 왕자가 들어와서 북쪽을 향하여 서면 정1품의 관리가 한 줄로 서서 읍을 하고 각각 자리 앞으로 가서 서며 종1품 이하의 관리가 앞으로 나와서 읍을 하고 왕자는 답읍을 한 뒤 각각 자리에 가서 앉는다. 왕자가 나갈 무렵에는 종1품 이하의 관리들이 왕자 앞으로 나와 읍을 하고 배웅하는 자리로 가며 정1품의 관리가 왕자와 한 줄로 서서 읍을 하고 몸을 숨기거나 자리를 피하면 왕자가 나간다.[193]

193 『경국대전』, 권3, 「예전」, 경외관상견 조, "王子·大臣交坐, 則王子將至, 正一品官隱避, 從

이로 보아 왕자가 평상시 신하들과 마주하는 자리에서의 예와 입학례에서 행하는 예는 확연하게 구분됨을 알 수 있다.

④ 입학의는 왕세자가 명륜당에 올라가서 박사에게 수업을 받는 의식이다. 스승은 동쪽에 앉아 책상 위에 책을 펴 놓고 강의를 한다. 반면 왕세자는 책상 없이 서쪽에 꿇어앉아 바닥에 엎드린다. 작헌의에서 입학의까지의 모든 과정에서 왕세자는 유학을 배우는 학생으로서 스승에 대한 예의를 갖추어야 했다.

입학례에서 핵심은 존사를 행하는 '예'였다. 공자 이후 군사(君師)가 분리되면서 국왕을 성군(聖君)으로 만들어 줄 스승이 필요하다는 인식은 제왕 교육을 뒷받침하는 근거가 되었다. 아무리 국왕 또는 왕세자일지라도 스승을 함부로 대할 수 없다는 인식을 형성하게 했다. 유교 사회에서 이론상 스승은 세속의 군주 못지 않은 권위를 부여받았다. 왕세자가 자신의 스승을 존사하는 일은 성군으로서 갖추어야 할 덕성을 기르는 교육에 해당했다. 왕세자가 스승에 대해 예를 다하고 높이는 모습과, 성균관의 수많은 학생 가운데 하나로서 단지 나이만을 기준으로 예우를 하는 모습을 보여 줌으로써 후계자를 교육하는 동시에 백성들이 일상생활에서 실천해야 할 윤리의 모범이 되어 그들을 교화하는 역할도 기대했다.[194]

하지만 국왕이 왕세자가 스승을 존사하는 '예'에 대해 불편함을 느

一品以下祇迎如常。王子入北向立, 正一品官入一行揖, 各就座前立。大君座稍前。從一品以下就前揖, 王子答揖, 各就座。王子將出, 從一品以下就王子前揖, 出就祇送位, 正一品官, 與王子, 一行揖隱避, 王子乃出."(인용 출처: 국사편찬위원회 한국사데이터베이스, https://db.history.go.kr)

194 장재천, 『조선 성균관 교육 문화』, 교육과학사, 2012, 175쪽.

끼고 이를 바꿔 보려고 한 사례가 있듯, 현실적으로 순탄하게 행해진 것만은 아니었다. 1625년(인조 23) 인조는 박사 앞에만 책상을 두고 왕세자가 바닥에 엎드려 있는 것에 불만을 느끼고 왕세자가 사용할 책상을 만들라고 명한 바 있다.[195] 또 효종은 왕세자인 헌종의 입학례 때 왕세자가 바닥에 엎드리는 일을 막아 보려 했다.[196] 그러나 이 두 사례 모두 신하들의 반대로 원래대로 진행되었다. 한편으로는 실제로 왕세자의 스승 된 자들이 어떤 대우를 받았는지를 확인할 필요가 있다. 이론과 달리, 현실에서는 스승의 권위가 세속 군주를 초월할 수 없었다.

> 신하를 대하는 데는 반드시 예모로써 하여야 합니다. 옛날에는 '함부로 부르지 못할 신하[不召之臣]가 있으니, 그에게 배운 다음에 그를 신하로 삼는다.' 하였는데, 이와 같은 자는 얻기가 쉽지 않습니다. 당 태종이 위징을, 송 태종이 조보를 모두 공경히 섬겼으며 모름지기 융숭한 예모를 더했습니다. 세조조에는 대신 대하기를 무척 친근히 하였고 대신이 아니더라도 예모로써 대하였으니 이는 아름다운 일이었으며, 신하로 현명한 자가 있으면 반드시 존경하여 총애하였기 때문에 인심이나 천명이 모두 따랐습니다.[197]

---

195 장재천, 『조선 성균관 교육 문화』, 교육과학사, 2012, 172쪽.
196 장재천, 『조선 성균관 교육 문화』, 교육과학사, 2012, 173쪽.
197 『중종실록』, 권35, 1518년(중종 13) 12월 26일, "待大臣, 須以禮貌。古則有不召之臣, 學焉而後臣之, 如此者, 未易得也。如唐 太宗之於魏徵, 宋 太祖之於趙普, 皆敬事之, 須優加禮貌。世祖朝, 待大臣多親近。雖非大臣, 禮貌以待之, 是美事。臣有賢者, 則必尊寵之, 故人心、天命, 皆歸向."(인용 출처: 국사편찬위원회 한국사데이터베이스, https://db.history.go.kr)

중종 13년, 세자시강관 박세희는 중종에게 앞의 인용글에서와 같이 발언함으로써 국왕이라도 스승 된 자를 예로써 대우해야 함을 피력하였다. 앞의 발언은 세자나 군왕이 자신들의 스승을 다른 대신들과 동일하게 신하로 대했음을 시사한다. 한편으로는, 앞서 언급했듯, 중종 대에 와서야 시강원이 군왕에게 직접 '존사'를 발언할 수 있을 만큼, 어느 정도 유학적 이념과 가치가 확산되었음을 알 수 있다. 박세희는 일반인들처럼 '존사'는 하늘이 명한 바에 따라 자신의 본성에 따르는 일이며, '존사'는 왕실의 권위를 낮추는 일이 아니라 유학적 풍습을 장려하여 국가의 위상을 높이는 일이라는 유학적 원론을 강조하였다. 특히 왕세자와 군왕의 '존사'는 인심과 천명에 순응하는 일인 만큼, 더욱더 모범을 보여 '존사'할 것을 주장하였다. 하지만 왕세자와 군왕의 경우 '존사'를 어디까지 해야 하는지 고민이 될 수밖에 없었다. '존사'는 왕권보다 신권을 앞세우는 일이 될 수 있어, 왕권을 강화하여 정국을 안정시켜야 하는 입장에서는 '존사'를 원론적으로 행하기가 어려웠을 것이다. 이는 조선 왕조가 유학을 국가 통치 이념으로 내세웠음에도, 왕실에서조차 '존사'를 두고 이상과 현실에 차이가 있었음을 보여 준다. 또한 교육과 정치의 관계에서 교육이 정치에 예속된 현실을 반영한다.

제3장

중앙집권 체제에서의 교사의 권위

1. 관료로서의 교사

조선의 건국 주체들은 불교를 비판하고 개혁 사상으로 유학을 채택하여 새 왕조의 토대를 구축하였다. 종래 고려가 불교에서 제시하는 초월적 권위를 내세우면서 왕실의 권위를 유지하였다면, 조선은 유학의 현실적이고 세속적인 명분을 내세워 왕권의 권위를 정당화하려고 했다.[198] 민간과 말단의 영역에 이르기까지 유학을 보급하기 위해 국가 주도의 교화와 교육에 중점을 두었다. 중앙의 관학과 정치계를 중심으로 유학을 꾸준히 보급·발전시켰음을 의미한다. 이를 위해 건국 초부터 중앙집권 체제를 재정비하고 구축하였다.

> 인군은 천공(天工)을 대신하여 천민(天民)을 다스리니, 혼자의 힘으로는 할 수 없는 일이다. 그래서 관(官)을 설치하고 직(職)을 나누어서 서울과 지방에 펼쳐 놓고, 널리 현능한 선비를 구하여 이를 담당하게 하는 것이다. 관제를 만드는 이유가 여기에 있다.[199]

정도전은 국가가 '현명하고 능력 있는' 유학자를 선발하여 이들에게 관직을 담당하도록 해야 하는 까닭을 위의 글에서와 같이 설명하였다. 정도전에 따르면 관직을 역임하는 것은 개인의 사적인 욕망에 부

---

198 오영교 편, 『조선 건국과 경국대전체제의 형성』, 혜안, 2004, 22쪽.

199 『삼봉집』, 권13, 「조선경국전 상」, 치전, "人君。代天工治天民。不可以獨力爲之也。於是。設官分職。布于中外。博求賢能之士以共之。官制之所由作也."(인용 출처: 한국고전번역원 한국고전종합DB, https://db.itkc.or.kr)

응하기 위함이 아니라 공적인 직무를 행하기 위해서였다. 이에 왕뿐만 아니라 중앙에서 지방의 말단까지의 모든 관료들이 백성을 다스리기 위한 공적인 활동에 협력해야 함을 강조하였다. 군왕과 각 관료들은 유교의 이상 사회를 실현하기 위해 중립적인 하늘의 역할을 대신하는 만큼 사사로운 욕망을 버리고 관직을 담당해야 한다고 여겼다.

그러나 유교적 이념과 가치를 곧바로 실현하기에는 현실적인 어려움이 있었다. 새 왕조로 전환했어도 사대부를 포함하여 대다수 민(民)의 관습이나 사고방식을 변화시키는 데에는 장기간에 걸친 노력이 필요했다. 불교는 왕실, 사대부 그리고 일반 민에게 오랫동안 종교 신앙으로 기능하였고, 성리학의 이념에 따라 일순간에 완전히 없앨 수 없었다.[200] 유교 사회를 구축하기 위해 국가 주도의 강제적인 법과 형정 그리고 관학을 중심으로 유학 이념을 보급하였다. 강제성을 지닌 법치 및 교화에 따른 효과는 조선 중기에 이르러 나타나기 시작했다. 유교화 작업이 100년을 지나는 동안 조선의 모든 지식인·유생·관료들에게 성리학적 가치는 개인의 삶과 정치 현실에서 반드시 추구해야 할 최고의 덕목으로 자리 잡았다.[201]

그중 관학은 유학 이념과 가치를 안정적으로 정착시키기 위한 효율적 장치였다. 이에 국가는 국초부터, 중앙에서 지방에 이르기까지 일원화된 관학 교육 체제를 구축하고자 하였다. 중앙집권적 관료제 사회로의 전환 과정에서 교육의 영역 또한 국가의 강력한 지도를 받

---

200 오영교 편, 『조선 건국과 경국대전체제의 형성』, 혜안, 2004, 19쪽.
201 계승범, 『중종의 시대: 조선의 유교화와 사림운동』, 역사비평사, 2014, 211쪽.

게 된 것이다. 교육의 유학화 과정은 고려 왕조에서 불교가 사적으로 수행한 역할을 국가가 적극 관리해야 함을 포함한다. 고려 왕조에서도 국가가 관학 교육을 통해 유학을 장려했지만 불교의 영향력이 우세했다. 앞 장에서 논의했듯, 승려는 거리의 교사이자 왕실의 스승 역할을 했다. 불교에서의 스승은 초월적이고 절대적인 권위를 가지고 사제 관계를 형성하였다. 불교식 스승은 어리석은 중생을 불법으로 인도하여 복을 구해 줄 것이라는 믿음의 대가로 권위를 형성할 수 있었다. 그로 인한 폐단은 기울어진 고려 사회에서 찾아볼 수 있었다. 이를 극복하기 위해 새 왕조는 국가가 관리 및 통제하는 유교식 스승을 요청하였고, 자연스럽게 고려식 스승의 권위는 재조정될 수밖에 없었다.

관학 교육을 재정비하기 위해서는 행정 체제의 구축 또한 필수였다. 조선 건국 초기(15세기)는 제도상의 유교화가 강력하게 이루어져 『주례』에 기초한 통치 체제가 사실상 확립되었고, 유교적 가치와 전통을 잘 절충한 『경국대전』 체제가 구축되었으며 대간·상소·구언 등의 제도를 통해 언로를 널리 개방해야 한다는 유교적 가치도 확실하게 제도화되었다.[202] 앞서 언급했듯, 조선 왕조는 '주자학을 바탕으로 한 유교의 정치 이념'에 따라 건국되었지만 덕교(德敎)만으로는 정치를 할 수 없어, 정치를 돕고 백성을 바른 길로 나아가게 하기 위해 제도[政]와 형벌[刑]의 현실적 필요성을 인식하였다.[203] 이에 『경국

---

202 계승범, 『중종의 시대: 조선의 유교화와 사림운동』, 역사비평사, 2014, 202쪽.
203 박현모, 「경국대전의 정치학: 예치국가의 이념과 실제」, 『한국정치연구』 12(2), 서울대학교 한국정치연구소, 2003, 106쪽.

대전』은 세조에 의해 기틀이 마련되고 예종·성종의 수정·보완 작업을 거쳐 1484년(성종 15)에 최종 완성되어 이듬해부터 시행되었다.[204]

『경국대전』「예전」의 장권(奬勸) 조는 국가가 유교 사회로서의 정체성을 어떠한 근거와 방식으로 구축하고자 했는지를 명확하게 보여 준다. 국가는 교화와 교육의 실효를 높이고자 효·제자와 같이 유교 이념을 모범적으로 실천하거나, 유교 관리로서 직분을 성실하게 수행한 자에게 포상을 제공하였다. 왜 이 주체가 국가인가? 이는 "조정이란 사방의 의표(儀表)"[205]라는 발언에서 확인할 수 있다. 유교 사회에서 조정은 왕과 왕실을 대리할 뿐만 아니라, 만백성의 모범으로 이들을 대표해야 하기 때문이다.

조선 왕조는 『경국대전』을 통해 학교의 설립과 교육과정의 체계화를 통해 유교적 예치 이념을 교육하는 한편, 유교적 교양을 갖춘 자 가운데서 관료를 선발하려는 조선 건국자들의 정치적 의지를 법제화하였다.[206] 체제를 정비하는 과정에서 조선은 유학적 스승을 관료제의 일원으로 적극 안착시켰다. 가르치는 직은 학관(學官)이라 칭하였다. 학관의 직임은 교양(敎養)이었다.[207] 성균관, 학당, 향교 등에서 대사성, 교수(敎授), 교도(敎導), 훈도(訓導), 모관(某官), 훈도관(訓導官) 등의 명칭으로 불린 이들은 중앙집권적 관료집단의 일부로서 공

---

204 박현모,「경국대전의 정치학: 예치국가의 이념과 실제」,『한국정치연구』 12(2), 서울대학교 한국정치연구소, 2003, 106쪽.

205『성종실록』, 권44, 1474년(성종 5) 윤6월 30일, "朝廷者四方之儀表也."

206 박현모,「경국대전의 정치학: 예치국가의 이념과 실제」,『한국정치연구』 12(2), 서울대학교 한국정치연구소, 2003, 125쪽.

207『태종실록』, 권25, 1413년(태종 13) 6월 30일.

적인 역할을 수행했다. 성균관과 같은 전통적인 중앙관학은 '관학(官學)'이란 명칭에서 드러나듯이 하나의 관청이었고, '학관(學官)'으로도 불린 교사 역시 대부분 관인이었다. 조선 왕조에 들어서 유교적 스승은 중앙집권 체제 속에서 국가의 '관료로서의 지위'를 확립하게 되었다. 따라서 정치적 예속성이 강했다.[208] 현실에서 스승의 권위는 국가 정책과 시행의 영향을 강하게 받게 됨을 필연적으로 시사한다.

『경국대전』의 교사 관련 직함

<table>
<tr><th></th><th>관청 이름</th><th>직함</th><th>품계</th><th>인원</th><th>구분</th></tr>
<tr><td rowspan="7">1</td><td rowspan="7">성균관
(成均館)</td><td>대사성(大司成)</td><td>정3품</td><td>1명</td><td rowspan="19">중앙관직
[京官]</td></tr>
<tr><td>사성(司成)</td><td>종3품</td><td>2명</td></tr>
<tr><td>사예(司藝)</td><td>정4품</td><td>3명</td></tr>
<tr><td>박사(博士)</td><td>정7품</td><td>3명</td></tr>
<tr><td>학정(學正)</td><td>정8품</td><td>3명</td></tr>
<tr><td>학록(學錄)</td><td>정9품</td><td>3명</td></tr>
<tr><td>학유(學諭)</td><td>종9품</td><td>3명</td></tr>
<tr><td rowspan="10">2</td><td rowspan="10">세자시강원
(世子侍講院)</td><td>사(師)</td><td>정1품</td><td>1명</td></tr>
<tr><td>부(傅)</td><td>정1품</td><td>1명</td></tr>
<tr><td>이사(貳師)</td><td>종1품</td><td>1명</td></tr>
<tr><td>좌우빈객(左右賓客)</td><td>정2품</td><td>각 1명</td></tr>
<tr><td>좌우부빈객(左右副賓客)</td><td>종2품</td><td>각 1명</td></tr>
<tr><td>보덕(輔德)</td><td>종3품</td><td>1명</td></tr>
<tr><td>필선(弼善)</td><td>정4품</td><td>1명</td></tr>
<tr><td>문학(文學)</td><td>정5품</td><td>1명</td></tr>
<tr><td>사서(司書)</td><td>정6품</td><td>1명</td></tr>
<tr><td>설서(說書)</td><td>정7품</td><td>1명</td></tr>
<tr><td>3</td><td>종학(宗學)</td><td colspan="3">성균관의 사성(司成) 이하 전적(典籍) 이상으로 겸임시킴</td></tr>
<tr><td rowspan="2">4</td><td rowspan="2">사학(四學)</td><td>교수(敎授)</td><td>종6품</td><td>2명</td></tr>
<tr><td>훈도(訓導)</td><td>정9품</td><td>2명</td></tr>
<tr><td rowspan="2">5</td><td rowspan="2">향교</td><td>교수(敎授)</td><td></td><td></td><td rowspan="2">지방관직
[外官職]</td></tr>
<tr><td>훈도(訓導)</td><td></td><td></td></tr>
</table>

208 하원수, 「중국 중앙관학과의 비교를 통해 본 성균관의 특성」, 『인문과학』 75, 성균관대학교 인문학연구원, 2019, 153-154쪽.

『경국대전』의 교사 관련 직은 중앙관직과 지방관직으로 크게 구분된다. 성균관, 세자시강원, 종학, 사학의 교사는 중앙관직에 속한다. 대사성은 '나라 전체 유림 또는 학자의 사표[一國儒林之師表/一國學者之師表]'라 인식하였다.[209] 대사성은 정3품을 겸직하였다. 관학의 교사들이 주로 겸직이었다는 사실은, 교사의 권위와 관련하여 시사하는 바가 있다. 명망 있는 자의 겸직은 교사의 학덕을 보장하여 교사의 권위를 의심하지 않게 하지만, 겸직을 하다 보니 정작 교육 활동에 충실할 수가 없어 교육의 부실로 이어지고, 장기적으로 보면 교사의 권위를 하락시켰다. 명망 있는 자를 교사직에만 가두어 둘 수는 없다는 현실이 낳은 모순이라 할 수 있다.

> 국가의 다스림은 인재의 성한 것에 매어 있고, 인재의 성한 것은 사도가 서는 것에 관계되오니, 자고로 제왕이 학교를 건설하고 스승을 세워 인재를 양육하는 것이 이 때문입니다. 사사로이 보옵건대, 대사성 김반은 품성이 순진하고 학술이 넓고 발라서, 옛날 태종(太宗) 때에 선정신 권근이 글을 올려 그 학행의 높음을 천거하였습니다. 이로부터 국가에서 그 어진 것을 높이고 믿어, 좋은 벼슬을 거쳐 시험하여 기유년에 비로소 사예를 제수하고, 사성·대사성을 거쳐 겸사성에 이르렀사온데, 그 사이에 직책을 게을리하지 않고 정연하게 가르쳐서, 성리를 강론하고 나라의 근본을 배양한 것이 이제 이미 17년이 되었사오니, 그 사람을 길러 낸 공이 진실로

209 『세종실록』, 권55, 1432년(세종 14) 3월 4일, 3월 18일.

> 작지 않습니다. 근년에 과거에 오른 선비와 문학을 한다는 자는, 태반이 모두 김반이 가르친 사람입니다. 국가에서 그 공을 포창하여 첨지중추를 주어 그 직위를 높이고, 겸사성을 잉임하여 가르침을 맡게 하였는데, 뜻밖에 두어 해도 못 되어 첨지를 떨어뜨려 강등시켜 대사성을 삼았으니, 위질의 높고 낮은 것이 비록 교훈에는 관계가 없사오나, 밝은 시대의 사유를 높이고 중하게 여기는 뜻에 결점이 있는 것이 아니겠습니까.[210]

위의 실록 기사는 대사성 김반(金泮)이 파면되자 성균관 유생들이 파면을 취소해 달라고 상소한 내용의 일부이다. 대사성에 선발되는 조건, 과정, 맡은 역할 등을 확인할 수 있다. 대사성은 학문과 덕행 두 가지에 있어서 모범이 되는 자로, 추천을 받아 임명되었다. 사예와 사성을 거쳐 대사성에 오르거나, 바로 대사성에 오르기도 했다. 유생들의 성적에 따라 대사성 또한 상 또는 벌을 받았다. 대사성의 선발과 유지, 상과 벌 등의 포상은 스승[師儒]의 권위를 높이는 것과 관련되었기에, 유생들 또한 자신들의 의견을 내었음을 확인할 수 있다.

사학(四學)에서 가르치는 자의 직위는 교수와 훈도였다. 이들을 교

210 『세종실록』, 권110, 1445년(세종 27) 10월 18일, "國家之治, 係乎人才之盛; 人才之盛, 關於師道之立。自古帝王所以建學立師, 養育人才者, 以此也。竊見大司成金泮稟性眞醇, 學術博雅。昔在太宗之時, 先正臣權近上書薦其學行之高, 自是國家尊信其賢, 歷試華秩。歲在己酉, 始除司藝, 歷司成大司成, 至于兼司成, 其間不懈于位, 循循敎誨, 講論性理, 培養邦本者, 今已十七年于, 其作人之功, 誠不細矣。近年登科之士, 號爲文學者, 太半皆泮所教也。國家褒崇其功, 授僉知中樞, 以尊其位, 仍兼司成, 以掌其敎, 不意曾未數歲, 落僉知降爲大司成。位秩之高卑, 縱無關於敎訓, 無乃有虧於明時崇重師儒之意乎."(인용 출처: 국사편찬위원회 한국사데이터베이스, https://db.history.go.kr)

관(教官), 학관(學官), 사유(師儒), 학교수(學教授)라 칭했다.[211] 교수는 종6품, 훈도는 정9품으로 성균관 전적(典籍) 이하의 관원으로 겸임케 하였다. 과거에는 사학의 관원을 사성(司成)이나 사예(司藝)로 하여 직위나 덕망이 높은 사람을 임명하였는데, 겸임제로 하면서 그 폐단은 다음과 같았다. 직위가 낮고 나이가 젊은 선비가 겸임하다 보니 소홀히 하고 게으르며 그 직책에 근실하지 못하는 문제가 발생한 것이다.[212] 또한 “본부에서 항상 감찰하여 그 근무 여부를 고검하고 있으나 가르치고 안 가르치는 것을 죄다 알 수는 없다.”는 대사헌 이철견의 보고를 미루어 보아, 관료제 제도상의 허점, 즉 근무 실태로 관료의 현명함과 능력을 평가하는 시스템이 오히려 교관의 권위를 떨어뜨렸음을 확인할 수 있다.

향교의 교사는 외관직이었다. 외관직에 해당하는 고을원과 훈도는 집안 식구를 데리고 갈 수 없었다.[213] 교수와 훈도는 외관직이면서 업무가 있으면서도 녹봉을 받지 못하는 무록관(無祿官)이었다.[214] 이에 교관으로 임명된 사람들이 아예 부임을 하지 않으려고 하거나, 부임을 한 후에 금방 핑계를 대고 사직하거나 교관직을 오로지 ‘밥벌이’나 품계를 올려 받기 위한 방편으로 이용하는 현상이 나타났지만, 국가 재정상 녹봉을 지급하기 불가능했던 것 같고, 이동이나 승진상의 불합리한 처우 개선도 중앙집권적 관료제의 특성상 매우 기

---

211 김성혜, 「사학 교관에 관한 일연구」, 『교원교육』 30(4), 한구교원대학교 교육연구원, 2014, 258-259쪽.
212 『성종실록』, 권151, 1483년(성종 14) 2월 27일.
213 『경국대전』, 권1, 「이전」, 외관직.
214 박연호, 「조선전기 향교정책의 성격과 한계」, 『교육사학연구』 8, 교육사학회, 1998, 87쪽.

대하기 어려운 일이었다.[215] 이처럼 교사를 관료제의 일원으로 포함시켰으나 국가가 이들의 권위까지 적극적으로 관리하지는 못했음을 확인할 수 있다.

2. 공로, 업적, 국가에 의한 인정

중앙집권을 추구한 왕조가 국가 운영 시스템을 확보하는 과정에서 강력한 왕권 확립의 조력자로 형성된 유능한 관료 계층은 그 능력 기반의 선발이라는 명분상의 우위를 확보함으로써 공고한 관료제를 구성하게 되었다.[216] 유교적 실적주의(Confucian meritocracy), 즉 '유교 관료제가 유교 사상을 바탕으로 덕(德)과 재(才)를 갖춘 현능한 인재를 임용하고 관리하기 위해 적용한 실적주의 원리'가 조선의 관료제 운영의 특징이었다.[217] 유교적 실적주의 원칙에 따라 국가는 유학적 스승들을 포상 대상의 범위에 수용하였다. 이처럼 스승의 공로가 국가에 의해 평가되고 인정받는 방식은 유교 사회로의 전환 과정에서 중요한 의미를 지닌다.

우리 동방으로 말한다면, 신라가 불교에 미혹하여 그 재력을 다

---

215 박연호, 「조선전기 향교정책의 성격과 한계」, 『교육사학연구』 8, 교육사학회, 1998, 97쪽.
216 차세영, 「조선의 인사임용제도와 유교적 실적주의에 관한 시론적 고찰」, 『한국행정학보』 55(2), 한국행정학보, 2021, 14쪽.
217 차세영, 「조선의 인사임용제도와 유교적 실적주의에 관한 시론적 고찰」, 『한국행정학보』 55(2), 한국행정학보, 2021, 21쪽.

> 없애서 민가에 탑묘가 절반이나 되더니, 마침내 나라가 망하는 데 이르게 되었고, 고려의 의종은 해마다 3만 명의 중들을 공양하였고, 달마다 십여 곳의 절에 다녔으나, 마침내 임천에서 탄식함이 있었으며, 공민왕은 해마다 문수 법회를 개최하고 보허와 나옹을 국사(國師)로 삼았는데, 보허와 나옹이 모두 사리가 있었지마는, 나라의 멸명을 구원하지는 못하였습니다. 이 일로 미루어 생각한다면, 불교의 인과응보의 설은 믿을 것이 못 됨이 명백합니다. 삼가 생각하옵건대, 전하께서는 불교의 청정 과욕을 흠모하려 한다면, 선왕의 공묵무위(恭默無爲) 사상을 법받을 것이고, 불교의 자비 불살을 본받으려 한다면 선왕의 능히 관인(寬仁)하고 능히 호생(好生)하는 덕을 생각할 것이고, 불교의 인과응보의 설을 두려워한다면 선한 자를 상 주고 악한 자를 처벌하고, 죄 가운데 의심나는 것은 경하게 처벌하고, 공 가운데 의심나는 것은 중하게 상 주는 것으로 규범을 삼을 것입니다. 이같이 한다면 다만 백성들만 그 은택을 입는 것이 아니라 천지 귀신도 또한 몰래 돕게 될 것입니다.[218]

위의 인용글은 태조 1년 대사헌 남재가 불교를 배척하고 유교식 풍습을 장려하기 위해 건의한 12개 조목 중 일부이다. 남재의 주장

218 『태조실록』, 1392년(태조 1) 9월 21일, "以我東方言之, 新羅惑於浮屠, 竭其財力, 塔廟半於閭閻, 遂至於亡. 高麗 毅王歲飯僧三萬, 月至佛寺十餘所, 卒有臨川之嘆. 恭愍王歲開文殊會, 以普虛、懶翁爲師, 普虛、懶翁俱有捨利, 無救於亡. 由是觀之, 佛氏報應之說, 不足信明矣. 伏惟殿下慕佛氏淸淨寡欲, 則以先王恭默無爲爲法. 效佛氏慈悲不殺, 則以先王克寬克仁好生之德爲念. 畏佛氏報應之說, 則以賞善罰惡, 罪疑惟輕, 功疑惟重爲範. 如是則非獨生民蒙其澤, 天地鬼神亦且陰佑之矣."(인용 출처: 국사편찬위원회 한국사데이터베이스, https://db.history.go.kr)

은 불교식 교리와 신앙에 대한 믿음이 오히려 사욕을 부추기고 신라와 고려를 폐망으로 이어지게 했다는 것이다. 그러니 부처의 권위와 내세에 의존하지 말고 '주체의 노력과 현세'에 중점을 두도록 국가가 합리적인 정치를 행하기를 종용하는 발언이다. 국가에 의한 상선벌악(賞善罰惡) 발언은 시사하는 바가 크다. 전생의 선악 행위가 불확실한 뒷날로 이어지는 것이 아닌, 현세의 선악 행위의 결과가 현세의 길흉화복으로 합리적으로 연결되도록 국가가 종교적 역할까지 대신할 것을 주장하기 때문이다. 유학 관료인 남재는 상선벌악의 시행자는 국가이며 그 기준 또한 국가가 정해, 비합리적 종교의 세계에서 합리적 인문의 세계로 전환하기를 촉구하였다.

> 향교 생도들의 독서일과를 매 월말 수령이 관찰사에게 보고하면 관찰사가 순행하여 고강(考講)을 실시하여 학령에 따라 장려도 하고 징계도 하며 기록하였다가 교관의 업적을 전최(殿最)할 때 검토한다. 달마다 수행한 과제와 날마다 진행한 강론을 상고하여 보고 우등한 사람은 집안의 부역을 헤아려 가볍게 해 준다.[219]

상선벌악의 기조에 따라 조선은 국초부터 현세적 공로가 확실한 이들을 선정하여 그들의 공로를 인정하고 대우하고자 했다. 흥미로운 것은, 이처럼 개인의 현능함을 인사 선발과 관리 과정에서 측정

219 『경국대전』, 권3, 「예전」, 장권 조, "校生所讀書日課, 每月季, 守令報觀察使, 觀察使巡行考講, 依學令勸懲, 置簿, 教官殿最時, 憑考. 其月課·日講優等者, 量減戶役."(인용 출처: 국사편찬위원회 한국사데이터베이스, https://db.history.go.kr)

하고 이를 인사에 반영하고자 하는 노력을 기울여 온 조선의 관료제에서도, 실제로는 객관적으로 드러나고 문서화할 수 있는 덕행과 재질의 측정 결과는 개인이 보유한 산계, 근무 이력과 근무 평정 결과뿐이기 때문에 사실상 가장 중요하게 여겨지는 경우가 많았다는 것이다.[220]

그렇다면 스승은 어떤 기준으로 포상하였을까? 유학에서 스승이 수행해야 할 역할은 도(道)라는 이념적 가치를 실천하여 삶의 모범을 보여 주는 것이나, 『경국대전』「예전」의 장권(奬勸) 규정에 따르면 관학의 스승들은 현실적인 역할에 집중되어 있었음을 확인할 수 있다. 유학적 스승들은 교화와 더불어 경서에 대한 이해와 글짓기와 관련한 유학적 소양을 갖춘 예비 관료를 양성해야 했다. 장차 군주를 보필하여 정치에 참여할 수 있는 관료를 배출하는 일이 스승으로서 가장 큰 공로임을 국가적으로 명시한 것이다. 중앙은 당상관이, 외관은 관찰사가 제자의 성적에 따라 스승의 업적을 전최함으로써 제자의 세속적 성과와 출세라는 현실적이고 실용적 공로에 의해 스승이 평가를 받았다. 이는 두 가지 특징으로 정리된다. 하나는 유교 이념을 정치·사회에 적용하는 과정에 유교식 스승을 활용했으며, 스승의 권위는 스승의 현능함이 아닌 제자들의 현세적 성과와 밀접한 관련을 맺게 되었다는 것이다. 또 하나는 가르치는 일이 사적인 영역이 아니기 때문에 유교식 스승의 권위는 국가의 관심과 태도에 따라 영향을 받을 수 있다는 것이다. 평가의 내용은 다음과 같다.[221]

---

220 차세영, 「조선의 인사임용제도와 유교적 실적주의에 관한 시론적 고찰」, 『한국행정학보』 55(2), 한국행정학보, 2021, 21쪽.

221 윤국일, 『신편 경국대전』, 신서원, 2005, 135-138쪽.

중앙관리는 해당관청의 당상관(堂上官)이, 지방관리는 관찰사가 해마다 6월 15일과 12월 15일에 등급을 평정하여 임금에게 보고한다. 중앙관리는 부임한 지 만 30일, 지방관리는 만 50일이 된 후라야 등급을 평정하는 것을 허락한다.

죄를 범하고 신문을 받는 중에 있는 것으로 하여 그 기간에 대한 등급평정을 받지 못한 경우에는 신문을 끝낸 다음에 그 기간의 관찰사가 교체되었다고 하더라도 등급을 평정하여 임금에게 보고한다.

열 차례 평정에서 열 차례 상(上)으로 평정되면 표창하여 한 품계를 올려준다.

두 번 중(中)의 평정을 받으면 녹봉 없는 관리로 채용한다.

세 번 중(中)의 평정을 받으면 파직시킨다.

다섯 차례 평정이거나 세 차례 평정이거나 두 차례 평정이거나 할 것 없이, 누구나 중만 한 번 있으면 현재보다 높은 지위에 임명하지 않으며 중이 두 번 있으면 파직시킨다.

성균관의 7품 이하의 관리가 중의 평정을 받은 경우에는 그 조동기간에는 벼슬을 옮겨주지 않는다.

업적평정에서 하등의 평정을 받거나 사적인 범죄로 파직된 경우에는 2년을 경과해야 채용한다.

대체로 죄를 점한 자, 하등의 평정을 받은 자는 대장에 기록해 둠으로써 후일의 참고로 삼게 한다.

이처럼 중앙이나 지방 모두 스승의 업적은 1년에 두 차례 평가받으며 최종적으로 임금에게 보고된다. 관학은 중앙집권 체제의 승패와 관련하기에 국가가 학업 성취에 적극적으로 관심을 가질 수밖에 없다. 고려 왕조에서도 국학 재학생들의 학업 성취에 왕이 관심을 가졌다. 일례로 문종(文宗) 17년(1063) 국자감의 생도들이 학업을 그만두는 경우가 많아지자 유생(儒生)은 국자감에 있은 지 9년, 율생(律生)은 6년이 되어도 우매하여 성취함이 없는 자는 모두 퇴출시키도록 했다.[222] 생도들의 학업이 부진한 책임을 학관(學官)에게 있음을 명시했다. 그러나 학관의 상벌에 대한 언급은 더 이상 없었다.

> 중앙과 지방의 유생들은 날마다 공부한 책의 행수와 가르쳐 준 스승[師]의 관직과 성명을 기록한 것을 제출하게 해서 본조에 보관하였다가 매번 과거 시험을 치른 후 가르쳐 준 유생들 가운데 급제자를 3명(지방이면 2명), 생원·진사를 10명(지방이면 5명) 이상 낸 사람은 임금에게 보고하여 품계를 올려 준다. 개인적으로 동몽을 가르친 훈도(訓導)는 근무 실태를 조사해 보고 성과가 있을 경우에는 정기조동이 있을 때마다 보고하여 등용한다.[223]

그러나 여러 선행 연구에서 언급했듯, 조선 전기 향교나 사부 학당(四部學堂)은 교관 수가 부족한 상황이었다.[224] 교관이 핑계를 대고 발령을 모면하려고 하면 거기서 교체될 기간만큼 등용하지 않으며 등용할 때

---

222 『고려사』, 권74, 「선거 2」, 국학.

223 『경국대전』, 권3, 「예전」, "京·外儒生逐日所讀書行及受業師職·姓名, 置簿藏於本曹, 每科擧後, 所訓儒生中及第三人外則二人, 或生員·進士十人外則五人 以上, 啓聞加階. 私敎童蒙訓導, 考勤慢, 有成效者, 每都目, 啓聞敍用."(인용 출처: 국사편찬위원회 한국사데이터베이스, https://db.history.go.kr)

224 『세종실록』, 1438년(세종 20) 8월 3일.

에도 도로 지방관리로 임명한다는 규정이 영향을 주었다.[225]

한편으로 이는 국가의 관리 영역 외에서 사적으로 행해지는 교육 활동이 활발했음을 뜻한다. 조선 왕조는 개국 초부터 사적으로 행해지는 교육 활동 또한 국가의 관리 대상으로 포함시키고자 했음을 확인할 수 있다.[226] 국가는 관학의 스승 외에도 유학적 스승으로서 공로가 있다면 이들을 대우할 수밖에 없었다. 앞서 언급한 『경국대전』의 규정에서와 같이 국가는 스승이 제자가 과거 시험에서 좋은 성적을 얻을 수 있도록 지도했다면, 사적으로 가르쳤어도 평가 대상으로 포함시켰고 그 공로를 인정해 주었다. 이미 관리라면 품계를 올려주고, 그렇지 않을 경우 등용시킴으로써, 국가에 의한 인정이 스승의 위상을 결정짓게 하였다.

고려 왕조에서도 이와 관련한 선례를 찾아볼 수 있다. 인종(仁宗) 17년(1139) 각 도(徒)의 사학 교도(敎導)를 칭찬하고 유학을 장려하고자 교도를 대상으로 포상 행위를 실시했다. 교도가 자기가 담당한 도의 유생들이 공부를 그만두지 않고 학업을 성실히 하도록 지도하면 국자감에 학관의 결원이 생길 때 우선 충원되게 했다.[227] 사학의 교사를 관학 교사로 우선 전환시킴으로써 교사의 사기를 장려하고자 한 정책이었다. 그러나 고려의 경우, 구체적인 성과와 방법을 논할 단계는 아니었다.

주로 시험과 관련한 성과에 따라 스승을 우대하는 정책을 강조한

225 『경국대전』, 권1, 「이전」, 외관직.
226 김대식, 「조선전기 교사상과 사제 관계의 성격」, 『한국교육』 37(1), 한국교육개발원, 2010, 10쪽.
227 『고려사』, 권74, 「선거 2」, 사학.

배경은 고려의 불교식 스승과 이들에 대한 '존사'와 차별화하기 위함이었을 것이다. 이처럼 조선 왕조의 유학적 스승의 권위 공인 방식은 고려의 불교식 스승과 확연히 구분되었다. 고려나 조선이나 스승은 존사의 대상이나 고려의 경우 국가에 의한 공로 인정이 큰 비중을 차지하지 않았다. 유학적 스승보다 불교식 스승이 현실적으로 우세하였다. 불교의 스승은 개인의 사적 욕망을 충족시켜 주는 대가로 개인으로부터 권위를 인정받았다. 더 나아가 존재 그 자체가 종교적 신비성을 가졌다고 보아 특별히 공로를 입증할 필요가 없었다. 반면 유학적 스승은 공적인 역할을 수행하고 근무 결과에 따라 국가로부터 권위를 인정받았다. 민간에서는 제자를 과거 시험에서 좋은 성적으로 이끌도록 지도해야 했고, 국가 차원에서는 유학적 소양을 갖춘 관료를 배출해야 그 공로를 인정받을 수 있었다. 이는 스승의 역할을 여러 교육 행위 중 단지 시험 공부를 지도하고 관리하는 것에 초점을 둠으로써, 오히려 스승의 권위를 제대로 세우기 어렵게 만들었다.

국가가 공로에 따라 스승을 상벌하는 정책은 '존사'를 내실화하기 위해서였다. 하지만 '존사'에 대한 예는 강제적으로 행사될 수 없는 영역이 존재한다. 스승의 자질이 확보되지 않으면 '존사'가 성립될 수 없기 때문이다. 자질이 낮은 스승이 지도하게 되면 "학생들은 배운 것을 부끄럽게 여겨 이를 숨기고 스승을 미워하며, 어려워지면 괴로워하고 학문이 유익하다는 것을 알지 못해 비록 과업을 마치더라도 학문을 떠나게 된다."[228], "탐장죄를 지은 관리의 아들과 손자

228 陳澔 저, 정병섭 역, 『(역주) 예기집설대전: 학기』, 학고방, 2014, 122쪽, "今之敎者, 呻其佔畢,

는 의정부·육조·한성부·사헌부·개성부·승정원·장예원·사간원·경연·세자시강원·춘추관·지계교·종부시·관찰사·도사·고을원 등의 관직에 임명하지 못한다."[229]는 『경국대전』의 규정 또한 스승의 자질을 확보하기 위한 장치였다. 조선 왕조에서 탐오죄는 죄형이 높아 "사형에 처하지 않는 강도는 '강도'라는 두 글자를 몸에 먹물로 새겨 넣으며 두 번 범하면 교형에 처하는"[230] 죄에 해당했다. 강도의 처자는 거주하고 있는 고을의 노비로 영영 강등시켰다.[231] 양반의 경우 자손을 관직에 임명하지 못하게 함으로써 사실상 양반의 지위를 박탈할 만큼 강력 범죄에 해당했다. 명목상으로는 왕실 및 성균관 등의 스승들을 선발할 때 도덕적 자질과 품성에 대한 엄격한 잣대를 마련했음을 확인할 수 있다.

한편 스승에 대한 장례와 제사 규정을 통해 스승의 권위에 관한 사회적 통념을 엿볼 수 있다. 『경국대전』에 의하면 조선 왕조의 경우 다섯 급의 상복 제도[五服]를 규정하고 상복 입는 기간을 신분과 대상에 따라 차등으로 정했다. 부모의 경우 상복을 입고 3년, 조부모의 경우 상복을 입고 1년 복을 치른다는 규정이다.[232] 하지만 스승에 대한 상복 규정은 언급하지 않았다. 대신 『예기』에 따라 심상(心喪)을

多其訊, 言及于數, 進而不顧其安, 使人不由其誠, 教人不盡其材, 其施之也悖, 其求之也佛. 夫然, 故隱其學而疾其師, 苦其難而不知其益也, 雖終其業, 其去之必速. 教之不刑, 其此之由乎."

229 『경국대전』, 권1, 「이전」, "贓吏子及孫, 勿授議政府·六曹·漢城府·司憲府·開城府·承政院·掌隷院·司諫院·經筵·世子侍講院·春秋館知製教·宗簿寺·觀察使·都事·守令職."(인용 출처: 국사편찬위원회 한국사데이터베이스, https://db.history.go.kr)

230 『경국대전』, 권1, 「형전」.

231 『경국대전』, 권1, 「형전」.

232 『경국대전』, 권3, 「예전」, 오복.

3년 하는 것이 원칙이었다. 심상일지라도 부모와 같은 3년으로 규정함으로써, 국가 차원에서 스승의 권위를 높이고자 했음을 확인할 수 있다. 하지만 현실적으로 이를 잘 지키는 제자가 많지 않았다. 일단 기록에서 심상을 지켰다는 제자를 확인할 수 없다. 이를 권장하는 공적 담론도 보이지 않는다. 세종 대에 와서야 스승을 부모처럼 섬긴 제자들을 적극 포상하고 사제지간의 의리를 추가한 『이륜행실도』를 보급함으로써, 제자들이 존사하는 것을 국가에서 장려했음을 확인할 수 있다.

> 지례현 사람 윤은보와 서즐은 모두 장지도에게 학업을 받았는데, 일찍이 약속하기를, '사람이 임금·스승·부모 세 분에게 섬기기를 똑같이 해야 하는데, 하물며 우리 스승님은 후사가 없으니 돌아가신 후에는 마땅히 무덤에 여막을 지어 3년 동안을 마쳐야 되겠다.' 하더니, 스승이 죽으매, 그 부모에게 알리고 현관·요질로써 무덤 옆에 여막을 짓고, 몸소 밥을 지어 전물을 준비했으며, 어느 날 은보는 아버지가 병에 걸리었으므로 집에 돌아가서 약을 달이고 잠시도 웃옷을 벗지 않았으며, 병이 나으매, 그제야 돌아와서 무덤에 여막살이를 한 지 한 달 남짓 하여, 은보가 상서롭지 못한 꿈을 꾸고 즉시 집으로 돌아가니, 아버지가 과연 병을 얻어서 5일 만에 죽으므로, 가슴을 치고 뛰며 슬피 울면서 빈소 곁을 떠나지 않았습니다. 어느 날 광풍을 만나 향합을 잃어버렸는데, 몇 달 만에 까마귀가 향합을 물고 북산으로부터 날아와서 무덤 앞에 두고 갔으므로, 그에게 학업을 받은 사람인 심징·배현 등이 이를 주워서 보

> 니, 과연 전의 향합이었습니다. 은보는 비록 아버지의 무덤에 여막살이를 하지마는, 오히려 스승을 위하여 초하루·보름을 만나면 반드시 제사 지냈으며, 서즐은 홀로 스승의 무덤에 여막을 짓고 3년 동안을 마쳤습니다.[233]

그 사례는 위의 인용글과 같다. 세종 대 윤은보와 서즐은 장지도를 스승으로 두었다. 스승이 후사 없이 죽자 이들은 심상 대신 부모처럼 삼 년간 시묘를 하고 이후 제사를 지냈다. 이들에게는 정문(旌門)이 세워지고 관직이 주어졌다. 이로써 제자가 스승을 위해 헌신하는 것은 삼강에 버금가는 윤리로 받아들여졌음을 확인할 수 있는 사례이다.[234] 이런 사례들을 모범 사례로 권장하고 국가가 적극 포상함으로써, 스승의 권위가 실질적으로 높아지는 계기로 작용했다. 이러한 국가 차원의 포상 정책은 민간에서 유교적 이념과 가치를 적극 수용하도록 유도하였으며, 이는 민간에서도 '존사'를 자발적으로 행하도록 유도하였다. '존사'는 유교적 이념과 가치가 수용 및 정착되었을 때 실질적으로 구현될 수 있기 때문이다. 이처럼 국가는 관료제의 허점을 보완하기 위한 정책을 미약하게나마 병행함으로써 민간에서 '존사'에 자발적으로 참여하도록 하였다.

---

233 『세종실록』, 1432년(세종 14) 9월 13일, "知禮縣人尹殷保·徐騭, 皆受業於張志道。嘗約云: 人生於三事之如一, 況吾師無後, 百歲之後, 當廬墓以終三年。及死, 告其父母, 玄冠腰絰, 廬於塚側, 躬執炊爨備奠物。一日, 殷保父遘疾, 歸家侍藥, 暫不解衣, 病愈乃還。廬墓月餘, 殷保夢不祥, 卽還家, 父果得疾, 越五日死, 擗踊哭泣, 不離殯側。一日遇狂風失香合, 數月, 烏含香合來自北山, 置墳前, 其受業人沈澄·裵現等取視之, 果前香合也。殷保雖廬父墓, 猶爲其師, 遇朔望必祭, 騭獨廬師墓, 以終三年."(인용 출처: 국사편찬위원회 한국사데이터베이스, https://db.history.go.kr)

234 김대식, 「조선전기 교사상과 사제 관계의 성격」, 『한국교육』 37(1), 한국교육개발원, 2010, 15쪽.

제4장

존사의
시기별 추이 분석

1. 고려

불교가 우세했던 고려 왕조에서 유교식 교사의 권위를 높이는 일은 언제, 어떤 목적으로 논의되었을까? 결론부터 말하자면 고려 왕조의 경우 유교식 교사의 필요성은 인식했으나, 관학을 담당하는 교사의 권위를 높이는 일에는 관심이 적었다고 할 수 있다. 유학이 전반적으로 부진했기 때문이다. '존사'를 논하는 장면은 유학을 내세워 왕위 계승의 정당성을 강조할 때 등장하였다. 흔히 유학을 한국의 고유한 전통으로 오해하지만, 유학은 중국으로부터 들어온 '새로운' 사상이었다. 불교 또한 마찬가지였지만, 불교는 '내세'를 통해 보답받기에 대중적으로 인기가 높으며 심리적·정서적으로 의존하게 되었다. 반면 유교는 '수양'을 통해 현실적으로 체감되는 보답이 불교에 비해 약하다고 인식하였다. 국가를 운영하기 위한 공적인 영역에서는 유학의 필요성을 인식했어도, 사적인 영역에서는 오랫동안 고유의 사상과 불교를 중시하였다.

물론 한국 문명사에서 유교화는 삼국시대부터 이미 태동하여 통일신라에서 가시화되었다고 할 수 있다.[235] 대표적인 제도가 신라의 독서삼품과로, 골품 제도가 엄연한 신라 사회에서도 출세하려면 적어도 유교의 일부 가치를 이해하고 수용해서 설파할 수 있는 지적 능력과 의지를 갖추고 있어야 했다는 것을 보여 주기 때문이다.[236]

---

235 계승범, 『중종의 시대: 조선의 유교화와 사림운동』, 역사비평사, 2014, 201쪽.
236 계승범, 『중종의 시대: 조선의 유교화와 사림운동』, 역사비평사, 2014, 201-202쪽.

하지만 고려 왕조의 경우 왕위 계승이 중세적 계승 방식에 머물러 있어 '존사'를 언급하는 일은 매우 드물었다. 바로 고려 전기 예종의 사례에서 찾아볼 수 있다.

고려는 진작 국자감에 공자 문묘를 설치하고 스승을 두었으나 그 성과는 부진하였다. 그러다 제16대 왕인 예종 대에 이르러 유학 교육이 활성화되었다. 예종이 재위 기간(1105~1122) 동안 유학을 진흥시키고자 했던 일련의 정책들은 다음과 같다. 1109년 국학에 학과별 전문 강좌인 칠재(七齋)를 설치했다. 1116년 청연각과 보문각을 짓고 학사(學士)를 두어 경서를 토론하게 했다. 1119년 국학에 양현고라는 장학 재단을 만들었다. 또한 이름난 유학자를 뽑아 학관(學官)과 박사(博士)로 삼았다.

그런 가운데 예종은 1115년 2월 아들 왕구를 왕태자로 책봉했다. 예종은 책문에서 부자간의 사사로운 사랑으로 왕구를 선택한 것이 아니라 왕업을 계승할 만한 자질을 갖추었기 때문에 선택했음을 밝혔다. 책문의 일부는 다음과 같다.

> 원자 왕구는 『중용』의 근본을 헤아리고, 어릴 때부터 지혜와 덕이 뛰어났다. 인의와 효우의 지극함은 천성에서 나왔으며, 극진하고 빛나는 덕행은 천지신명에 통한다. 비록 어린 나이지만 일찍부터 훌륭한 본보기를 드러내어 하는 말마다 도리에 합당하며, 처신을 신중히 하여 규범에 맞았다. 여러 곳을 돌아다니며 노는 것을 일삼지 않고 올바른 도리를 즐겨 따르며, 시종일관 배움에 열중하니 좌우에서 (학문의) 근원을 접할 것이다. 시서와 예악의 학문을 궁

> 구하고, 부자와 군신 간의 의리를 밝힌 것은 주나라 문왕 희창이 아버지 왕계를 섬기고, 한나라 혜제 유영이 아버지 고황제를 받들었던 것과 다름이 없다. 그러므로 전대의 가르침에 근거하여 태자의 지위에 올라 종묘의 제기를 주관하게 함으로써 조종의 제사를 받들게 하는 것이 마땅할 것이다. 이에 사신에게 절을 주어 보내 너를 왕태자로 책봉하노라. 아아! 공경하고 공손해야만 마음과 정성을 다할 수 있고, 조심하고 삼가야만 고귀한 자리를 길이 누릴 수 있을 것이다. 너는 스승의 가르침을 엄히 따르고[嚴師] 한가롭고 편안함이 주는 즐거움을 경계하며, 올바른 사람이 아니면 친하지 말고 바른 말이 아니면 듣지 말아야 한다. 임금에 대한 충, 부모에 대한 효, 장유에 대한 예를 다하는 풍속을 명백히 함으로써 온 나라의 민심을 바로잡는다면, 짐이 아들을 둔 것이 옛날 현명하고 어진 선왕들에 비해도 부끄럽지 않을 것이다. 이 원대한 뜻을 받들어 영원히 많은 복을 누릴지어다.[237]

예종은 왕구가 나이가 어리지만 천성이 선하고 덕행이 훌륭하며

---

237 『고려사』, 권14, 「세가 권14」, 1115년(예종 10) 2월, "二月 癸卯 冊子構, 爲王太子. 其文曰, "古先哲王, 撫有方夏, 必立儲貳, 以承天序者, 非敢私於親愛之閒, 將以繫人心, 而固國本也. 肆朕纘服, 若昔大猷, 眷惟上嗣之良, 久協重明之象. 考從於龜筮, 咨度於臣工, 申擇令辰, 誕揚休命. 咨! 爾元子構, 賦中和之粹, 挺岐嶷之姿. 仁義孝友之誠, 發自天性, 篤實輝光之德, 通於神明. 雖在妙齡, 夙彰全範, 出言而合度, 擧足而中規. 不事盤遊, 樂從善道, 終始典于學, 左右逢其源. 究詩書禮樂之文, 明父子君臣之義, 與夫周昌之事王季, 漢盈之奉高皇, 無以異也. 所宜據前載之言, 正東朝之位, 主之以匕鬯, 對越於祖宗. 是用, 遣使持節, 冊命爾爲王太子. 於戱! 惟敬遜可以能盡心, 惟謹愼可以長守貴. 爾其嚴師傅之訓, 誡宴安之娛, 非正人勿親, 非正音勿聽. 以揚三善之風, 以貞萬邦之心, 則朕之有子, 無愧於古先哲王矣. 尙遠乃猷, 永膺多福."(인용 출처: 국사편찬위원회 한국사데이터베이스, https://db.history.go.kr)

유학의 공부를 게을리하지 않았음을 특별하게 여겼다. 왕세자로 책봉되면 장차 군왕으로서 자질을 갖추기 위한 교육이 실시된다. 왕세자는 사부(師傅)라 칭하는 유학자를 스승으로 삼아 군주 교육을 받게 된다. 예종은 왕세자가 스승을 존엄하게 여기고 가르침을 따라 군주 교육에 힘쓸 것을 주문하였다. 9세에 왕이 된 창왕의 책봉식 장면에서도 '존사'는 군왕의 자질을 갖추기 위해 행해야 할 것으로 강조되었다.[238] 이처럼 유교화 이전의 고려에서 '존사'에 대한 논의는 왕세자의 군주 교육 장면에서 확인할 수 있다. 그러나 예종과 창왕 외에는 '존사'를 거의 논하지 않았다.

왕실과 조정에서 '존사'에 대한 논의가 약했던 까닭은, 전반적으로 불교의 영향력이 컸으며 이에 불교식 스승의 비중이 더 컸기 때문으로 보인다. 불교식 스승은 그 자체로 이미 대중으로부터 권위를 인정받은 존재였다. 또한 왕위 계승의 정당성을 특별히 인정받을 필요가 없었기 때문이다. 반면 조선 왕조에서는 시간이 지날수록 '존사'가 언급되고 논의되는 장면을 찾아보기 쉽다.

---

238 『고려사』, 권137, 「열전 권 제50」, 1388년(창왕 즉위년) 6월 9일, "아아! 그대 세자여, 일찍 일어나고 늦게 잠들고, 조심하고 공경하고 두려워하고, 대신들을 예로써 대하고 사부를 존경하며, 배움에 부지런하고 묻기를 좋아하여 선을 따르고 간언을 받아들일 것이며, 나이 들고 덕 있는 신하를 멀리하지 말고 악동들을 가까이하지 말 것이며, 음악과 여색을 버리고 놀이와 사냥을 끊으며, 술을 즐겨 정신과 마음을 어지럽히지 말 것이며, 참언을 듣고 충량한 신하들을 해하지 말지어다. 자신의 덕을 닦고 나라의 정치를 세우면 위로는 천자를 저버리지 않고 아래로는 종사를 저버리지 않을 수 있을 것이다. 한번이라도 삼가지 않는다면 천명과 인심을 두려워하지 않을 수 있겠는가? 아아! 임금이 되는 것이 쉽지 않으니, 힘쓰고 공경하라![爾世子, 夙興夜寐, 小心敬畏, 禮大臣, 尊師傅. 勤學好問, 從善納諫, 毋遠耆德, 毋邇頑童, 去聲色. 絶遊畋, 毋嗜酒以亂神心, 毋聽讒以害忠良. 于以修己德, 于以立國政, 庶可以上不負天子, 下不負宗社. 有一不謹, 天命人心, 可不畏歟? 嗚呼! 爲君不易, 懋敬之哉.]"(인용 출처: 국사편찬위원회 한국사데이터베이스, https://db.history.go.kr)

그렇다면 고려 관학 교육에서 스승의 권위는 어느 정도로 존중받았을까? 고려 왕조에서 관학 교육은 전반적으로 부진했다.

> 과인은 평소에 덕이 부족함을 부끄럽게 여기면서도 도리어 유학을 숭상하는 마음은 간절하여, 주공과 공자의 가르침을 일으켜 요·순시대의 다스림에 다다르기를 바랐다. 학교로 기르고, 과거를 시행하여 그들을 선발하였다. 지금 여러 주에서 올려 보낸 학생들 가운데 고향을 그리워하는 이가 있을까 염려되니, 모두 편의에 따라 돌아가거나 머무를 수 있게 하라. 고향으로 돌아가는 학생 207명에게는 베 1,400필을 내려주고, 서울에 머무르는 학생 53명에게도 또한 복두 106매와 쌀 265석을 내려주겠노라.[239]

위의 기사는 성종 5년 당시 개경의 국자감에서 공부하고자 지방에서 올라온 학생들의 상황을 보여 주고 있다. 성종은 교육을 통해 화민성속(化民成俗)을 이룩하겠다는 의지를 실천하고자 지방 학생들을 취학하게끔 했다.[240] 하지만 학생들은 학업을 성취한 뒤의 영광보다는 현실의 불편한 생활이 수학에 뜻을 잃게 하여 불과 몇 달 뒤 향수병 때문에 학업을 계속 강행할 수가 없게 되었다.[241]

이는 과거 제도와 관련해서 살펴볼 필요가 있다. 과거 제도가 도입되고 확립되면서 교육기관은 과거제를 준비하는 기관으로 자리 잡았

---

239 『고려사절요』, 권2, 986년(성종 5) 7월.
240 박찬수, 「고려의 국자감과 사학 십이공도」, 『한국사시민강좌』 18, 일조각, 1996, 27쪽.
241 박찬수, 「고려의 국자감과 사학 십이공도」, 『한국사시민강좌』 18, 일조각, 1996, 27쪽.

다. 그러나 관학 교육기관은 재정의 부진 등으로 사학에 비해 열악했다. 관학에 대한 학생들의 낮은 선호도는 관학 스승들의 위상과도 관련된다. 학생들이 관학의 스승들을 존경하며 대우하지 않았음을 의미한다. 학생들은 사학을 선호하며, 사학의 스승들을 더 대우하고 존경했다. 이와 관련해 사학이 어떤 일을 했는지를 살펴볼 필요가 있다. 사학은 고려 문종 때에 최충(崔沖)에 의해 먼저 시작되었다.

> 고려 문종 때에 최충이 후진을 불러 모아 싫증내지 않고 열심히 가르치고 깨우치자, 푸른 깃옷을 입은 생도들과 흰옷을 입은 민들이 그 집의 문과 거리를 가득 메우고 넘치게 되었다. 그리하여 9재로 나누었으니 낙성재·대중재·성명재·경업재·조도재·솔성재·진덕재·대화재·대빙재가 그것으로서 이를 일러 '시중최공도'라고 하였다. 의관자제들로서 무릇 과거에 응시하려는 자들은 반드시 먼저 이 도에 들어가 배웠다. 도 출신으로 급제하여 학문이 우수하고 재능이 많지만 아직 관직에 나가지 못한 사람을 택하여 교도로 삼았다.[242]

국자감 학생의 주류는 지방 출신들이었기 때문에 중앙 귀족 자제들은 자연 이를 기피하여 사학으로 몰려들었다.[243] 사학 12공도는 과

---

242 『고려사』, 권74, 「선거 2」, 학교(사학), "凡私學. 文宗朝, 大師·中書令崔沖收召後進, 敎誨不倦, 靑衿白布, 塡溢門巷. 遂分九齋, 曰樂聖·大中·誠明·敬業·造道·率性·進德·大和·待聘, 謂之侍中崔公徒. 衣冠子弟, 凡應擧者, 必先肄徒中, 而學焉. 每歲暑月, 借僧房, 結夏課, 擇徒中及第, 學優才贍, 而未官者, 爲敎導."(인용 출처: 국사편찬위원회 한국사데이터베이스, https://db.history.go.kr)

243 박찬수, 「고려의 국자감과 사학 십이공도」, 『한국사시민강좌』 18, 일조각, 1996, 38쪽.

거를 주관한 최고의 책임자라고 할 지공거 출신들로 이루어졌다. 사학 12공도의 최초 창립자 문헌공 최충의 도와 그를 모방하여 창립된 11공도를 합하여 12공도라고 불렀는데 모두 개경에 위치하고 있었다. 이 12공도를 열거하면 다음과 같다.

> 홍문공도라 하는 것은 시중 정배걸이 세웠는데 일명 웅천도라고 불렀다. 광헌공도라 하는 것은 참지정사 노단이, 남산도라 하는 것은 좨주 김상빈이, 서원도라 하는 것은 복야 김무체가, 문충공도라 하는 것은 시중 은정이 세운 것이다. 양신공도라 하는 것은 평장사 김의진이 세웠는데 혹은 낭중 박명보가 세운 것이라고도 한다. 정경공도라 하는 것은 평장사 황영이, 충평공도라 하는 것은 유감이, 정헌공도라 하는 것은 시중 문정이, 서시랑도라 하는 것은 서석이 세운 것이며, 구산도라 하는 것은 누가 세웠는지 자세하지 않다. 문헌공 최충의 도를 합하여 세간에서 12도라고 불렀지만, 최충의 도가 가장 번성하였다.[244]

최충이 세운 사학은 시중 최공도나 9재학당이라 하였고 최충이 죽은 뒤에는 그의 시호를 따라 문헌공도로도 불리었다. 국자감과 같은 정도의 교육을 실시하였고 교도는 하과에서 생도를 가르쳤다. 교도

244 『고려사』, 권74, 「선거 2」, 학교(사학), "曰弘文公徒, 侍中鄭倍傑, 一稱熊川徒. 曰匡憲公徒, 叅政盧旦, 曰南山徒, 祭酒金尙賓, 曰西園徒, 僕射金無滯, 曰文忠公徒, 侍中殷鼎. 曰良愼公徒, 平章金義珍, 一云郎中朴明保. 曰貞敬公徒, 平章黃瑩, 曰忠平公徒, 柳監, 曰貞憲公徒, 侍中文正, 曰徐侍郎徒, 徐碩, 曰龜山徒, 未詳. 幷文憲公冲徒, 世稱十二徒, 然冲徒最盛."(인용 출처: 국사편찬위원회 한국사데이터베이스, https://db.history.go.kr)

의 책임하에 생도들이 배우는 것은 9경(經)과 3사(史)였다. 그렇지만 하과에서 생도들은 그들의 선배격인 선달(先進)이 왔을 때 각촉부시(刻燭賦詩) 즉 촛불에 금을 그어 시 짓는 내기를 하고 그 시를 차례대로 방(膀)을 내어 이름을 부르고 들어가서 종일토록 시 읊기를 서로 주고받으며 술자리가 베풀어졌다고 한다.[245] 그리고 생도와 선달과 교도 사이에는 장유의 예의와 질서[長幼有序]가 있었고 그러한 사제지간의 정다운 광경을 보면서 아름답게 생각하고 칭찬하지 않는 이가 없었다.[246] 따라서 과거에 응시하는 사람들은 모두 구재에 적을 두게 되었다고 한다.

공도의 창립자인 지공거와 과거에 급제한 공도 출신 학생인 문생(門生)들 간에는 끊어질 수 없는 좌주·문생의 사제지간의 전통이 생겼고 이는 결국 학벌적 권위로 이어졌다. 특히 지공거의 권한이 커지는 무신 집권기 이후에는 좌주·문생의 관계가 부자간과 같이 긴밀하였을 뿐만 아니라 평생토록 지속되었고 좌주가 영달하면 그의 문생도 출세하였다.[247] 사학 12공도는 공양왕 3년에 폐지되었다.[248]

사학의 사례는 과거 제도 도입 이후 스승의 권위에 영향을 미치는 현실적 요인들을 확인시켜 준다. 스승이 제자의 과거 합격과 정치적 성공에 힘을 실어 줄 수 있을 때, 실질적으로 스승의 권위가 세워질 수 있었다. 학생들이 더 영향력 있는 스승을 찾아 옮겨 다닐 정도

---

245 『고려사』, 권74, 「선거 2」, 학교(사학).
246 『고려사』, 권74, 「선거 2」, 학교(사학).
247 황인규, 「고려 유생의 하과와 사찰」, 『종교교육학연구』 22, 한국종교교육학회, 2006, 19쪽.
248 『고려사』, 권74, 「선거 2」, 학교(사학), 1391년 6월 미상.

로, 교육은 정치적 출세를 위한 수단으로 변질되었다. 더 많은 급제자를 배출하고, 이들이 더 높게 출세할수록 스승의 권위는 확고해졌다. 스승은 제자의 사적 욕망, 즉 출세욕을 실현시킬 수 있느냐에 의해 권위가 생기거나 약화되었다. 출신 공도를 중심으로 사제지간의 의리가 형성되었다. 이러한 모습은 본래 유학의 학문 지향과 거리가 멀었다. 잘못된 사제지간은 자기 공도 출신만을 내세우는 잘못된 집단의식을 만들게 했다.

이러한 폐단에도 불구하고 고려 초기에 확립된 과거 제도는 정치 무대에서만큼은 이미 유교 사회로 접어들었음을 잘 보여 준다. 무신 정권기(1170~1270)과 원 간섭기(1270~1350)에도 유교적 소양을 갖춘 이라면 더 넓은 세상에서 출세할 수 있었다.[249]

2. 고려 말

고려 말이 되면 불교 중심의 고려 왕조에서 유학이 적극적으로 연구되고, 유학자들의 정치적 목소리에 힘이 실렸다. 주지하다시피 여말선초는 다양한 계통의 성리학이 들어와 기초적인 연구와 이해, 교육과 보급이 이루어진 시기였다.[250] 특히 주희(朱熹, 1127~1200)가 집대성한 성리학의 본체는 1290년(충렬왕 10) 무렵 안향(安珦, 1243~1306)이 원에서 『주자서(朱子書)』를 필사해 들여온 것을 계기로 지배 엘리트

249 계승범, 『중종의 시대: 조선의 유교화와 사림운동』, 역사비평사, 2014, 202쪽.
250 강문식, 「여말선초 성리학의 수용과 그 성격」, 『역사비평』 122, 역사비평사, 2018, 176-177쪽.

들 사이에 소개되었다.[251] 1344년에는 성리학의 기본 경전인 사서(四書)가 과거 시험의 한 과목으로 채택되기에 이르렀다.[252] 이 일은 고려의 귀족 지식인들 사이에서 성리학이 차지하는 비중이 커졌을 뿐 아니라 성리학이 국가로부터 공인받았음을 의미한다.[253]

성리학은 14세기 후반 공민왕 대 성균관 중영 이후 관학(官學)을 중심으로 연구와 교육이 활발하게 진행되었다.[254] 관학은 고려 말에서 조선 초기의 성리학 발전 과정에서 중요한 역할을 했다. 주로 개경에 거주하며 급제하여 관계에 들어선 관학파 유학자들이 이 흐름을 주도하였다. 성리학은 불교의 세속화와 몽골 지배의 후유증으로 인한 정치사회적 혼란의 와중에 성리학적 가치 규범을 현실에 적용하고 실천하는 데 관심이 있었던 지식인들 사이에서 유행했다.[255] 이들은 수기(修己)를 하되 그 목적을 자기 자신의 심성 함양보다는 정치사회적 적용, 곧 치인(治人)에 우선함으로써 성리학을 철학보다는 경세를 위한 정치 이념으로 이해하려는 경향을 지녔다.[256] 수신에 중점을 둔 『소학』이 국가의 장려에도 불구하고 별다른 관심을 받지 못한 점, 수신뿐만 아니라 치인에 중점을 둔 『대학』 공부가 유행한 점 등이 그러한 특징을 잘 보여 준다.[257] 대표적인 인물은 이제현, 이색, 정몽주, 권근, 정도전 등이다. 이들은 유교식 스승의 역할, 권한 등을

251 계승범, 『중종의 시대: 조선의 유교화와 사림운동』, 역사비평사, 2014, 204쪽.
252 계승범, 『중종의 시대: 조선의 유교화와 사림운동』, 역사비평사, 2014, 204쪽.
253 계승범, 『중종의 시대: 조선의 유교화와 사림운동』, 역사비평사, 2014, 204쪽.
254 강문식, 「여말선초 성리학의 수용과 그 성격」, 『역사비평』 122, 역사비평사, 2018, 168쪽.
255 계승범, 『중종의 시대: 조선의 유교화와 사림운동』, 역사비평사, 2014, 205쪽.
256 계승범, 『중종의 시대: 조선의 유교화와 사림운동』, 역사비평사, 2014, 206-207쪽.
257 계승범, 『중종의 시대: 조선의 유교화와 사림운동』, 역사비평사, 2014, 207쪽.

소개하고 토대를 다지며 실천으로 보여 주었다.

익재 이제현(李齊賢, 1287~1367)은 원의 부마국(駙馬國)으로 내정 간섭을 받던 시기에 활동한 정치가이자 학자로서, 원에서 성리학을 배워 와 고려에 성리학을 알린 백이정의 제자이다. 이제현은 1314년(충숙왕 1) 상왕인 충선왕을 수행하기 위해 약 6년간 원의 수도 연경에서 지내야 했다. 그의 나이 28세 때였다. 충선왕은 그곳에 만권당(萬卷堂)을 짓고 경서와 역사서를 연구하며 당대 최고의 석학들과 교유하였다. 이제현은 이들로부터 성리학을 직접 접하며 학문적 식견을 넓힐 수 있었다.[258] 1320년(충숙왕 7) 충선왕이 유배되자 이제현은 체류 생활을 마치고 고려에 돌아갔다. 이후 성균관에서 자신의 학문을 전수했고, 그 문하에서 제자가 배출되어 고려의 관학을 주도하였다.

이제현의 제자였던 목은 이색(李穡, 1328~1396)은 스승을 계승하여 성리학을 보급하는 데 중요한 역할을 했다. 이색은 원나라에서 국자감 생원으로 3년간 유학 생활을 했으며, 이 시기에 성리학을 접할 수 있었다. 그는 귀국 후 본격적으로 관직 생활을 시작하였다.

> 국학을 다시 짓도록 명하고, 안팎의 유관들로 하여금 품계에 따라서 포를 내어 그 비용을 돕게 하였다. 또 판개성부사 이색을 대사성을 겸하게 하고, 생원을 더 두었다. 또 경학과 제술에 뛰어난 선비인 김구용·정몽주·박상충·박의중·이숭인 등을 택하여 모두 학관을 겸하게 하였다.[259]

---

258 『고려사』, 권110, 「열전」, 권 제23, 이제현 편.
259 『고려사절요』, 권28, 1367년(공민왕 13) 5월 미상, “命重營國學, 令中外儒官, 隨品出布

1361년 홍건적의 침입으로 개경이 피폐해졌는데, 홍건적이 물러난 후에도 학교 교육이 정상적으로 회복되지 못하자 공민왕은 국학을 진흥시키기 위해서는 위 인용글의 내용처럼 중앙의 학교인 성균관을 부흥시키고자 했다. 이색은 1367년(공민왕 16) 중영된 성균관의 대사성이 되어 관학의 성리학 연구와 교육에서 중심적인 역할을 담당하였다. 이때 정몽주 등을 가르쳤다. 이색은 공민왕의 개혁 정치에 협력하고 불교의 대안으로 성리학을 선택했다.

> 이전에는 성균관의 학생이 수십 명에 불과하였다. 이색이 다시 학식(學式)을 정하고 매일 명륜당에 앉아서 경전을 나누어 수업하였는데, 강의를 마치면 함께 논쟁하느라 지루함을 잊을 정도였다. 이에 학자들이 모여들기 시작하였고 서로 함께 눈으로 보고 느끼게 되니, 정주성리학이 비로소 흥기하게 되었다.[260]

이색은 특히 사서오경이라는 새로운 성리학 교재 체계를 정착시키는 데 주도적 역할을 수행하였다.[261] 이는 관학을 중심으로 사장 중심의 학풍을 경학 중심으로 전환하였음을 의미한다. 사서 중심의

以助其費. 又以判開城府事李穡兼大司成, 增置生員. 又擇經術之士金九容鄭夢周朴尙衷朴宜中李崇仁等, 皆兼學官."(인용 출처: 국사편찬위원회 한국사데이터베이스, https://db.history.go.kr)

260 『고려사』, 권115, 「열전」, 이색, "先是, 館生不過數十. 穡更定學式, 每日坐明倫堂, 分經授業, 講畢相與論難忘倦. 於是, 學者坌集, 相與觀感 程朱性理之學始興."(인용 출처: 국사편찬위원회 한국사데이터베이스, https://db.history.go.kr)

261 박종배, 「4서(四書) 중심 유학(儒學) 교육과정의 성립과 그 의의」, 『한국교육사학』 27(2), 한국교육사학회, 2005, 41쪽.

교육과정은 성인(聖人)이 되기 위한 공부라고 하는 교육 이상을 바탕으로 도덕적 자기완성을 최우선 과제로 추구하는 교육 목적관을 등장시켰다.[262] 관학 교육이 유교적 이념과 가치를 확산하는 교육기관으로 재정비되었음을 의미한다. 관학을 중심으로 유학을 집중적으로 보급하는 일은 '존사'와 같은 유학적 이념과 가치 또한 자연스럽게 정착시킨다는 점에서 중요하다.

> 스승을 존중하는 것은 이 도리 때문이며, 덕을 높이고 공에 보답하는 것은 후세 사람들을 권면하기 위해서이다. 우리 열성조가 재위하실 때에 시중 정숙공 조인규와 같은 이는 사직에 공로가 있고, 백성들에게 덕을 베풀었기 때문에 특별히 검을 차고 신을 신고 전각에 오르도록 하며, 의례 때 이름을 부르지 않도록 하였으니, 이 일이 국사에 기록되어 있어 내가 매우 흠모하였다. 한산부원군 이색은 어려서 중원에 유학하여 제과에 급제하였으며, 학문은 천문과 인문을 통달하고 지식은 고금을 꿰뚫었다. 우리 선조 공민왕을 섬겨 크게 중하게 여겨졌으며, 조용히 옳은 길로 인도하고 훌륭한 정치를 이룩하도록 도왔으며 올바른 의논과 아름다운 글로 국가를 현창하였다. 사람들로 하여금 성리학을 알게 하여, 풍속을 공자와 맹자의 풍습으로 변화시킨 것은 실로 경의 힘이었다. 상왕에 이르러, 경을 다시 기용해 국가의 기무를 보게 했으나

262 박종배, 「4서(四書) 중심 유학(儒學) 교육과정의 성립과 그 의의」, 『한국교육사학』 27(2), 한국교육사학회, 2005, 44쪽.

> 병으로 여러 차례 사양했다. 그러나 국가의 대계는 반드시 나아가 자문을 구하였으니, 도움이 되는 것이 매우 컸다. 내가 세자로 있을 때부터 즉위하던 초기까지 나를 깨우치고 보필한 공이 더욱 현저하였으니, 이로써 좌규로 승진시켜 그에 의지하여 올바른 통치를 이루기를 기대하였다.[263]

고려의 경우 '존사'가 본격적으로 등장하는 시기는 우왕과 창왕이 재위하면서부터이다. 특히 창왕 대에 '존사'의 언급 비중이 높다. 창왕은 고려의 제33대 왕으로 이성계의 위화도 회군 후 아버지인 우왕이 강화도로 추방되자 9살의 나이로 왕위에 올랐다. 당시는 정도전, 이색, 정몽주 등의 신진사대부들이 관료로 활발하게 활동하던 시기였다. 세자 교육 때부터 창왕은 "탕임금이 이윤에게 있어서 반드시 배우고 난 뒤에 신하로 삼았기 때문에 힘쓰지 않고도 왕의 역할을 한 것이며, 제의 환공도 관중으로부터 배우고 난 뒤에 신하로 삼았기 때문에 쉽사리 패자가 되었다."[264]는 교훈을 들으며 '존사'의 예를 행하도록 요구받았다. 당시 창왕이 이색 등을 치하하면서 한 발언은 위의 인용글을 통해 확인할 수 있다. 창왕은 이색을 성리학을 알게

---

263 『고려사』, 권137, 1898년(창왕 1) 9월, "尊師重傳, 所以爲斯道, 崇德報功, 所以勸將來襲. 惟我列廟在位時, 則有若侍中貞肅公趙仁規, 功在社稷, 德在生民, 特令劒履上殿, 贊拜不名, 事載國史, 予甚慕焉. 韓山府院君李穡, 早遊中原, 高捷制科, 學通天人, 識貫今古. 事我先祖恭愍王, 大爲所重, 從容啓沃, 協贊政機, 潤色討論, 顯揚國美. 至使人知濂洛之學, 俗變鄒魯之風, 實卿之力. 及至上王, 起卿視事, 屢以疾辭. 然而國家大計, 必就而咨, 裨益弘多. 自我在東宮之日, 以至踐祚之初, 訓誨弼亮, 厥功尤著, 是用陞之左揆, 倚以."(인용 출처: 국사편찬위원회 한국사데이터베이스, https://db.history.go.kr)

264 『고려사』, 권120, 「윤소종」.(인용 출처: 국사편찬위원회 한국사데이터베이스, https://db.history.go.kr)

하고 유교적 풍습으로 전환하는 데 공을 세웠다고 평가하였다. 창왕이 어린 나이에 왕위에 올랐지만 왕위를 유지하기가 쉽지 않아 유교적 관료들에게 의지하는 모습을 확인할 수 있다. 이때 창왕은 군주의 권위보다 스승의 권위를 높임으로써 자신의 불안정한 정치적 입지를 다지고자 했던 것으로 보인다. 이에 이들에게 검을 차고 전각에 오르거나 열 가지 죄를 자손에게까지 사면해 주는 등 다소 파격적인 방식으로 스승을 대우했다.

포은 정몽주(鄭夢周, 1337~1392)는 이제현-이색의 학문적 성과를 계승하였다. 1371년 성균직강(成均直講)과 성균사성(成均司成) 등 교관으로 임명되어 활동했다. 불교식 관습의 대안으로 사대부로 하여금 『주자가례(朱子家禮)』에 따라 가묘(家廟)를 세워 선조의 제사를 실시하게 했다. 유학을 보급하고자 개성에 오부학당과 지방에 향교를 세웠다. 또한 1392년(공양왕 4)에 『대명률(大明律)』, 『지정조격(至正條格)』과 고려 법을 참작하고 산정하여 『신율(新律)』을 편찬하였다.[265]

앞 장에서 언급한 삼봉 정도전(鄭道傳, 1342~1398)은 조선 왕조 성립에 중요한 역할을 한 개혁적 정치가이다. 고려 말 부패한 권문세족과 이들을 비호한 불교를 비판하고, 성리학 이념에 기초한 중앙집권적 관료제 국가인 조선 왕조를 창립하는 데 기반을 제공하였다. 정도전은 1360년 과거 급제 후 성균관에 입학하였다. 이 시기에 이색과 정몽주 등 당대 최고 학자들과 교류하면서 성리학에 대한 이해를 심화할 수 있었다. 벗인 정몽주 등의 추천을 받아 1370년에

265 『고려사』, 권30, 「열전」.

성균관 박사로 임명되었다. 성균관의 교관으로 있으면서 성리학을 강학하였다.

양촌 권근(權近, 1352~1409)은 이색과 정몽주의 문하에서 수학하였다. 1368년(공민왕 17)에 성균관에 입학하여 교육을 받았고, 1374년(공민왕 23) 성균관 직강에 임명되었으며 1393년(태조 2) 새 왕조에서 성균관 대사성에 임명되었다. 정도전과 함께 성균관에서 성리학을 강학했다. 고려 말 유배 시절 성리학을 설명한 『입학도설』을 저술하였다. 이 책은 『대학』과 『중용』을 공부하려는 이들의 이해를 돕기 위해 그림을 곁들여 설명한 책으로, 조선 성리학 연구에서 선구적인 역할을 했다. 또한 『오경천견록』을 저술하여 성리학 기본 경전인 사서오경 가운데 오경에 대해 체계적으로 논평함으로써 성리학에 대한 이해를 심화시켰다. 58세의 나이로 졸하자 태조가 3일 동안 임시로 조회를 정지하고 세자가 친히 장례를 치렀다. 이상으로 언급한 조선의 건국 주체인 사대부들은 원으로부터 수용한 성리학을 관학교육을 통해 보급 및 확산시켰다.

앞에서 언급된 인물들의 성리학 보급 및 확산 노력의 결과, 유학 경전의 학습이 단지 입신양명에서 그치는 것이 아니라 성인이라는 도덕적 이상을 달성하기 위함이라는 인식이 정착되어 갈 수 있었다. 이러한 유교적 이념과 가치가 확산되면서 교육이란 성인의 학문을 계승하고 전승하는 것이라는 의식 또한 분명해질 수 있었다. 이에 학문을 전수하는 스승의 위상 또한 명목상 높일 수 있었다. 하지만 사회 전반적으로 유교식 스승에 대한 존사 의식이 확산되지 못한 편이었다. 이들은 고려 말의 폐단을 불교와 연결지어 이들 잔재를 청산하는 데 주력하여 합리적인 정치 운영에 관심을 두었다. 공공에 기반한 유교 관료제 구축이 시급한 문제라 특정 주체의 '권위'를 논할 분위기가 아니었다고 본다. 고려의 경우 '존사'에 대한 사회적 합의가 약했던 반면, 조선의 경우 시간이 지날수록 '존사'에 대한 요구가 일정의 구호처럼 강조될 수 있었던 배경이다. 그럼에도 이 시기에는 성리학이라는 새로운 학문을 매개로 한 학문 공동체가 관료집단을 중심으로 등장했다. 이들의 학문적·정치적 성향으로 보아, 사제지간에서 권위적인 태도를 지양하고 동반자로서 스승과 제자 관계를 재정립하는 계기가 되었을 것이다.

3. 조선

유교적 가치를 건국 이념으로 채택한 뒤 유교 이념은 조선 사회에 지속적으로 확산되었다.[266] 성균관과 향교, 과거제, 유학 경전의 보급, 『경국대전』의 최종적인 반포 등을 통해 사대부를 중심으로 유교적 가치가 확산되어 갔다. 하지만 건국된 뒤 100년 가까이 지났음에도 정치 현실은 쿠데타, 찬탈, 전제적 폭정 등이 반복되면서 힘의 논리에 따라 전개되었고, 그 결과 유교적 가치가 정치 무대의 현장에서는 제대로 힘을 발휘하지 못하는 형국으로 흘러갔다.[267] 조선 건

266 계승범, 『중종의 시대: 조선의 유교화와 사림운동』, 역사비평사, 2014, 182쪽.
267 계승범, 『중종의 시대: 조선의 유교화와 사림운동』, 역사비평사, 2014, 183쪽.

국 당시만 해도 국왕의 권위는 군신유의(君臣有義)나 불사이군(不事二君)과 같은 유교적 가치나 원칙보다는 물리적 힘이 실제 정치권력을 주도하는 분위기였다.[268] 일례로 조선 후기와 달리 전기의 왕위 계승에는 성리학적 종법이 준거로서 갖는 중요성이 훨씬 덜했다.[269] 중종 이전 열 명 가운데 40%가 타의로 물러났으며, 물러난 왕들 가운데 50%가 죽임을 당한 사실은 종법이 아직까지는 중요하게 인식되지 않았음을 시사한다.[270]

그렇다면 조선 왕조에서 실제로 존사를 어느 정도의 비중으로 인식하였을까? 유학 이론과 실제 사이의 간극은 없었을까? 이를 확인하기 위해 조선 왕조에서 존사를 공적인 장면에서 어떤 식으로 언급하였으며, 그 인식이 시기별로 어떤 추이를 보이는지 추적하였다. 먼저 데이터베이스화된 원문(한국사데이터베이스 / https://db.history.go.kr)에서 직접적으로 '존사(尊師)'를 언급한 사례를 검색하였다. 존사 외에 '융사(隆師)', '숭사(崇師)' 등 비슷한 의미의 발언 또한 함께 검색했다. 그러나 이들 단어를 사용하지 않고도 맥락상 존사와 관련된 부분이 있을 수 있어, 전체적으로 실록 기사를 일일이 검토했다. 이는 조정의 다양한 논의 중에서 존사를 거론한 사례를 살펴보면서 유학자들이 유교적 가치를 어느 정도로 중시했는지, 그 시기적 경향을 알 수 있는 하나의 척도가 될 수 있다. 이를 다음의 표로 정리하였다.

---

268 계승범, 『중종의 시대: 조선의 유교화와 사림운동』, 역사비평사, 2014, 42쪽.
269 계승범, 『중종의 시대: 조선의 유교화와 사림운동』, 역사비평사, 2014, 43쪽.
270 계승범, 『중종의 시대: 조선의 유교화와 사림운동』, 역사비평사, 2014, 43-49쪽.

조선왕조실록에서 존사(尊師) 관련 기사 건수의 시기별 추이[271]

	국왕	재위 기간	건수	1년당 평균 건수
제1대	태조	1392~1398(6년)	0	0
제2대	정종	1398~1400(2년)	0	0
제3대	태종	1400~1418(18년)	1	0.06
제4대	세종	1418~1450(32년)	11	0.34
제5대	문종	1450~1452(2년)	2	1
제6대	단종	1452~1455(3년)	4	1.33
제7대	세조	1455~1468(13년)	5	0.38
제8대	예종	1468~1469(1년)	2	2
제9대	성종	1469~1494(25년)	12	0.48
제10대	연산군	1494~1506(12년)	1	0.08
제11대	중종	1506~1544(38년)	22	0.58
제12대	인종	1544~1545(1년)	0	0
제13대	명종	1545~1567(22년)	5	0.23
제14대	선조	1567~1608(41년)	8	0.20
제15대	광해군	1608~1623(15년)	24	1.6
제16대	인조	1623~1649(26년)	2	0.08
제17대	효종	1649~1659(10년)	1	0.1
제18대	현종	1659~1674(15년)	2	0.13
제19대	숙종	1674~1720(46년)	15	0.33
제20대	경종	1720~1724(4년)	0	0
제21대	영조	1724~1776(52년)	2	0.04
제22대	정조	1776~1800(24년)	3	0.13
제23대	순조	1800~1834(34년)	1	0.03
제24대	헌종	1834~1849(15년)	0	0
제25대	철종	1849~1863(14년)	0	0
제26대	고종	1863~1907(44년)	6	0.14
제27대	순종	1907~1910(3년)	1	0.33

271 계승범의 다음 연구에서 문제의식과 연구방법을 참고하였다(『중종의 시대: 조선의 유교화와 사림운동』, 역사비평사, 2014, 226-229쪽). 계승범은 "유교사회에서 공명을 좇고 사리를 탐하는 소인의 전형적인 특성을 가리키는 단어인 공리"에 대한 인식 변화를 추적하였다. 이러한 작업은 조선을 독점적으로 지배한 지배 엘리트들이 유교적 가치를 어느 정도로 중시했는지, 그 시기적 경향을 알 수 있는 하나의 척도가 될 수 있다고 보았다. 이러한 문제의식에 동의하며 본 글에서는 '존사'에 대한 인식 변화를 추적하여, 왕을 중심으로 국가 차원에서 '존사'를 어느 정도로 실현하고자 했는지를 살펴보고자 하였다. 이에 『조선왕조실록』 데이터베이스에서 '尊師'로 원문 검색을 하였다. 계승범은 '공리'라는 단어가 실제로 쓰인 사례와 관련 문맥을 일일이 살피고 그런 사례 수를 왕대별로 전체 통계를 낸 뒤, 거기에서 어떤 경향을 읽어낼 수 있다면, 조선 사회의 장기적 유교화 과정과 관련해 정치 무대에서 벌어진 논쟁의 성격과 방향을 감지하고 설명할 수 있을 것이라고 보았다. 본 글도 이러한 연구방법을 참고하여 그 결과를 표로 작성하였다.

앞의 표에서와 같이, 재위 기간이 3년 이하인 경우를 제외하고 광해군, 중종, 성종 대 순으로 존사가 많이 언급되었다. 반면 존사가 전혀 언급되지 않거나 거의 언급되지 않은 시기는 태조, 순조, 영조, 태종, 연산군과 인조 대 순이었다. 한편 재위 기간이 3년 이하였던 문종, 단종, 예종의 경우 재위 기간에 비해 존사가 언급된 비중이 높았다는 것은, 존사를 강조하는 시점이 즉위 초였음을 보여 준다. 존사 논의의 비중이 낮은 시기는 군왕의 권력이 신하보다 높거나, 유학 이념에 근거한 정치가 실종된 특징을 보인다. 둘 다 유학의 이상적 정치 운영이 제대로 이루어지지 않음을 의미한다. 영조 대의 경우 존사 언급 비중이 매우 낮다는 것은 스승과 군주의 위상 관계가 단순하지만은 않다는 것을 의미한다고 본다.

건국 초에서 조선 전기의 경우 존사는 세자 또는 세손의 군왕 교육과 관학의 진흥을 위한 정비 차원에서 주로 논의되었다. 특히 존사는 세자 또는 세손을 책봉할 때 빠지지 않고 거론되었다. 통치의 정당성을 성학 군주에서 찾았기 때문이다. 존사는 군주 자질을 평가하는 근거로 언급되었다. 또한 관학 교육을 내실화하기 위한 논리로 군왕이 스승을 존중하고 높이며[崇重] 유학을 중요시하였으나 실제로 학교 교육이 부진해 제도나 정책의 개선이 필요할 때도 '존사'를 근거로 삼았다.

조선 전기의 경우 성종과 중종 대에 '존사'를 언급하는 비중이 높음을 확인할 수 있다. 이후 광해군 대 또한 유독 높다. 광해군 대의 특징은 각 학파나 붕당의 스승을 존숭하는 의리와 관련한 논의가 대부분이었다. 제자가 주체가 되어 사제지간의 의리를 내세워 '존사'를 논하였다. 겉으로 보기에는 유교적 이념을 충실하게 구현한다는 점에서, 유교적 이념과 가치가 엘리트 사회 전반에 수용되었음을 알게 해 준다. 그러나 제자들의 '존사' 행위는 학파나 붕당의 권위 또는 권력을 높이고자, 이 과정에서 다른 문인의 '존사'를 방해한다는 점에서 본래 '존사'의 의미와 거리가 멀었다고 할 수 있다.

성종, 중종의 공통적인 특징은 이들의 왕위 계승 과정은 다르지만 어찌됐든 왕위 계승의 정당성을 입증해야 했다는 데에 있다. 중종 대의 경우, '존사'를 행하는 주체가 중종 본인에 해당하는 경우가 특징이다. 또한 이들은 태조나 태종 대와 달리 엘리트 사회에 유교적 이념이 체득된 시기였다. 유교 사회의 최고 명분인 도덕적 가치를 구현하는 것을 무엇보다 중요하게 생각했던 시대였다. 특히 중종은 앞서 연산군이 성균관을 비롯한 문묘, 공자 등의 유교적 전통과 가치를 훼손했던 일이 어떤 결과를 불러왔는지를 알고 있었다. 중종 대에 이르면 '존사'는 각 정치 행위자들의 정치적 명분을 위해 일종의 구호처럼 활용되었다. 이처럼 '존사'는 유교적 가치와 신념이 사회 구성원들 사이에서 공동의 목표와 가치임을 공유하고 있음을 보여 주는 척도였다. 그러면서도 군주의 정치적 입장에 따라 '존사'를 강조하느냐 그렇지 않느냐의 영향을 받았다.

(1) 태조 및 태종 대

태조는 즉위한 다음 달 예문춘추관 대학사 민제에게 명하여 문묘에 석전제를 지내게 했다.[272] 하지만 조선은 주지하다시피 억불숭유

272 『태조실록』, 권1, 1392년(태조 1) 8월 8일.

의 기치 아래 유교를 국시로 내세웠지만 퇴계와 율곡의 성리학이 공고화되기 이전까지는 외유내불(外儒內佛) 혹은 양유음불(陽儒陰佛)의 시대였다.[273] 건국 초에는 불교가 성행했던 고려의 분위기가 남아 있어 불교식 스승에 대한 '존사'가 왕실에서도 행해지고 있었다. 태조는 무학 대사를 명예직인 왕사로 봉하고[274] 자신의 탄생일에 선(禪)을 설법하게 했다.[275]

> 임금에게 고하기를, "유교에서는 인이라고 말하고, 불교에서는 자비라고 말하지만, 그 용은 한 가지입니다. 백성을 보호하기를 갓난아기를 보호함과 같이 한다면, 곧 백성의 부모가 될 수 있는 것이요, 지극히 어진 마음과 크게 자비한 마음으로 나라에 임한다면 자연히 성수는 끝이 없고 자손들은 길이 장성하여, 사직이 편안할 것입니다. 지금 개국한 처음을 당하여 형법에 빠진 자가 한두 사람이 아닙니다. 원하건대, 전하께서 모두를 동일하게 사랑하시어 모두 용서하셔서 모든 신하와 백성들로 하여금 함께 인수의 지경에 이르게 한다면, 이것은 우리 국가의 무궁한 복인 것입니다." 하였다.[276]

---

273 고영섭, 「국가불교의 '호법'과 참여불교의 '호국': 호국불교의 전개와 의미」, 『불교학보』 64, 동국대학교 불교문화연구원, 2013, 101쪽.

274 『태조실록』, 권2, 1392년(태조 1) 10월 9일.

275 『태조실록』, 권2, 1392년(태조 1) 10월 11일.

276 『동문선』, 권121, 「비명」, 묘엄존자 탑명, "復於上曰儒曰仁釋曰慈。其用一也。保民如赤子。乃可爲民父母。以至仁大慈莅邦國。自然聖壽無疆。金枝永茂。社稷康寧矣。今當開國之初。陷於刑法者非一。願殿下一視同仁。悉皆宥之。俾諸臣民共臻仁壽之域。此我國家無疆之福也."(인용 출처: 한국고전번역원 한국고전종합DB, https://db.itkc.or.kr)

당시 무학 왕사가 태조에게 한 조언은 앞의 인용글에서 확인할 수 있다. 왕사는 불교의 자비와 유교의 인이 같다는 유불일치론과 백성을 갓난아기처럼 보호하듯이 정치를 베풀면 종묘사직이 편안하다는 영아행(嬰兒行)을 설했다.[277] 태조는 이를 받아들여 중앙과 지방의 죄수들을 놓아주었다.[278] 당시 불교식 스승에 대한 예우가 어떠했는지는 다음의 사례를 통해 확인할 수 있다. 무학은 그 후 태조와 함께 계룡산과 한양 등 국도 선정에 동행하였다. 무학의 주도에 의해 1394년 8월 24일에 한양이 국도로 선정되었다.[279] 태조 3년, 태조는 조구(祖丘)를 국사로 삼았다.[280] 이 외에도 태조는 역질이 돌거나 가뭄이 심할 때 왕사에게 청해 재(齋)를 베풀게 하거나 법회를 행하게 했다.[281] 태조는 이에 대한 보답으로 왕사에게 명주와 비단 등을 하사하고 신하를 보내어 문안을 올리게 했다.[282] 또한 내전에서 1백8명의 중에게 밥을 먹이어 국사(國師)의 봉숭례(封崇禮)를 행하여, 안장 갖춘 말을 하사하기도 했다.[283] 자초가 병이 들자 치료해 준 전의감 양홍원(楊弘遠)에게 내무마 1필을 하사하였다.[284] 심지어 경기도 백성을 징발하여 자초의 부도(浮屠)를 미리 만들라는 명을 내리기도 하였다.[285] 이처럼 불교식 스승에 대한 예우는, 태조 개인적 보답에 따라

277 황인규, 「조선 건국초 무학의 흥법과 전도」, 『불교연구』 56, 한국불교연구원, 2022, 112쪽.
278 『동문선』, 권121, 「비명」, 묘엄존자 탑명.
279 『태조실록』, 권6, 1394년(태조 3) 8월 24일.
280 『태조실록』, 권6, 1394년(태조 3) 9월 8일.
281 『태조실록』, 권4, 1393년(태조 2) 10월 27일.
282 『태조실록』, 권4, 1393년(태조 2) 10월 27일.
283 『태조실록』, 권8, 1395년(태조 4) 7월 16일.
284 『태조실록』, 권8, 1394년(태조 3) 7월 20일.
285 『태조실록』, 권12, 1397년(태조 6) 7월 22일.

행해졌다. 태조는 이들에게 최고의 예우를 행함으로써, 불교식 스승의 권위를 높여 주었다.

왕사의 도가 우뚝이 높으심이여	師道之卓
보통 생각할 바가 아니다	匪夷所思
선각의 적통이요	禪覺之嫡
태조의 스승이었다	祖聖之師
사께서 평상시엔	師在平居
아이와 같다가	嬰兒之如
구안한 이를 만나면	具眼之遇
화살과 칼날이 부딪치듯 버티었다	箭鋒相拄
옷 한 벌 바리때 한 개로	一鉢一衣
겸손하고 겸손하여 스스로 낮추었다	謙謙自卑
나라에서 존숭함이 상대가 없었으나	尊崇無對
누가 있는 듯이 삼가하시고	若或有之
세상에 나가기도 하고 물러나기도 했는데	或去或就
그 행동이 구차하지 않았다	先不見苟

–『동문선』, 권121, 「묘엄존자 탑명」[286]

위의 인용글은 무학 왕사에 대한 당대의 평가를 보여 준다. 당대의 평에 따르면 무학은 '왕의 스승'이었다. 또한 무학의 평상시 모습

286 인용 출처: 한국고전번역원 한국고전종합DB, https://db.itkc.or.kr.

을 살펴보면 매우 겸손하고 세속적 욕심이 없으며 의리가 있고 행동이 준엄했음을 확인할 수 있다. 가장 존경받는 위치에 있었음에도 겸손하게 처신한 것이야말로 존귀한 스승의 모습을 보여 주고 있다.

이처럼 태조를 중심으로 한 조선 왕실과 불교식 스승의 관계는 밀접했다. 태조가 불교식 스승의 권위를 높인 까닭은 무엇이었을까? 이는 조선 왕조의 공식적 입장이 아니었다. 왕의 사적인 욕망과 권력을 충족시키기 위함이었다. 태조는 불법을 통해 극락왕생을 기원하고자 하는 사적 욕망을 숨기지 않았다. 이에 따라 왕의 도덕적 수양과 국가 주도의 기양의례가 아닌, 종교 전문가에게 왕과 왕실의 권위를 전이시키는 방식이 행해졌다.[287] 이렇게 되면 일시적이지만 왕보다 국사, 조사(祖師)의 위상이 더 높아지는 격이다. 이들에 대한 예우는 고려 왕조에서 지속되어 온 것이었다. 이러한 사실들로 보아 태조가 뼛속까지 유학적 이념이나 가치를 수용하지 못했음을 의미한다. 이를 뒷받침하는 사례는 계속 이어졌다. 하지만 왕사가 평소 어느 사찰에 머무를지와 관련하여 거주를 정할 때 태조의 명령을 따른 것으로 보아, 임금의 스승이지만 현실적으로는 신하의 신분을 초월할 수 없었음을 알 수 있다.

태종이 회암사로 가서 태상왕을 아침 문안 인사하였다. 처음에 태

287 이욱, 『조선시대 재난과 국가의례』, 창비, 2009, 36-59쪽. 이욱은 이 책에서 국가의 제사 체계, 즉 사전(祀典)이 고려 사회에서는 종교 전문가 집단에 의해서 수행되는 의례였으나, 조선으로 가면 왕과 관리에 의해 독점화되는 공적인 영역이 되었음을 밝혔나. 세사의 주관사를 종교 전문가에서 관리로 대체한 것은 왕을 중심으로 한 국가의 세속적 권력을 사회의 정점에 두기 위한 노력이었다고 보았다.

> 상왕이 왕사 자초의 계율을 받아 고기를 들지 아니하여, 날로 파리하고 야위어졌다. 임금이 이 말을 듣고 환관을 시켜 자초에게 말하기를, "내가 태상전에 나가서 술잔을 올리고자 하는데, 만일 태상왕께서 고기를 드시지 않는다면, 내가 장차 왕사에게 허물을 돌리겠다." 하였다. 자초가 근심하고 두려워하여 회암사를 사양하고 작은 암자에 나가 있었다. 임금이 이른다는 말을 듣고 회암사 주지 조선과 더불어 태상왕께 고하기를, "상께서 고기를 드시지 아니하여, 안색이 파리하고 야위어지십니다. 우리들이 오로지 상위께서 부처를 좋아하시는 은혜를 입어서 미천한 생을 편안히 지내는데, 지금 상의 안색이 파리하고 야위신 것을 보니, 우리들의 생이 오래지 않은 것을 알겠습니다." 하였다.[288]

위의 사례는 임금의 스승 된 자의 위상 또는 권위의 한계를 여실히 보여 준다. 태조가 왕위를 물려주고 태상왕으로 물러나 회암사에 머물고 있을 때 왕사 자초의 가르침에 따라 고기를 먹지 않자, 태종이 부친의 안색을 걱정하는 장면이다. 태종이 왕사에게 태상왕이 고기를 먹지 않는다면 스승에게 그 책임을 묻겠다고 하자, 왕사가 근심하고 두려워하다 태상왕에게 고민을 이야기한 장면이다. 여기서 자초는 불교의 계율을 고집할 것인지 아니면 임금의 명령에 따라 계율을 버릴 것인지를 선택해야 하는 상황이었다. 즉 왕사는 왕의 보

---

288 『태종실록』, 권4, 1402년(태종 2) 8월 2일.(인용 출처: 국사편찬위원회 한국사데이터베이스, https://db.history.go.kr)

호 또는 비호에 따라 권위를 인정받으나 현실적으로는 자신이 믿는 진리와 세속의 권력 사이에서 고민해야 하는 불안정한 입장이었다.

그에 비해 유교식 스승에 대한 '존사'가 어떠했는지는 정도전의 사례를 통해 확인할 수 있다. 정도전은 종1품에 해당하는 세자 이사(貳師)를 역임했다. 정도전은 세자에게 유학 경전을 강하며 제왕 교육을 담당하였다.[289] 그러나 정도전은 1차 왕자의 난에서 이방원에게 피살된 이후로 사후에도 역적으로 비난받아 고종 때에 복권되었다. 이는 유교식 스승의 경우, 정치 권력과 밀접한 관련을 맺고 있다는 점이 오히려 스승의 권위를 제한하는 한계로 작용했음을 확인할 수 있다. 스승을 정치적 활동에서 배제시키지 않는 한, 유교식 스승의 권위는 정치 권력의 여파에서 자유롭지 않음을 의미한다. 이처럼 유교식 스승의 경우, 기본적으로 예비 관료를 양성한다는 점에서 '탈정치적'일 수가 없었다. 유교식 스승의 권위는 특히나 정치적 영향에 따라 유동적으로 형성되었다.

태조 대의 '존사'의 특징은 유교적 이념에 따라 공자 등의 성현에 대한 '존사'를 국가 방침으로 내세우고 실제로 중요하게 행하면서도 '존사'의 대상이 유학에만 한정되지는 않았다는 데에 있다. 실질적으로는 왕을 중심으로 불교식 스승에 대한 '존사'가 행해졌다. 즉 왕의 사적인 욕망과 보답 차원에서 '존사'가 행해졌다. 여기에 대한 유학자들의 반발은 없었을까? 실록에는 승려 중에서 스승을 삼는 제도를 비판하고 나이 많고 덕이 높은 유학 관리를 스승으로 삼아 이

289 『태조실록』, 권7, 1395년(태조 4) 3월 13일.

전 제도를 개혁하자는 건의가 있었음을 확인할 수 있다.[290] 하지만 비난의 강도나 횟수가 약한 편이다. 이색의 사례에서와 같이 조선 초의 경우에도 개인들에게 복을 기원해 주는 대가로 불교식 스승의 권위가 높았음을 확인할 수 있다

이를 문제 삼기 시작한 건 태종 대에 와서였다. 사간원에서 지방 행정 조직에 대한 개선 사항을 상소한 사례를 보자.[291] 사간원 상소에는 아무리 왕실과 관련한 인물일지라도 혜택을 주어서는 안 되는 근거가 제시되어 있다. "주·부·군·현의 이름은 정연하게 차서(次序)가 있다."는 논리는 왕사나 국사에게 주어진 기존의 대우가 불합리하며 공적인 행정 질서를 우선해야 한다는 관점이 전제되어 있다. 또한 개인이 사적으로 권력을 남용하지 못하도록 법령을 준수하고 시행하기를 촉구하는 발언이다. 이는 법제를 정비하고 실행함으로써 중앙집권적 통치체제를 갖추는 당시 분위기를 반영하였다. 이러한 발언에는 국왕이나 권력자가 사적으로 권력을 남용하여 왕사나 국사들을 대우하는 것이 부당하다는 비판이 깔려 있다. '사'에 대한 대우는 공정한 근거를 바탕으로 행해야 하며 개인의 사적 권력 남용을 통제해야 한다는 주장이다.

태종 대에는 스승의 권위에 대한 논의보다는 스승의 공적 책무에 대한 강조가 주를 이루었다. 일례로 겸직인 대사성은 '유생의 표준'이 되는 자이니 매일 성균관에 나와 성실히 강하고 유생들에게 학문을 권장

---

290 『태조실록』, 권15, 1398년(태조 7) 9월 18일.
291 『태종실록』, 권6, 1403년(태종 3) 윤11월 19일.

할 것이 강조되었다.[292] 또한 세자 교육을 담당하는 사부들을 견책하고 징계하여 세자의 학업을 독려해야 한다는 상소에 따르기도 했다.[293] 세자의 행실이 악화되자 서연(書筵)의 보덕(輔德) 이하의 관직을 파면하였다.[294] 그러나 태종 대의 경우 유학적 이념과 가치를 일관적으로 고수하기보다는 현실적 요인에 따라 '존사'를 일관성 없게 실시했다.

> 예전의 현명한 왕은 감히 스스로 거룩한 체하지 않고 사부의 관원이 있었는데, 후세에 내려오면서 사부의 직을 폐하고 경연의 관을 베풀었으니, 경연의 선택은 경전과 역사서를 외우는 것뿐 아니라, 장차 어진 선비를 예로써 접대하고 총애하는 사람을 친근하게 하지 않아서, 강론하는 즈음에 여유 있게 자득하고 도덕을 함양하자는 것입니다. 그러므로 경연에 임하는 것을 하루도 폐할 수 없는 것입니다. 지금 전하께서 경연에 임하시지 않은 지가 매우 오래되었습니다. 신 등은 두렵건대, 후대의 왕이 이를 본받아서 마침내 경연을 폐한다면 작은 일이 아닙니다. 바라옵건대, 전하께서는 계속하여 오늘부터 경연에 임하시어 시독하는 선비를 예로써 대접하고, 항상 더불어 성학을 연구하며 다스리는 도리를 강론하여, 시종 일관하게 학문에 뜻을 두시어 광명한 데로 계속 나가게 하시면, 장차 치도의 융성함이 삼대보다 낫게 될 것입니다.[295]

---

292 『태종실록』, 권23, 1412년(태종 12) 5월 11일.
293 『태종실록』, 권23, 1412년(태종 12) 5월 19일.
294 『태종실록』, 권35, 1418년(태종 18) 6월 4일.
295 『태종실록』, 권5, 1403년(태종 3) 3월 3일, "古之聖王, 不敢自以爲聖, 而有師傅之官, 降及後世, 廢師傅之職, 而設經筵之官, 則經筵之選, 非爲記誦經史而已, 將以禮接賢士, 不

앞의 인용글은 태종 3년 사간원에서 태종에게 올린 상소이다. 태종이 즉위 초부터 경연 참석에 불성실하자 경연의 취지와 필요성을 근거 삼아 성실하게 경연에 참여할 것을 요구하고 있다. 하지만 태종은 늙어서 더 이상 학문이 늘지 않을 것이며 무리하다 병에 걸릴 수 있다며, 경연 참석을 일언지하에 거절하였다.[296] 그러자 사간원에서 다시 상소하기를, 임금의 나이가 마흔이 아직 안 되었는데 나이를 거론하는 것은 잘못되었다고 '죽음을 무릅쓰고 감히' 말한다고 하면서 재차 강연을 종용하였다. 이들은 유학의 공부에서 나이는 공부를 그만두게 하는 요건이 될 수 없으며 오직 "날마다 부지런히 하여 죽은 뒤에야 공부를 마치는 것"이라는 유학의 공부론에 근거하여 임금을 내심 비판하였다. 이에 태종은 "누구는 어진 선비고 누구는 어진 선비가 아니냐"라며 발언 일부를 문제 삼았다. 또한 이를 발언한 문중용을 추문하려 했다가 다른 신하들의 만류로 화를 누그러뜨리며 체벌을 중지한 사건이 있었다. 이러한 일화는 태종의 경연에 대한 이해가 어느 정도였는지를 보여 준다. 태종은 군왕의 성학 교육에 소극적이었으며 오히려 강력한 왕권을 구사하려는 뜻을 내비쳤다. 이는 유교적 이념과 관료 제도보다는 힘의 논리를 더 중요시했다고 할 수 있다. 게다가 태종은 태상왕의 쾌유를 이유로 승도

狎近幸, 優游乎講論之際, 涵養於道德之中也。故經筵之御, 不可一日而廢。今殿下不御經筵, 已踰時矣。臣等竊恐後之嗣君效之, 而遂廢經筵, 則非細故也。伏望殿下, 繼自今日, 御經筵, 侍讀之士, 待以禮貌, 常與研窮聖學, 談論治道, 終始典學, 而俾緝熙于光明, 則將見治道之隆, 軼於三代矣."(인용 출처: 국사편찬위원회 한국사데이터베이스, https://db.history.go.kr)

296 『태종실록』, 권5, 1403년(태종 3) 3월 3일.

1백 명을 불러 모아 불사를 행하기도 하였다.[297] 이러한 분위기를 반영하여 태종 대에도 유교적 '존사'는 명목상 행해졌다고 할 수 있다.

(2) 세종 대

'존사'의 중요성과 필요성을 직접 언급하기 시작한 것은 세종 대였다. 조선 초기 세종 대(1418~1450)는 집현전을 중심으로 유교 국가 건설에 많은 노력을 기울였다. 집현전을 통해 이루어진 광범위한 유학 연구는 개인 차원에서는 도저히 엄두조차 낼 수 없을 만큼 방대했고, 그 수준도 당시 조선 안에서 가장 높았다.[298] 대표적인 집현적 학자로는 정인지, 신숙주, 노사신, 강희맹 등이 있다. 이들이 유교 국가 건설에 필요한 학문적 소양을 집현전에서 근무할 때 쌓았음은 두말할 나위도 없다.[299] 세종 대에 와서 신료들에 의해 '존사'가 본격적으로 논의될 수 있었던 것은 집현전 학자들의 폭넓은 성리학 연구와 이해 덕분이라 할 수 있다.

> 선성을 공경하고 높이매, 작헌의 의식을 엄숙하게 하시며, 유풍을 진기시키매, 문명의 교화를 크게 나타내시니, 일은 간책에 빛나고 기쁨은 신공에 넘쳤나이다. 공경히 생각하옵건대 강건 정수하시고, 재장 중정하사, 스승을 높이고 도(道)를 소중히 하시니, 능히 삼대의 융성을 따르셨고, 문예를 강하여 인재를 뽑게 되매, 양한

297 『태종실록』, 권15, 1408년(태종 8) 1월 28일.
298 계승범, 『중종의 시대: 조선의 유교화와 사림운동』, 역사비평사, 2014, 211쪽.
299 계승범, 『중종의 시대: 조선의 유교화와 사림운동』, 역사비평사, 2014, 211쪽.

의 제도를 따르시니, 전에 없던 훌륭한 일을 즐거이 보게 되매 하늘에서 내린 큰 은혜를 특별히 입었습니다. 공경히 생각하건대 신 등은 외람되게 변변치 못한 자질로서 다행히 문석에 참예했사오나, 동류와 화락하매 청아의 아음을 이어 노래하고, 수하고 강녕하사, 원컨대 홍범의 다복을 바치려고 합니다.[300]

위의 발언은 대사성 황현 등이 사은하면서 올린 전(箋)이다. 유학자 관료들이 세종을 평하기를, '존사중도(尊師重道)'하고 있다고 말하고 있다. 그러면서 '삼대'를 따르고 있다고 언급한다. 이는 세종이 유학적 이념을 정치에 실현하는 군주임을 인정하는 발언이다. 군왕의 존사는, 군왕이 유학적 이념을 어느 정도로 실현하고자 하는 의지를 가졌는지를 보여 주는 기준이라는 공감대가 형성되기 시작했음을 알려 준다. 세종 대에는 이전 왕들과 달리 유교식 스승의 권위를 높이는 예가 새로 시행되었다. 세자의 스승들을 제사 지내거나 부조하는 것과 관련해서이다. 이와 관련하여 예조에서 의정부·육조와 합의하여 왕세자의 사부에 대하여 20석을 부조하도록 하였다. 이는 옛 법전에는 없는 새로운 의례였다.[301] 또한 왕세자가 세자시강원의 이사였던 변계량의 제사에 관원을 보내 '어리석고 어린 나를 깨우치려' 했던 점을 이유로 전을 올렸다.[302] 왕세자의 사부에 대한 부의는 이

300 『세종실록』, 권44, 1429년(세종 11) 5월 27일.(인용 출처: 한국고전번역원 한국고전종합DB, https://db.itkc.or.kr)
301 『세종실록』, 권31, 1426년(세종 8) 1월 20일.
302 『세종실록』, 권48, 1430년(세종 12) 6월 16일.

후에도 논의되었다. "왕세자가 외조부모, 빈(嬪)의 부모와 사부(師傅)에게 보내는 부의(賻儀)는 쌀과 콩을 아울러 30석을 보내게 하고, 빈객(賓客)에게는 20석을 보내도록" 해야 한다는 상소를 그대로 따르게 했다.[303] 한편 승려 성경이 자신의 스승을 구타하여 살해하자 형률에 의하여 참형에 처하기도 하였다.[304] 한편 세종 대에는 실질적 의미에서 '존사'를 실행하기 위한 논의가 처음으로 나왔다.

> 오늘의 학자들은 명예만을 위하고 진실한 학문을 힘쓰지 않아서, 문장에 능한 자는 조정에서 칭송을 받고, 명색 경학하는 자는 결국 한평생을 교수로 늙어 버리기 때문에, 그 자제들이 먼저 문사에 마음을 두고 애당초 경학에 뜻을 주지 않을뿐더러, 간혹 부지런히 독서하는 자가 있으면 친우들에게 도리어 멸시를 받는 정도입니다. 국가에서는 비록 적극적으로 학문을 진흥시키려고 하나, 학교가 퇴폐되고 해이함이 이렇게 심한 지경에 이르고 있으니, 이는 다름이 아니라 모두들 교수가 되면 천한 것으로 보고 유자의 스승으로 대하지 않기 때문입니다. 지금 서울 사부의 교수는 그 직임이 성균관 직을 띠고 있는데도 도리어 군직에 속해 있으니, 이는 거의 선비의 스승을 높이 대접하려는 뜻이 아닌 것으로 봅니다. 외방의 교수는 더욱 사람들의 경멸을 받게 되어 도리어 염장·역승만도 못한 실정이어서, 그가 부임할 때는 각 고을이나 각역에서도 개인 행

303 『세종실록』, 권53, 1431년(세종 13) 7월 15일.
304 『세종실록』, 권33, 1426년(세종 8) 8월 8일.

려처럼 취급하여 그의 유숙을 받아들이지 않으며, 임소에서의 접대에 이르러서도 또한 심히 박하여, 일수·삼반으로부터 관복 등의 무리들까지도 마치 군살이나 혹의 존재처럼 보며 경멸하는 형편이오니, 하물며 크게 진취하려는 무리들이 어찌 겸허한 마음으로 즐겨 그 강의를 받겠습니까. 바라옵건대, 이제부터 사부의 교수는 부마다 각기 1명씩을 전례에 의해 사무가 비교적 한가한 예문관·봉상시·종부시·교서관 같은 관원으로 품질에 따라 겸임하게 하여 유자의 스승의 직임을 높이게 하시고, 외방의 교수는 경서에 밝고 행검을 닦아 사표가 될 만한 자를 택해 보내게 하고, 계수관에 있어서는 전조 때의 사록의 예에 의하여 외사의 직임을 겸하게 하고, 강론하고 권면하는 여가에 당대의 정치·법령, 그리고 풍속의 좋은 점 나쁜 점을 모두 기록, 매년 연초에 이를 밀봉해서 춘추관(春秋館)으로 보내어 권장 또는 경계를 내리도록 하고, 또 춘추의 마지막 달을 당하면 관할 내의 각 고을을 순회하면서 강의의 시험을 실시, 그 근면과 태만 여부를 살피게 하고, 부임할 때의 숙박비와 부임 후의 공대에 따르는 비용 등을 후하게 마련하여 사유의 대우를 높이고 후학들을 격려하게 하소서.[305]

---

305 『세종실록』, 권49, 1430년(세종 12) 8월 22일, "且今之學者, 爲名而不務實學, 工於文辭者, 見稱於朝著, 名爲經學者, 卒老於教授, 故爲子弟者, 先有心於文辭, 而未嘗有志於經學間, 有勤於讀書者, 則反受侮於朋友矣。盛朝雖切切興學, 而學校之廢弛, 至於如此之甚。此無他, 凡爲教援, 視爲賤品, 而不待之以師儒之道故也。今京中四部教授, 職帶成均, 而反屬軍職, 殆非所以尊師儒之意也。外方教授, 尤爲人之所輕, 反不如鹽場驛丞, 其赴任之際, 各官各驛指爲私行, 而不許止宿, 至於任所, 供億亦薄。自日守三班以至官僕之賤, 視如贅肬而輕侮之矣, 況其狂簡之輩, 豈肯虛心聽受哉? 乞自今四部教授, 每部各一員, 依舊例以事務有閑, 如藝文、奉常、宗簿、校書, 隨品兼差, 以尊師儒之任, 外方教授, 擇經明行修可爲師表者遣之, 而於界首官則依前朝司錄例, 職兼外史, 講觀之餘, 悉記時政風俗之美惡, 每於

대사성 황현은 경학 공부를 부흥시키기 위한 방안을 주장한 바 있다. 앞의 인용글은 조선 전기 스승의 권위가 실질적으로 어떠했는지를 보여 준다. 또한 존사를 구현하기 위해서는 각 학교 교육에서 교육을 담당하는 스승들의 처우를 개선해 주어야 할 뿐만 아니라 시험과 교육과정을 함께 개선해야 한다는 것을 인식했음을 보여 준다. 특히 시험과 교육 내용의 개선 없이, 즉 교육 활동에 대한 재점검 없이는 스승의 권위를 실질적으로 높일 수 없음을 이해했다고 할 수 있다.

구체적으로 경학 공부의 쓰임을 상기시켰다. 즉 '수신제가치국'을 하기 위한 공부임을 확인시켰다. 그런데 현실은 유생들조차 "경서의 책들은 책상 위에 팽개쳐 두고 강독하는 소리조차 들을 수 없고 오직 사부(詞賦)의 글만을 일삼아, 고금 인사들이 지은 것으로 과문(科文)에 적절한 것이면 다 베껴 차고 다니면서 밤낮으로 외고 생각"하는 실정이었다. 이에 대한 대안으로 먼저 관학의 교육과정에서 경서를 통해야만 다음 단계로 통과하게 하고, 과거 시험에서 경서에 근거를 둔 자를 선발할 것을 제안하였다. 이와 함께 경학을 가르치는 스승의 현실적 지위 문제를 언급하였다. 경학을 가르치는 자는 평생 교수직에 있어야 하며, 중앙의 스승들은 군직(軍職)이며 지방의 스승들은 더욱 지위가 낮아 사회적으로 멸시받고 있는 현실을 보고하였다. 존사를 실질적으로 행하기 위해서는 스승의 처우를 개선하며 동시에 스승의 자질을 엄격하게 관리하도록 근무 평정이 행해져야 함을

歲抄, 實封送于春秋館, 以垂勸戒。且當春秋季月, 巡行領內各官考講, 以察勤慢。赴任之時經宿之費、到任之後供億之費, 優加詳定, 以尊師儒, 以勵後學。"(인용 출처: 한국고전번역원 한국고전종합DB, https://db.itkc.or.kr)

주장하고 있다. 이러한 발언은 관료제가 안고 있는 문제를 제기하고 이에 대한 개선 방안을 논의했다는 점에서 의의가 있다. 또한 '존사'를 사적인 영역에서 각 개인들이 알아서 행하게 하기보다, 공적인 영역에서 국가가 관리해야 한다는 것을 적극 인식했음을 보여 준다.

> 지난번에 전하께서 윤상의 치사를 허가하시지 않으시니 이미 현인으로 여겨 임용했던 것인데, 다만 녹봉과 관질은 도리어 현인을 대우하는 예절에 어긋나게 되니, 이것이 신 등이 실망하는 까닭입니다. 삼가 바라옵건대, 전하께서는 신 등이 사부(師傅)를 존중하는 뜻을 어여삐 여기시고 중용의 현인을 대우하는 의리를 상고하여, 정조로 하여금 행직(行職)을 수환하게 하여 사유(師儒)를 숭중(崇重)하는 뜻을 특별히 보이게 하소서.[306]

세종 24년, 성균관 유생 김인량 등의 상소 또한 스승의 권위를 구체적으로 어떻게 높여야 할 것인지에 대한 방법이 구상되어 있다. 김인량은 "학교는 풍화의 근원이고 인재가 나오는 곳으로 예로부터 제왕이 이로써 중하게 여기지 않는 이가 없어서 덕 있는 사람과 재능 있는 사람을 뽑아 사표의 직책을 맡겨서, 관위를 높이고 봉록을 후하게 하여 인재를 만들어 내는 효과를 기대"했으며 이에 "관위가 높고 덕이 높은 사람을 선택하여 혹은 대사성을 겸무(兼務)시키기

306 『세종실록』, 권96, 1442년(세종 24) 6월 22일, "曩者殿下勿許祥之致仕, 則旣以爲賢而任之矣, 顧惟祿秩反違待賢之禮, 此臣等之所以缺望者也。伏望殿下憐臣等重傳之志, 稽《中庸》勸賢之義, 令政曹收還行職, 寵示崇重師儒之意."(인용 출처: 국사편찬위원회 한국사데이터베이스, https://db.history.go.kr)

도 하고 혹은 사성을 겸무"했다고 말한다. 이에 따라 윤상에게도 덕행이 높고 학술이 정세함을 알아서 첨지중추(僉知中樞)를 주어 그 관위(官位)를 높이고, 성균 사성(成均司成)을 겸해 주어서 그 교육을 맡게 했으나, 겸직을 버리고 행직(行職)으로써 주게 되니, 그 봉록과 관질이 감(減)하게 된 사정을 보고한 것이다. 이를 통해 '존사'의 실질적 방법으로 지위, 대우 등을 관련하여 인식했음을 알 수 있다. 유교사회에서 재물, 관직 등을 논하는 것과 별도로, '존사'는 국가가 스승의 지위, 대우 등을 개선함으로써 실질적으로 행해질 수 있음을 강조하였다.

> 처음에 김반이 대사성이 되고, 김말은 사성이 되었는데, 겸사성 윤상과 더불어 경서의 같고 다름을 의논하다가, 각각 소견을 고집하여 자기가 이기기를 힘써서, 서로 다투고 힐난하다가 욕하고 꾸짖는 자까지 있으니, 주위에서 그르게 여겼다. 이에 김반은 파직되고, 김말은 종학으로 옮겼다. 김반이 젊어서 글재주에 이름이 있어 동류들의 추앙하는 바가 되고, 권근을 스승으로 섬겼다. 경서를 볼 적에 주해의 요어와 사유의 훈설을 곧 책에 써서, 줄과 글자를 분변하지 못하는 데 이르니, 어떤 이는 그 고루함을 비웃었다. 그 경서를 다루는 데는 익숙하나 정밀하지 못하니, 배우는 이가 마음으로 복종하지 아니하는 이가 많았다. 일찍이 권근의 『입학도설(入學圖說)』을 증교하여 이름을 『입학도보설(入學圖補說)』이라고 하여 올렸는데, 그 의논이 억지로 끌어 맞추고 붙여서, 식자들이 취하지 아니하였다. 반은 본디 가난한 데다 또한 아들이 없었

> 다. 파직하게 되자 황황하여 돌아갈 곳이 없으므로, 자청 등이 글을 올려 복직하기를 빌었으나, 얻지 못하였다.[307]

한편 '존사'를 국가에서 강제적으로 할 수 없음을 보여 주는 사례도 있었다. 위의 글은 대사성 김반의 파직에 대한 실록의 기록이다. 성균관 유생 정자청 등이 대사성 김반이 파직당하자 복직을 요청하며 올린 상소에 대해 윤허하지 않은 이유이기도 하다. 김반은 대사성임에도 불구하고 학문이 정밀하지 못해 마음으로 존경받지 못했음을 알 수 있다. 그런데도 김반이 대사성이 된 까닭은 권근의 제자였으며 동료들의 추천을 받았기 때문이었다. 권근 또한 대사성이었다는 점에서, 실력보다 인맥의 영향으로 대사성에 올랐음을 보여 준다. 스승직의 선발이 엄정하지 않았으며, 이로 인한 피해는 학생들의 교육뿐만 아니라 교사의 권위를 실추시키는 폐단으로 이어졌음을 확인할 수 있다.

> 1. 학교는 예의를 서로 먼저 하는 곳인데, 근래에 학생이 교만하고 방자한 것이 습관을 이루어 혹 문벌과 지체를 끼고 살찐 말을 타고 가벼운 옷을 입어서 사장(師長)을 경멸하니, 빌건대 가르침을 맡은 관원에게 신칙하여 엄하게 훈솔을 가하고 다시 성균관·예문관·교서관으로 하여금 전대로 오로지 규찰을 맡게 하소서.

307 『세종실록』, 권123, 1449년(세종 31) 2월 16일.(인용 출처: 국사편찬위원회 한국사데이터베이스, https://db.history.go.kr)

1. 근래에는 교관 된 자가 혹은 빨리 체대되어 이루어진 효과가 있으려야 있을 수 없고, 혹 그 직책에 오래 있어 이루어진 효과가 있어도 끝내 탁용하는 것이 없으니, 빌건대 이제부터는 한결같이 이루어진 법에 의하여 거듭 밝히고 또 경서에 밝고 행실을 닦아서 명망이 있어 제생이 마음으로 복종하는 자는, 비록 치사할 나이가 지났더라도 쇠모하여 직사를 폐할 지경에 이르지 않았거든 체임시키지 마소서.[308]

그러나 실제 관학의 현장에서 '존사'는 더 지켜지지 않은 것으로 보인다. 위의 글은 단종이 즉위하자 집현전에서 학문을 부흥시킬 방안을 상소한 것이다. '존사'의 전제 조건은 무엇보다 유생이 '마음으로 따르는 것[心服]'이다. 유생이 사장의 권위를 경멸하는 풍습에 대한 논의는 한두 번이 아닐 정도로 관학 관련 상소의 단골 소재였다. 집현전의 대응 방식은 국가가 집권적 통치를 더욱 강화함으로써 실질적인 존사를 구현할 수 있다고 보았다. 먼저 삼관(三館)에 해당하는 성균관·예문관·교서관에서 유생의 감찰을 전례대로 엄격하게 행할 것을 제안하고 있다. 또한 정해진 법에 의해 교관을 선발하는 것이다. 마지막으로 법대로라면 선발되기 어렵지만 유생이 마음으로 따를 수 있다면 교관직을 유지하도록 하는 방안이다. 이는 '존사'를 건국 초부터 실행된 법령 체제에서 보장하려는 모습을 보인다. 여기

---

308 『단종실록』, 권1, 1452년(단종 즉위년) 6월 21일.(인용 출처: 국사편찬위원회 한국사데이터베이스, https://db.history.go.kr)

서 말하는 법령은 『경국대전』 이전으로 『원속전등록(元續典謄錄)』과 『속예전(續禮典)』 등이다.[309] 조선 건국 후, 조선의 관인 유자들은 법을 두고 "법은 왕이 천하 국가를 다스리는 공기(公器)", "천하의 모든 사람이 함께 지니며 관여하는 것", "만세 공공지기(萬歲 公共之器)"라고 규정할 만큼 권력을 통일 법제 체제 속에서 규율하는 근거를 마련하고자 했다.[310] '존사' 또한 정해진 법을 준수하는 가운데 구현해야 한다고 보았다. 국가 공권력의 강제가 뒷받침되어야 안정적으로 존사가 행해질 수 있음을 인식한 것이다. 이는 조선 사회가 명목상 유교법치국가를 지향했음을 보여 주는 사례이기도 하다.

(3) 성종 대

사헌부 대사헌 김유영 등이 올린 차자에서, 성종은 "임어(臨御)한 처음부터 몸소 선성에게 제사하시고, 날마다 경연에 나아가 스승을 높이고 도를 숭상하였으며, 여러 번 학교를 진흥"시키는 등, 유학의 모범을 보인 왕으로 평가받고 있다.[311] 이를 증명하듯, 성종 대에는 유교 이념에 의한 정치를 정착시키기 위한 법, 제도, 교화 등이 활발하게 행해졌다.

특히 성종 대는 효행을 장려한 시기였다. 사헌부 대사헌 한치형의 시의 17조를 담은 상소문 중에는 각도 관찰사로 하여금 어른과 어린아이 모두에게 가르치고자 『소학』과 『삼강행실』을 널리 간행

---

309 『단종실록』, 권1, 1452년(단종 즉위년) 6월 21일.
310 오영교 편, 『조선 건국과 경국대전체제의 형성』, 혜안, 2004, 60쪽.
311 『성종실록』, 권78, 1477년(성종 8) 3월 5일.

하게 했다는 내용이 실려 있다.[312] 삼강(三綱)과 명절(名節)을 강조하여 삼덕(三德)과 삼행(三行), 육덕(六德)과 육행(六行)을 알게 하기 위함이다. 이와 함께 충신과 열부의 묘를 봉하고, 효자와 순손을 정려함으로써 민풍을 바르게 할 것을 강조하였다. 특히 국가가 이 일을 적극 시행해야 하는 까닭은 '맹자'가 언급한 "군자(君子)의 덕(德)은 바람과 같고 소인(小人)의 덕은 풀과 같아서 풀 위에 바람이 불면 반드시 쓰러진다."는 풍교론에 근거하고 있다. 이에 민간에서 사대부에 이르기까지 『소학』과 『삼강행실』의 삼강오륜을 교화시키고자 하였다.

한편 성종 대는 관료 조직에 대한 군주의 장악력과 그에 기초해 유지되던 수직적 권력 구조가 흐트러지는 가운데, 청요직들이 언론과 통청을 주도하는 청요직 중심의 권력 구조로 개편되는 시기였다.[313] 이런 가운데 권력이 청요직에게 집중되어 언론이 활성화되고 왕권이 상대화되어 갔다.[314] 이들은 통치의 정당성을 도덕에서 찾으며 경전에 등장하는 성인과 그들의 모범적인 통치 방식을 준거로 삼은 도학자들이었다. 도학자들은 이전과는 달리 국왕과 그의 조정에 무조건적으로 통치의 정당성을 부여하기를 거부했다. 도학자들은 실질적인 도덕의 함양을 체현한 인사가 통치에 참여하는 것에 대한 의미를 부각했고, 그런 측면에서 경연과 같은 군주의 학습 프로그램

---

312 『성종실록』, 권10, 1471년(성종 2) 6월 8일.

313 송웅섭, 「연산군의 의례 및 가치 체계에 대한 파괴와 도덕적 권위로부터의 탈피」, 『사림(성대사림)』 68, 수선사학회, 2019, 98쪽.

314 송웅섭, 「연산군의 의례 및 가치 체계에 대한 파괴와 도덕적 권위로부터의 탈피」, 『사림(성대사림)』 68, 수선사학회, 2019, 100쪽.

을 강조했다.[315] 13세에 즉위한 성종은 25년간 재위하면서 약 8천 회의 경연에 참석했을 정도로 경연을 활성화하였다. 경연의 참석은 군왕이 "스승을 높이고 도를 숭상한다."는 유학적 기본 방침을 구현한다는 점에서 중시되었다.[316] 이런 분위기 가운데 성종은 『경국대전』, 『동국여지승람』, 『동국통감』을 편찬했다. 국정을 논할 때 "『대전』에 이르기를", "『대전』에 의하면(여)"과 같이, 성종 대에는 『경국대전』 국정 체계의 틀이 갖추어졌다. 성종 대는 국정 운영에 있어서 국왕의 역할이 변화하고 공적인 국정 운영을 위한 토대가 구축되었다.[317] 이러한 변화는 '도'를 존숭하는 일과 관련한 '존사'에도 영향을 주었다.

성종은 스스로 유학에 근거하여 존사의 예를 시범적으로 보여 주고자 했다. 먼저 성종 5년 군왕이 먼저 존사를 시범 보여야 한다는 근거로 성균관 문묘에서 알성례를 행하기를 요청하자 성종이 이에 따랐다.[318]

> 예로부터 인주(人主)는 배우지 아니하고 능히 나라를 다스린 자가 드물었다. 내가 변변치 못한 몸으로써 외람하게 동토(東土)에 임(臨)하여 황황(遑遑)히 군림(君臨)해 온 지가 지금 이미 8, 9년이 되었다. 경 등이 모두 힘써 배우기를 권하여, 나로 하여금 진퇴 존망(進退存亡)의 기틀을 알게 하고, 치란 안위(治亂安危)의 자취를 깨닫게

315 Peter K. Bol 저, 김영민 역, 『역사 속의 성리학』, 예문서원, 2010 참조.
316 『성종실록』, 권78, 1477년(성종 8) 3월 5일.
317 송웅섭, 「연산군 초반 정치적 갈등에 대한 구조적 접근」, 『인문과학연구』 20, 덕성여자대학교 인문과학연구소, 2015, 160쪽.
318 『성종실록』, 권47, 1474년(성종 5) 9월 27일.

> 하였는데, 그 기미(幾微)가 『강목(綱目)』 수백 권의 내용보다 나은 것이 없다. 그러므로, 이에 나를 가르친 그 공을 갚지 않을 수 없어서, 이로 인해 지금 주악(酒樂)을 내려 주고, 또 물건을 내려 주어서 나의 스승을 높이고, 도를 중히 하는 뜻을 보이는 바다. 봄날이 상완(賞玩)할 만하니, 각기 마음껏 즐기어라.[319]

성종 8년에 성종은 경연관들에게 잔치를 베풀고 선물을 하사하였다. 형식상 존사의 예를 갖춘다는 명목이었다. 참석 대상은 다음과 같았다. 영사(領事) 한명회와 심회·조석문·김질·윤사흔·김국광·노사신에게 단자(段子) 1필을 내려 주고, 지사(知事) 이극배와 홍응, 동지사(同知事) 서거정·임원준·이승소에게 비단 1필을 내려 주고, 참찬관(參贊官) 현석규와 이극기·임사홍·한한·손순효·홍귀달·손비장에게 사(紗) 1필을 내려 주고, 시강관(侍講官) 노공필과 최자한·이맹현·유진·유순·최숙정, 시독관(侍讀官) 유자한·구달손·김흔, 검토관(檢討官) 이우보·정회·정지·성담년·윤희손·조문숙에게 호피 1장을 내려 주고, 사경(司經) 유인동·최을두, 설경(說經) 양순경·소사식, 전경(典經) 서팽소·민효증·최진, 주서(注書) 기찬·김심에게 녹비(鹿皮) 1장을 내려 주었다.

성종이 이들을 스승으로 칭하며 '존사'의 예를 갖춘 까닭은 명목상

319 『성종실록』, 권77, 1477년(성종 8) 윤2월 16일, "自古人主不學而能治國者鮮矣。予以眇昧, 叨東莅土, 遑遑臨履, 今已八九年矣。卿等咸勸力學, 欲使我知進退存亡之機, 曉治亂安危之迹, 其幾莫過乎《綱目》數百卷之中, 而乃以教我, 其功不可不酬。是以今賜酒樂, 又賜物, 以示吾尊師重道之意。春日可賞, 其各盡歡."(인용 출처: 국사편찬위원회 한국사데이터베이스, https://db.history.go.kr)

유교적 이념을 구현하기 위함이었다. 군주가 배우지 않으면 성군이 될 수 없다는 성학(聖學) 군주론에 입각한 발언에서 시작한다. 또한 윗사람인 군주가 노인과 어른을 공경하고 존경해야 아랫사람인 백성도 그들을 공경하고 존경하는 마음을 일으키기에 군자에게는 혈구지도가 있다는 유학적 원론에 충실하고 있다. 한편으로 정치적 이유 또한 있었다고 본다. 예종의 뒤를 이어 직계 아들 제안대군이 있었음에도 조카인 성종이 비교적 순탄하게 즉위한 배경에는 한명회와 신숙주를 비롯한 조정 원상(院相)들이 별다른 마찰 없이 의견 일치를 보아 성종의 왕위 승계를 인정했기 때문일 것이다.[320] 앞에 언급된 인물들은 성종이 순탄하게 왕위를 계승하고 성장할 수 있게 해 주었다는 점에서 성종은 이들에게 특별히 마음을 쓰지 않을 수 없었다. 그럼에도 성종은 유학적 이념과 가치를 군주의 권위보다 더 높임으로써 이상적 군주로서의 자질을 증명하고자 했다. 성종 대에 '존사'가 앞선 시대보다 더 강조될 수밖에 없었음을 추측하게 한다. 성종은 또한 성균관에 전지 4백 결을 학전으로 하사하면서 존사의 예를 보이고자 했다.[321] 이런 구체적 사례의 배경에는 존사가 근거가 되었다.

> 검토관 윤희손이 말하기를, "한 사람이 몸소 위에서 행하면 만 사람이 아래에서 보고 느낍니다. 지금 유생이 스승을 깔보고 욕하며 혹은 글에 써서 기록하는데, 주상께서 한 번 큰 예를 행하시면, 유

320 계승범, 『중종의 시대: 조선의 유교화와 사림운동』, 역사비평사, 2014, 46쪽.
321 『성종실록』, 권173, 1484년(성종 15) 12월 3일.

생이 또한 스승을 높이는 의리를 알 것입니다." 하니, 임금이 말하기를, "그대들이 말하니 내가 장차 행하겠다. 다만 개원의 예는 천자가 절하고 송조의 예는 삼로(三老)가 절한 뒤에 천자가 일어나는데, 지금은 어떻게 하면 되겠는가?" 하자, 손순효가 말하기를, "이것은 인군이 지극히 높은 것을 굽히어 스승을 높이고 도를 중히 여기는 날이니, 답배(答拜)하는 것이 온편합니다." 하고, 최숙정은 말하기를, "개원의 예가 갖추어졌으니, 이것이 후세에서 마땅히 거행할 것입니다." 하니, 임금이 말하기를, "나도 스승과 제자의 예로 절하고, 임금과 신하의 의로 행하지 않겠다. 이 뜻을 예조에 이르라." 하였다.[322]

신하들은 군왕이 직접 성균관에 친림하여 문묘를 배알하는 것뿐만 아니라, 삼로(三老)·오경(五更)에게 절하는 시범을 요구하였다. 위의 인용글은 군왕이 성균관 스승을 신하의 예로 대할지, 스승의 예로 대할지를 논의하면서 성종이 스승의 예로 대하기로 결정한 장면이다. 이후에도 누구를 삼로로 정할 것인가 등 이를 두고 논의가 있었으나 성종은 재차 배로(拜老)하겠다는 결심을 번복하지 않았다.[323]

성종이 적극적으로 존사의 예를 행한 것은 나라를 안정적으로 운영하기 위해 유교 이념을 국가 운영에 적극 적용하기 위한 차원이었다. 이를 위해 존사의 예를 보이고, 관학 교육을 내실화하고자 했다.

322 『성종실록』, 권88, 1478년(성종 9) 1월 24일.(인용 출처: 국사편찬위원회 한국사데이터베이스, https://db.history.go.kr)
323 『성종실록』, 권88, 1478년(성종 9) 1월 27일.

'존사'는 관학 교육의 내실화를 위한 확실한 명분으로 활용되었다. 예를 들면 다음과 같았다. 성종 21년 시강관 성세명이 향교 건물이 낙후하여 비가 새고 바람이 차 제복이 찢어질 정도니, 국가에서 스승을 높이는 뜻이 없다며 수리를 요청하는 상소를 올렸다.[324]

또한 관학 교육의 내실화는 스승의 자질과 관리, 제도적인 개선 등으로 해결하고자 했다. 성종은 즉위 초 한명회·신숙주의 건의에 따라 남질·임수겸·주백손·이극기·최자빈·유진·김서 등 7명을 사표(師表)에 임명했다.[325] 사표의 기준은 경학과 행실[經明行修]에 있었다. 한 달 후 대사헌 이극돈 등은 학교를 진흥시킬 방안으로 경명행수한 이를 순서에 따르지 않고 관관(館官)으로 선발할 것을 제안했다.[326] 이에 따라 스승의 자격, 선발 등에도 변화가 생겼다.

1741년(성종 2) 1월에는 도호부 이상의 고을에서는 교수(教授)를 문과 출신자 중에서 임명한다는 원칙을 변경해야 했다. 문신(文臣) 가운데 직차(職次)가 이에 상당하는 자가 적어서 보충 임명할 수가 없다는 현실적인 이유 때문이었다. 이에 성균관·전교서의 권지 관원(權知官員)을 훈도(訓導)라는 명칭으로 대신 임명하기로 했다.[327]

> 교관(教官)과 사장(師長)으로서 과연 능히 경서에 밝고 행실이 닦여져서 현저하게 효과가 있는 자는 순서에 따르지 않고 탁용하여 그 나

---

324 『성종실록』, 권236, 1490년(성종 21) 1월 6일.
325 『성종실록』, 권2, 1470년(성종 1) 1월 27일.
326 『성종실록』, 권2, 1470년(성종 1) 2월 22일.
327 『성종실록』, 권9, 1470년(성종 1) 1월 14일.

머지를 권장하소서. 향학의 훈도(訓導)와 교수(教授)는 대관(大官)으로서 모름지기 급제(及第)인 출신자를 쓰고, 소관(小官)도 또한 반드시 생원·진사 가운데에 나이 40이 되어 경서에 통하고 행실이 닦여진 자를 가려 써서 체대(遞代)하는 날에 그 현능(賢能)을 상고하여 현관(顯官)으로 제수하되, 그 가운데에 마음을 써서 가르치지 않는 자는, 교관은 비록 고만(考滿)이라 하더라도 서용(敍用)하지 말고, 훈도(訓導) 또한 가자(加資)하지 말아서 쇠퇴해진 풍습을 가다듬으소서.[328]

성종은 직접 성균관 유생을 강하게 한 후 평가를 했다. 불통일 경우 그 스승을 고찰하게 했다. 성종은 직접 관원과 유생에게 경서를 강하게 하였는데 불통하자 이에 대한 원인으로 근래에 오로지 제술로만 유생을 선발했기 때문이라고 하였다. 이에 별시일지라도 모두 경서를 강하게 하며 유생을 상벌로 권면하는 방안을 내놓았다.[329]

관학 교육을 내실화하는 여러 노력에도 불구하고 성종 대에는 성균관 유생들이 스승을 존사하지 않는 사례가 종종 발생했다. 성종 4년에는 성균관 유생이 스승을 비방하자 『대명률』 형률 '구수업사(毆受業師)' 조에 의거하여 태 10대로 한 것이 약하다며 더 중하게 법을 개정할 것을 요구하였다.[330] 또한 성균관 유생이 스승에게 대들자 성균관에서 제명하는 것 외에 사헌부로 하여금 추국할 것을 요구하였

328 『성종실록』, 권2, 1470년(성종 1) 2월 22일.(인용 출처: 국사편찬위원회 한국사데이터베이스, https://db.history.go.kr)
329 『성종실록』, 권8, 1470년(성종 1) 12월 1일.
330 『성종실록』, 권28, 1473년(성종 4) 3월 7일.

다.[331] 유생을 벌하는 근거는 사제지간에 지켜야 하는 부자의 은의(恩誼)였다.[332] 이는 『소학』 등에서 강조하는 스승과 부모는 같다는 논리에 근거한다. 결국 사헌부에서 "최희철은 결장(決杖) 1백 대를 때리고, 임지는 거역하고 나타나지 아니하였으니, 죄 2등을 더하여 장(杖) 60대에, 도(徒) 1년에 처하며, 김준손·조한보·이긍은 각각 장(杖) 90대를 속(贖)바치게 하되, 모두 영영 과거(科擧)를 정지하게 하여서 후래(後來)를 경계"하라는 상소를 올렸고, 이에 따랐다.[333] 이들은 존사를 행하는 국가의 방침을 어긴 것이라 조정을 경멸할 만큼 큰 죄를 저지른 자들로 평가받았음을 알 수 있다.

그러나 이후에도 유생이 스승을 비방하는 시를 적은 벽보가 붙은 사건이 있었다.[334] 이에 "현재 추문하는 동안 과거를 중단시키고 끝까지 추동자를 조사"하도록 전교를 내렸다. 학생이 스승을 비방하는 사례는 성종 대에 조정에서 종종 논의되는 사안이었다.[335] 이즈음 유생들이 스승을 하대하는 사례가 보고된 것을 보면 존사가 제대로 이루어지지 않았음을 알 수 있다. 여기에 대해 장재천은 "성균관 유생들이 학생으로서의 본분을 많이 잃은 것이었지만, 교관들도 존경과 대우를 받을 만한 직분수행을 제대로 하지 못하였기에 이와 같은 일이 발생하였던 것으로 보인다."[336]라고 평한 바가 있다. 그렇다면

331 『성종실록』, 권32, 1473년(성종 4) 7월 5일.
332 『성종실록』, 권32, 1473년(성종 4) 7월 28일.
333 『성종실록』, 권32, 1473년(성종 4) 7월 28일.
334 『성종실록』, 권145, 1482년(성종 13) 윤8월 20일.
335 『성종실록』, 권263, 1492년(성종 23) 3월 3일.
336 장재천, 『조선 성균관 교육 문화』, 교육과학사, 2012, 250쪽.

학생이 스승을 비방하는 일련의 사건들은 단순히 학생이 제 본분을 잃은 것으로만 볼 수 있을까? 이 사건들을 두고 단순히 비방한 학생들을 처벌하는 것으로 끝내는 것이 아니라 '존사'의 본래 의미를 고려한다면 오히려 스승의 자질과 성균관의 교육 상황 등을 섬섬하는 것이 우선이라 할 수 있다. 분명 『예기』에서도 자질이 낮은 스승을 존사하는 것은 쉽지 않다고 밝혔기 때문이다. 또한 이러한 사건은 오히려 '존사'에 대한 유교적 이념이 성균관 유생들에게 확산된 결과에 가깝다고 할 수 있다. '존사'는 '학덕이 높은 스승', 즉 스승으로서의 자질을 갖춘 자를 전제로 한다. 성균관 유생들의 인성 문제도 있었을 수 있지만, 한두 번으로 그치지 않았다는 것은 분명 스승의 자질 문제도 있었다고 본다. 여기에 대해 사대부들과 성종의 생각은 달랐던 것으로 보인다. 신하들은 스승의 자질과 처우를 제도적으로 개선하는 것도 중요하지만, 군왕이 먼저 존사하는 예를 시범 보일 것을 요청했고 성종도 결국 이를 따랐다.

(4) 연산군 대

연산군은 즉위 초기에는 빈민을 돕고 『국조보감』 등 여러 서적을 완성시켰으며 국방도 튼튼히 하였다. 연산군은 사창·상평창·진제창 등의 구휼 기관을 재설치하였다. 세종 대에 실시했던 사가독서(賜暇讀書)를 다시 추진하였다. 또한 『경상우도지도』, 『국조보감』, 『동국명가집』 등을 간행했고, 『역대제왕시문잡저』, 『속국조보감』, 『여지승람』을 완성했다. 또한 징여칭, 허침 등 세자 시절 스승들의 가르침에 따라 즉위 초반에는 경연에 참여하였다.

그러다 연산군은 갑자사화 이후 군주는 어떤 권위로부터도 부담을 받을 필요가 없다는 입장 속에, 요순과 공자로 상징되는 성왕과 성인들의 권위마저 인정하지 않은 채, 선왕의 도와 조종지성헌(祖宗之成憲)에 근거한 각종 제도와 의례들을 폐지했다.[337] 이처럼 연산군 재위 시절은 유교적 이념과 가치를 구현하는 것과 관련해 매우 상반되는 모습을 보이는 시기였다. 이로 인해 '존사'의 의미와 방법상에도 변화가 생겼다. 먼저 연산군이 극단적인 행보를 보이게 된 과정을 정리하면 다음과 같다.

앞서 성종 대는 대간의 언론 활동이 이전의 어느 때와도 견줄 수 없을 만큼 활발했다.[338] 권력구조의 변화로 대간 언론이 항시적으로 활성화될 수 있는 여건이 마련됨에 따라, 언론 행사의 배경이 되고 있던 도덕적 권위가 강화되었고, 이는 다시 왕권과의 긴장을 높여 갔다.[339] 도학에 입각해 통치의 정당성을 성인의 도에 두었던 청요직들은 시간이 흐를수록 왕권과 대립하게 되었다. 관료 조직에 대한 군주의 장악력이 높았던, 다시 말해 왕권이 강했던 태종이나 세조 대만 하더라도 대간의 도덕적인 주장들이 유자(儒者)의 우활한 논의로 치부되기 일쑤였다.[340]

---

337 송웅섭, 「연산군의 의례 및 가치 체계에 대한 파괴와 도덕적 권위로부터의 탈피」, 『사림(성대사림)』 68, 수선사학회, 2019, 97쪽. 송웅섭에 따르면 연산군의 의례와 기존 질서의 파괴가 성종 대 이후 청요직 중심 권력구조의 구축 이래 구조적으로 그리고 집요하게 강요한 도덕적 권위에 대한 반감과, 그 같은 권위를 행사할 수 있는 권력구조의 근간을 해체시키려는 시도 속에서 나온 것이라는 입장을 취하고 있다. 그리고 연산군의 그 같은 시도는 무오사화를 기점으로 꾸준하게 추진되다가, 갑자사화 이후 폭주하게 되었다고 보고 있다.

338 정두희, 『조선시대의 대간연구』, 1994, 일조각, 8-9쪽.

339 송웅섭, 「연산군의 의례 및 가치 체계에 대한 파괴와 도덕적 권위로부터의 탈피」, 『사림(성대사림)』 68, 수선사학회, 2019, 98쪽.

340 송웅섭, 「연산군의 의례 및 가치 체계에 대한 파괴와 도덕적 권위로부터의 탈피」, 『사림(성대사림)』 68, 수선사학회, 2019, 98쪽.

그러나 그 사이 유교화가 진행되면서 유교적 이념과 가치가 공론화되면서 분위기는 달라졌다. 조선 왕조의 등장으로 확실한 동력을 받은 제도상의 유교화는 초기(15세기)에 더욱 강력하게 이루어져 『주례』에 기초한 통치체제가 사실상 확립되었고 유교적 가치와 전통을 잘 절충한 『경국대전』 체제가 구축되었으며 대간·상소·구언 등의 제도를 통해 언로를 널리 개방해야 한다는 유교적 가치도 확실하게 제도화되었다.[341] 도학시대 이후에 군주가 갖는 도덕에 대한 부담이 훨씬 커졌다고도 할 수 있다.[342]

청요직들의 영향력이 대폭 확대되어 군주의 권위보다 도덕적 권위를 앞세우는 삼사 언론이 왕권과 상시적으로 충돌하고 있던 상황에서 연산군이 즉위했다.[343] 연산군 치세 초반에는 대체로 국왕과 청요직 사이에 이단이나 의례 문제를 비롯하여 외척 및 인사 등과 관련된 사안에서 충돌이 있었는데, 짧게는 1개월에서 길게는 5개월이 넘는 시간 동안 같은 안건을 놓고 국왕과 극열하게 대립했으며, 대간과 홍문관의 간쟁을 합쳤을 때 같은 사안에 대해 최소 100여 회 이상의 간쟁을 제기하기 일쑤였고, 하루 동안 최고 간쟁 횟수가 11회에 달한 경우도 있을 만큼, 간쟁이 치열했고 갈등도 심각했다.[344] 이들은 군주 위에 자리 잡고 있는 의(義)에 대한 강조, 즉 도덕적 권

341 계승범, 『중종의 시대: 조선의 유교화와 사림운동』, 역사비평사, 2014, 203쪽.
342 송웅섭, 「연산군의 의례 및 가치 체계에 대한 파괴와 도덕적 권위로부터의 탈피」, 『사림(성대사림)』 68, 수선사학회, 2019, 100쪽.
343 송웅섭, 「연산군의 의례 및 가치 체계에 대한 파괴와 도덕적 권위로부터의 탈피」, 『사림(성대사림)』 68, 수선사학회, 2019, 101쪽.
344 송웅섭, 「연산군 초반 정치적 갈등에 대한 구조적 접근」, 『인문과학연구』 20, 덕성여자대학교 인문과학연구소, 2015, 148쪽.

위를 내세우며 자신들의 주장이 받아들여질 때까지 사직과 복직을 반복했으며 이 같은 극심한 대립을 거듭했던 연산군은 언관을 위시한 청요직 관료들에게 불만이 많을 수밖에 없었다.[345]

연산군과 청요직 사이의 대표적인 갈등 사안은 연산군의 생모였던 폐비 윤씨 추숭 문제였다. 사건의 경위와 이 과정에서 쟁점을 구성하면 다음과 같다. 즉위 직후 그는 전라남도 장흥군에서 유배 생활을 하던 외할머니 장흥부부인 신씨와 외숙 윤구를 석방한다. 그런데 연산군은 즉위하고 나서 생모 윤씨가 폐위되어 죽은 것을 알게 되었다.[346] 연산군은 사람을 보내어 폐비의 묘를 살펴보게 했다가 "묘소가 무너진 채 여러 해를 수축하지 않아서 장차 해골이 나와서 여우와 삵에게 먹히게 될 지경"임을 알게 되었다.[347] 이 일로 매우 마음 아파하며 수라를 거부하였으며 묘지를 이장하고 명절에만 제사를 지내는 것이 아니라 삭망전(朔望奠)을 행할 것을 전교하였다.[348] 연산군은 "지금 만약 이 일을 불가하다고 하는 자가 있다면 이는 나의 신하가 아니다."라고 할 정도로 강경한 태도를 보였다.[349]

이후 연산군은 폐비 윤씨를 왕후로 복권시키는 일을 추진한다. 그러나 사림에서는 '사후 백 년간 폐비 윤씨 문제는 논외에 부친다.'는 성종의 유지를 이유로 들며 폐비 복권을 반대하였다. 또한 폐비

345 송웅섭, 「연산군의 의례 및 가치 체계에 대한 파괴와 도덕적 권위로부터의 탈피」, 『사림(성대사림)』 68, 수선사학회, 2019, 102쪽.
346 『성종실록』, 권4, 1496년(연산 1) 3월 16일.
347 『성종실록』, 권4, 1496년(연산 1) 3월 16일.
348 『성종실록』, 권14, 1496년(연산 2) 윤3월 13일.
349 『성종실록』, 권14, 1496년(연산 2) 윤3월 13일.

윤씨의 처우 개선을 두고 연산군과 삼사의 대립이 심화되었다. 폐비의 사당과 신주를 설립하자는 의견에 대해 선왕의 유지에 반대된다는 식으로 대립하였다.[350] 그 중심 인물이었던 예조 참판 신종호는 성종의 유지를 이유로 연산군의 의견에 반대했다. 여기서 대립의 핵심은 다음과 같다. 연산군은 생모에 대한 애통한 심정을 내세우나, 반대하는 자들은 연산군의 행위가 선왕의 유지에 반하는 불충이니, 선왕의 유지에 따르는 것이 더 큰 효[大孝]라는 것이다. 이런 논리에 따라 대간은 도덕적 명분에서 더 우위에 있었으며 연산군의 행위는 사적인 것에 그치게 되었다.[351] '신하의 도는 군주를 무조건 따르는 것이 아니라 의를 따르는 것이다.'라는 모토하에, 자신들이 구축한 청요직 중심의 권력구조에 힘입어, 연산군의 원망을 들어가면서까지 폐비에 대한 추숭을 거부하고 군주와 극한의 대립을 이어 가는 형국이었다.[352]

시간이 지날수록 연산군은 경연과 사헌부, 사간원, 홍문관, 예문관, 정언 등의 언관직 등을 축소하거나 폐지하였다. 이들이 내세우는 도덕적 가치와 권위에 대해 반발한 것이다. 또한 기타 온갖 상소와 상언·격고 등 여론과 관련되는 제도들을 대폭 축소하거나 폐지하였다. 또한 성균관·원각사 등을 주색장으로 만들고, 불교 선종의 본산인 흥천사 등 한성부의 일부 사찰은 연회장과 마구간으로 바꾸어 버렸다.[353]

---

350 『성종실록』, 권14, 1496년(연산 2) 윤3월 14일.

351 송웅섭, 「연산군의 의례 및 가치 체계에 대한 파괴와 도덕적 권위로부터의 탈피」, 『사림(성대사림)』 68, 수선사학회, 2019, 105쪽.

352 송웅섭, 「연산군의 의례 및 가치 체계에 대한 파괴와 도덕적 권위로부터의 탈피」, 『사림(성대사림)』 68, 수선사학회, 2019, 105쪽.

353 송웅섭, 「연산군의 의례 및 가치 체계에 대한 파괴와 도덕적 권위로부터의 탈피」, 『사림(성대사림)』 68, 수선사학회, 2019, 130쪽.

그러다 사건이 발생했다. 1498년(연산군 4) 음력 7월, 실록 편찬의 자료인 사초(史草) 중 김종직의 조의제문이 세조의 계유정난을 비난한 것이라는 이극돈, 유자광의 참소가 있었다. 이에 따라 김일손은 물론 이에 관련된 많은 사림파를 잡아들여 국문하였다. 훈구파는 이번 기회를 통해 전왕 성종 대에 들어 중앙정치에 대거 진출한 사림파를 제거하고자 하였다. 연산군은 이미 죽은 김종직의 관을 파헤쳐 그 시체의 목을 베는 부관참시형을 집행했다. 또한 여러 이유들을 대며 사림파를 처형하거나 유배 보냈다. 또한 김종직의 문인인 성희안, 유순정 역시 연좌하여 한직으로 좌천시켰다. 이 사건으로 말미암아 김종직, 김일손으로 대표되는 영남사림파의 위세가 크게 꺾였다.

연산군은 재위 10년(1504년 음력 10월), 폐비 윤씨 사태를 주도했던 성종의 두 후궁을 비롯하여 당시 관련자인 훈구파·사림파 대신들을 살아 있으면 처형하고 이미 사망했으면 부관참시했다. 이 일련의 사건이 갑자사화다. 이미 죽은 한명회, 정창손, 정여창 등은 부관참시되었다. 당시 연산군은 인수대비와도 크게 다투었고, 훗날 폐비 윤씨를 복위하는 문제로 재차 다투다가 병으로 누워 있던 인수대비를 강하게 밀쳤는데, 그 후유증으로 인수대비는 사망했다.

연산군은 인수대비의 초상 때에도 이일역월제(以日易月制, 또는 역월지제(易月之制): 하루를 한 달로 계산하여 삼년상 대신 25일상을 치름)라는 단상제(短喪制)를 단행하였다. 하지만 모든 관습이 그러하듯이, 오랜 시간 계속 시행되었던 상례가 그리 쉽게 바뀌지는 않았다. 그것은 1405년(태종 5) 사간원에서 상소를 올려, 아직 삼년상이 미비하니 "종실터 사대부의 집에 이르기까지 백 일 만에 복을 벗지 말게 하고, 한결같이 예문에 의하여 3년의 상을 마치게" 하라고 청했던 것만 봐도 알 수 있다.[354] 더 시간이 흐른 성종 대에도 "3년의 예제를 준수하게" 하라는 사헌부의 상소가 계속되었다. 삼년상을 지내지 않는 관료를 향한 탄핵이 이어졌다.[355]

이렇듯 조선의 지배계층들은 삼년상 정착에 노력을 기울여 상례의 유교화를 꾀했다.[356] 삼년상은 신분에 관계없이 지켜야 할 예라고 강조하기는 했으나, 양반들 사이에서도 아직까지 삼년상이 일반화되지 않은 상태에서 평민 이하 계층에게까지 삼년상 시행을 요구하는 것은 현실적으로 분명 무리였다.[357] 예조는 유교적 원칙에 입각하여 모든 백성이 삼년상을 지내야 마땅하다고 주장했던 반면, 병조는 현실적인 국방 문제를 놓고 볼 때 삼년상은 자칫 국가의 위기를 초래할 수도 있다고 판단했던 것이다.[358] 그러나 중요한 것은 조선 건국 초기부터 성종 대에 이르기까지, 쉽사리 변화하지 않는 현실에도 유교적 상장례를 위한 조정과 지배계층의 논의와 노력이 계속되었다는 점이다.[359]

---

354 정일영, 「조선시대 유교적 상장례 정착으로 보는 유교화 과정: 연산군·중종대 상기(喪期) 관련 논의를 중심으로」, 『서강인문논총』 50, 서강대학교 인문과학연구소, 2017, 147쪽.
355 정일영, 「조선시대 유교적 상장례 정착으로 보는 유교화 과정: 연산군·중종대 상기(喪期) 관련 논의를 중심으로」, 『서강인문논총』 50, 서강대학교 인문과학연구소, 2017, 148쪽.
356 정일영, 「조선시대 유교적 상장례 정착으로 보는 유교화 과정: 연산군·중종대 상기(喪期) 관련 논의를 중심으로」, 『서강인문논총』 50, 서강대학교 인문과학연구소, 2017, 147쪽.
357 정일영, 「조선시대 유교적 상장례 정착으로 보는 유교화 과정: 연산군·중종대 상기(喪期) 관련 논의를 중심으로」, 『서강인문논총』 50, 서강대학교 인문과학연구소, 2017, 147쪽.
358 정일영, 「조선시대 유교적 상장례 정착으로 보는 유교화 과정: 연산군·중종대 상기(喪期) 관련 논의를 중심으로」, 『서강인문논총』 50, 서강대학교 인문과학연구소, 2017, 150쪽.
359 정일영, 「조선시대 유교적 상장례 정착으로 보는 유교화 과정: 연산군·중종대 상기(喪期) 관련 논의를 중심으로」, 『서강인문논총』 50, 서강대학교 인문과학연구소, 2017, 150쪽.

연산군 대에 상제와 관련하여 참형을 당한 사건이 2건이나 발생했다. '2건이나'라는 표현을 쓴 까닭은 참형을 당한 이들이 상제를 제대로 행하지 않은 인물이 아니라, 오히려 적극적으로 유교식 상제를 행한 인물들이었기 때문이다.[360] 게다가 이 사건은 연산군이 당시 '스승'에 대한 인식이 어떠했는지를 보여 주는 사례이다. 이들은 훈도와 사유로 지명된 이들이었다. 먼저 이자화는 이미 1497년(연산군 3)에 효행으로 복호를 받았고 훈도로 제수되었던 인물이다.[361] 그는 부모상에 죽만 먹으며 삼년상을 치렀을 뿐만 아니라, 성종의 상을 맞았을 때도 삼 년간 문을 닫고 나들이를 하지 않으며 술·소금·장·채소·과일 등을 먹지 않았던 인물이었다. 그런데 그로부터 7년 후, 연산군은 뜬금없이 이자화의 행위가 괴상하다 하여 국문할 것을 명하였다.[362] 결국 연산군은 7년 전 이자화를 천거했던 현령까지 국문하여 이자화를 참형에 처해 효수하기에 이른다.

두 번째 인물은 정성근이다. 정성근은 김종직의 문인으로 1474년(성종 5) 식년문과에 을과로 급제하였다. 1490년 반우형·표연말 등과 함께 사유(師儒)로 선발되었다. 부모상에 시묘하였고 1494년 성종이 죽자 3년 동안 심상했다. 1504년 갑자사화에 연루되어 참수되었다. 궁인이나 서인뿐만 아니라 사대부의 상제도 한 달을 채 넘기지 못하게 된 이 단상법은 이제껏 오랜 시간 동안 추구해 온 상장례 유교

---

360 정일영, 「조선시대 유교적 상장례 정착으로 보는 유교화 과정: 연산군·중종대 상기(喪期) 관련 논의를 중심으로」, 『서강인문논총』 50, 서강대학교 인문과학연구소, 2017, 152쪽.
361 『연산군일기』, 권21, 1497년(연산군 3) 1월 16일.
362 『연산군일기』, 권55, 1504년(연산군 10) 9월 6일.

화에 정면으로 역행하는 것이었다.[363] 연산군은 삼년상을 금지하거나 단상법을 제정할 때 효의 가치를 부정하는 발언은 전혀 하지 않았다. 오히려 그것을 적극 긍정하되 현실적인 문제가 있으니 제도를 바꾼다는 논리를 내세웠다.[364] 하지만 이자화와 정성근은 사실 부모의 상을 삼년상으로 지냈다고 죽은 것이 아니었다. 그들은 모두 성종의 상에 삼 년 심상(心喪)한 것이 화근이 되었다. 게다가 그들을 제외하고 부모의 상을 삼년상으로 치렀다는 이유로 무거운 처벌을 받은 인물의 기록은 없다.[365] 삼년상을 어겼다고 탄핵과 기복 반대를 서슴지 않았던 사간원과 예조조차 연산군의 단상제 앞에서는 침묵했다. 실록에서도 소혜왕후의 상기를 단축시키고 삼년상까지 폐지한 것을 두고 "삼강(三剛) 오상(五常)이 다 없어졌다."고 적고 있지만, 당대에 그것을 강력히 반대한 자는 아무도 없었다.[366] 즉 조선 건국 초기와 마찬가지로 여전히 유교적 상장례는 널리 확산되지 못했다는 것이다.[367] 폐주의 과오를 강조하고 자신들의 유교적 이상을 강조해야 했던 중종 대 지배계층도 여전히 조선 초기와 동일하게 '현실적 고민'을 하는 장면에서 그것을 확인할 수 있다.[368]

363 정일영, 「조선시대 유교적 상장례 정착으로 보는 유교화 과정: 연산군·중종대 상기(喪期) 관련 논의를 중심으로」, 『서강인문논총』 50, 서강대학교 인문과학연구소, 2017, 154쪽.
364 정일영, 「조선시대 유교적 상장례 정착으로 보는 유교화 과정: 연산군·중종대 상기(喪期) 관련 논의를 중심으로」, 『서강인문논총』 50, 서강대학교 인문과학연구소, 2017, 155-156쪽.
365 정일영, 「조선시대 유교적 상장례 정착으로 보는 유교화 과정: 연산군·중종대 상기(喪期) 관련 논의를 중심으로」, 『서강인문논총』 50, 서강대학교 인문과학연구소, 2017, 150쪽.
366 정일영, 「조선시대 유교적 상장례 정착으로 보는 유교화 과정: 연산군·중종대 상기(喪期) 관련 논의를 중심으로」, 『서강인문논총』 50, 서강대학교 인문과학연구소, 2017, 163쪽.
367 정일영, 「조선시대 유교적 상장례 정착으로 보는 유교화 과정: 연산군·중종대 상기(喪期) 관련 논의를 중심으로」, 『서강인문논총』 50, 서강대학교 인문과학연구소, 2017, 163쪽.
368 정일영, 「조선시대 유교적 상장례 정착으로 보는 유교화 과정: 연산군·중종대 상기(喪期)

연산군 시절은 국가가 스승을 어떻게 대우했는지를 잘 보여 준다. 먼저 연산군은 스승을 어떻게 대우했는가. 성종은 허침, 서거정, 조지서, 정여창 등에게 세자인 연산군을 가르치게 했다. 스승들 중 허침은 연산군에게 너그럽게 대하는 반면, 조지서는 정해진 대로 가르치려 하였다. 그러나 연산군은 스승들의 가르침에 불만을 표했다. 이에 허침은 연산군의 말에 동조하면서도 정해진 것이므로 배우라고 부드럽게 권했고 조지서는 연산군과 말다툼을 벌이기도 하였다. 후에 연산군은 갑자사화를 이용하여 조지서를 처형했다.

이러한 사례들은 '존사'와 관련하여 부딪힐 수밖에 없는 중요한 문제를 안고 있다. 바로 군주와 신하의 관계, 임금과 스승의 관계를 어떻게 설정할 것인가이다.

> 군신의 분의는 엄히 하지 않을 수 없다. 군신의 분의가 엄하지 않으면 상하가 문란하여 오랑캐나 다를 것이 없다. 이러므로 자주 전교와 전지를 내려 폐습을 없애려는 것인데, 그럭저럭 고쳐지지 않고 오늘에 이르렀다. 전일 이세좌가 하사주를 기울여 쏟아 나의 옷을 적시기까지 하였으니, 그 죄가 불경을 범한 것이다. 신하로서 죄가 무엇이 불경보다 크겠는가? 대간인 자 의당 탄핵하여야 할 것인데, 그의 세력이 두려워 입을 다물고 아무 말이 없었으나, 세좌는 이미 죄를 주었다. 대저 지금 대간은 그 근거를 보면, 재상은 세력이 두려워 말하지 않고, 고단한 세력 없는 사람을 보면 반

관련 논의를 중심으로」, 『서강인문논총』 50, 서강대학교 인문과학연구소, 2017, 163쪽.

드시 탄핵 논란하여 말지 않는데, 대간만 그러는 것이 아니라 재상까지 한 사람도 말하는 자가 없었다. 이 때문에 이어 대간이나 재상 된 자들이 서로 붕당이 되어 인군을 위에 고립되게 하니, 이렇게 하기를 말지 않는다면 우리나라의 오래되고 먼 왕업(王業)이 반드시 장차 떨어지고 말 것이다. 앞서 무오년 붕당의 무리들이 이미 중한 벌을 받았으니, 앞 수레의 엎어짐을 역시 거울삼아야 할 것인데, 그런 풍습이 다 없어지지 않고 아직도 남아 있으니, 이런 폐습은 없애지 않을 수 없다. 물에 비한다면 아직 터지지 않았을 때에는 둑을 쌓아 막을 수 있지만 무너져 넘친 뒤에는 사세가 막을 수 없는 것이다.[369]

위의 인용글은 불경을 저지른 이세좌에게 형벌을 추가하는 과정에서 나온 연산군의 발언의 일부이다. 이세좌가 전날 자신의 옷에 하사주를 적신 죄를 저질렀는데도 대간에서 재상에 이르기까지 이세좌를 탄핵해야 한다는 자가 나오지 않자, 연산군은 신하들이 임금과의 관계를 제대로 알고 있지 않다고 비난하고 있다. 연산군은 신하의 죄 가운데 으뜸은 불공(不恭)으로, 군주의 위엄을 무시하는 것

369 『연산군일기』, 권52, 1504년(연산군 10) 3월 11일. "君臣之分, 不可不嚴。君臣之分不嚴, 則上下紊亂, 無異於夷狄矣。是以數下敎旨, 欲祛弊習, 而因循不革, 至于今日。前日李世佐傾注賜酒, 濺及予衣, 罪犯不敬。人臣之罪孰大於不敬? 爲臺諫者, 固當彈劾, 而畏其勢焰, 噤無一言, 世佐則旣已罪之。大抵今之臺諫, 見其根據, 宰相則畏焰而不言, 見其孤單無勢之人, 則必彈論不已。非但臺諫爲然, 至於宰相, 亦無一人言之者。以此繼而爲臺諫、宰相者, 交相朋黨, 使人主孤立於上, 若此不已, 則三韓久遠之王業, 必隳矣。前此戊午朋黨之徒, 旣被重典, 前車之覆, 亦當鑑矣。餘風未殄, 猶有存者, 如此弊習, 不可不革。比之於水, 當其未決之時, 猶可堤防, 及其潰溢之後, 勢不得障."(인용 출처: 국사편찬위원회 한국사데이터베이스, https://db.history.go.kr)

이라고 여겼다. 연산군의 이와 같은 발언은 군신분의(君臣分義)를 전제한다. 군신분의는 '군주는 군주답고, 신하는 신하답게 처신하는 것과 관련된 군신 간의 윤리로, 공자의 '군신지의(君臣之義)', 맹자의 '군신유의(君臣有義)'에서 비롯되었다. 군신 간에 서로 지켜야 할 의(義)가 있다는 것이다. 그러나 공자와 맹자 등의 유교적 이념에 따르면 군주와 신하는 수직적인 관계에 있다기보다 공공을 위해 국정을 협의하는 협치의 관계라고 할 수 있다. 군주는 어진 신하를 선발하여 이들의 의견을 참고하여 어진 정치를 행하기 때문이다. 만약 군주가 이를 제대로 하지 못할 경우, 맹자는 군주를 바꿀 수 있다는 역성혁명을 제시한 이유도 여기에 있다. 그런데 연산군은 '군신분의'를 자의적으로 해석하여 신하는 무조건 군주의 말과 행동을 반대하지 않고 따르는 게 의리라고 규정한 것이다. 그 결과 군주의 위엄을 절대화하고, 군주와 신하를 수직적인 관계로 인식하는 행보를 거듭하였다. 이는 예의를 모르는 오랑캐조차 행하는 규정임을 강조함으로써, 군주가 곧 권위 그 자체이며 통치의 정당성을 가지고 있음을 내비쳤다. 연산군의 이러한 생각은 다음의 글을 통해 확인할 수 있다.

> 임금에게 충성하고 나라를 사랑함은 상도를 지키는 양능(良能)에서 비롯하고, 자기를 움직이고 자신을 세움은 방책에 갖추어 있어서 본받을 수 있거늘, 이를 좇으면 비궁하는 군자요, 이를 어기면 자포자기하는 소인이니라. 아아! 너희 신하들은 내가 경계하여 이르는 것을 들을지어다.
>
> 임금을 섬기되 예를 다함을 경이라 하고, 벼슬을 맡아서 속임이 없

음을 성이라 하고, 쉽든 어렵든 피하지 않음을 충이라 하고, 안팎이 한결같음을 직이라 하나니, 자신을 믿고 위를 오만함은 경에 거스르고, 지혜로운 듯이 꾸며 거짓을 행함은 성에 거스르고, 위태로운 것을 피하여 편안한 데로 감은 충에 거스르고, 앞에서는 좇고 돌아서서는 헐뜯음은 직에 거스른다. 이 네 가지를 살펴서 네 한 마음을 삼갈지어다. 오만한 모습이 없고 교만한 뜻이 없이 하여, 법도를 잃지 말고 능히 네가 지켜야 할 의를 공경히 할지어다. 선니는 성인인데도 동료 앞을 지날 때에는 낯빛을 고쳤고, 곽광 같은 훈벌로서도 황제를 뵈는 데에는 상도가 있었나니, 너는 마땅히 두려운 듯 조심하여 혹시라도 게으르고 오만하지 말지니라. ……

모든 서사야! 훈사를 경계로 삼으라. 전에는 몰랐으니 혹시 범하였으려니와, 이제는 너에게 알렸으니 못 들었다 말고, 네 새로운 마음을 기르고 네 낡은 마음을 버리라. 이 여덟 조목을 한 몸에 차서, 위현에 비하고 좌우에 명하여, 마음에 간직하여 잃지 말며 살펴 바루되 늘 곁에 있듯이 하라. 알기는 어렵지 않으나 행하기는 쉽지 않느니라. 너희들은 저마다 삼갈지어다. 내 두 번 말하지 않으리라.[370]

370 『연산군일기』, 권54, 1504년(연산군 10) 6월 4일. "忠君愛國, 源於秉彝之良能, 行己立身, 具在方策而可法, 順之則爲匪躬之君子, 悖之則爲自棄之小人。嗟爾臣工! 聽予戒諭。事君盡禮之謂敬, 當官勿欺之謂誠。夷險不避之謂忠, 內外如一之謂直。挾己傲上, 反於敬, 飾智行詐, 反於誠, 避危就安, 反於忠, 面從背毁, 反於直。察此四者, 愼乃一心。無慢容、無驕志, 不愆于度, 克敬爾儀。宣尼聖人, 過位變色, 霍光勳閥, 見帝有常。爾宜戰兢, 罔或怠傲。…… 凡厥庶士, 用戒訓辭。曩旣不知, 容或有犯, 今旣告汝, 罔曰無聞。長爾新心, 棄爾舊志。將此八目, 佩之一身, 比諸韋弦, 銘于左右, 服膺勿失, 顧諟在玆。知之非艱, 行之不易。爾各自愼, 予不再言."(인용 출처: 국사편찬위원회 한국사데이터베이스, https://db.history.go.kr)

연산군은 「신하를 경계하고 격려하는 글[警策臣工文]」을 지어 발표하였다. 여기에는 연산군의 유교 경전에 대한 자의적인 해석과 신하들에 대한 불신과 비하 등이 복합적으로 섞여 있다. 연산군은 군주에 대한 무조건적인 충성을 요구하였다. 연산군이 생각하는 정치란 군주의 절대적인 통치력에서 나오는 것이며, 신하는 군주의 명령을 대신해 충실히 이행할 뿐이었다. 이를 할 수 있는 것을 양능 즉 배우지 않고서도 능히 할 수 있는 선천적인 행위라고 하고 있다. 또한 이를 하는 자가 스스로 자신을 포기하지 않는 군자임을 규정하고 있다. 연산군의 이와 같은 발언은 유교적 이념과 가치에 근거하고 있지만 이를 자의적으로 해석하여 자신의 논리를 강화하는 데 활용하고 있음을 확인시켜 준다. 연산군은 그동안 유교적 이념과 가치를 오히려 활용하여 자신의 행동을 압박해 온 관료들, 특히 사림을 오히려 동일한 잣대를 근거로 정면에서 반박하였다. 연산군의 이러한 생각, 즉 군주의 위엄을 높이려는 것은 '존사'의 의미와 내용에도 큰 변화가 예고됨을 시사한다. 이에 따라 기존의 의례와 유교적 질서가 중지 또는 변화될 것임을 의미하기 때문이다.

앞서 연산군이 유교적 이념을 충실히 실행하였던 스승들을 처형한 사례만 보아도 연산군 시절 기존에 구축된 질서가 무시됐음을 알 수 있다. 이와 관련한 몇 가지 사건을 살펴보면 다음과 같다. 먼저 연산군은 성균관 문묘를 이전하도록 명령하였다. 이전 명령의 이유는 궁궐이 조용하고 한적해야 하는데 성균관이 궁궐과 가깝게 있어 국가의 체모

---

371 『연산군일기』, 권54, 1504년(연산군 10) 7월 10일.

가 온전치 못하다는 것이었다.[371] 연산군은 원각사를 허물어 공자의 신위를 옮기라고 하였다. 또한 원각사에 공자의 신위를 모시고 유생들도 그곳에서 거처하도록 명하였다. 아울러 문묘에서 공자에게 작헌례를 할 때 그의 생전의 직분이 신하였다며 재배만 하게 했다.

> 공자는 비록 성인이지만 그 직분으로 말하면 신하이니, 사배례를 그만두고 재배하는 것이 옳다. 대체로 제사는 성의와 공경에 있고 형식에 있는 것이 아니니, 재배한들 무엇이 해롭겠는가. 형식만을 취하고 성의를 갖지 않으면 병든 몸에 비단 옷을 입힌 것과 같아 겉은 비록 화려하나 속은 병든 것이다.[372]

연산군은 문선왕께 올린 작헌례의 의주를 내리며 위의 인용글에서와 같이 발언하였다. 연산군의 이와 같은 발언은 이제까지 행해져 온 '존사'의 본래 정신을 무시하는 것이었다. 연산군은 공자가 도를 지녔으니 스승으로 볼 수는 있어도 '신하'의 신분을 벗어날 수 없음을 분명히 규정하였다. 이는 '성인(聖人)'을 무시하는 것이라 할 수 있다. 또한 스승을 존경하는 예 또한 불필요하다는 인식을 드러냈다. 이러한 연장선에서 연산군은 성균관의 스승과 유생들을 자신의 통제하에 철저히 하대하였다. 군주의 대소 행행 시에 성균관과 사학의 유생으로 하여금 마중과 배웅을 하면서 부복하도록 하는 한편[373] 이

372 『연산군일기』, 권63, 1508년(연산군 12) 8월 28일. "孔子雖聖人, 以言其分則臣也, 除四拜禮, 再拜可也。大抵祭祀在誠敬, 不在文, 再拜何妨? 取文而不取誠, 則如病身加文繡矣, 外雖華, 內則病矣."(인용 출처: 국사편찬위원회 한국사데이터베이스, https://db.history.go.kr)

373 『연산군일기』, 권54, 1504년(연산군 10) 7월 18일.

에 대한 절목을 만들어 철저하게 지키도록 했다. 만약 이를 어길 경우 제서유위율로 처벌하고, 나이가 어려 결장할 수 없는 경우에는 식년시를 정거하고 그 아비를 결장하도록 했다. 또 그의 학관과 대사성에게 죄를 묻도록 했다.[374] 이는 『경국대전』에도 없는 조항이었다. 물론 자식이 잘못을 저지를 경우 부형에게 책임을 물어야 한다는 목소리가 있었지만, 이에 대한 후유증과 한계로 인해 쉽게 적용되지 못했다.[375] 그럼에도 불구하고 연산군은 이를 강제적으로 실행한 데다가 책임의 내용 또한 자의적이었다. 앞서 왕들이 내키든 내키지 않든 통치의 정통성과 군주로서의 권위를 확보하기 위해 문묘의례에 행차했던 것과 달리, 연산군은 군주로서의 위엄을 내세우고자 그동안의 가치를 부정하며 변질시킨 것이다.

정리하자면, 연산군 대의 경우 유교적 이념과 가치에 근거한 '존사'는 사라졌다고 할 수 있다. '존사'를 내세우지 못한 이유는 '권위'를 사적인 영역으로 인식한 탓이 크다. 유학에서 군주와 스승이 지니는 권위는 인물이 아닌, 그가 맡은 공적인 역할을 수행하기 위해 주어지는, 일종의 책무라고 할 수 있다. 따라서 군주와 스승 모두 책무를 다하기 위해 자신의 사사로운 마음을 수양하는 것이 우선이었다. 그러지 못할 경우, 자신에게 주어진 권위를 오도하여 행사할 수 있기 때문이다. 하지만 연산군의 경우, 앞서 언급한 그의 행보에서 확인할 수 있듯, 사적인 마음을 쉽게 드러내고 자의적으로 해석하였

---

374 『연산군일기』, 권54, 1504년(연산군 10) 7월 18일.

375 송수진, 「조선 전기 부형의 위상과 교육적 책무」, 『민족문화연구』 98, 고려대학교 민족문화연구연, 2023, 349-352쪽.

다. 그 결과 연산군은 '스승' 또한 군주에게는 신하에 불과하다고 여겼다. 연산군은 임금의 권위가 가장 최상이었고, 그 권위를 훼손시키는 것은 방해물이 된다고 여겼다. 연산군에게는 스승이라는 인물의 나이, 관직, 출신 등이 그가 전수하는 학문의 위상보다 더 중요했다. 오늘날 현실에서도 교사의 나이, 학력, 집안 등 사적인 사항을 근거로 교사의 권위를 인정하지 않는 사례가 발생하는 것과 유사하다. 연산군 대의 '존사' 경향은 구성원들 사이에서 교육을 통해 전수해야 할 가치 등을 두고 사회적 합의가 이루어지지 않을 때, 가장 먼저 교사의 권위가 침해될 수 있음을 극명하게 보여 준다.

(5) 중종 대

16세기 전반에 해당하는 중종 대(1506~1544)에는 조선 사회에서 여러 가지 의미 있는 변화들이 나타났다.[376] 중종은 연산군 대의 정책을 폐지하고 성종 대의 정책을 복구하였다는 점에서 중종 대의 목표는 성종 대의 계승이었다고 할 수 있다.[377] 중종은 유교적 이념을 정

376 계승범, 『중종의 시대: 조선의 유교화와 사림운동』, 역사비평사, 2014, 20쪽.

377 김가람, 「중종 대 사회 질서 구축과 효행 정책」, 『서강인문논총』 66, 서강대학교인문과학연구소, 2023, 128-129쪽. 김가람에 따르면 중종 대에 유교식 의례의 복구를 강조한 이유는 연산군이 통치한 불효의 시대를 극복함으로써 반정의 정당성을 확보하는 것과 관련이 있었다. 분명 1504년(연산군 10) 갑자사화 이후 연산군의 통치는 파행을 거듭하였고, 여론은 극도로 악화되었다. 그렇다고 하더라도 왕정 국가에서 왕을 폐출하기는 쉽지 않았다. 결국 왕실의 큰 어른인 대비까지 나서서 종묘와 사직의 위기를 거론하며 연산군 폐출의 정당성을 강조하였다. 반정 이후에도 중종과 반정 세력은 반정의 정당성을 끊임없이 증명할 필요가 있었다. 대비가 연산군의 폐위와 중종의 즉위를 인정하였더라도, 엄밀한 의미로 왕위의 정통성은 연산군에게 있었기 때문이다. 연산군에 비해 상대적으로 정통성이 약한 중종에 대한 여론 악화는 중종에게 정치적 타격을 안길 가능성이 매우 컸고, 이를 사전에 방지하기 위해 중종 대는 연산군 대보다 도덕적이며 안정적인 사회를 구축할 필요가 있었다.

치 현실에 반영한다는 명분으로 앞서 연산군 대의 삼년상 단축 제도를 다시 복구시켰다.

자식이 태어나면 3년이 지나야 부모의 품을 벗어나기 때문에 옛날 성인이 삼년상의 제도를 만들어, '어진 자는 굽혀 나가도록 하고, 불초한 자는 추급하도록 한 것'이니 이것은 천지의 떳떳한 법이며 고금의 공통된 의리이다. 그런데 옛법을 고쳐 차마 단상의 법을 행하였으니, 당시 사대부 사이에 조종의 교훈을 망각하고 성현의 가르침을 배반, 당시의 제도를 칭탁하고 육체의 욕심을 따라 감히 우상 안에 고기를 먹고 술 마시기를 평일과 다름없이 하니, 정치는 잘못된 것이요 사람도 부끄러움이 없어진 것이다. 돌이켜 생각해 보니 나의 심회는 슬프다. 이제 비록 그 오속을 버리고 구제를 복구하긴 하였지만, 그래도 의를 버리고 효를 행하지 않는 무리가 폐습에 젖어 거상을 삼가지 않아, 인기를 닦지 못하게 하고 민풍을 부정케 할까 염려된다. 중외의 인사들은 한결같이 성인의 제도를 준수하고 힘써 추원의 정성을 다하여 나의 효리에 부응토록 하라.[378]

---

378 『중종실록』, 권4, 1507년(중종 2) 12월 12일, "子生三年, 然後免於父母之懷, 故古昔聖人, 制爲三年之喪, 使賢者, 俯而就之, 不肖者, 企而及之, 此天地之常經, 古今之通義。乃者變亂舊章, 忍行短喪之法, 當時士大夫間, 有忘祖宗迪率之訓, 背聖賢彝倫之教, 乃托時王之制, 以徇形氣之欲, 敢於虞祥之內, 食肉縱酒, 無異平日, 政則不臧, 人而無恥。追念至此, 興悼于懷。今雖革其汚俗, 復循舊制, 尙慮棄義非孝之徒, 狃於弊習, 不謹持喪, 使人紀不修, 民風不正。其令中外人士, 一遵聖人之制, 懋盡追遠之誠, 以副予孝理之懷."(인용 출처: 국사편찬위원회 한국사데이터베이스, https://db.history.go.kr)

중종은 정성근 같은 유자를 널리 탐문해서 보고하라고 하였다. 중종 9년에 발간된 『속삼강행실도』에는 세종 대에 발간되었던 『삼강행실도』에 비해 상례의 사례가 대폭 늘어났다.[379] 상례로 효자도에 오른 인물은 20명에 이른다. 상례와 함께 지극하게 부모를 간병한 내용으로 수록된 인물을 포함한다면 그 수는 총 25명에 이른다. 이 25명 안에 이자화와 정성근도 포함되었다. 그 이듬해 중종은 조강에서 『예기』를 진강하면서, 사대부가 모두 삼년상을 행하지만 서민이 행하지 않는 것은 잘못이고, 혹 행하려는 자가 있어도 못 하게 하는 것은 더욱 잘못된 것이라고 지적하며 삼년상을 행하는 법을 제정해야 한다고 주장했다.[380] 결국 중종은 서민이라도 삼년상을 거행하길 원하는 자는 법에 구애받지 말고 허락하라는 전교를 내리기에 이른다.[381] 더 이상 유교화는 이상의 문제가 아니라 현실의 문제가 되었다.[382] 조선 후기의 기록을 보면 삼년상이 '일반화'되지 못했음을 보여 주는 기록이 많다. 조선 후기까지 삼년상을 이유로 국가가 포상하는 사례가 있었다는 사실 또한 삼년상이 일반화되지 못했다는 증거다.[383] 중종 대는 유교 이념의 실현을 근거로 그간 현실의 문제로 추진되기 어려웠던 정책들을 정착시키고자 하였다. '존사'는 그 대표적 사항이었다.

---

379 정일영, 「조선시대 유교적 상장례 정착으로 보는 유교화 과정: 연산군·중종대 상기(喪期) 관련 논의를 중심으로」, 『서강인문논총』 50, 서강대학교 인문과학연구소, 2017, 159쪽.

380 『중종실록』, 권23, 1516년(중종 11) 11월 5일.

381 『중종실록』, 권23, 1516년(중종 11) 11월 11일.

382 정일영, 「조선시대 유교적 상장례 정착으로 보는 유교화 과정: 연산군·중종대 상기(喪期) 관련 논의를 중심으로」, 『서강인문논총』 50, 서강대학교 인문과학연구소, 2017, 166쪽.

383 정일영, 「조선시대 유교적 상장례 정착으로 보는 유교화 과정: 연산군·중종대 상기(喪期) 관련 논의를 중심으로」, 『서강인문논총』 50, 서강대학교 인문과학연구소, 2017, 163쪽.

하지만 중종 대는 '존사'와 관련한 정책을 실시할 때 성종 대를 계승하면서도 성격이 다른 특징을 보인다. 일례로 중종 3년 중종은 경연과 세자 교육을 담당하는 관료를 불러 잔치를 베풀었다. 이때의 장면은 다음과 같다.

> 임금으로서 본받아야 하고 조심해야 할 일은 『서경(書經)』보다 나은 것이 없는데, 나의 작은 몸으로 큰 기업을 이어받아 국가 안위의 자취를 알 수 없었으나, 경 등이 힘써 권하고 자세히 가르쳐 나로 하여금 기필코 삼대의 정치를 알게 하니, 은혜 갚을 마음을 이기지 못하겠다. 지금 술과 음악을 내리고 또 변변찮은 물품을 하사하여 나의 구구한 뜻을 표함으로써, 나의 스승을 높이고 도학을 존중하는 생각을 나타내는 바이다. 각각 자기의 마음에 있는 회포를 다 말하고, 다 함께 좋은 시절을 즐기며 크게 취한 후에 잔치를 끝내게 하라.[384]

중종은 이날 경연관 유순, 영사(領事) 성희안, 동지사(同知事) 신용개 등 36인에게 옛 동궁 앞뜰에서 잔치를 베풀어 주고 술과 음악 1등을 하사했다. 또한 영사 이하의 관원에게 표피, 녹비, 활 등의 물품을 차등이 있게 하사하였다. 잔치의 흥한 분위기로 정승 이하의 관원들

---

384 『중종실록』, 권5, 1508년(중종 3) 3월 6일,"爲人君者, 可法可戒之事, 莫過於書。予之眇末, 纘承丕基, 未知安危之迹, 卿等力勸詳敎, 使我必知三代之治, 不勝酬恩。今賜酒樂, 又賜薄物, 表予區區之意, 以顯吾尊師重道之意。各盡予懷, 共懽芳節, 扶醉乃罷."(인용 출처: 국사편찬위원회 한국사데이터베이스, https://db.history.go.kr)

이 교대로 술잔을 돌려 모두 한껏 취하고 배불리 먹었으며, 취하여 넘어지는 사람까지 있어 문간에 머물렀다가 나갔다. 앞의 글은 이날 중종이 잔치를 벌인 목적을 따로 어서(御書)로 쓴 것이다. 이로 보아 당시 중종이 경연관을 위해 잔치를 베푼 이유는 명목상 '존사'의 구현에 있었음을 확인할 수 있다. 그런데 이 장면에서 앞선 왕들과 달리 중종은 '자신을 낮추는' 화법을 구사하였다. 앞선 왕들과 달리 자신을 과하게 낮추고 참석자들을 치하하고 있다. 국가 안위가 어떻게 될지 모르는 상황에서도 자신을 이 자리까지 유지할 수 있게 해 주었음을 강조하고 있다. 이때 참석자 중 성희안은 문과 합격자 출신의 전형적인 청요직 엘리트 관료로서, 중종반정의 핵심 주모자로 꼽힌 인물임을 주목할 필요가 있다. 그는 중종반정의 1등 정국공신 8명 중 한 명이었다. 유순은 2등 정국공신 13명 중 한 명이었다. 문과 출신의 엘리트 관료 그룹이 조정을 이끌어 가고 있던 상황에 정권 초기 권력 기반이 약했던 중종이었다.[385]

이로 보아 중종이 앞선 왕들에 비해 '존사'를 직접 언급하고 실행한 까닭은 겉으로는 유학적 명분을 내세우고 있으나 중종 자신의 불확실한 안위를 위해서라고 할 수 있다. 중종은 갑자기 반정 세력에 의해 왕이 되었으나 정작 실권은 바로 주어지지 않아 자신의 지위를 유지하기 위해 스스로 할 수 있는 일이 별로 없었다.[386] 계승범은 중

385 송웅섭, 「중종반정 핵심 주동자들과 반정 경위에 대한 검토」, 『조선시대사학보』 92, 조선시대사학회, 2020, 102쪽.
386 송웅섭, 「중종반정 핵심 주동자들과 반정 경위에 대한 검토」, 『조선시대사학보』 92, 조선시대사학회, 2020, 102쪽.

종이 자신의 안위를 위해 유교 덕목에 기초한 대명 사대를 돌파구로 찾았다고 보았다. 중종이 적극적으로 경연관을 '존사'했던 일 또한 유학자 관료들과 협력하겠다는 자세를 보여 줌으로써 자신의 안위를 보장받기 위함이었다고 본다. 중종은 자신에게 성학 교육을 해 준 신하들의 공로를 인정하는 동시에 이들의 도움으로 군왕으로서의 자질을 형성함으로써 어느 정도 준비된 군왕임을 증명하고자 했다. 따라서 중종의 '존사' 정책은 자신의 입지와 관련하여 안위를 보장받기 위한 정치적 의도 중 하나로 보인다.

이를 뒷받침하는 사례를 살펴보자. 중종 5년, 중종은 다시 경연관을 위한 잔치를 열고 선물을 하사하였다. 이날 중종은 "이것이 박한 물건이나 나의 스승을 높이고 도를 존중하는 뜻이니, 사은(謝恩)하지 말라.[此雖薄物, 乃予尊師重道之意, 其勿謝恩]"라는 전교를 내렸다.

> 경연관들을 근정전 뜰에 사연하고 주악 각 1등을 하사하였다. 영사 김수동·유순정·성희안·노공필, 지사 김응기, 동지사 신용개·박열, 참찬관 송천희·김당·이사균·이자견·김세필, 시강관 김극핍·허굉·안처선, 시독관 서후·이빈·홍언필·김희수, 검토관 허지·윤지형, 사경 황여헌, 전경 김응벽·유돈, 기사관 소세양·정사룡·유중익·유윤덕·정전·이효언·채침·남세준 등이 연회에 참여하였다. 이어 영사에게는 표피인 각 한 벌씩, 지사와 동지사에게는 적삼 녹비 각 한 벌씩, 참찬관에게는 마장 각 한 벌씩, 시강관 이하와 사관 등에게는 각각 별조궁 1정씩 하사하고, 참석하지 않은 자에게도 또 예에 따라 주었다.[387]

영사 유순정과 성희안은 중종반정 1등 정국공신에 속한다. 장차 왕이 될 인사가 거사에 참여하지 않았던 중종반정을 주도한 핵심인사는 박원종·유순정·성희안 세 사람으로 '삼대장(三大將)'이라 칭할 만큼 중종반정의 상징적인 존재로 인식되고 있었다.[388] 또한 김수동과 노공필도 2등 정국공신에 해당했다. 신용개는 갑자사화에 연루되어 유배되었다가 중종 때 홍문관, 예문관 대제학을 지내고 원종공신에 책록되었다. 김응기는 갑자사화 때 파직되었다가 중종 때 재등용된 문신이었다. 이들은 고위관료들로, 중종반정과 관련하여 상징적인 인물들이라 할 수 있다. 중종이 '존사'의 예를 갖춘 인물들 중 중종반정 관련 공신들이자 고위관료들이라는 것은 매우 상징적인 의미를 지닌다고 할 수 있다. 게다가 박원종이 중종 5년에, 유순정이 중종 7년에, 성희안이 중종 8년에 사망하고 그 외의 1등 공신들도 중종 8년을 기점으로 사망하고 난 이후에 중종이 경연관을 하사하는 일이 없었다. 이는 중종이 정국 초반에 왕의 입지를 안정적으로 굳히기 위한 여러 가지 방안 중 하나로서 '존사'를 강조했음을 뒷받침하는 사례라 할 수 있다. 이때 '존사'는 공신 세력들을 국정 운영을 위한 동반자로 강조하기 위함이었다고 본다. 그런데 1등 공신들

---

387 『중종실록』, 권12, 1510년(중종 5) 11월 16일, "戊辰/宴經筵官于勤政殿庭。賜酒樂各一等。領事金壽童·柳順汀·成希顔·盧公弼、知事金應箕、同知事申用漑·朴說、參贊官宋千喜·金瑠·李思鈞·李自堅·金世弼、侍講官金克愊·許硡·安處善、侍讀官徐厚·李蘋·洪彦弼·金希壽、檢討官許遲、尹止衡、司經黃汝獻、典經金應璧·柳墩、記事官蘇世讓·鄭士龍·兪仲翼·柳潤德·鄭荃·李孝彦·蔡忱·南世準等與宴。因賜領事豹皮茵. 各一坐, 知事、同知事, 赤衫、鹿皮各一領, 參贊官馬裝各一部, 侍講官以下及史官等, 各賜別造弓一丁, 未參者亦依例以給."(인용 출처: 국사편찬위원회 한국사데이터베이스, https://db.history.go.kr)

388 송웅섭, 「중종반정 핵심 주동자들과 반정 경위에 대한 검토」, 『조선시대사학보』 92, 조선시대사학회, 2020, 102쪽.

이 사망하고 자신을 지지하는 세력이 전무한 가운데 중종이 손을 잡은 이는 사림 세력인 조광조였다. 조광조는 이후 중종 대 '존사'와 관련해 중요한 인물이라 할 수 있다.

중종 대는 기묘사화(己卯士禍)를 언급하지 않을 수 없다. 기묘사화에 대한 입장에 따라 '존사'의 의미도 미묘하게 달라졌다. 기묘사화는 1519년(중종 14) 남곤·홍경주 등의 훈구파에 의해 조광조 등의 신진 사류들이 숙청된 사건이다. 앞서 중종이 조광조를 등용한 까닭은 사림 세력의 지지를 얻기 위해서였다.[389] 중종은 조광조를 등용하고 유교적인 대의명분을 구현하기 위해 충실히 노력하는 모습을 보여 줌으로써 연산군의 학정을 겪고 난 직후의 민심을 수습하는 한편 정치적 권력 기반을 다지고자 했다.[390] 조광조는 당시에 무너져 내린 지배층의 도덕성을 바로잡지 않고서는 나라를 중흥할 수 없다고 판단하였으며 그러기 위해서는 무엇보다도 나라를 다스리는 사람들이 유교적인 가르침을 몸소 실천하는 군자(君子)가 되지 않으면 안 된다고 보았다.[391] 이를 위해 조광조는 현량과 실시를 주장하였으나 후에 숙청의 빌미가 되었다. 이때 중종은 자신이 조광조를 등용했으면서도 그를 숙청하는 것을 지지했다. 조광조는 왕의 권위보다 성리학적 이념 그 자체의 권위에 중요성을 부여했는데 중종은 그가 왕권을 위협할 것이라고 잘못 생각했기 때문이다.[392] 이 부분만 보더라도 중

389 정두희, 「기묘사화와 조광조」, 『역사학보』 146, 역사학회, 1995, 109쪽.
390 정두희, 「기묘사화와 조광조」, 『역사학보』 146, 역사학회, 1995, 109쪽.
391 정두희, 「기묘사화와 조광조」, 『역사학보』 146, 역사학회, 1995, 109쪽.
392 이정철, 「기묘사화 전개과정과 중종의 역할」, 『국학연구』 34, 한국국학진흥원, 2017, 663쪽.

종은 왕권을 유지하고 왕위를 안정적으로 지키기 위한 수단으로 '존사'를 내세우는 입장이었음을 확인할 수 있다. 즉 중종은 군주성학론의 차원에서 신하를 존중했지만, 진심은 달랐다. 신하는 군주의 권위를 뛰어넘을 수 없다는 인식을 지닌 것으로 보인다. 따라서 중종의 '존사' 발언은 유교적 형식 명분 차원에 가깝다고 볼 수 있다.

조광조는 이 일로 사형당했고 조광조를 추종하는 세력들도 함께 숙청당했으며 현량과가 폐지되면서 합격자들의 합격도 취소되었다.[393]

> 전하께서는 보위에 오르신 후로 인재 양성에 마음을 두고 문예 진작에 뜻을 쓰시어 일대의 문명을 새롭게 하셨는데, 전번에 양성한 인재는 올바른 인재가 아니었고 총애했던 사람은 진짜 총애할 사람이 아니었기 때문에 그가 허위를 날조한 폐단은 마침내 구제할 수 없는 지경에까지 이르렀으니 이것은 실로 전하께서 아랫사람 통솔하는 방법을 잃었기 때문입니다.
>
> 지금은 내외에 있는 학관을 올바른 사람으로 뽑지 않고 이동시키고 체직시킴도 일정하지 않으므로 학술이 정하지 못하고 구차하게 세월만 보내며 한갓 훈고만을 일삼기 때문에 생도들은 뜻을 가다듬어 스스로 혁신할 마음이 없고 학문하는 방법에 어둡습니다. 이것은 비록 사장을 맡은 자가 가르치고 통솔하는 책임을 다하지 못한 것이나, 또한 전하께서 사유를 높이고 도를 중히 여기며 인재를 양성하고 풍속을 변하게 하시는 성의가 미진한 듯합니다. 삼

393 『중종실록』, 권37, 1519년(중종 14) 12월 16일.

> 가 원하건대 전하께서는 조종의 성헌(成憲)을 거울삼고 이왕의 폐습(弊習)을 징계하여, 사유를 대하는 데는 길이 있으니 얼굴만 가지고 대하지 마시고 성의를 가지고 대하시며, 인재를 양성하는 데는 요점이 있으니 형식으로만 하지 마시고 실지로 하시면, 인재를 다른 세대에서 빌지 않게 될 것이므로 인재의 진작이 어찌 고금의 성쇠에 따라 다름이 있겠습니까? 오직 전하께서는 조종을 본받되 성의로써 하시고 인재를 양성하되 실지로써 하시는 데 달려 있을 뿐입니다.[394]

위의 인용글은 홍문관 부제학 서후 등이 올린 상소문의 일부이다. 이들은 조광조 등의 사림들이 추구했던 현량과를 공격하고 조광조 세력들이 조정에 끼친 후유증에 대해 비난하였다. 여기에는 조광조를 등용하고, 현량과를 추진했던 중종에 대한 비난도 숨어 있다. 역설적이게도, 이때 중종을 비난하는 근거는 '존사'였다. 중종이 '존사'를 형식적으로만 하고 성의를 가지고 하지 않았다는 비판이 담겨 있다. 서후는 기묘사화로 화를 입은 조광조 등의 사림 세력을 비난했던 훈구파에 해당한다. 이들은 '존사'를 성의로 하기 위해서 중종이 인재

394 『중종실록』, 권45, 1522년(중종 17) 7월 27일, "殿下自登寶位, 存心涵育; 有意振作, 欲新一代文明之化, 而其在頃時, 所養非其才; 所寵失其人, 故構虛扇僞之弊, 終至於不可救, 此實殿下駕馭乖方, 導率之失其道耳。今者, 內外學官不擇其人, 遷遞無常, 學術不精, 苟度歲月, 徒事訓詁。故士無勵志自新之心, 而瞢然向學之方, 是雖任師儒者, 不能盡教率之任, 抑殿下尊師、重道、作人、變俗之誠, 恐未盡其實。伏願殿下, 監祖宗之成憲, 懲往昔之弊習, 待之有道, 而不以貌以誠; 養之有素, 而不以文以實, 則才不借於異代, 人材之作, 豈古今盛衰之有異乎? 在殿下法祖宗以誠, 養人材以實耳."(인용 출처: 국사편찬위원회 한국사데이터베이스, https://db.history.go.kr)

를 선발할 때 '얼굴'만을 보지 말고 내용을 따질 것을 건의하고 있다.

그런데 이후 조광조 세력을 복권하는 움직임이 일어났다. 기묘사화의 인물들이 복권되면서 '존사'의 의미와 내용에도 변화가 생겼다.

> 명제 임금은 스승을 존대하고 원로를 중히 여겨 국학에 나아가 원로에게 절하였으니, 이는 삼대 이후에 처음 있는 일입니다. 단지 당시의 아름다운 일이었을 뿐만 아니라 후세에까지 뚜렷하여 그 숭고한 지취와 훌륭한 법도를 지금도 추모하고 있으니 이것이 어찌 우연한 일이겠습니까. 선유들은 완전하기를 바라는 논평을 하기 때문에 '비록 문치에 뜻을 두었지만 궁행하여 마음속에 체득한 실속이 없었기에 다스린 효과가 삼대에는 미치지 못했다.'고 한 것입니다.
>
> 명제 임금이 태자의 자리에 있을 적에는 환영을 스승으로 섬기며 수업하였고 즉위하고 나서는 만승의 천자인 몸을 굽히어 친히 그의 집에까지 갔었으니, 이는 모두 지극한 정성에서 나온 일입니다. 환영이 임금과 마음 맞기를 그처럼 오로지하였으니, 임금과 신하가 서로 맞은 것으로 본다면 삼대의 훌륭한 정치를 실현할 만하였습니다. 그러나 성현들의 치국·평천하하는 도리를 알지 못했기 때문에 임금을 인도하여 도로 나아가지 못하고 한갓 글귀만 다루는 말단을 일삼다가 끝내 지치를 이루지 못했던 것입니다.
>
> 그러나 문치를 숭상한 것이 지극한 정성에서 나왔었기 때문에 그처럼 융성했던 것이고, 환영의 문생들이 수백 명이었는데 한때의 학문하는 선비가 모두 그의 문하에서 수업한 사람들이었습니다.

삼대의 사적을 고찰해 보건대, 대학을 세우고 자제들을 가르치되 공경 대부로부터 평민의 아들에 이르기까지 가르침을 받지 않는 사람이 없게 하였습니다. 여항에 있어서도 사사로이 서로들 스승을 섬기며, 선진 중에서 큰 덕이 있는 사람이 후진들을 교회하여 덕으로써 감화시켜 점차로 연마시키지 않는 경우가 없었기 때문에 교화가 흘러 퍼지게 되었었습니다.[395]

위의 인용글은 검토관(檢討官) 윤희성이 석강에서 중종에게 한 발언의 일부이다. 윤희성은 '존사'를 몸소 지성으로 실천했던 성왕들의 사례를 언급하면서 그러한 정성으로 삼대의 이상적 정치를 실현할 수 있었다는 의견을 나타냈다. 윤희성은 조광조의 문하에서 수학했던 인물로, 기묘사화의 억울함을 상소한 적이 있었다. 윤희성의 발언은 중종의 '존사' 정책에 대한 비판이 전제되어 있다. 윤희성은 중종에게 경학을 진강하여 군주가 실학을 공부하는 모범을 보일 것을 건의하였다. 유교 경전을 수기치인의 수단으로 활용하여 군주가 학문에 전념하여 그 도를 존숭할 것을 요구하고 있다. 그는 성리학적 원론에 근거하여 '존사'의 방안을 언급한 것이다. 앞서 기묘사화

395 『중종실록』, 권97, 1542년(중종 37) 2월 1일, "明帝尊師重老, 臨雍拜老, 三代以下, 此其初也。非但當時美事, 顯於後世。其高致盛節, 至今追想, 豈偶然哉? 先儒責備論之, 故以爲雖留意文治, 而無躬行心得之實, 故其治效, 不及於三代。明帝在儲位, 師事桓榮而受業, 及其卽位, 屈體萬乘, 親臨其家, 此皆發於至誠也。桓榮得君, 如彼其專也。以其君臣相得觀之, 可致三代盛治, 而不知聖賢治國平天下之道, 故不得引君當道, 而徒事章句之末, 至治終不能致也。然其崇尙文治, 出於至誠, 故若是其盛也。桓榮門生, 至數百人, 一時文學之士, 皆受業於其門。以三代之事觀之, 立大學教冑子, 自公卿大夫, 以至凡人, 無不教誨, 至於閭巷之中, 私相師事, 有先進大德者, 則後進之人, 莫不敎之, 而薰陶漸磨, 故敎化流行。"(인용 출처: 국사편찬위원회 한국사데이터베이스, https://db.history.go.kr)

에 대한 입장 차이에 따라 '존사'의 내용과 방법은 달라질 수 있음을 확인할 수 있다. 훈구파의 입장에서 '존사'란 인재를 가려서 선발하는 것이 우선이었다. 특히 겉으로 하는 모습에 혹해 선발하는 것이 아니라 꼼꼼히 따지고 가려서 인재를 선발하는 것과 관련되었다. 반면 사림의 입장에서 '존사'란 임금이 경학에 힘쓰고 경학에 능통한 사림을 우대하는 것이었다. 이처럼 '존사'는 본래의 취지에서 멀어져 각자의 정치적 입장과 이해를 대변하는 명분으로 활용되었다.

(6) 광해군 대

광해군 대는 재위 기간 동안 '존사'의 언급 횟수가 가장 많았던 시기이다. 스승의 권위에 대한 관심이 그만큼 뜨거웠던 시기였다. 앞선 시기와 큰 차이점은, '존사'를 언급하는 이가 주로 학파를 계승한 제자라는 점에 있다. 광해군 대는 그 어느 때보다 자신의 스승의 권위를 인정받기 위한 제자들의 호소와 이와 관련한 논쟁이 빈번했다. 스승의 권위를 인정받음으로써 학파 또는 정당의 정당성을 공인받고자 했다. 대표적인 인물인 우계 성혼과 내암 정인홍을 중심으로 당시 '존사'의 쟁점을 살펴보도록 하겠다. 다음으로 세자 교육과 관련하여 '존사'에 대한 요구가 많았다. 이 둘과 관련하여 구체적으로 살펴보면서 광해군 대의 '존사'의 특징을 분석해 보도록 하겠다.

먼저 광해군 대 '존사'와 관련하여 논란의 중심에 있었던 인물은 내암 정인홍(鄭仁弘, 1535~1623)이다. 광해군과 시작과 끝을 함께한 인물이라고 해도 좋을 만큼 광해군시대의 정국을 이해하는 데 있어서

빼놓을 수 없는 인물이다.[396] 정인홍은 광해군 정권 시절 광해군과 코드가 가장 잘 맞는 대표적인 정권의 실세였다는 평가를 받았다.[397] 정인홍은 경상우도를 대표하는 학자인 남명 조식의 수제자였다. 함께 조식의 문하에서 수학한 김우옹의 천거로 선조 초 관직에 나아갔다. 정인홍은 임진왜란 때 의병장으로 활약하였다. 합천에서 의병을 모아 합천, 성주, 대구 등지에서 활동하며 왜병을 격퇴하였다. 전쟁이 끝난 후 북인과 함께 정권을 잡았다. 1606년 인목대비에게서 적통인 영창대군이 출생하자, 적통 계승을 주장하여 영창대군을 옹립하는 소북과 광해군의 즉위를 주장하는 대북으로 북인이 분열하자, 이산해·이이첨과 함께 대북의 영수가 되었다. 광해군 즉위 후 정인홍은 고향 합천에서 산림의 영수로 지내면서 정계에 영향을 주었다. 정인홍은 이언적, 이황 등의 문묘종사를 반대하다가 성균관 유생들에게 탄핵받아 청금록(靑衿錄)에서 삭제되었다. 1623년(인조 1)에 참수형을 당했다가 1908년(순종 1)에 가서야 복권되었다.

> 정인홍은 합천 사람이다. 유년 시절에 조식에게서 글을 배웠는데, 조식이 지조가 보통 아이와는 다른 것을 기특하게 여겨 지경 공부를 가르치니, 이로부터 굳은 마음으로 어려움을 무릅쓰고 공부하여 밤이나 낮이나 게을리하지 않았다. 조식은 항상 방울을 차고 다니며 주의를 환기시키고 칼 끝을 턱 밑에 괴고 혼매한 정신을 일깨웠는데, 말년에 이르러 방울은 김우옹에게, 칼은 정인홍에게

396 신병주, 「북인의 영수 정인홍의 사상과 현실 대응」, 『동양학』 42, 단국대학교 동양학연구원, 2007, 2쪽.
397 신병주, 「북인의 영수 정인홍의 사상과 현실 대응」, 『동양학』 42, 단국대학교 동양학연구원, 2007, 2쪽.

> 넘겨주면서 이것으로 심법을 전한다고 하였다. 정인홍은 칼을 턱 밑에 괴고 반듯하게 꿇어앉은 자세로 평생을 하루같이 변함없이 하였다. 그러나 성질이 너무 거세어 그저 자신이 옳다고만 여긴 나머지 남들과 이야기할 때 조금이라도 자기의 뜻에 거슬리면 곧장 화를 내고 이기려 들었다. 그리고 없는 말을 만들어 남을 모해함에 있어서는 음험하고 교사함이 한량이 없어 비록 지친이나 친구 간이라도 금방 원수처럼 변하는 등 마음의 소양이 두터우면 두터울수록 밖으로 나타나는 것은 더 포악하였다. 그의 독서는 고사에 정밀하고 해박함이 조식보다 뛰어났으며, 더욱이 시비를 변론하고 공격하는 작문에 소질이 있어 사람들이 잘못을 알지만 강한 것이 무서워 대항하지 못하였다.[398]

정인홍에 대한 당대의 평가를 보면 그의 인물됨을 짐작할 수 있다. 정인홍은 스승 조식으로부터 칼을 물려받았다. 정인홍도 스승처럼 평생을 칼을 턱 밑에 괴고 꼿꼿하게 꿇어앉은 자세로 지낼 만큼 강한 성격이었다. 정인홍은 조식의 학문 경향을 계승하여 학문의 실천을 중요시하였다. 위의 인용글을 보면 정인홍에 대한 평가가 박하지만, 오히려 원리원칙을 고수하느라 향원과 거리가 먼 삶을 살았다고 볼 수 있다.

398 『선조수정실록』, 권7, 1573년(선조 6) 5월 1일, "陜川人也。童時從曺植學, 植奇其志操異凡兒, 誨以持敬。自是, 堅苦用功, 晨夜不懈。植常佩鈴喚醒; 以劍警昏。末年以鈴與金宇顒以劍與仁弘曰: 以此傳心。仁弘以劍拄下擎跽, 終身如一日。然其質性, 剛戾自用, 與人言語, 小有逆於己意, 輒忿恚求勝。造言謀害, 陰巧不測, 雖至親、篤交, 忽若仇讐, 所養愈厚, 所發尤暴。其讀書, 稽古精博, 過於植, 尤長於辨難攻擊之文, 人知其非, 而畏其强, 莫能抗也."(인용 출처: 국사편찬위원회 한국사데이터베이스, https://db.history.go.kr)

> 처음 공부하는 사람이 고상하게 성명의 이치를 이야기하는 것을 들을 때마다 꾸짖어 금지시키며 "공부하는 것은 애초에 어버이를 섬기고 형을 공경하는 것에서 벗어나지 않는다. 처음 공부하는 선비 가운데는, 간혹 그 부모형제에게 잘 하지 못하면서, 갑자기 천도의 오묘함을 탐구하려고 하니 이 무슨 학문이며, 무슨 습관인가?"라고 했다.[399]

위의 인용글에서와 같이 정인홍은 일상생활에서 유학 이념과 가치를 실천하는 것이야말로 학문이라 여겼다. 정인홍은 스승인 조식의 영향을 받아 실천적인 학문 성향을 견지했으며, 주자성리학만을 고집하지 않고 다양한 학문과 사상을 절충해 나갔다.[400] 스승이 추구한 학문을 실천하는 것이 스승을 진정으로 존경하고 계승하는 일이라 여겼기에 가능한 일이었다. 한편 조선 중기에 퇴계학파처럼 주자성리학의 입장에 충실하려 했던 학자들이 의(義)와 이(利)를 대립적인 것으로 인식하고 이를 철저히 구분한 것과는 달리, 정인홍·이지함 등의 남명학파나 화담학파의 학자들은 의(義)와 이(利)를 상호보완적인 것으로 인식하는 경향이 현저하였다.[401] 광해군은 정인홍의 이러한 학문과 절조를 매우 긍정적으로 여기고 사헌부의 최고위 직책인 대사헌에 임명하였다. 조식에서 정인홍으로 이어지는

399 『내암집』, 권12, 「남명 조선생 행장」, "每聞初學高談性命之理。未嘗不呵止之曰。爲學初不出事親敬兄之間。始學之士。或不能於其父母兄弟。而遽欲探天道之妙。此何等學也。何等習也."(인용 출처: 한국고전번역원 한국고전종합DB, https://db.itkc.or.kr)

400 신병주, 「북인의 영수 정인홍의 사상과 현실 대응」, 『동양학』 42, 단국대학교 동양학연구원, 2007, 10쪽.

401 신병주, 「북인의 영수 정인홍의 사상과 현실 대응」, 『동양학』 42, 단국대학교 동양학연구원, 2007, 9쪽.

학문 정신은 명종 때 척신정치를 강력히 비판하거나 임진왜란 때의 적극적인 의병 활동 등 실제 위기가 닥쳤을 때는 매우 유효한 방식이었으나 현실을 지나치게 부정적으로 인식하고 이에 동조하지 않는 세력을 철저히 부정하는 과정에서는 반대 세력의 정치적 표적이 되었다.[402]

특히 정인홍은 조식 문하에서 함께 수학했던 사우들, 심지어 자신의 제자에게까지 비판과 공격을 받게 되었다. 결정적 사건은 조식의 문묘종사 운동 과정에서 회퇴변척(晦退辨斥)을 주장했기 때문이다. 이 일로 이언적과 이황 등의 문인 집단뿐만 아니라 조식의 문하였던 정구와 김우옹이 퇴계의 문하로 노선을 바꿨다. 또한 제자인 문경호가 부당하다며 편지를 썼으나 정인홍이 받아들이지 않자 정인홍을 비판하였는데, 스승의 은혜를 저버리고 스승을 비판했다는 이유로 사판(仕版)에서 삭제당했다. 이때 실록의 기사는 다음과 같다.

> 김천 찰방 문경호는 바로 서녕 부원군 정인홍의 제자입니다. 평소의 터럭 하나라도 모두 인홍이 양육한 은혜인데 감히 스승을 공격하는 의논을 주창하여 뒷날의 근거로 삼으니, 이랬다저랬다 하는 그 간휼한 실상은 듣기에도 추악합니다. 이러한 사람을 의관의 대열에 끼이게 할 수 없으니 사판에서 삭제하소서.[403]

---

402 신병주, 「북인의 영수 정인홍의 사상과 현실 대응」, 『동양학』 42, 단국대학교 동양학연구원, 2007, 12쪽.
403 『광해군일기』, 권86, 1615년(광해군 7) 1월 18일, "金泉察訪文景虎乃瑞寧府院君 鄭仁弘之門弟子也。平生一髮一毫, 皆仁弘之所養育, 而敢倡攻師之議, 以爲他日之地, 其反覆兇譎之狀, 聞之可醜。如此之人不可齒在衣冠之列, 請命削去仕版."(인용 출처: 국사편찬위원회 한국사데이터베이스, https://db.history.go.kr)

앞의 기사는 당시 사간원에서 올린 글이다. 문경호는 정인홍이 아끼는 제자였다. 문경호는 스승 정인홍을 공격했다는 이유로 관직자 명단에서 삭제되었다. 그 근거는 스승이 양육한 은혜에 대한 의리를 버렸다는 것이다. '존사'의 구실이 스승과 제자의 정치적 판단에 따라 다르게 적용될 수 있었음을 보여 주는 사례이다.

다음으로 우계 성혼에 대한 처우의 부당함을 시정해 달라는 요구의 근거는 '존사'였다.

> 성혼은 대대로 초야에 살면서 도학(道學)을 스스로의 책임으로 알아 사림의 높은 명망을 받으며 한 시대의 유림의 종장이 되었습니다. 그런데 불행히도 친구 때문에 연루되어 전전하다가 뜻밖에 사실 아닌 비방을 받은 것이 한두 번이 아니었으니, 이는 사문의 아픔입니다. 돌아보건대, 그가 무함을 입게 된 원인은 박성과 문경호의 소에서 발단된 것이었으나 이것은 멀리 있는 사람들이 전해 들은 말들이었고, 죄안에 얽어 빠뜨린 것은 사실 유영경이 주도한 것이었습니다. 그 당시 삼사의 벼슬아치들이 혹은 사직소를 내기도 하고 혹은 이의를 제기하는 바람에 삼사가 텅 비는 지경까지 이르렀고, 끝내 그 논의에 찬성한 자들이라 하더라도 단지 이의를 제기하지 못해서 그랬을 뿐이지, 반드시 모두가 성혼을 미워하는 마음이 있어서 그런 것이 아니었습니다. 성혼이 죄를 입은 것에 대해 지극히 통탄스럽게 여기는 것은 백성들의 공통된 생각입니다.
>
> 우리 전하께서 새로 즉위하여 맨 먼저 어진 이를 높이는 은전을 시행하셨습니다. 어진 이를 높이는 의리는 죽었거나 살았다고 차

이가 있는 게 아니고 보면, 모두들 성혼의 억울함이 밝게 씻길 날이 불원간에 있을 것으로 여기고 있었습니다. 그런데 전하께서 오늘날 내린 전교는 도리어 이렇게 나오고 말았으니, 유림들이 어찌 실망을 금할 길이 있겠습니까. 신이 성혼에게 글을 배운 은혜는 없으나 구구한 마음에는 실로 간절히 우러러 사모하고 있습니다. 그 우러러 사모한 이유는, 사실 성혼의 학문이 충효를 근본으로 하고 있어 한 시대의 본보기가 되기에 충분하기 때문입니다. 그런데 도리어 임금을 저버렸다는 것으로 끝까지 이처럼 임금에게 의심을 사고 있으니, 어찌 마땅히 분변해야 할 점이 아니겠습니까. 더구나 신이 금중(禁中)에 숙직하면서 유림의 소에 비답하는 전교를 보고서는 지척지간에 더더욱 소회를 말씀드리지 않을 수 없었기에, 감히 신이 일찍이 듣고 아는 것들로써 곡절을 낱낱이 말씀드려 인정으로나 도리로나 그렇지 않다는 것을 밝혀 보았습니다. 만일 성혼이 과연 임금을 저버린 죄가 있는데도 깊이 미워하고 통렬히 끊어버리지 않은 채 도리어 곡진히 보호해 주고자 많은 말을 허비했다면, 이는 신 자신이 임금을 저버리는 마음이 있는 것이니 군신의 의리를 조금이라도 아는 자라면 감히 할 수 없는 것입니다.[404]

---

404 『광해군일기』, 권11, 1608년(광해군 즉위년) 12월 20일, "渾家世林泉, 道學自任, 負士林重望, 爲一世儒宗, 而不幸以所親之故, 連累展轉, 橫遭情外之謗者, 非止一再, 此斯文之痛也。顧其被誣之端, 發於朴惺、文景虎之疏, 此則遐遠之人傳聞之語, 而其所以構陷罪案者, 則實柳永慶之所主張也。司 時三司之官, 或呈告或立異, 至於三司盡空, 雖終與於其論者, 特出於不能違異, 而未必皆有媢疾之心也。渾之被罪爲之至痛者, 此國人公共之論也。惟我殿下新服厥命, 首擧尊賢之典, 而尊賢之義, 無間於存沒, 則咸謂成渾之冤昭雪不日。而殿下今日之敎, 乃反出此, 則儒林之望, 豈勝缺然? 臣之於渾, 雖未有摳丈之恩, 區區之心, 實切敬慕。其所以敬慕者, 誠以渾之學, 忠孝爲本, 足以矜式一世故也。而反以遺君, 終始見疑於君父如此, 豈非在所當辨者乎? 況臣忝直禁中, 得見批儒之敎, 則咫尺之間尤不可有懷不

앞의 인용글은 교리 최기남이 성혼의 억울함에 대해 변론하는 상소의 일부이다. 최기남은 비록 성혼의 제자는 아니지만 성혼이 추구한 학문 정신과 그의 삶 자체가 스승의 가르침으로 작용했음을 언급하였다. 성혼의 학문을 대하는 진정성에 감동을 받아 스승으로 존경하게 된 것이다. 그래서 비록 제자는 아니지만 성혼에 대한 잘못된 평가를 바로잡기를 원했다. 이 상소의 발단이 된 사건의 내막은 이렇다. 임진왜란 때 선조가 피난 중 서쪽으로 출발하여 어가가 성혼이 사는 곳을 지나게 되었는데 성혼이 길에 나와 보지도 않고 또 어가가 유숙한 곳에 달려와 문안도 드리지 않자, 선조는 군신 사이에 어려울 때 서로 돌보아 주는 의의가 이 같아서는 안 된다며 성혼의 행동을 문제 삼았다. 최기남은 이는 오해였다며 다음과 같이 해명하였다. 일단 성혼의 집이 당시 파평산 아래 외진 곳에 있어 소재지와는 30리나 떨어져 있고 임진강과는 17, 18리나 떨어져 있는 데다가 관가에서 불러들이는 명령도 없어 성혼이 움직일 수 없었다는 것이다. 게다가 뒤늦게서야 알고 통곡했으며 나라의 죄인으로 자처하며 임금의 처벌을 기다렸을 정도로, 성혼이 일부러 잘못 행동하지 않았음을 밝혔다. 최기남은 성혼의 억울함을 밝히고자 상소를 올린 것이다. 그러면서 광해군이 '존사'의 차원에서 성혼을 재평가해 주기를 요청하였다. 최기남의 상소는 광해군과 본인 중 누가 진정으로 '존사'를 행사하고 있는가에 대한 질문이 전제되어 있다. 최기남은 본

達, 故敢以臣之曾所聞知者, 備陳曲折, 以明其情理之有不然之有不然者矣。如使渾果有遺君之罪, 而不爲深惡痛絶, 反欲曲護, 多費辭說, 則是自有遺君之心也, 粗識君臣之義者之所不敢爲也."(인용 출처: 한국고전번역원 한국고전종합DB, https://db.itkc.or.kr)

인이 '존사', 즉 스승이 추구하는 '학문'에 대한 존중이라는 유학의 원론적 입장에 충실히 따르고 있음을 강조하였다.

정리하자면 광해군 대의 '존사'는 누가 진정한 스승인가에 대한 평가와 관련된다고 할 수 있다. '존사'의 대상이 자질을 갖춘 스승이라는 유학 원론에 충실한 반응이었다. 이에 문묘에 종사되지 못하거나(성혼), 정권에서 물러나거나(정인홍) 하면 스승의 권위가 훼손되었다고 인식하였다. 제자들은 자신의 스승이 진정한 도학의 실천자임을 강조하면서, 스승의 권위를 높이고자 하였다. 광해군 대는 학파와 당파가 분열되고 부딪히면서, 정치적 공격과 비방이 난무하는 시기였다. 그런 가운데 스승의 권위를 높이는 일은 그가 속한 학파와 당파의 입지를 강화하고 정치적 기반을 획득하여 권력에 접근하게 하였다. 하지만 누군가를 '존사'하려면 또 다른 누군가의 권위를 하락시켜야만 했다. 권력을 모두가 가질 수 없다는 점에서 누가 진정한 스승인가에 대한 평가 또한 우열을 매기게 되었다. '존사'는 스승을 매개로 '도'를 계승하는 일이었지만, 정치적 생명을 얻느냐 또는 잃느냐에 더 치중하게 되었다.

제5장

조선 중기 사림의 등장과 존사

1. 사림(士林)의 등장

유교 사회에서 '스승'은 사(士)에서 배출된다. 스승은 '사'이면서 '사'를 기르는 자이다. '사'는 타고나는가? 아니면 후천적인 뭔가에 의해 되어 가는 존재인가? 논리적으로 보자면, '사'는 길러진다는 점에서 타고난 자라 할 수 없다. 이때 '사' 스스로가 자신의 정체성을 어떻게 형성하느냐에 따라 되어 가는 과정이 달라질 수밖에 없다. 그렇다면 '사'의 역할, 위상 등에 따라 스승의 권위와 관련한 담론도 변화할 수밖에 없다.

조선조 성립 이래 16세기 초까지 정몽주를 시작으로 김종직, 조광조 등 유학 본연의 정신을 지키고 실천하고자 했던 '사'들의 경우도 있었지만,[405] 학문을 그 본질에 따라 실천하는 일이 뜻대로 이루어지지 못한 경우, 즉 교육의 세계가 정치·사회적 역학에 의해 흔들리는 상황이 너무나 많이 드러나 있었다.[406] 달리 말하자면, 오늘날 우리에게 익숙한 '사'의 모습은 조선시대에 주자학의 영향을 받아 형성되었지만 시대 상황에 따라 그 개념과 성격이 변화·성장했다.[407] '사'의 현실적 모습이 고정되지 않았다는 말은, 기본적으로 지식인 출신에 해당하는 '스승'의 모습 또한 달라질 수밖에 없었음을 뜻한다. 또

405 윤사순, 「16세기 초 선비정신의 형성에 대하여: 신비복위소(愼妃復位疏)를 중심으로」, 『오늘의 동양사상』 20, 예문동양사상연구원, 2009, 176-178쪽.

406 박균섭, 「선비의 공부와 인격: 유교 지식인의 국가·사회적 책임을 논함」, 『인문학연구』 59, 조선대학교 인문학연구원, 2020, 569쪽.

407 임태홍, 「한중일 삼국의 "사(士)" 개념 비교 고찰: 선비, 신사, 무사 개념의 형성을 중심으로」, 『동양철학연구』 65, 동양철학연구회, 2011, 406쪽.

한 '사'가 스스로 자신을 어떻게 인식하느냐에 따라, '존사'의 현실적 모습 또한 달라질 수밖에 없었을 것이다. 모든 '사'가 스승일 수는 없으나, 스승이 곧 '사'였기 때문이다. 이 장에서는 조선 사회에서 '사'에 대한 인식 변화가 뚜렷했던 조선 중기에 어떤 일이 발생했는지를 살펴보고자 한다.

'선비'로 번역되는 '사'는 성인, 군자 등과 함께 유교가 추구하는 이상적 인간상에 해당하나, 무망(無望)에 가까운 성인과 달리 수양과 학문과 실천을 통해 성취 가능한 인간상을 의미한다.[408] 그런데 한국의 전통 사회에서 '사'의 의미와 성격은 처음부터 고정되어 있었던 것이 아니라 시대에 따라 변화가 있었다. 지식을 소유한 '사'는 실상 조선시대 이전부터 벼슬아치거나 적어도 그 자격을 갖춘 후보라 사대부라 불렸는데,[409] 조선 전기에 '사'란 관료적 학자로[410] 유학을 전공하여 벼슬에 나아간 유사(儒士)를 가리켰다.[411]

이장희에 따르면 삼국에서 통일신라를 거치는 과정에서 선비가 등장하고 고려 초·중엽에 그 골격이 정해지나 성리학 도입 전후로 선비의 성격은 크게 달라졌다.[412] 성리학 전래 이전의 '사'는 문장을 숭상하던 문사들이 대부분이었으나, 전래 후 오늘날 통념으로 여겨

408 윤사순, 「16세기 조선 유교사회와 유교사회와 죽천 박광전의 선비정신」, 『퇴계학과 유교문화』 3, 경북대학교 퇴계연구소, 2003, 3쪽.
409 윤사순, 「16세기 조선 유교사회와 유교사회와 죽천 박광전의 선비정신」, 『퇴계학과 유교문화』 3, 경북대학교 퇴계연구소, 2003, 3쪽.
410 김성우, 「16세기 사족층의 관직 독점과 반상제의 대두」, 『한국사연구』 106, 한국사연구회, 1999, 121쪽.
411 최봉영, 「한국사와 선비의 전통」, 『남명학』 14, 남명학연구원, 2009, 168쪽.
412 이장희, 『(개정판)조선시대 선비』, 박영희, 2007 참고.

지는 선비의 기풍이 확립되었다는 것이다. 이러한 관점에 따라 선비의 학풍과 문화 등이 논의되어 왔지만 역사학계의 경우 16세기를 기점으로 '사' 개념에 대한 논의를 심화·발전시켰다. 대표적으로 유승원에 따르면 조선시대의 신분은 양천제(良賤制)에 따라 양인과 전인으로 나뉘었으며, 양인은 천인(노비)을 제외한 사대부와 평민으로 구성되어 있다.[413] '사'나 평민 모두 군주의 보편적 신민(臣民)이라는 점에서 모든 양인에게는 '동일한' 신분적 자격과 권리·의무가 부여된다. 양인의 대표적 권리는 관원이 되어 국정에 참여할 권리, 과거에 응시할 권리, 교육을 받을 권리라 할 수 있다. 그러나 양인 간에는 현능(賢能)으로 관직을 취득하는 등의 성취적 지위에 따른 '차등적' 대우가 존재하였다. 대표적 예가 관직을 취득한 관원에 대한 대우였다. 조선 초기 '사'는 특정한 혈통이나 가문의 후예가 아니라 군주의 정치를 보필하기 위해 군주에 의해 인민 중에서 발탁된 자, 즉 주로 관원을 가리키는 말이었다.[414] 즉 지배 계급으로서 '사'와 피지배 계급인 농·공·상이라는 사회적 역할 구분은 신분이 아닌 계급적 구분에 따른 것이나, 그것도 생득적 자질의 차이가 아닌 후천적인 노력과 능력에 따른 것이었다.

그러나 16세기가 되면 분위기가 달라졌다. 주자학의 전래와 심화에 따라 '사'가 꼭 관직자만을 의미하지 않고 유교적 학식과 덕망을 갖추고자 수양하는 지식인을 지칭하게 되었다. 즉 조선 중기 이후

413 유승원, 『사대부시대의 사회사: 조선의 계급·의식·정치·경제구조』, 역사비평사, 2020.
414 이상의 내용은 유승원(2020)을 참고하여 정리하였다.

로 선비 유(儒)와 선비 사(士)가 동일한 뜻으로 사용될 수 있었던 것이다.[415] 게다가 이 시기를 기점으로 '관직을 지니지 않더라도' 양반이나 사족으로 지칭되는 사람이 많아지게 되면서 사족 범위가 확대되었음을 주목할 필요가 있다. 사대부의 자격을 관직의 고하나 유무 외에 학식이나 덕망의 유무로 판정함으로써, 관직에 진출하지 못한 대다수의 재야 사족들도 자신들이 통치 계급에 속하는 자임을 당당히 주장할 수 있게 되었다.[416] 정진영에 따르면, 이처럼 사족(士族)의 신분과 지위는 조선 왕조의 건국과 더불어 자연스럽게 혹은 국가의 제도와 법으로 확보된 것이 아니라 16세기에 이르러 스스로의 노력에 의해 어렵게 얻어 낸 것이다.[417]

사, 사족, 사대부, 양반 등 지배층의 성격과 신분 문제를 둘러싼 오랜 역사학계의 논쟁이 있었음에도 한마디로 정의 내리기 어렵지만[418] 대체로 다음과 같이 이해하는 편이다. 사족은 16세기 이후 윤리적 통치자로서 탄생했는데, 이 시기는 이들이 계급적 정체성을 가지고 타 계급과 자신들을 적극적으로 구분하며, 계급적 연대를 강화하고 조직화 단계에 이른 시기라 할 수 있다.[419] 이와 함께 조선 중기 이후 도덕 지식인 또는 지배 엘리트층이라는 '사' 개념은

415 최봉영, 「한국사와 선비의 전통」, 『남명학』 14, 남명학연구원, 2009, 169쪽.
416 이상의 내용은 유승원(2020)을 참고하여 정리하였다.
417 정진영, 「사족과 농민: 대립과 갈등, 그리고 상호 의존적 호혜관계」, 『조선시대사학보』 73, 조선시대사학회, 2015.
418 백민정, 「정약용의 사족(士族) 인식과 그 의미: 다산 경세서에 나타난 사족의 지위와 역할을 중심으로」, 『민족문화연구』 42(2), 고려대학교민족문화연구원, 2018. 백민정은 이를 전제로 조선 후기 정약용의 '사족'에 대한 이해를 분석함으로써, 사, 사족 등의 의미가 고정된 것이 아님을 강조하였다.
419 유승원, 「조선시대 '양반' 계급의 탄생에 대한 시론」, 『역사비평』 79, 역사비평사, 2007, 224-225쪽.

저절로 형성된 것이 아니라 16세기 사림파의 정치적 투쟁과 승리의 과정의 영향이자 선비들의 세력 확대에 따른 결과라고 할 수 있다.[420] 이처럼 조선 중기에 접어들면서 '사'들이 성리학에 기반한 사회 질서를 강화하고 지식인으로서의 책무와 활동에 적극 참여하면서 '사'의 성격이 뚜렷해지고 사림(士林), 사족(士族) 등의 집단을 발전시켰다.

구체적으로 사림이 등장하게 된 배경을 살펴보자. 성종에서 중종 연간을 지나 유교화가 심화되면서 분위기가 달라졌다. 부친을 비롯한 조상이 공신이든 처사든 상관없이 조선의 전체 양반 지식인들, 특히 젊은 유생들의 학문 성향과 정치 성향은 유교적 가치를 강조하고 그 실천을 중시하는 추세로 이미 접어든 상태였다.[421] 이들은 유교적 가치와 정치 현실 사이의 모순이 구체적으로 드러나던 세조 때부터 명종 때까지 약 100년을 거치면서 힘과 칼의 논리로 유지되는 정치 현실을 비판하고 유교적 가치의 현실 적용을 중시하였다.[422] 왕과 대신들 중에는 이런 흐름을 못마땅해한 이들도 적지 않았지만, 유교적 가치의 함양을 조선 건국의 명분으로 천명한 이상 어느 누구도 공식적으로나 이론적으로 정치 쇄신 운동을 비난할 수는 없었다.[423] 특히 연산군의 폭정과 중종반정을 겪으면서 성리학적 가치를 현실에 그대로 구현하는 일이야말로 타락한 정치 현실을 쇄신할 수

---

420 임태홍, 「한중일 삼국의 "사(士)" 개념 비교 고찰: 선비, 신사, 무사 개념의 형성을 중심으로」, 『동양철학연구』 65, 동양철학연구회, 2011, 414-415쪽.
421 계승범, 『중종의 시대: 조선의 유교화와 사림운동』, 역사비평사, 2014, 48쪽.
422 계승범, 『중종의 시대: 조선의 유교화와 사림운동』, 역사비평사, 2014, 188쪽.
423 계승범, 『중종의 시대: 조선의 유교화와 사림운동』, 역사비평사, 2014, 189쪽.

있는 유일한 길이라는 사림의 목소리가 더욱 커졌다.[424]

16세기에 조선의 정치를 주도한 사림은 파행으로 치닫던 정치 현실을 개혁할 수 있는 최선의 길이 성리학적 가치를 타협 없이 그대로 적용하는 것이라 믿고 그에 따라 행동한 유자(儒子)들이었으며, 이들의 집단적이고 장기적인 행동이 오랜 기간에 걸친 운동으로 나타났다.[425] 성종~중종 연간에 조정 밖에서 유교적 가치를 강조하는 공론을 일으키고 그 실천을 중시한 장본인들은 대개 15세기 후반에 태어나 주로 서울에서 공부한 성균관 유생들이었다.[426] 중종 대의 조광조는 이러한 시대 분위기의 한복판에서 사림의 공론을 직접 대변한 핵심적인 정치가로, 정치 현장에 직접 뛰어들어 사림의 여론을 대변하며 정치 쇄신 운동을 전개했다.[427] 사림에 의한 정치 쇄신 운동은 존사에도 영향을 주었다. 16세기를 주도한 대표적인 인물은 조광조, 이황, 이이 등이다.

2. 율곡 이이(李珥)의 '존사'

율곡(1536~1584)의 '사'에 대한 이해를 정리하자면, 지배층 스스로의 자정과 사회 제도의 개선 두 가지가 '존사'를 실질적으로 실현하

424 계승범, 『중종의 시대: 조선의 유교화와 사림운동』, 역사비평사, 2014, 189쪽.
425 계승범, 『중종의 시대: 조선의 유교화와 사림운동』, 역사비평사, 2014, 189쪽.
426 계승범, 『중종의 시대: 조선의 유교화와 사림운동』, 역사비평사, 2014, 184쪽.
427 계승범, 『중종의 시대: 조선의 유교화와 사림운동』, 역사비평사, 2014, 185쪽.

기 위한 전제가 된다. 율곡은 특별히 '존사'를 강조하지는 않았다. 하지만 스승 또한 '사', 즉 유교 지식인이라는 점에서, 그의 '사' 인식을 통해 '존사'에 대한 생각도 추론할 수 있다. 이에 율곡이 견지한 '사' 의미를 먼저 살펴보고자 한다.

건국 초 지배층은 대개 과거제를 통해 선발되었지만, 이들 지배층은 성리학을 이념화한 자라 할 수 없었다. 그러다 전쟁 없는 평화 시기가 오래 지속되면서 국방, 경제 등 사회 곳곳에 폐단이 쌓였다. 당장 전쟁이라도 나면 수군이나 육군 모두 싸울 태세가 안 될 만큼 경계가 느슨해졌다. 이 과정에는 관리의 도덕적 해이, 민(民)의 이탈 등의 요인이 있었다. 훈구파의 계속된 집권으로 정권은 안정되었으나 한편으로는 폐단이 생기니, 이에 대한 시정 요구가 나오기 시작하는 게 율곡이 등장하는 16세기이다.

이때 '사'들은 무엇을 하고 있었나? 유교 전통에 따라 '사'는 수신을 통해 몸가짐을 절제하는 자를 뜻하나 '유생은 훗날 등용될 자'라는 강희맹의 발언과 같이 당시 '사'들이 처한 현실적 모습은 관직에 등용된 자를 제외하고 대개 향촌에 거주하면서 과거를 준비하는 자들이라고 할 수 있다. 원칙상 농민을 포함한 양민 신분이나, 상공(商工)을 업으로 하는 자나 천민은 '사'가 될 수 없었다. 이들은 아직 관직이 없으나 치자(治者)를 목표로 독서를 하며 지냈다. 따라서 당시 '사'는 지방에서 주로 과거를 준비하며 사(仕)가 되기 위해 준비하는 자라 할 수 있었다. 서얼과 구분되고 생업을 담당하는 민하고도 구분되지만 아직 관직이 없기에 지배층이라고 할 수 없는 애매한 위치의 자들이었다. 지방의 '사'는 수령이 시키는 서역(書役)과 손님 응대를 해야 하기도 했다. 다시 말하자면 '사'는 유학적 소양을 갖춘 잠재적 관료 또는 관료를 의미했고, 당시 '사'의 정체성은 과거 입격을 통한 '관직'에 있었다고 할 수 있다. 즉 '사'는 관직자가 되어야지만 '사'로서의 존재를 완성시킬 수 있다고 여겼다.

그러나 모든 '사'가 입격하여 치자가 될 수 있었던 것은 아니다. 극히 일부를 제외하고 입격하지 못한 대다수의 '사'들은 무엇을 하고 있었나? 이들 중 일부는 당시 부진했던 향촌의 관학 교육을 대체하는 역할을 한 것으로 보인다. 당시 훈장과 사장(師長)은 열악한 사회적 대우로 기피했다.[428] 정순우에 따르면 군현에 파견된 학장은 한 번 임명되면 종신토록 그 직위에 있어야 했기 때문이다. 이런 상황에서 가난한 '사'들이 굶주림을 면하고자 매우 천한 일로 여기는 관학의 훈도를 하거나 서원, 서재를 설치하여 학생을 가르치며 향촌 교육을 담당했다.

그런데 이들은 제자들이 과거에 얼마나 입격하느냐에 따라 교수 활동을 평가받았기 때문에 독자적으로 학문을 탐구·전수하기보다, 과거 교육에 종속되어 있었다. 당시 대다수 '사'들의 처우와 역할이 미미했던 첫 번째 요인으로 당시 관료 충원의 포화 상태를 거론할 수 있다. 조선 초기 과거라는 합법적인 과정을 통해 향리 계층을 포함한 새로운 지배층이 대규모 신분 상승을 이룰 수 있었지만, 조선 중기 이후 훈구와 더불어 사림의 등장으로 인한 관료 담당층의 증가로 관료적 충원이 포화 상태에 이르렀다. 여기에 직전법마저 해체됨

428 정순우, 『서당의 사회사』, 태학사, 2013. 정순우는 이 책에서 당시 '사'들의 열악한 현실과 그 방편으로 택한 훈장, 학장직 등의 실태를 규명하였다.

으로써 많은 사류(士流)들이 과거를 통한 중앙정계 진출을 사실상 단념한 것으로 보인다.[429] 두 번째로 정치적 충돌로 인해 '사'들이 대거 희생되었던 '사화'를 언급할 수 있다. '사화' 이후 부형과 자제들이 성리학 본연의 공부와 멀어지게 되었다. 게다가 중앙권력에서 파견된 지방 수령들은 '사'들에 대해 지배권을 행사하고 있었다. 이처럼 제도적 문제로 인한 지나친 경쟁과 정치 상황은 '사'들의 운신과 학문적 영향력 행사를 제한하였다.

> 가만히 생각건대, 경전이 있고부터 선비로서 글을 읽지 않은 자가 누가 있겠습니까마는, 참유학자는 드물게 나왔고, 임금으로서 글을 읽지 않은 이가 누가 있겠습니까마는 잘 다스린 자가 드물게 일어났으니, 그 무슨 까닭입니까. 독서한 것이 단지 귀로 들어가고 입으로 나오는 자료가 되었을 뿐이요, 유용한 도구가 되지 못했기 때문입니다. …… 이것은 바로 오늘의 병통을 말한 것입니다. 아, 선비들이 독서를 통해 부귀나 이욕을 구하려 하기 때문에 그 병통이 이와 같은 것입니다.[430]

위의 인용글에서와 같이 율곡은 당시 '사'들이 처한 현실적 모습을 확인시켜 주고 있다. 율곡이 인식한 가장 큰 교육적 문제는 '사(士)'

429 고석규 외, 『조선은 지방을 어떻게 지배했는가』, 아카넷, 2003, 73쪽.
430 『율곡전서』, 권20, 「성학집요」, "竊思自有經傳以來 士子孰不讀書 然而眞儒罕作 人君孰不讀書 然而善治鮮興 其故何哉 讀書 只爲入耳出口之資 不能爲有用之具故也 …… 此言止是今日之病也 嗚呼 士子之讀書 將以求富貴利達."(인용 출처: 한국고전번역원 한국고전종합DB, https://db.itkc.or.kr)

와 '진유(眞儒)의 불일치였음을 확인할 수 있다. 유교 사회에 기반하여 '사'란 수양을 위해 글을 읽는 자[讀書人]라는 사회적 공감대를 형성했지만, '사'가 행하는 독서의 방향과 성격은 기대에 못 미쳤다. 율곡은 '사'가 '사'답지 못하게 된 요인으로 공부의 목표를 과거라는 세속적 출세에, 성과를 과거 및 출세에 두다 보니 이런 병통이 생겼다고 비난했다.

그런데 율곡은 이 문제에 대한 근본적 원인으로 사화(士禍)를 지적하였다. 사림이 정계에 진출하자 훈구파는 학문의 영역에 있어야 할 '사'가 정치에 개입하는 것을 비판하였다.[431] 율곡은 사화의 후유증으로 선을 행하는 '사'가 이웃과 마을에서 배척받고 부귀를 탐내는 자가 편히 벼슬을 하게 되었다고 비판하였다. 그러니 다시 사화의 전철을 밟을까 봐 '사'가 '사'답게 행동하는 것을 경계하고 부형이 공부를 시키지 않으며 글공부가 도리어 일신(一身)의 재앙이 되어 해가 될 뿐이라 생각하니 과거 공부에만 관심을 가질 뿐이었다. 율곡은 이런 상황이라 '마음을 감추고 세상에 잘 보여 스스로 옳다고 생각하며, 세속과 부화뇌동하여 고식적이고 비루한 데 처하는 것을 편안히 여기는 향원'이 도를 행하는 선비를 억압하고 학문하는 길을 끊어 버렸다고 비판하였다.

조선 전기부터 대다수 '사'들은 향촌에서 유학 공부를 해, 과거 합격을 목표로 향촌 자제들을 가르쳤지만, 훈장·훈도의 위상을 고려

---

431 김윤경, 「기묘사화와 중화론(中和論): 16세기 사림의 신권강화」, 『유교사상연구』 72, 한국유교학회, 2018, 14쪽.

해 본다면 크게 존경받지 못한 채 생계를 꾸려 갔다고 할 수 있다. 이들은 본인들 또한 과거 공부를 지향했지만 입격에 실패하거나 아니면 관직에 있다가 다시 고향으로 내려온 자들로, 향촌 사회에서 별다른 영향력을 행사하지 못했다. 당시 대다수 '사'의 현실적 모습은 독서를 생계 수단으로 하는 자, 즉 '과거를 업으로 삼거나[科業之士]', '세속의 출세를 희망하는[俗士]' 자였다고 볼 수 있다.

이런 현실이었음에도 불구하고 율곡에게 '사'란 도(道)를 지향하여 반드시 성인(聖人)이 되겠다는 뜻[志]을 지켜야 하는 자를 의미한다. 율곡은 두 종류의 '사'가 있다고 보았다.[432] 한 유형은 율곡이 이상 사회로 여긴 삼대(三代)를 기준으로 하여 오늘날[今]의 '사'로, 사(私)를 좇느라 공(公)을 무시하고 몸을 영화롭게 하고자 권세를 추구하는 이들이다.[433] 또 다른 유형은 과거[古]의 선비에 해당하는, 도를 행하는 '사'이다.[434] 율곡은 '사'가 관료이기 전에 유학자임을 상기시키고 '사'나 '유' 모두 동일한 공부와 책무를 행해야 한다고 보았다. '사'풍이 꺾인 시대였지만 율곡에게 '사'란 도를 지향하여 반드시 성인이 되겠다는 뜻을 지켜야 하는 자를 의미했다.

'사'가 될 수 있는 구체적인 조건은 학문을 배우고 실천하는 것에 달려 있지 관직의 유무, 나이나 재산의 고하 등에 있다고 보지 않았

---

432 『율곡전서』, 권24, 「성학집요」, 위정, "後世之所謂士者 所讀者 典謨誥訓 所慕者 孔孟程朱 孰敢以非聖之言 出諸其口乎 至於行身爲政 則大有不然者 …… 彼鄙夫者 所好者爵祿 所貪者權勢 所求者賄賂 所樂者奢淫 所便者安逸."

433 『율곡전서』, 권24, 「성학집요」, 위정, "榮身固權之士 以同利爲朋者 營私蔑公 後君遺親 其黨雖少 亦足以罔上而亡國矣."

434 『율곡전서』, 권24, 「성학집요」, 위정, "沮抑行道之士."

다. 율곡이 '이름이 군적에 편입된 자'라도 배움에 뜻을 둔 자라면 성균관 관원이나 수령이 진위 여부를 확인하여 과거 응시를 허용한다거나[435] '사'가 행해야 하는 규율로 지방에 거주해 조세를 성실하게 내야 하는 것을 언급한 것으로 보아[436] 이는 '사'라고 해서 특혜를 받아야 할 이유가 없으며, 노비를 제외한 양인층 누구나 '사'가 될 수 있음을 시사한다고 할 수 있다. 또한 관직이 없지만 나이가 많아도 덕을 갖추었다면 스승과 마찬가지로 '사'들로부터 존중받아야 하는 '사'임을 밝혔다.

율곡은 대중이나 성인이나 본래 선하다는 점에서 본성상의 차이는 없으나 기질의 차이, 즉 맑고 순수하고 흐림과 탁함의 차이가 있다고 보았다. 필부와 성인은 대립되는 개념이지만 율곡은 도통(道統)으로 연결시켜 '만인이 모두 성인'이라는 명제를 다시 환기시켰을 뿐만 아니라 뒷골목에 사는 선비에게도 도를 전수해야 하는 책무가 주어졌음을 강조했다.[437] 그러나 마음이라는 것은 본래 텅 비고 신령스러워 타고난 기질에 구애받지 않으니, 이를 자각하여 도학에 매진한다면 누구나 성인이 될 수 있음을 강조하였다. 율곡은 이런 논리에 입각하여 '사'가 될 수 있는 자격에 노비 등의 일부 계층을 제외하고는 제한을 두지 않았고, 사회적 지위라는 성취보다 수양을 통한 학문적 성취를 강조한 것이다.

---

435 『율곡전서』, 권15, 「학교모범」, "若有志學之士 名編軍伍 願赴科擧者 京則成均館官員 外則守令審察眞僞 得其實狀 則亦許赴擧."

436 『율곡전서』, 권15, 「학교모범」, "……, 如外方則不謹租賦, ……."

437 곽신환, 『1583년의 율곡 이이』 서광사, 2019, 146쪽.

율곡은 '사'의 특권을 모두 부정하지는 않은 것으로 보인다. 그러나 이 특권은 종신적인 것이 아니며 까다로운 전제 조건이 있었다. 율곡은 '사'가 지켜야 할 규율을 제대로 이행하지 않아 학적에서 삭제되면 지체 없이 군역으로 돌려야 한다고 했다.[438] 조선시대의 군역은 공민으로서 양인이 지는 의무라 양반도 원칙적으로 군역을 부담해야 하는 의식이 있으나[439] 귀천의 구분이라는 명목하에 군역을 회피하고자 했다. 이에 율곡은 '사'가 행해야 할 의무를 포기하면 권리도 포기해야 한다고 보았다. 율곡은 학문에는 뜻이 없지만 단지 구실을 피하고자 학교에 적을 두는 '사'의 일탈 행위를 방지하기 위해 선적(善籍)과 악적(惡籍)을 활용하는 등 거짓으로 '사'를 양성하는 일을 방지하고자 했다. 여기서 중요한 점은, 율곡에게 '사'란 일반 민과 변별되고 우대된다는 점에서 신분적 속성을 가지나 영구히 그 자격을 보장받거나 세습되는 것이 아니라 스스로 노력에 의해 자격을 유지하는 자라 할 수 있다는 것이다. '사'가 되는 것도, 유지되는 것도, 박탈되는 것도 모두 정해진 것이 아니라 '사' 본인 스스로의 학문적 노력에 달려 있다고 본 것이다. '사'가 될 수 있는 조건은 타고난 능력이 아닌 후천적인 성취에 있으며, 이러한 노력은 관직 없는 '사'가 존중받을 수 있는 결정적 요인으로 작용했다고 할 수 있다. 군역 면제가 특권이라 볼 수 있다면, '사'들의 특권은 자동으로 주어지는 것이 아니었다. 이는 스승의 권리 또한 절대적으로 주어진 것이 아니

438 『율곡전서』, 권15, 「학교모범」, "削學籍者 定軍役."
439 유승원, 『사대부시대의 사회사: 조선의 계급·의식·정치·경제구조』, 역사비평사, 2020, 434쪽.

라, 스승이 본래의 제 역할에 충실할 때 얻게 되는 것임을 시사한다.

율곡은 『격몽요결』에서 배움의 목표, 내용, 방법과 관련하여 '사'가 반드시 명심해야 할 핵심 내용들을 확인시켜 주고 있다. 또한 율곡은 관직 없는 '사'가 처한 현실적 어려움을 파악하고, 이를 지혜롭게 대처할 수 있는 절충적 방안들을 제안하였다. 가난 때문에 수령이 주는 관고의 곡식은 절대 받으면 안 되나 사적인 재산으로 주는 것은 허용하는 대목에서 당시 '사'와 지방 수령의 애매한 관계를 살펴볼 수 있다. 만약 '사'가 관고의 곡식을 받는 상황이 발생한다면 수령에게 끌려다닐 상황이 발생하고 끝내 '사'의 정체성을 잃을 수 있음을 경계한 것이다. 그래서 율곡은 '사'로서의 명예를 지키기 위해서 공적 물품은 절대로 받아서는 안 된다고 강조하였다. 율곡은 '사'가 관직자와 다른 위치에 있지만, 경제적으로 어려운 상황에서도 도덕적 품위를 지킴으로써 관직자와 타협하지 않는 '사'의 지조를 강조하였다. 율곡은 '사'가 지조를 지키는 일이 특별하고 고원한 것이 아니라, 일상생활에서 불명예스러운 일을 행하지 않도록 빌미를 남기지 않는 것이라 보았다. 본연의 역할이 아닌, 외부의 상황에 의해 정체성이 흔들리지 않을 때, 권위가 정당화될 수 있다고 여긴 것이다. 이처럼 율곡은 당시 조선의 상황을 고려하여 평범한 일상생활에서 '사'들이 행해야 할 공부를 고려했음을 확인할 수 있다.

물론 율곡은 '사'의 정체성이 사(仕)와 관련됨을 부정하지 않았다. 율곡은 시대적 상황이라는 변수에 따라 관직에 나갈 수 없는 상황도 생기지만, 이는 '사'가 본래 의도한 바는 아니라고 했다. 율곡은 때를 잘 만나 도덕이 몸에 배어 있는 '사'가 관직에 나가게 되면 군주의 요순 정치를 도울 수 있다고 보았다. 율곡은 관직자를 대신(大臣), 충신(忠臣), 간신(幹臣)으로 분류하였는데 '사'가 아닌 자가 관직에 있는 경우인 간신이 가장 하급에 있다. 반면 '사'로서 관직에 있는 자가 군주를 잘 만나면 유학이 추구하는 이상 사회인 삼대를 회복할 수 있는 만큼, '사'가 관료일 때 제 역량을 제일 잘 드러낼 수 있다고 보았다. 율곡 또한 이러한 점에서 '사'가 관직이나 생업 때문이 아니라 '사'가 추구하는 마음과 실천으로 말미암아 그 자체로 귀하다고 여긴 것이다.

율곡은 '사'의 정체성을 결정짓는 요소로 인욕을 다스리는 개인의 수양을 더 중요하게 여겼다. 이로 보아 율곡이 당시의 현실적 상황을 고려하여 '사'의 정체성을 재정립했다고 할 수 있다. 또한 '사'의 정체성은 과거를 준비하거나 입격하는 데에 있는 것이 아니라 도학을 실제로 힘쓰는 '진유(眞儒)'에 있다고 보았다. 율곡의 '사'에 대한 이해는 관료제의 교관직으로서 시험이라는 결과에 따라 평가받는 현실에 시사하는 바가 있었다. 스승의 역할은 스스로 '진유'가 되어 '진유'를 기르는 것에 있음을 강조한 것이다. 즉 유학을 계승하는 것이 스승의 역할이며, 스승의 권위는 유학의 원론적 입장에 의해 정당화되어야 한다는 것이다.

이때 사족들은 그들의 향촌 지배를 국가의 이익과 일치시킴으로써, 혹은 수령의 지방 통치와 타협함으로써 향촌 혹은 촌락 단위에서의 공동체 사회를 유지해 왔다.[440] 국가는 향촌 공동체의 이탈, 몰

440 정진영, 「사족과 농민: 대립과 갈등, 그리고 상호 의존적 호혜관계」, 『조선시대사학보』 73, 조선시대사학회, 2015, 186쪽.

락 원인과 해법을 두고 고민하였고, 율곡은 '사'들이 이를 해결함으로써 국가의 이익과 '사'의 공의가 충돌되지 않음을 설득하였다. 또한 향촌 공동체의 이탈, 몰락의 원인이 당시 수령을 비롯한 관리들의 공(公) 의식 부족이라 보았지만, 이들을 존중하여 직접 처벌하지 않으면서도 견제할 수 있는 방안을 제시하였다. 율곡의 '사' 이해는 '사'들이 국가로부터 인정받고, 촌락 공동체 운영에 함께함으로써 유교 사회 안정화를 꾀하고 있다. 즉 율곡은 한마디로 '사'가 유교 도덕 공동체 운영과 정착에 절대적으로 필요한 자들임을 설득하였다. 구체적으로 살펴보자.

율곡은 당시 수령을 비롯한 관리의 도덕성 결여가 여러 사회 폐단의 요인이라 보았다. 율곡은 이들이 법을 농락하고 뇌물을 받아 군역과 군적의 기강을 무너뜨렸다고 강하게 비판하였다. 이는 어느 정도 예견된 일이었다고 할 수 있다. 세종조 허조의 건의로 부민 고소금지법이 마련되면서 민의 억울함은 해결해 주되 수령의 잘잘못은 논죄하지 않았다. 이는 강상 간 엄격한 기강이 더 중시되었기 때문이다. 또한 이런 법안은 향촌 사회에서 향촌에 거주하는 '사'들에 대한 수령의 억압과 견제를 제도적으로 보장하는 것이기도 했다.[441] 그런데 여기서 율곡의 고민이 보인다. 병졸(민)이 장수(지배층)의 허물을 고하면서 치욕을 주면 될까? 율곡은 이렇게 되면 병졸이 장수를 두려워하지 않고 장수는 병졸을 제압하지 못하는 등, 기강이 흐트러지기 때문에 적합한 방법이라고 보지 않았다. 율곡은 '관에 자주 소송

441 고석규 외, 『조선은 지방을 어떻게 지배했는가』, 아카넷, 2003, 76쪽.

하기를 좋아하는 자'도 비난했는데 이는 지나치게 잘잘못을 따지는 일은 오히려 기강을 무너뜨릴 수 있음을 경계했기 때문이라고 할 수 있다. 더하여 율곡은 '고을 수령을 헐뜯고 흉보는' 행위도 '사'가 경계해야 하는 일로 언급할 만큼, 관직자들에 대한 비관직자들의 비난은 기강을 무너뜨릴 수 있다고 경계하였다. 이처럼 율곡은 관직자들을 대우하고 있지만, 관직이 귀해서라기보다 윤리적 기강 확립 때문이라고 할 수 있다.

율곡은 아랫사람이 윗사람을 비난하지 않고도 기강을 잡기 위해서는 백성 사랑하기를 자식같이 하는 어진 자가 있어야 한다고 보았다. 이처럼 인의(仁義)의 정치를 할 수 있는 '사', 즉 진유의 실질적 역할을 강조한 것이다. 율곡이 강조한 '사'의 역할은 세 가지이다. 첫째, 기존 지배층인 관리 수령을 감시할 수 있는 역할이다. 그렇게 하면 수령이 헛된 짓을 할 수 없다고 보았다. 율곡은 '사'와 수령의 관계에서의 지침을 엄격하게 논하였다. 특히 지방에 거주하는 '사'는 부득이한 경우 외에 관가에는 절대 출입해서는 안 된다고 하였는데, 이는 의롭지 못한 청탁을 사전에 예방하기 위함이었다. '사'가 수령을 감시할 수 있는 명분은 도덕성에 근거하기 때문이다. 더 나아가 애초부터 군주가 '사'를 관료로 적극 채용할 필요가 있음을 설득하였다.

둘째, '사'가 적극적으로 도덕적인 자가 되어 아랫사람의 자발적 충성을 이끌어 아랫사람이 윗사람을 위해 기꺼이 죽을 수 있도록 사표가 되는 것이다. 율곡은 이런 자가 사표가 되면 대중[凡民]도 작흥(作興)할 것이라 하였다. 즉 이제까지 직위가 없었던 사람도 도덕성을 갖추었다고 인정받으면 직위를 줘 지배층으로서의 권위를 확보해야 한다는 것이다. 이를 위해 '사'의 엄격한 자기 수양을 주장했다.

마지막으로 '사'의 역할은 향촌 내 구성원들의 교화를 직접 담당하는 것이다. 율곡은 '민'도 사람이며 한마음을 가진다고 보았다. 이 마음은 억지로 할 수 없고 윗사람이 어루만져 주어야 한다. 지배층이 백성을 사랑하면 윗사람을 친애하는 마음이 생겨 저절로 기강이 잡히는데, 이게 문제 해결의 근본이라고 보았다. 아랫사람이 윗사람을 위해 자발적으로 충성하도록 이끌려면 어느 정도의 성리학적 교육이 필요하다고 보았다. 이를 위해 향약을 추진했고, 처음에는 국가와 훈도파의 반대에 부딪혔지만, 결국 민의 교화를 담당할 수 있게 되었다.

종합하자면 율곡은 '사'란 조선 전기까지만 하더라도 부진한 관학 교육을 대신해 향촌의 자제들에게 과거 준비 교육을 담당했던 소극적인 역할이었으나 거기서 벗어나, 성학(聖學) 공부를 완성하고 더 나아가 관료를 감독하며 피지배층에게는 교화를 담당하는 자라는 인식을 재정립시켰다. 이로 인해 '사'는 도덕적 인륜을 이해하고 실천하고 감화시키는 자로서 각 계층으로부터 존중받고 명예를 얻을 수 있는 명분을 갖추게 되었다. 율곡의 '사' 인식은 결국 스승에 대한 인식과 관련한다고 할 수 있다. 기본적으로 '사'는 스승으로서의 역할을 할 수 있어야 하기 때문이다.

『해주향약』에서 율곡은 도약정을 '나이와 덕망과 학술'이 있는 자 중에서 추대받은 자, 부약정을 '학문과 덕행'이 있는 자로 명시하였다. 주지하다시피 율곡은 전국적인 향약 실시는 시기상조라며 반대하면서 개별적으로 해주에서 향약을 실시했다.[442] 율곡이 전면적인 향약 실시를 반대한 까닭은 민생을 괴롭히는 폐단을 먼저 개혁하는 것이 급선무라 보았기 때문이다. 또한 이를 제대로 실시할 수 있는 학덕을 갖춘 '사'가 부족하다고 여겼기 때문이다.[443] 율곡은 이를 고려하여 사'들의 엄격한 자기 수양을 강조하였다. 여기에는 '관직자' 조건이 없다. 관직의 유무와 상관없이 학덕의 유무, '장유유서(長幼有序)'라는 도덕적인 인륜 질서가 우선이어야 함을 보여 주고 있다.

그런데 이는 '사' 내부에만 해당하는 질서였다는 점에서 한계라 할 수 있다. 어디까지나 사족의 이해를 우선시한 신분적 차별 양상은 당연한 전제였다고 할 수 있다.[444] '사'들의 엄격한 자기 검속 윤리를 강조했지만, 하인과 주인이라는 강상 간 신분질서를 전제로 하고 있다. '사'들의 자기 수양은 하인들에게 모범이 되어 이들이 자발적으로 '사'들을 존경하게끔 유도하여 이들을 통제하기 위함이었다.[445] 율곡은 '사'의 자격 요건을 도학에 뜻을 두고 이를 실천하고자 노력하는 자로 보면서 어느 정도 배움에 있어서 신분제의 완화를 전제했다. 그러나 한편으로 오히려 이러한 주장이 윤리적 통치자로서의 '사'의 위상을 견고하게 함으로써 강상 간 엄격한 신분 질서를 강화하는 방향으로 이어질 수 있음을 확인할 필요가 있다.

---

442 김인걸, 「율곡 향약 재론: 양민을 위한 인재 육성」, 『한국사론』 53, 서울대학교 국사학화, 2007, 104쪽.
443 김인걸, 「율곡 향약 재론: 양민을 위한 인재 육성」, 『한국사론』 53, 서울대학교 국사학과, 2007, 107쪽.
444 김정신, 「16세기 조선의 주자학 향정논 수용과 향약: 향약의 시행 방식과 성격의 분기를 중심으로」, 『동방학』 53, 연세대학교 국학연구원, 2018, 134쪽.
445 김인걸, 「율곡 향약 재론: 양민을 위한 인재 육성」, 『한국사론』 53, 서울대학교 국사학과, 2007, 136-137쪽.

율곡은 ‘사’의 현실적 모습을 비판하고 이상적 ‘사’의 모습[眞儒]을 실현하고자 학교 교육을 적극 활용하였다. 이를 위해 ‘사’다운 ‘사’가 학문적 쓰임을 다할 수 있는 인재 선발 방안과 ‘사’를 명예롭게 여기며 존중해 주는 학풍 형성에 공을 들였다. 율곡은 ‘사’ 개인의 문제, 즉 개인의 노력 또는 자질 부족만을 문제 삼지 않고 사회 시스템 개선에 적극적인 관심을 보였다. 아무리 개인이 성리학 공부에 매진하더라도 사회 제도가 뒷받침되지 않는다면 역량을 발휘하는 데에 한계가 있다는 입장이다.

가장 눈에 띄는 교육 관련 안은 ‘사’를 선발하는 방식에 대한 입장이다. 율곡은 사장, 강송으로 선발하는 과거제를 보완하여 덕행(德行)으로 시험하여 현량한 ‘사’를 선발할 것을 주장한다. 구체적으로 율곡은 학문과 행실이 뛰어난 유생을 전국적으로 선발하여 선사(選士)라고 칭하고 선사와 유생 간의 과거 응시에 있어 차별적인 기회를 제공하여 선사의 귀함을 자연스럽게 높일 것을 주장하였다. 또한 “학문과 행실이 모두 훌륭하면 관직을 주고, 이만큼은 못하더라도 행실에 흠이 없고 40세가 넘는 사람이면 백집사(百執事)의 직책을 주며, 만약 도를 믿는 마음이 독실하지 못하고 행실이 방정하지 못한 사람은 그 명적(名籍)을 삭제하고 이조와 예조는 다시 다른 사람을 선택하여 빈자리가 나는 대로 보충할 것”을 주장하였다. 또한 음덕이 있더라도 행실을 하나라도 인정받은 경우에 직(職)을 줄 것을 주장하였다. 지방의 가난한 자들이라도 육행과 육예로 선발해 이들에게 직위를 줄 것을 요구한다.

이는 율곡이 교육과 관료 선발의 일체[敎選]를 구상했음을 확인할 수 있다. 이러한 구상은 스승의 역할이 진유를 기르는 데 있다는 것을 재차 강조한다. 율곡은 과거로만 인재를 선발하는 방식은 '사'의 도덕적 실천 의지를 위축시킬 것임을 우려했다. 또한 이러한 방식은 결국 스승의 권위를 하락시키는 일로 이어짐을 경계한 것이라 할 수 있다. 율곡은 이러한 사회 제도 개선이 병행되는 가운데 '사' 스스로의 자율적 노력을 강조하였다. 무엇보다 덕행을 갖춘 '사'를 기르기 위해 내재적 동기에 따른 노력을 우선 강조했다. 율곡은 누구나 '성인'이 되겠다는 목표를 세웠다면[立志] 외물에 타협하지 않고 도학을 실천할 것이라고 보았다. 그러나 율곡은 개인 스스로의 노력을 강조하는 것뿐만 아니라 스승·제자·학우 간 도학을 실천하는 일을 서로 권면하도록 장려했다. 여기에는 약간의 타율적 방안이 병행되었다.

율곡은 사'가 갖추어야 할 자질을 기르기 위해 노력하지 않는다면 '사' 자격을 상실하도록 구상하였다. 이처럼 율곡은 '사'를 기르는 교육 방안으로 개인 혼자만의 노력으로 도학을 실천하기란 어렵기 때문에 스승과 벗이 서로 도울 수 있는 학교 교육을 중요하게 여겼다. 또한 '도학'이라는 학문 특성상 가시적인 성과가 쉽게 보이지 않기에 외재적 보상과 벌을 병행함으로써 교육 목표를 달성할 것을 강조하였다.

> 학문이 이루어지고 행실이 높아서 사표가 될 만한 자를 골라서 태학의 맏아들을 가르치게 하고, 다른 학교의 교관도 모두 경술에 밝고 행실이 낡아신 선비를 선발하되 문징을 잘 짓고 못 짓는 것으로써 성적의 높고 낮은 것을 정하지 말고, 오로지 학문을 강론

하고 힘써 행하는 것으로써 급무를 삼아서, 이단의 가르침과 세상을 미혹하는 술수를 모조리 금지시켜, 서울에서 시작하여 사방에 전파하면, 호걸의 선비도 반드시 특출한 자가 있을 것이요, 일반 백성도 분발하여 일어나는 자가 있을 것입니다.[446]

마지막으로 율곡은 '사' 스스로가 명예를 지닐 수 있도록 평가 방식의 개선을 주장하였다. 율곡은 유생으로 하여금 도학을 숭상하게 하고 몸가짐을 단정하게 하여 독서에서 도리를 궁리하게 했으면 최상으로, 유생이 과거를 보더라도 출세에 뜻을 두지 않게 했다면 그다음으로, 유생이 글을 잘 짓고 뜻을 알게 하면 그다음으로 대해야 한다고 보았다. 이를 감사가 잘 권장하게 하면 '사'들이 훈도직도 기피하지 않을 것이라고 보았다. 이와 함께 율곡은 학문이 높고 행실이 바른 자를 교사 선발의 우선 순위로 내세웠다. 또한 감사가 유생의 성적(품행과 몸가짐)을 평가하고 그에 따른 결과로 교사의 수행 능력을 평가해야 한다고 보았다. 즉 훈도의 교육 성과를 과업이 아닌 유생들의 도학 전념에 두고 평가할 때 '사'가 훈도를 기피하지 않고 명예롭게 여길 것이라 보았다. 이처럼 율곡은 '사'를 평가할 때 관료제의 실적주의, 즉 성적 등 타인과의 비교를 통한 성과를 내세우지 않았다.

그런데 율곡은 개인의 자율적 의지뿐만 아니라 사회 제도를 보완

446 『율곡전서』, 권3, 「간원 진시사소」, "別擇學成行尊 可爲師表者 敎大學之子 其他學校之官 皆擇經明行修之士 不以文藻之工拙 爲考課之高下 而專以講學力行爲急務 至於異端之敎 惑世之術 一切禁斷 始于京邑 達于四方 則豪傑之士 必有甚焉者 而凡民亦有作興者矣."(인용 출처: 한국고전번역원 한국고전종합DB, https://db.itkc.or.kr)

함으로써 명예를 보상할 것을 주장하였다. 율곡은 훈도의 급료를 정할 때 목사가 있는 고을 이상에는 다달이 쌀과 콩 각 두 섬, 벼 넉 섬을 주고 도호부에는 다달이 쌀 두 섬, 콩 한 섬, 벼 석 섬, 군에는 다달이 쌀 한 섬 닷 말, 콩 한 섬, 벼 두 섬, 현(縣)에는 다달이 쌀·콩·벼 각각 한 섬, 군 이상으로서 특히 쇠잔한 고을에는 감사가 참작하여 적당히 감하여 지급해야 한다고 보았다.

율곡은 매달 일정하게 교사의 급료를 제공함으로써 안정된 경제생활 속에서 '사'를 가르칠 수 있다고 보았다. 율곡의 이런 생각은 백성들을 교화하기에 앞서 민생을 안정시켜야 한다는 실용적 입장에서도 확인할 수 있다. 율곡은 항산이 없어도 마음을 지킬 수 있는 자가 '사'이나, 개인의 의지나 노력에 앞서 이를 적절하게 보상하거나 벌하는 사회 제도가 병행될 때 '사'가 일관되게 명예를 지킬 수 있다고 보았다. 종합하자면 율곡은 '사' 스스로가 엄격한 자기 성찰을 통해 높은 덕성을 함양하고 이러한 노력을 '사' 스스로 존중함으로써 스스로에 대한 명예와 자부심을 가지도록 유도하였지만, 오로지 개인의 자질 또는 능력 부족만을 탓하지 않고 사회 제도의 개선도 병행하자는 입장이었다.

율곡은 '사'의 정체성 유지를 위해 학문 공동체의 자기 검열과 권장을 강조했다. 율곡은 양인이라면 누구나 '사'가 될 수 있지만 '사'로서의 자격을 유지하기 위해 노력하지 않는 자들을 비난하였다. 의무를 다하지 않는 '사'는 특혜를 받지 않음으로써 지식 권력층으로서 자리 삽을 수 있는 명분을 '사' 스스로가 잃지 않고자 했다. 반면 모범을 보이는 '사'에게는 외재적 보상을 줌으로써 사기를 진작시키고자 했다. 여기에는 성적이라는 성과를 논하지 않았다. 지역 공동체의 구성원들을 존중하고 예의를 갖추며 모범을 보이는 노력을 중요하게 여겼다. 자발적인 동기로 모여든 스승과 제자들은 '사'로서의 품위와 학문적 노력을 단단히 만들도록 하였다. 이는 스승 또한 자기 검열을 피할 수 없으며, 학문 공동체의 일원으로서 서로를 존중해 주는 노력을 할 때, '존사'될 수 있음을 시사한다.

그런데 '사'가 정체성을 유지하는 데에는 개인적 노력뿐만 아니라 정치와 사회 분위기도 중요하다. 몇 차례에 걸쳐 발생했던 사화는 '사'로 하여금 몸을 사리며 자신들의 이상을 함부로 드러내지 못하게 했다. 이런 가운데 '사'들은 현실에 안주하고 습성에 젖어 들어가면서 관직을 희망하며 지냈다. 율곡이 '자포자기'를 가장 무서운 폐단으로 지목한 만큼, '자포자기'는 '사' 스스로가 존재 역할을 망각하도록 했다. 따라서 율곡은 '사'가 정체성을 상실하지 않고 제 역할을 성실하게 수행할 수 있도록 사회 제도적 개선에도 관심을 가졌다.

또한 개인 스스로의 노력에 기대기보다 학교라는 공동체 집단을 통해 '사'들은 도학 실현이라는 목표를 공유하고 교육 목표 달성을 지지하고 권장하면서 '사'라는 정체성을 형성할 수 있기를 기대했다. 조선 중기 성리학적 이념으로 중무장한 사림이 등장하면서 국가로부터의 공인 없이도 도덕적 가치를 충실히 실천하느냐에 따라 존사되었다. 제자들을 관료로 배출하지 않아도 도통의 전수자로서 권위를 인정받았다. 하지만 국가의 공인이 여기에서도 중요했음을 유념해야 한다. 문묘종사가 그 대표적이다. 율곡처럼 조선 중기 성리학에 대한 이해가 심화되면서 '사'에 대한 정체성 인식 또한 유학의 이념과 가치에 근거하여 이루어졌다. 이러한 '사' 인식에 대한 재정립은 결국 스승의 역할이 관료제를 유지하기 위한 것에 그치지 않고 유학을 계승하는 것임을 재확인시켜 주었다. 이에 따라 '존사'를 정당화하는 근거 또한 유학적 입장에 충실할 수밖에 없었다. 더 나아가 군주나 왕세자의 제왕 교육 시, '존사'에 대한 성의 있는 실천을 요구하게 되었다.

제6장

조선 후기 교사의 권위에 관한 쟁점

1. 영조 및 정조 대

영조 및 정조는 스스로를 군사(君師)로 자임했다. 이제까지 유학자 신하로부터 군왕 교육을 받아 성왕(聖王)의 자질을 갖추어야 했던 과거 왕들과 달라진 점이었다. 신료들이 학문적 스승이 되어 서연 및 경연 자리에서 왕을 훈육했던 제왕학 수업은 왕권에 대한 학문적 견제일 뿐만 아니라 더 나아가 분명한 정치적 견제 역할까지 수행했다.[447] 반면 강력한 국왕권을 행사하고자 했던 영·정조 대에는 '존사'가 어떻게 구현되었는지를 살펴보고자 한다.

먼저 영조는 이복형인 경종이 후사가 없이 승하한 후 치열한 당쟁 속에서 위태롭게 왕세제(王世弟)로서 왕위에 올랐다. 출발부터 영조는 출신과 정통성에 약점을 가지고 있었다. 이런 가운데 영조는 동양의 이상적인 성왕의 대상이 되는 요순이 단지 배워야 할 모범이 아니라 현실에서 구현될 수 있는 국왕이며 그 전범을 세종 및 성종에 두었고 자신도 요순을 자임하고자 했다.[448] 영조는 성리학의 '의리론(義理論)'에 기본적으로 공감하면서도 스스로가 최고의 스승, 즉 '군사'가 되어 조선 성리학을 주도하고자 했다.[449] 그 여파로 나타난 특징은 다음과 같다. 먼저 영조가 경연을 적극 주관하였다. 경연은 더 이상 군덕의 수양이라는 측면보다는 국왕 주도의 학문을 전파하

447 백민정, 「『경사강의』를 통해 본 정조시대 학문적 논쟁의 양상: 사서에 관한 정조와 학인들의 대화 내용을 중심으로」, 『국학연구』 16, 한국국학진흥원, 2010, 757쪽.
448 정재훈, 「영조의 제왕학과 국정운영」, 『한국사상과 문화』 77, 한국사상문화학회, 2015, 132쪽.
449 정경희, 「군사 영조의 성리학 진흥책」, 『한국학보』 25(4), 일지사, 1999, 56쪽.

는 자리라는 측면이 더욱 컸다고 할 수 있다.[450] 그 과정에서 경연관 이덕수(李德壽)로부터 임금이 "글을 읽으며 많이 탐한다."는 비판을 받을 정도였다.

영조 23년경부터는 경연이 유신들과 문답하는 방식에서 유신들에게 책을 읽히고 영조가 강을 하는 방식으로 변하였다.[451] 영조는 왕세자 교육도 신하들에게 맡기지 않고 자신이 직접 주관하는 면모를 보였다.[452] 영조의 어제서 간행 또한 이러한 의도를 반영한 것이었다. 그의 어제 편찬 작업은 공맹과 같은 사도의 역할을 자임하면서 공맹이 이루지 못한 왕도를 실현하여 군사의 책임을 다하겠다는 뜻이다.[453] 영조는 점차 공자나 주자 등의 성현들의 권위보다 군사의 권위를 강조하였다.

> 주자가 말하기를, '오직 성인만이 이를 측은히 여기어 학교를 세우고 스승을 정하였다.' 하였고, 학기에 이르기를, '집에는 숙이 있고 나라에는 학이 있었다.'고 하였으며, 삼대 이후로 송나라에 이르기까지 군현이 배출되었는데, 이것이 어찌 다른 까닭이겠는가? 공자와 같은 성인으로도 스스로 '배우는 것을 좋아한다.'고 일렀는데, 오늘에 대부와 장보가 배우지 않는 것은 유독 무슨 심사란 말인가? 세도의 변하고 경박함은 오로지 배우는 것을 좋아하지

---

450 정재훈, 「영조의 제왕학과 국정운영」, 『한국사상과 문화』 77, 한국사상문화학회, 2015, 134쪽.
451 정경희, 「군사 영조의 성리학 진흥책」, 『한국학보』 25(4), 일지사, 1999, 56-59쪽.
452 정경희, 「군사 영조의 성리학 진흥책」, 『한국학보』 25(4), 일지사, 1999, 59쪽.
453 이정민, 「영조 어제서의 편찬과 의의」, 『한국사론』 51, 서울대학교 국사학과, 2005, 365쪽.

않는 데 연유하는 것이니 거울을 어둠 속에 던지고 구슬을 모래밭에 던지는 것같이 자포자기하며, 어구만을 따다가 경박한 말로 떠드는 것을 능사로 삼고 학문을 보기를 초나라와 월나라의 원거리처럼 여기어 비록 겨울 밤 금직인 때를 당하여도 대부는 등불을 불어 끄고 잠만 자며 성균관의 제생들은 책을 덮고 고요하기만 하니, 아! 그들의 임금이 된 자가 비록 군사의 덕(德)이 없더라도 대부와 많은 선비들은 가르침이 없다고 이르지 말고 깊이 권권해 하는 뜻을 본받아 모름지기 학문을 부지런히 해야 할 것이다. 공자가 말하기를, '악에서 이루어진다.'고 하였는데, 지금 그 악학을 비록 고증하여 알 수는 없다고 하더라도 금직하거나 동서의 재에 있을 때에 등불을 돋우고 낭낭하게 읽는다면 이 또한 하나의 음악인 것이다. 무리를 지어 경박한 말로 떠들어대는 데에 견준다면 그 어느 것이 낫겠는가? 공자가 말하기를, '박혁을 두는 자가 있지 아니하냐? 오히려 마는 것보다는 나을 것이다.'라고 하였는데, 지금 학문을 권하는 것은 그 경박한 것들을 버리게 하고자 하는 것이다. 집에 있으면서 부지런히 하고 부지런히 하지 않는 것은 각각 어진 부형이 있을 것이니, 내가 무엇을 권하겠는가? 금직하는 대부와 재에 있는 많은 선비들을 내가 마땅히 수시로 그 근만을 살펴서 의당 계칙함이 있을 것이니 이는 한갓 학문을 권면하는 것만이 아니고 세도를 깊이 근심하기 때문이다.[454]

---

454 『영조실록』, 권70, 1749년(영조 25) 12월 5일, "朱子曰, 惟聖斯惻, 建學立師, 學記云, 家有塾, 國有學, 三代以後至于宋, 群賢輩出, 此豈他哉 以孔子之聖, 自謂好學, 今之大夫、章甫其不學, 抑獨何心? 世道之渝薄, 專由於不好學, 投鏡於昏, 投珠於沙, 自暴自棄, 抉摘語句,

영조 25년, 영조는 권학문(勸學文)을 지어 반포하였다. 이 글의 의도는 다음과 같다. 조관을 포함한 대부와 유생들의 학문 진척 사항을 평가하고 비판하며 이에 대한 대책으로 자신이 직접 근태를 살펴 계칙하겠다고 밝히고 있다. 특히 군사로서의 자신의 책무를 강조하였다. 교관들이 학생들의 공부 진척 사항을 감독하듯, 군주가 직접 유생들의 공부 내용과 결과 등을 평가함으로써 이들을 개도하고자 했다. 또한 민간의 흥학을 위해 『소학』을 국가 차원에서 중점적으로 보급하였다. 영조는 스스로 획득한 군사로서의 지위를 후계자 교육을 통해 철저히 전수했고 정조가 이를 계승하였다.[455] 영조가 군사로서의 지위를 자임한 배경에는, 당시 치열한 당쟁 속에서 탕평책을 통해 왕권을 강화하기 위함이었다. 임금이자 스승의 권위를 동시에 지님으로써 왕권을 안정적으로 유지하기 위함이었다.

> 임금이 말하기를, "나라에 임금을 세우는 것은, 임금을 위해서인가, 백성을 위해서인가?"
> 하니, 대답하기를,
> "군사(君師)를 세우는 것은 백성을 편안하게 하기 위해서입니다."
> 하였다.

以浮曉爲能事, 視學問如楚、越, 雖値冬夜禁直, 大夫吹燈而睡, 賢關諸生掩卷寥寥, 噫! 爲其君者, 雖無君師之德, 大夫多士, 莫曰無敎, 深體眷眷之意, 其須勸學。子曰, '成於樂。' 今樂學雖不可攷, 禁直、居齋之時, 挑燈朗讀, 此亦樂也。比於群聚浮曉, 其孰勝焉 子曰, '不有博奕者乎 猶賢乎已', 今者勸學, 欲祛浮曉也。在家勤不勤, 各有賢父兄, 予何勸也? 禁直大夫、居齋多士, 予當隨察其勤慢, 而宜有其飭, 非徒勸學, 卽爲世道深憂也."(인용 출처: 국사편찬위원회 한국사데이터베이스, https://db.history.go.kr)

455 정재훈, 「영조의 제왕학과 국정운영」, 『한국사상과 문화』 77, 한국사상문화학회, 2015, 144쪽.

임금이 말하기를, "군사의 책임을 능히 한 자는 누구인가?"

하니, 대답하기를,

"요·순 등 삼대의 임금이 모두 그러하였고, 삼대 이후에는 능한 자가 적었습니다."

임금이 말하기를, "오늘 입시한 여러 신하들은 모두 세록의 신하인데 혹 늙고 혹 젊지만 신하가 너에게 선을 하도록 권하는 것은 모두 그들의 조상을 생각해서 그런 것이니, 너는 후일에 잊지 말아야 한다. 네가 비록 글을 잘하더라도 만약 조선을 잊거나 여러 신하를 홀대하고 백성들을 돌보지 않는다면 참으로 무익하게 된다. 오늘의 이 말들을 사각에 보관하여 하나의 금등을 만들어야 한다. 너는 모름지기 『소학(小學)』에서 보았겠지만 한나라 무제가 관을 쓰지 않으면 급암을 보지 않았다. 나와 네가 비록 궁중에서 방탕하더라도 밖의 신하가 어떻게 알겠는가? 이런 것을 삼가야 한다."[456]

정조 또한 아버지 사도세자가 비명에 죽고 끝없는 암살 위협 속에서 학문에 전념하여 군사로서의 지위를 획득한 군주였다. 자신의 불안한 정통성과 정치적 입지를 만회하기 위하여 스스로 군사(君師)임

---

456 『영조실록』, 권99, 1762년(영조 38) 3월 30일, "上曰: "立君於國, 爲君乎, 爲民乎?" 曰: 立之君師, 以安民矣。上曰: "能爲君師之責者誰也?" 曰: 堯 舜三代之君皆然, 三代以後, 能者鮮矣。上曰: 今日入侍諸臣, 皆世祿之臣, 或老或少, 而臣下之勸汝爲善, 皆思其祖而然矣, 汝他日勿忘可也。汝雖善文, 若忘祖先, 忽群下, 不恤生民, 誠無益矣。今日此言, 藏之史閣, 作一金縢。汝須於 小學 見之, 漢帝不冠, 不見汲黯。吾與汝雖放湯於宮中, 外臣何以知之? 於此等處, 可愼也."(인용 출처: 국사편찬위원회 한국사데이터베이스, https://db.history.go.kr)

을 표방하고, 임금이자 스승의 지위에서 나라를 이끌고자 한 것은 선행 연구에서 밝혀진 바이다.[457] 신하들로부터 경연을 통하여 피동적으로 재교육을 받았던 역대 왕들과 달리 그는 규장각을 중심으로 군신 간의 학문 연마와 상호 토론의 장을 적극적으로 마련하여 자신의 학문적 우월성을 과시하고 군사로서의 위상을 확보하였다.[458] 영조와 정조 둘 다 자신의 정치적 정통성을 확립하고 사대부들의 지지를 이끌고자 스스로 군사임을 자처했다. 앞의 인용글은 세손 시절 정조가 군주관을 군사에 놓았음을 보여 주는 일화이다. 정조는 영조처럼, 삼대 이후 군사인 자는 드물었지만, 자신이 그 역할을 해내어 삼대의 모습을 회복하겠다는 의지를 내비쳤다.

> 만천명월주인옹은 말한다. 태극이 있고 난 뒤에 음양이 있었으니 그러므로 복희씨는 음양으로써 이치를 밝혔고, 음양이 있고 난 뒤에 오행이 있으므로 우임금은 오행으로써 법 삼아서 세상 다스리는 이치를 밝혀 놓았으니, 물과 달의 상을 보고서 태극, 음양, 오행의 이치를 깨우친 것이다.[459]
>
> 그 물의 큰 근본은 달의 정기이다. 나는 그 물이 세상 사람들이며 비추어져서 나타나는 것은 사람들의 얼굴이고 달은 태극이니, 태

457 우경섭, 「군사정조와 그의 시대에 대한 새로운 해석: 『정조학총서』(휴머니스트, 2020)에 대한 비평」, 『역사와 현실』 122, 한국역사연구회, 2021, 474쪽.

458 정옥자, 「정조의 교화사상」, 『규장각』 19, 서울대학교 규장각한국학연구원, 1996, 56쪽.

459 『홍재전서』, 권10, 「서인삼·만천명월주인옹자서」, "萬川明月主人翁曰, 有太極而後有陰陽, 故羲繇以陰陽而明理; 有陰陽而後有五行, 故禹範以五行而喇治. 觀乎水與月之象; 而悟契於太極陰陽五行之理焉."(인용 출처: 한국고전번역원 한국고전종합DB, https://db.itkc.or.kr)

> 극은 나라는 것을 알고 있다. 이것이 어찌 옛사람들이 만천(萬川)의 명월로써 태극의 신묘한 작용을 비유하여 말한 까닭이 아니겠는가? 조금이라도 용납되는 달빛이 반드시 비추고 있으나 혹여라도 태극의 둘레를 엿보고 손으로 잡아 헤아릴 수 있던가? 나는 그것이 겨우 수고를 들이나 무익하다는 것을 안다. 마침내 나의 처소에 '만천명월주인옹(萬川明月主人翁)'이라고 하여 자호(自號)로 삼기로 했다.[460]

정조는 위의 인용글에서와 같이 더 나아가 스스로가 '만천명월주인옹'임을 밝혔다. 자신을 보편원리이자 통일성을 갖춘 이일분수(理一分殊)의 이일로 표현하여 만민의 표준이자 입법자가 되고자 했다.[461] 그는 사대부의 상징인 주희가 집대성한 관념적인 성리학의 이기론보다 군사인 우임금으로부터 비롯된 실재적인 상수학의 황극론을 내세움으로써 계통적·존재론적으로 우위를 점하고 이를 활용하여 탕평 정국을 실현하는 정치적 효과도 함께 이루고자 했다.[462] 군사가 되기 위해서는, 교육과 정치의 목적이 같아야만 한다. 이 두 왕들은 교육과 정치가 세도를 바로잡고 삼대의 이상 사회를 실현하는 데에 있다고 보았으며, 그 중심에 군사가 있어야 한다고 여겼다.

---

460 『홍재전서』, 권10, 「서인삼·만천명월주인옹자서」, "揔其水之大本, 則月之精也, 吾知其水者, 世之人也, 照而著之者, 人之象也, 月者太極也, 太極者吾也. 是豈非昔人所以喩之以萬川之明月. 而寓之以太極之神用者耶? 以其容光之必照, 而儻有窺測乎? 太極之圈者, 吾又知其徒勞而無益. 遂書諸燕居之所曰, 萬川明月主人翁以自號."(인용 출처: 한국고전번역원 한국고전종합DB, https://db.itkc.or.kr)

461 박제균, 「정조의 군사론 연구」, 『유교사상문화연구』 88, 한국유교학회, 2022, 85쪽.

462 박제균, 「정조의 군사론 연구」, 『유교사상문화연구』 88, 한국유교학회, 2022, 86쪽.

영조 및 정조의 군사로서의 군주는 무엇보다 탁월한 학문 능력이 뒷받침되어야만 가능했다. 정조의 학문적 수준은 경연관들보다 높아서 경연 방식에 변화를 주었다. 스스로 공부하거나 초계문신들과 이론과 정치 현실을 토론하면서 경연을 주도해 갔다.

> 오늘의 모임은 성대하다 하겠다. 새로 본원을 옮기고 특별히 이 자리에 임하여 경들과 한 당(堂)에서 자문하는 것이 어찌 단지 책을 말하고 경(經)을 담론하기 위해서일 뿐이겠는가. 글 뜻 외에 오늘날 말할 만한 것이 많을 것이다. 위로 과인의 부족한 점과 시정의 득실부터 백성들의 고락과 전왕의 치란까지 무슨 일이든 다 말하고 싶은 대로 끝까지 말하여서 상하 서로 도움이 되는 바가 있게 하고자 하는 것이 바로 오늘 본원에 임한 뜻이다. 만일 책을 끼고 경연에 올라서 상례(常例)를 따라 글에 응한다면 이는 한갓 한가한 이야기판에 불과하니, 군왕의 덕과 정책에 무슨 도움이 되겠는가. 강설은 말로 인하여 의문을 일으키고 의문으로 인하여 의심을 풀어서 끝내는 사람의 선심을 감동시켜 발하게 하는 것이다. 이러므로 주자와 상산이 의리도 다르고 문로(門路)도 각기 다르지만 백록동의 강회에서 청강하던 문인들이 종종 눈물을 흘리는 자까지 있었으니, 말이 사람을 감동시키는 것이 이와 같다. 이제 성인의 말을 외우고 성인의 도를 말하여 조금이라도 선심을 계발하는 데 이르고자 한다면 오직 강설이 있을 뿐이다. 오늘 경들과 하루 종일 많은 얘기를 하고 밤에도 계속할 것이니, 경들은 할 말을 다 하여 숨기지 말라. 나도 마음을 비우고 받아들이도록 하겠다.[463]

이로써 사대부가 학문의 주체였던 경연에서 벗어나 국왕이 학문의 주체가 된 경사강의(經史講義)가 시작되었다.[464] 정조는 기존의 경연이 군왕의 덕을 고취하고 정책을 보좌하는 데 제 기능을 못한다고 진단하고, 이 강의의 자리가 군신 간의 허심탄회한 토론의 장이 되기를 기대했다.[465] 앞의 인용글은 1781년(정조 5) 정조가 경사강의를 시작하면서 한 발언의 일부이다. 정조는 기존의 경연 제도에 대해 비판적 입장을 드러냈다. 상례에 따라 책을 읽기만 할 뿐 토론이 이루어지지 않는다면 군신 간에 서로 도움이 되지 않는다고 여겼다. 정조는 군신 간에 서로 마음을 비우고 의문을 던지며 토론함으로써 선심을 감동하여 발하게 할 수 있다고 여겼다. 이 발언만을 놓고 봤을 때는, 정조가 일방적인 지식의 전수와 계도에 불신을 표하고 상호 토론과 성장을 지향했다고 생각된다. 하지만 실상 정조는 본인이 가진 견해들을 설명하고 문신들의 의견은 어떠한지 답변을 요구하는데, 이러한 문답 형식은 군주와 신하가 같은 논점을 두고 토론하는 것이 아니라 임금이 스승의 입장에서 학생에게 개념을 설명하고

---

463 『홍재전서』, 권64, 「경사강의 1 근사록」, "今日之會, 盛矣. 新移本院, 特臨此筵, 要與卿等, 一堂詢諸者, 豈直爲談書說經而止哉! 文義之外, 顧今日可言者多矣. 上自寡躬闕遺, 時政得失, 以及乎生民之苦樂, 前辟之治亂, 無事不言, 無言不到, 俾有所上下相益者, 卽今日臨院之意也. 若使登筵挾策, 隨例應文, 則是不過爲一場閒說話, 却何補於君德治謨哉. 蓋講說卽因言而起疑, 因疑而釋疑, 終至於感發人善心者也. 是以朱子與象山, 義理不同, 門路各異, 而白鹿之講, 門人聽講者, 往往有泣下者, 言之感人也如是矣. 今欲誦聖言而說聖道, 以至乎一分開發, 則惟講說是已, 今日當與卿等, 盡日劇談, 夜以繼晷, 卿等盡言無諱, 予當虛襟而受之也."(인용 출처: 한국고전번역원 한국고전종합DB, https://db.itkc.or.kr)

464 백민정, 「정조의 경학 이해와 정치의 문제」, 『한국문화』 89, 서울대학교 규장각한국학연구원, 2020, 16쪽.

465 함영대, 「경사강의의 안과 밖: 조선학술사에서 군사라는 지위」, 『태동고전연구』 44, 한림대학교 태동고전연구소, 2020, 14쪽

문제에 대한 답을 요구하는 교육의 성격을 띠고 있다.[466] 즉 궁극적으로 이들 경전에 대한 정조의 질문은 다양한 답변을 기대하는 대등한 문답이 아닌 학습을 촉구하는 교육의 목적이 짙게 배어 있다.[467] 제도적 공공성이 아닌 개인의 탁월성에 기반한 유교 의리의 구현은 어떤 면에서 권력 견제 시스템의 쇠퇴, 혹은 공론 정치의 상실을 초래했다고 부정적으로 평가받기도 한다.[468]

정조는 신하들의 교육을 담당했을 뿐만 아니라 직접 제왕학 교과서를 만들었다. 대표적인 예가 『대학유의』 편찬이다. 책의 특징은 제왕학의 이상적 모델을 요순 삼대의 학문과 정치에 두었다는 점이다.[469]

> 비록 감히 도통의 전수에는 견줄 수 없으나, 경전은 날줄로 역사서는 씨줄로 삼아서 마음속으로 자연히 복희·신농·요·순·우·탕·문·무·공자·맹자·정자·주자의 실마리를 얻은 것임을 묻지 않아도 만천명월주인옹이라는 것을 알 수 있으리라.[470]

정조의 이러한 발언은 겸손한 듯하나 스스로가 복희에서 주자에 이르기까지 학문적 실마리를 이어받은 자라는 자부심이 들어 있다.

---

466 함영대, 「경사강의의 안과 밖: 조선학술사에서 군사라는 지위」, 『태동고전연구』 44, 한림대학교 태동고전연구소, 2020, 16쪽.

467 함영대, 「경사강의의 안과 밖: 조선학술사에서 군사라는 지위」, 『태동고전연구』 44, 한림대학교 태동고전연구소, 2020, 20쪽.

468 백민정, 「정조의 경학 이해와 정치의 문제」, 『한국문화』 89, 서울대학교 규장각한국학연구원, 2020, 22쪽.

469 박제균, 「정조의 군사론 연구」, 『유교사상문화연구』 88, 한국유교학회, 2022, 92쪽.

470 『홍재전서』, 권53, 「홍우일인재전서장명」, "雖不敢遽擬於道統之傳, 若其經經緯史, 竊自有得乎羲農堯舜禹湯文武孔孟程朱之緖餘者, 尙亦不問可知爲萬川明月主人翁."(인용 출처: 한국고전번역원 한국고전종합DB, https://db.itkc.or.kr)

정조는 이에 그치지 않고 성균관 및 사학의 유생, 지방의 유생을 양성 선발하는 데 집중하면서 '사(師)'로서의 책임과 역할을 다했다.[471] 이전의 왕들의 경우, 먼저 신료들이 교육 안건을 제기하고 나서 신료들과의 협의 또는 동의라는 절차를 거쳤다면, 정조는 이와 다른 모습을 보여 주었다. 정조는 직접 문제의식을 도출하고, 바른 학문과 학풍의 보호라는 관점에서 해결 방안을 세운 후, 신료들에게 실행을 촉구하였다. 정조의 이러한 관점은 기존의 '군', '사' 개념에 대한 인식과 확연한 차이를 보인다. 특히 기존의 '사' 개념은 스승도 틀리거나 잘 모를 수 있지만, 먼저 진리를 알고 실천하고자 하는 자라는 점에서 불완전한 인간이라 할 수 있다. 하지만 정조의 '사'관은 절대적으로 옳으며 이에 학생들의 인식과 행동의 시비를 판단하는 자라 할 수 있다.

> 내 비록 덕이 없으나 군사(君師)의 지위에 있으니 이를 위하여 깃발을 세우고 맹세의 명령을 내려 진위를 가리고 시비를 헤아려 혼탁한 일대의 문풍과 선비의 취향을 개정하고 돈박하게 되돌리는 것은 직분상 당연한 것이다.[472]

정조는 당시 유행하던 속학의 폐단을 다스리고 순정한 학풍을 진흥시키고자 했다. 정조는 학문을 경학(六經)에 근거한 정학과 이단에

471 김문식, 『정조의 제왕학』 태학사, 2007. 김문식은 군사로서의 정조의 업적을 이 책에서 규명하였다.
472 『홍재전서』, 권50, 「책문 3 속학」, "予雖否德。忝在君師之位。爲之建旗鼓申誓命。黜陟於眞僞。格量其是非。而一代之文風士趨。改澆漓。歸敦朴。職固宜然."(인용 출처: 한국고전번역원 한국고전종합DB, https://db.itkc.or.kr)

속하는 속학으로 구분하고 이를 수호와 배척의 대상으로 여겼다. 문제는 개인적 학문관에 그치지 않고 군사를 자임했기에 국가적인 학문 방침으로 규정했다는 것이다. 유학자들의 학문 취향을 고려하지 않고 국왕의 학문관이 강요된 꼴이었다. 정조가 생각한 속학이란 서학과 명말청초의 학문, 고증학이었다.[473]

> 패관 소설은 사람의 심술을 가장 해치는 것이니, 문장과 경술에 뜻을 둔 선비라면 상을 준다고 하더라도 보지 않을 것이다. 더구나 음조가 낮고 슬프며 날카롭고 경박한 고신얼자의 슬프고 근심스러운 소리를 무엇 하러 읽겠는가. 처음에는 이러한 문체를 추구하는 자가 있다는 말을 듣고도 대수롭지 않게 여겨 내버려 두어도 다스려질 것이라고 생각했는데, 요사이에 와서 보니 시례를 전수해 온 집안의 자제로서 근밀한 자리에 출입하고 왕명을 윤색하는 자들까지도 습속에 물드는 것을 면치 못하고 있다. 그것이 세도와 시운에 관계되는 문제라는 것을 크게 깨달았으니, 하교를 통해서 한번 바로잡지 않을 수 없다.[474]

정조는 위의 발언과 같이 문풍이 '세도와 시운'에 관계되는 문제라는 점에서 패관 소설 등의 속학의 유행을 바로잡아야 함을 역설하였

473 김인규, 「홍재 정조의 학문관」, 『온지논총』 23, 온지학회, 2009, 296쪽.

474 『홍재전서』, 권163, 「일득록 3」, "稗官小品之書。最害人心術。士之有志於文章經術。雖賞之不觀。況其噍殺尖薄。孤臣孼子悲苦愁悒之聲。何苦而爲此。始聞有爲此體者。猶付之不屑之科。而不治治之。近見詩禮家子弟之出入近密。潤色王猷者。尙不免習俗之漸染。則大覺其爲世道時運之所關。不得不費了聲氣。一番隳."(인용 출처: 한국고전번역원 한국고전종합DB, https://db.itkc.or.kr)

다. 속학의 유행을 이념의 위기로 진단하고 이에 대처하는 문체반정책을 시행하여 정학을 바로 세우고자 하였다. 정조는 사람들이 정학의 즐거움(이로움)을 알게 되면 속학으로 돌아가라고 해도 돌아가지 않을 것이므로 더 이상 속학이 발붙일 곳이 없어진다고 여겼다.[475]

> 대체로 선성에게 배례드리는 것이 큰 예이지만 종묘에 배례드리는 것도 큰 예이니, 선성을 배알하는 것을 종묘의 알현보다 먼저 하는 것이 예의 뜻에 어떠할지 모르겠다. 주나라의 제도를 보면 남교에서 하늘에 제사하면서 후직을 배향하고, 명당에서 상제에게 제사하면서 문왕을 배향하였으니, 이는 높은 이를 높이고 친족을 친근히 하려고 한 것이다. 하늘을 섬김은 매한가지였으나 후직과 문왕에 있어서는 그 높이는 바가 본래 선후의 다름이 있었던 것이다. 우리나라는 교사가 없지만 나는 태묘에는 남교의 예와 같이 하고 경모궁에는 명당의 예와 같이 하였다. 그렇다면 입학하는 것이 비록 선성을 높이는 것이라고 하더라도 하늘을 높인 뒤에 할아버지를 높이고 할아버지를 높인 뒤에 선성을 높여야 할 것이다. 가의의 보부전에도 '태자가 태어나 3세가 되면 남교에서 하늘을 알현한다.' 하였고 '궐문을 지나갈 때에는 수레에서 내리고, 종묘를 지나갈 때에는 종종걸음으로 간다.'고 하였으니, 이것도 모두 삼선으로 가르치는 것의 앞에 있었다. 가의가 비록 도를 전한 유자는 아니라 하더라도 한나라가 일어나던 초기의 고례를 징험

475 김인규, 「홍재 정조의 학문관」, 『온지논총』 23, 온지학회, 2009, 303쪽.

> 할 수가 있다. 이것으로 논한다면, 종묘를 알현하기 이전에 선성을 알현하는 것은 아마도 가벼이 의논할 수 없을 듯하다.[476]

위의 글은 1797년(정조 21) 제신들이 원자의 세자 책봉을 촉구하자 이에 대한 연기를 주장하며 내놓은 정조의 답변 중 일부이다. 정조가 인식하는 군사관의 성격을 잘 보여 주는 사례이다. 연기된 의례는 1800년(정조 24)에 가서야 행해졌으며 입학례가 생략된 채 책례가 시행되었다. 입학례가 생략된 배경은 위의 발언을 통해 짐작할 수 있다. 정조는 '공자와 같은 선성을 알현하는 것도 중요하다면 하늘을 높인 뒤 선조를 높이고 그런 다음 선성을 높여야' 한다는 입장이었다. 이는 치학을 통해 삼선의 의미를 깨닫게 함으로써 왕위 계승자로서 본격적인 수련에 나서게 한다는 입학례의 의미를 군주와 신하의 관계에 대한 인식이라는 정치적 문제로 재규정한 것이다.[477] 정조의 인식은 의례 대상이 가지는 권위에 따라 경천(敬天)-존조(尊祖)-존성(尊聖)의 순서로 그 비중을 차등화하고 있는 것이다.[478] 정조는

---

476 『정조실록』, 권47, 1797년(정조 21) 11월 4일, "而但有一事, 不能無咨, 且于中者。夫拜先聖, 大禮也, 拜宗廟, 亦大禮也, 謁聖之先於廟見, 未知禮意之何如。成周之制, 祀天於南郊, 以后稷配, 祀上帝於明堂, 以文王配, 所以尊尊而親親也。事天則一也, 而后稷之於文王, 其所致隆, 自有先後之殊。我國無郊祀, 予於太廟, 如南郊之禮, 於景慕宮, 如明堂之禮。然則入學雖曰尊聖, 而尊天而後尊祖, 尊祖而後尊聖。賈誼 保傅傳 亦言: 太子生三歲, 見於南郊。至於 '過闕則下, 過廟則趨。皆在於教以三善之前。賈誼雖非傳道之儒, 而漢興之初, 古禮可徵。以此論之, 則廟見前謁聖, 恐難輕議."(인용 출처: 국사편찬위원회 한국사데이터베이스, https://db.history.go.kr)

477 윤정, 「정조의 세자 책례 시행에 나타난 군사 이념」, 『인문논총』 57, 서울대학교 인문학연구원, 2007, 291쪽.

478 윤정, 「정조의 세자 책례 시행에 나타난 군사 이념」, 『인문논총』 57, 서울대학교 인문학연구원, 2007, 290쪽.

신하인 공자에게 알현을 하는 것은 군주의 권위가 신료들에 의해 규정된다는 문제의식을 가졌던 것으로 보인다.[479]

> 신의 생각으로, 입학하는 예를 반드시 먼저 거행하지 못할 것이 없다고 여깁니다. 구경의 의리를 보면 어진 이를 높이는 것이 친족을 친애하는 것보다 먼저 나와 있습니다. 선성을 알현하는 것은 스승을 높이는 것이니, 스승을 높이는 것은 곧 어진 이를 높이는 것입니다. 어진 이를 높인 뒤에야 할아버지를 높이고 하늘을 공경하는 도리를 배울 수 있으니, 이것이 삼대의 예에서 입학을 가장 중하게 여긴 까닭입니다.[480]

이에 우의정 이병모는 위의 인용글에서와 같이 유학 경전에 근거하여 존친보다 존현이 앞서야 함을 설득시키고자 하였다. 스승의 권위가 바로 세워져야 유학의 이념과 가치를 이해하고 배울 수 있으니, 존사가 존현의 전제가 된다는 것이었다. 이것은 말미의 언급에서 드러나듯이 존현을 통해 존친과 경천의 도리를 이해할 수 있다는 논리로서 권위의 순서가 아니라 학습의 순서에서 그 단계를 제시하는 것이었다.[481] 여기서 정조와 신료들 간의 존사에 대한 입장 차이

479 윤정, 「정조의 세자 책례 시행에 나타난 군사 이념」, 『인문논총』 57, 서울대학교 인문학연구원, 2007, 292쪽.

480 『정조실록』, 권47, 1797년(정조 21) 11월 4일, "臣則以爲, 入學之禮, 未必不可先擧。九經之義, 尊賢先於親親。謁聖者, 所以尊師也, 尊師, 卽尊賢也。尊賢然後, 方學得尊祖敬天之道, 此所以三代之禮, 最重入學也."(인용 출처: 국사편찬위원회 한국사데이터베이스, https://db.history.go.kr)

481 윤정, 「정조의 세자 책례 시행에 나타난 군사 이념」, 『인문논총』 57, 서울대학교 인문학연구원, 2007, 291쪽.

를 확인할 수 있다. 정조는 군주의 권위가 신하의 권위보다 앞서야 한다는 입장이었다. 따라서 군사가 아니라 신하였던 공자의 권위를 높일 이유가 없었다. 기존의 관례대로 공자의 권위를 높인다면, 군주의 권위가 신하들에 의해 규정될 수 있다고 여겼다. 정조는 군신 관계에서 국왕이 의리를 주도하고자 했다. 그러지 못한다면 국왕의 권위가 상대적으로 약화되어 군주로서의 입지가 불안해질 수 있다고 보았다. 반면 신하들은 '존사'를 통해 군주가 왕위 계승자로서의 정통성을 계승함으로써 군주의 권위가 인정받게 된다고 여겼다.

> 책봉례 거행 시간이 되었을 때는 어좌를 예대로 청마루 한복판에다 마련했는데 상은 그 자리에 나오지 않았다. 세자가 면복 차림으로 규를 들고 나오자 필선이 뜰 위에 마련된 판위까지 인도하였다. 교명·죽책·인수를 받든 관원이 각기 교명·죽책·인수를 받들어 함께 책상 위에다 올려놓았고, 예조 정랑은 전문함을, 제용감 판관은 표리함을 각각 받들어 책상 위에 올려놓았다. 근시와 집사관이 먼저 전정에 들어와 사배를 올렸고 인의가 도감의 도제조 이하를 인솔하고 들어와 배위로 가서 사배를 올린 다음 섬돌 사이에 마련된 자리로 가 동쪽을 향해 서 있었다. 필선이 세자를 인도하고 들어와 마련된 자리에 가 있었고 사부·빈객·찬선이 차례로 들어와 각기 배위로 가 있었다. 찬의가 '사배'하고 창을 하니 세자가 사배를 올리고 사부·빈객·찬선도 사배를 올렸다. 필선이 세자를 인도하여 자리 앞에까지 올라와서는 필선은 기둥 밖에서 멈추고 사부·빈객·찬선이 뒤따라 올라 섬돌 사이에 마련된 자리로 가 있었다.

> 세자가 꿇어앉자 도감의 도제조가 서계로 해서 올라와 교명이 든 상자를 받들어 근시에게 주니 근시가 그것을 전해 받아 꿇어앉아서 세자에게 올렸고 세자는 그것을 받아 겸 찬선에게 주었다.[482]

결국 세자의 책봉례 의식은 기존과 다른 장면으로 연출되었다. 이는 정조의 의도대로 구현된 결과였다. 세자가 학생복을 입고 성균관 문묘에 가서 입학례를 행하는 의식이 생략된 것이다. 영조가 자신에게 그러했듯, 정조 또한 세자에게 군사 의식을 계승시키고자 했음을 확인할 수 있다. 이날 세자에게는 "현자를 가까이" 하라는 덕담이 내려졌지만, 스승을 높이고 학문을 존숭하라는 말은 생략되었다.

정리하자면, 영조와 정조의 군사 의식은 기본적으로 군주의 권위와 신하의 권위가 서로 양립할 수 없다고 판단한 결과였다. 스승은 지식과 판단, 실천 모든 면에서 절대적으로 압도하는 자라는 점에서, 다른 사람을 가르칠 수 있다고 여겼다. 둘 다 자신을 군사로 자임하면서 공자 이전의 정치, 즉 삼대의 이상 사회로 복원하겠다는 의지를 보여 주었다. 국왕의 군사 의식은 국왕의 높은 학문적 성취와 적극적인 교육 정책 실현이라는 장점을 지닌다. 그 어느 때보다

---

482 『정조실록』, 권53, 1800년(정조 24) 2월 2일, "冊禮時至, 御座則如禮設於堂中, 而上不爲臨殿。世子具冕服執圭以出, 弼善引至階上版位。捧敎命、冊、印官, 各捧敎命、竹冊、印綬, 同置於案, 禮曹正郞捧箋文函, 濟用判官進表裏函, 置於案。近侍及執事官, 先入庭四拜, 引儀引都監都提調以下, 入就拜位, 四拜, 就階間位, 東向立。弼善引世子, 入就位, 師傅、賓客、贊善, 入就拜位。贊儀唱四拜, 世子四拜, 師傅、賓客、贊善四拜。弼善引世子, 陞詣座前, 弼善止於楹外, 師傅、賓客、贊善, 從陞入就階間位。世子跪, 都監都提調陞自西階, 捧敎命函授近侍, 近侍傳捧跪進, 世子受之, 以授兼贊善."(인용 출처: 국사편찬위원회 한국사데이터베이스, https://db.history.go.kr)

학문적인 기대가 커졌다고 할 수 있다. 하지만 국왕의 절대적 통치권 행사를 빌미 삼아 교육이 아닌 세뇌, 일방적 주입을 행할 가능성이 높다.

이론상 유학에서 스승의 권위는 그 사람에 대한 권위가 아니라 그가 추구하는 학문의 가치를 상징함에도 불구하고, 군사 의식에서의 스승의 권위는 군주라는 인물 그 자체의 권위를 상징한다고 할 수 있다. 영조와 정조에게 '스승'은 배움의 과정에서 서로를 이끌어 주는 학문의 동반자가 아님은 분명했다. 일에 대한 판단과 해석을 결정하는 주관자로서의 성격이 강했다. 정조의 경우, 정학과 속학이라고 규정지은 이분법적 잣대를 개인적 의견을 넘어 전체 의견으로 강요하였다. 그 결과 자신의 정학(正學)론을 신료들과 유생들에게 강하게 주장하였고, 이를 어길 시 반성 및 교정하게 했다. 정조는 자신의 의견대로 행하는 이들을 바른(모범적인) 선비로, 그렇지 않은 이들을 속된(불량한) 선비로 평하였다. 이들 국왕의 군사 의식은, 정치적 이해관계를 지나치게 의식한 결과, 유학이 추구하는 '존사'의 본래 의미에서 멀어졌다고 할 수 있다.

2. 군(君), 사(師), 부(父) 주체 간의 쟁점

성리학 이념이 확산 및 정착됨에 따라 '존사'와 관련하여 몇 가지 쟁점이 발생하게 되었다. 대표적인 쟁점 사항은 크게 두 가지이다. 하나는 군신 간에 어떤 '의리'를 우선할 것인가이다. 또는 군신 간의 관계를 어떻게 정의할 것인가이다. 또 다른 하나는 부자(父子) 간 윤리와 사제(師弟) 간 윤리의 충돌 시 무엇을 우선할 것인가이다. 이 쟁점들은 군·사·부 간의 대소경중을 다루는 문제이기도 하다.

군신 간의 쟁점과 관련하여 앞서 언급한 선조와 우계 성혼 간의 사례를 살펴보자. 성혼이 피난 중 처음부터 임금을 모른 척했으면 문제가 복잡해지지는 않았을 것이다. 일부러 모른 척한 것이 아니라 어쩔 수 없는 상황이었다는 게 문제였다. 이 문제는 당대에 결론이 나지 않아 뒷세대들에게까지 갈등의 원인을 제공했다. 성혼의 제자들과 광해군 사이의 쟁점으로 이어진 것이다. 성혼의 제자들은 사제지간의 의리를 내세우며 성혼의 억울함을 호소했다. 반면 광해군은 성혼의 제자들의 손을 들어 준다면 부친이 잘못한 것이 되므로 쉽게 응할 수가 없었다. 따라서 이 사건은 사제지간의 의리와 군신 간의 의리 중 무엇을 더 우선해야 하는가의 문제에 부딪히게 된다. 더 나아가 이 문제는 성혼의 문묘종사와도 관련되었다. 군신 간의 의리를 강조하게 되면 성혼은 문묘에 종사될 수 없기 때문이다. 결국 성혼은 문묘종사와 관련하여 출향과 복향을 반복하게 되었다.

부자간 윤리와 사제간 윤리의 대표적 충돌 사례는 우암 송시열(宋時烈, 1607~1689)과 명재 윤증(尹拯, 1629~1714)의 경우이다. 송시열은 사계 김장생과 그의 아들 김집에게 수학하였다. 1635년(인조 13)에 과거를 거치지 않고 봉림대군(효정)의 사부에 임명될 만큼 학덕으로 일찍부터 이름을 알렸다. 송시열의 학문관은 철저히 주자를 존숭하는 것이었다. 이에 따라 불변의 '의리'를 지켰다고 평가받았다. 송시열은 효종의 적통을 인정하지 않고 서자로 간주해야 한다는 이른바 예송 논쟁의 결과, 숙종 즉위년에 유배되었다. 예송 논쟁에서 송시열은 윤휴와 의견이 대립되었다. 윤휴는 왕실의 특수성을 고려해 효종이 왕통을 계승한 만큼 장자(長子)로 인정해야 한다고 주장했다.

송시열이 유배 중일 때 제자 윤증이 찾아와 아버지인 윤선거의 비문을 교정해 달라고 부탁했다. 윤선거는 송시열의 친구였고 윤증은 송시열의 제자였다. 1657년에 윤증이 송시열에게 『주자대전』을 배우면서 둘은 사제지간이 되었다. 이들은 같은 서인이지만 각각 노론과 소론의 영수에 해당했다. 즉 서인이 분열할 때 그 중심에 있던 인물로 아버지 윤선거와 관련한 갈등이 계기가 되었다. 그 갈등은 아버지인 윤선거가 죽었을 때 송시열과 반목하던 윤휴에게 조문을 받은 일과, 송시열이 써 준 묘갈명에 윤선거에 대한 비방이 담긴 것에서 시작되었다. 송시열은 병자호란 때 윤선거가 강화도에서 탈출했고 생전에 윤휴의 학문을 옹호한 일에 불만을 표시했기 때문이다. 송시열이 비문을 끝내 교정하지 않자 마침내 윤증 스스로 스승 송시열의 덕행과 학문을 비판하는 신유의서(辛酉擬書)를 써서 완전히 등을 지는 상황에 이르렀다. 두 사람의 이 같은 대립을 '회니(懷尼)' 문제라고 부른다. 그 뒤 윤증은 남인에 대한 처벌 문제를 놓고 서인이 강경파와 온건파로 나뉠 때 젊은 선비들에 의해 소론의 영수로 추대됨으로써 노론의 영수 송시열과 반목하게 된다.[483]

송시열, 윤선거, 윤휴 등 각 학파의 대립과 분열의 원인에는 현종

---

483 김교빈, 「명재 윤증과 하곡 정제두의 교유」, 『시대와 철학』 21(1), 한국철학사상연구회, 2010, 48쪽.

초반과 후반에 걸쳐 치열하게 전개되었던 두 차례의 예송 사건이 있었다. 크게 절대적 의리와 예법에 대한 보편성을 고수하는 송시열과 특수성을 인정하는 윤휴 간의 갈등이었다. 그러나 논쟁이 두 사람 사이에서만 일어나지 않고 학파 간으로 확산되고 복잡해지면서 사제간, 부자간, 군신 간의 의리 문제로 번지게 되었다. 윤증과 송시열의 대립과 이들을 둘러싼 학파 간의 갈등은 부자와 군신 간의 의리에 대한 쟁점에 해당한다. 이를 '배사(背師)' 논쟁이라 한다. 윤증은 아무리 스승이라도 자신의 아버지를 비방한다면 사제지간의 의리를 저버릴 수밖에 없다는 입장이었다. 윤증의 이런 행동에는 먼저 언어에 의한 관념적인 논쟁에서 벗어나는 실학(實學)을 추구하는 학문관에 근거한다.[484] 반면 송시열은 스승은 곧 아버지와 다를 바 없기에, 스승에 대한 의리를 끝까지 고수해야 한다는 입장이었다. 이는 '스승이 도를 전수했다는 점에서 사제존비라는 선후(先後)와 존비(尊卑)의 구별이 생겼다'는 논리에 해당한다.[485] 이와 관련해 윤증의 입장을 구체적으로 살펴보도록 하겠다.

> ① 신하가 임금에 대해서와 제자가 스승에 대해서는 똑같이 섬겨 목숨까지도 바친다는 의리가 난공자의 말로 『소학』에 실려 있으니, 이 말을 어찌 그르다고 할 수 있겠느냐. 다만 스승에 대해서는 관계가 깊고 얕음과 가볍고 무거운 구별이 있기 때문에

484 송수진, 「명재 윤증의 교육사상 검토」, 『인격교육』 12(1), 한국인격교육학회, 2018, 44쪽.
485 이우진, 「조선시대 사림(士林)의 스승담론 연구: 사설류(師說類) 분석을 통해」, 『한국교육사학』 36(1), 한국교육사학회, 2014, 45쪽.

스승에 대한 복에도 3월, 5월, 기년, 삼 년의 구별이 있다. 예를 들어 공자가 안자나 증자에 대해서는 임금과 아버지와 같지만 그 아래로는 매우 차등이 있다. 어찌 명목이 사제 관계라고 해서 모두 부자나 군신 간의 의리와 같을 수 있겠느냐. 지금 모든 사생 관계인 자는 모두 부자나 군신과 같이 여긴다면 참으로 불가하고, 만약 아비와 스승의 경중을 정해서 하나의 설로 만든다면 이 또한 불가하다.

근래 성상께서 단지 아비와 스승의 경중으로써 단정하였기 때문에 저들의 마음을 승복시키지 못했고, 김진규와 윤세현 등의 상소가 나오게 된 까닭이다. 강과 김 등 제생의 뜻도 여기에서 나온 듯하다. 박군의 상소 또한 성상의 하교에 의거하여 김을 논척하면서 스승은 똑같지 않다는 의리를 말하지 않았으니 김이 어찌 마음으로 승복하겠느냐. 너도 이것을 모르느냐. 의리가 분명치 않아서 단지 서로 다투는 결과만 되는 것이 모두 이런 부류이니 한탄스럽다. 윤세현의 상소 중에 스승은 똑같지가 않다는 말이 대략 있고, 권상하의 상소에 은원을 모두 잊은 뒤에 반드시 정론이 있다는 말이 있는데, 이런 말들은 모두 옳다. 피차간의 모든 소장을 대충 보아서는 안 되고 반드시 그 의의를 따져 봐서 그 시비를 밝혀 나의 견식을 밝게 해야 한다. 아비와 스승의 경중에 대한 설은 성상께서 하교하여 그것이 일체라는 저쪽의 정론으로 정해졌는데, 이와 같을 뿐이라면 『소학』에 실려 있는 난공자의 말은 헛된 의리가 된단 말이냐. 이것은 매우 온당치 못하다.

그런데 한 사람도 스승은 똑같지 않다는 의리를 분변하여 설파하지 않고 아비와 스승은 참으로 경중을 나눌 수 없다고 하는데, 스승이라도 많은 형태가 있으므로 모두가 군부와 동일하지 않다고 한다면 저들 또한 반드시 그 마음속으로는 승복할 것이다. 정자, 장재, 주자가 논한 스승을 위한 복에 대한 설을 자세히 음미해 보면 환하게 알 수 있다. 민진장 등 여러 상소는 내가 송시열에 대해 부자간과 같은 점이 있다고 하는데, 사생 간의 정의의 경중을 다른 사람이 어떻게 강제로 정할 수 있겠느냐. 이것은 가소로운 일이다. 또 한쪽의 여러 의논이 이 한 가지를 분변하여 설파하지 못하고 범범하게 스승이 가볍고 아비가 중하다고 한다면 이것은 잘못이다. 너 또한 이것을 분변하지 못했기 때문에 장황하게 말한 것이다. 강과 김 등 제생이 논한 것은 그르지 않다. 박군이 강과 김에 대해 이해할 수 없다고 한다면 반드시 강과 김의 비웃음을 살 것이다. 내가 후세의 공의(公議)에 죄를 얻는 것 또한 여기에 있다. 의탁할 때에 친해야 할 사람을 잃지 않으면 또한 종주가 될 수 있다. 의탁하는 데 친해야 할 사람을 잃지 않은 뒤에야 종주가 될 수 있어서 폐단이 없는 것이다. 나는 처음에 이 의리를 잃었기 때문에 이런 무한한 낭패가 있게 된 것이다. 이 한 가지는 후세의 공의에 대해 책임을 변명할 수 없다. 너희들은 마땅히 알아야 한다.[486]

486 『명재유고』, 권28, 「여자행교」, “晦日, 君臣師生。一事致死之義。欒共子之說。載於小學。則其說何可非之耶。只是師有淺深輕重之別。故其服亦有三月五月期年三年之別。如孔子之於顏曾。則與君父同。而其下則煞有差等。安有名爲師生。盡同於父子君臣之義乎。今若

② 내가 일찍이 박세채에게 답한 편지에, "돌아가신 부친은 아버지이자 스승이어서 다른 사람이 스승을 삼은 것과는 그 은혜와 의리의 경중이 전혀 같지 않다. 두 스승 사이가 같을 수 없으므로 형세상 양쪽 모두 온전히 할 수 없다." 하니, 현석이 정구가 퇴계와 남명 두 분을 스승 삼았다고 대답하였다. 그러나 남명이기 때문에 두 분 다 스승으로 삼을 수 있었던 것이다. 만약 정인홍이 퇴계를 공격한 것과 같은 경우라면 어찌 버리지 않을 수 있겠느냐. 지금 회천이 선인에게 하는 것이 정인홍이 퇴계를 공격한 정도일 뿐만이 아니니, 부자간의 친함은 우선 논하지 않고 두 스승의 의리로만 말하더라도 형세로 볼 때 한 스승에게는 나아가고 한 스승은 버려야 한다. 그러나 스승을 배반했다는 말은 내가 달게 받고 사양하지 않을 것이기 때문에 현석에게 한 통의 편지를 보낸 뒤로 다시는 이런 말을 입에 올리지 않았다. 저들이 만약 스승을 배반한 것으로 나의 죄를 삼고 선인에게 욕하지

以一切爲師生者。皆同於父子君臣。則固不可。而若以父師輕重。定爲一說。則亦不可近來自上。只以父師輕重爲斷。故無以服彼輩之心。而金鎭圭, 尹世顯等疏之所以發也。姜金諸生之意。似亦出於此也。朴君之疏。亦依上敎而斥金。不言師非一槩之義。金豈心服耶。汝亦不知此耶。義理不明。只爲爭競之歸者。皆此類。可歎。尹世顯疏中。略有師非一槩之說。權尙夏疏。有恩怨俱忘之後。必有定論云。此等說則皆是矣。凡彼此疏章。不可泛看。必須究其義意。而辨其是非。以明吾之見識可也。父師輕重之說。自上敎之下。定爲一邊之一切定論。如此而已。則小學所載欒共子之說爲虛義耶。此極未安。無一人辨破師非一槩之義。以爲父與師。固不可輕重。而若謂師者有許多般樣。不可一切同之於君父云云。則彼輩亦必內服於其心矣。程張朱子所論師服之說熟玩之。則曉然矣。如閔鎭長諸疏。則以爲吾之於懷。有同父子云。師生情義之輕重。他人何可勒定之耶。此則可笑也。一邊諸議。不知辨破此一款。而泛說師輕而父重。此則非也。汝亦不辨於此。故縷縷言之。姜金諸生之所論不非也。朴君以姜金。爲不可曉。則必爲姜金之所笑矣。吾之得罪於後世公議者。亦在此。因不失其親。亦可宗也。所因不失其可親之人。而後可以爲宗主而無弊。吾則初失此義。故有此無限狼狽。此一款無以辭責於後世者也。汝等宜知之。晦日."(인용 출처: 한국고전번역원 한국고전종합DB, https://db.itkc.or.kr)

않았다면 담소하면서 대했을 것이다. 그러나 욕하는 것이 선인에게까지 미친 것은 모두가 회천에게서 나온 것이다.
대체로 회천이 온갖 말을 다 하여 무함하고 날조한 것 또한 자기의 분풀이일 뿐만이 아니라 그 깊은 뜻은 또 따로 있는 것이다. 반드시 이와 같이 한 뒤에야 내가 논한 그 본원과 언행 운운한 것을 모두 사적인 감정으로 돌리고 후세에 자신을 해명할 수 있기 때문이다. 이 뜻은 세상 사람들이 필시 아는 자가 없을 것이다. 현석이 사생 간에 관한 설에서 논한 복제가 정자와 장재의 설을 따르지 않고 한결같이 삼 년으로 정한 것은 잘못을 바로잡으려다 또 잘못을 저지른 의논으로서 결코 행할 수 없는 것이다. 정자와 장재로부터 율곡의 『격몽요결』에 이르기까지 이미 정한 제도가 있으니, 사람들이 어찌 현석의 주장을 따르겠느냐. 강과 김 등 여러 사람이 견지하는 것은 곧 그 스승의 설이다. 박군(朴君)은 현석을 따르는 사람 중에서 가장 친하다고 하는데 그것이 스승에게서 나왔다는 것을 모르겠느냐.[487]

487 『명재유고』, 권28, 「여자행교」, "吾之曾答玄石書。有曰。先人則父而師耳。與他人之爲師者。其恩義輕重萬萬不侔。兩師之間。不可同。則勢不可兩全云云。則玄石以鄭寒岡之兩事退溪, 南冥爲答矣。然南冥。故得以兩事。若如仁弘之攻退溪。則安得不棄。今懷川之於先人。不翅仁弘之攻退溪。父子之親。姑勿論。只以兩師之義言之。勢不免就一師。而棄一師矣。然背師之說。則吾所甘受而不辭。故與玄石一書之後。不復發口矣。彼輩若只以背師罪吾。而侵辱不及於先人。則當談笑而待之矣。侵辱之上及。無非出於懷川。蓋懷川之極口誣捏者。亦非但攄其忿也。乃其深意則又有在焉。必如此然後吾之所論其本源言行云云者。可以盡歸於私憾。而自解於後世故也。此意則世人必無知之者矣。玄石師生說。所論服制。不從程, 張子之說。而一以三年爲定。則乃矯枉過直之論。而必不可行者也。自程, 張至於栗谷擊蒙要訣。已爲定制。人豈從玄石之論耶。姜金諸人所執。卽其師說耳。朴君從玄石最親云。而不知其出於師說耶."(인용 출처: 한국고전번역원 한국고전종합DB, https://db.itkc.or.kr)

주지하다시피 유학의 경우 아버지, 임금, 스승 모두가 나를 키워 주는 은혜가 있다고 언급하나, 어떤 은혜가 더 중요한지에 대해서는 논하지 않았다. 아버지가 있기에 '나'가 존재한다는 점에서 부자지간의 의리를 제일 우선해야 하지만, 임금이 있기에 사회적 질서가 형성되고 정치적 존재로서의 '나'가 존재할 수 있고, 스승이 있기에 사회적 존재로서의 '나'가 존재할 수 있다. 이들은 각각 생물학적·정치적·사회적 존재로서의 '나'라는 존재를 있게 해 준 은혜가 있다.

시간이 흘러, 군, 부, 사의 경중에 대한 판단과 관련하여 율곡은 이러한 의미심장한 말을 한 바 있다. 제자는 먼저 스승을 임금, 어버이처럼 섬기며 마음을 다해야 하지만 스승에게 무조건적으로 복종하는 것도 제자의 도리가 아니라고 보았다.[488] 스승의 가르침을 믿고 따르나, 스승의 말만 맹신하여서도 안 되며 혹 의심되는 점이 있으면 조용히 질문하여 그 잘잘못을 가릴 필요가 있음을 언급하였다. 윤증은 더 나아가 스승에 대한 이의 제기는 사감(私憾)이 아닌 공의(公儀)임을 강조하였다.[489] 따라서 얕은 관계의 사생 간에서 제자는 절대적으로 스승을 따르기보다 스승의 언행에 이의를 제기할 수도 있는데, 이는 공의(公議)에 맡기는 행위이지 결코 사감(私憾)이 아니라고 강조하였다.[490]

이로 보아 조선 중기 이후 일부 유학자들은 이들 세 주체 간의 대소경중을 구분하기는 어렵지만, '공의'에 의해 행동한다면 문제될

488 송수진, 「명재 윤증의 교육사상 검토」, 『인격교육』 12(1), 한국인격교육학회, 2018, 48쪽.
489 송수진, 「명재 윤증의 교육사상 검토」, 『인격교육』 12(1), 한국인격교육학회, 2018, 48쪽.
490 송수진, 「명재 윤증의 교육사상 검토」, 『인격교육』 12(1), 한국인격교육학회, 2018, 93쪽.

것이 없다고 여긴 것 같다. 윤증이 '배사' 행위로 비난을 받으면서도 자신과 주위에 떳떳할 수 있었던 이유가 여기에 있었다. 윤증은 누가 더 유학의 본래 정신을 실천하고 있느냐며 따졌다. 이런 이유로 윤증은 오히려 사적인 감정으로 부친을 비난한 스승의 태도에 실망하고 등을 돌린 것이다.

이후 송시열이 기사환국으로 관직을 박탈당하고 여러 유배지를 전전하다가 결국 사약을 먹고 죽는 사건이 발생했다. 그러나 서인이 다시 집권하면서 조정에서 관작을 복구하고 영조에 의해 문묘에 종사되었다. 또한 정조는 그를 송자(宋子)로 추대하였다. 이때 사림의 공론이 일치하지 않아 문묘종사까지의 과정이 쉽지만은 않았다. 숙종 말 송시열의 문묘종사 논의는 노론의 정치적·학문적 우위 속에서 그 정당성을 입증하기 위해 제기되었다.[491] 그러다 영조 초반의 을사처분으로 노론 주도의 정국으로 변화하면서 송시열의 문묘종사가 추진될 수 있었다. 40여 년의 시간이 흘러 송시열이 결국 문묘에 종사되게 된 데에는, 영조가 군사로서의 자신의 위상을 강화하고자 했던 정치적 배경도 작용하였다.[492] 이처럼 조선 중기 이후 누가 문묘에 종사되고 배제되느냐의 논쟁은 매우 격렬하게 이루어졌는데, 여기에는 학문적인 논쟁보다는 정치적 의도가 전제되어 있었음을 확인할 수 있다.

---

491 이근호, 「18세기 전반 송시열 문묘 종사 논란의 정치적 의의」, 『한국사학보』 62, 고려사학회, 2016, 137쪽.
492 이근호, 「18세기 전반 송시열 문묘 종사 논란의 정치적 의의」, 『한국사학보』 62, 고려사학회, 2016, 138쪽.

조선시대 문묘종사 논의는 크게 중종 대에 전개된 도학 계보(정몽주-김굉필 중심의 문묘종사 논의)와 선조 대에 전개된 동방 오현(김굉필, 정여창, 조광조, 이언적, 이황 중심의 문묘종사 논의)으로 나눌 수 있다.[493] 조선시대 문묘종사를 세부적으로 보면, 처음에는 사림파 중심으로 이루어지다가, 오현 종사 이후 율곡학파 중심으로 문묘에 종사되었다는 특징을 보인다.[494] 오현 개념 중심의 문묘종사 논의 이후에 전개된 문묘종사 논의는 훌륭한 인간을 만드는 것과 관련하여 성리학에 대한 해석상의 차이를 보여 주는 것이라기보다는 당시의 정치적 상황에서 권력을 독점하기 위한 당쟁의 요소를 포함하고 있다고 해석한다.[495] 조선 성리학자들의 한평생의 삶을 좌우하는, 조선 성리학의 성격을 결정하는 논의로 해석하기도 한다.[496]

'존사'와 관련하여 여러 주체 간의 팽팽한 논쟁이 발생한 배경에는 분명 정치적 이유가 강하게 작용하였다. 하지만 단순히 정치적 논쟁으로만 끝난 것은 아니었다. 이들의 '존사' 논쟁은 결국 어떠한 삶을 바람직하다고 여기는가에 대한 고민에서 비롯되었기 때문이다. 스승은 말과 행동이 일치해야 하며, 한순간의 실수도 용납될 수 없다는 입장과, 스승이라도 실수를 할 수 있으며 얼마나 진정성 있게 학문을 추구하는지가 더 중요하다는 입장 중 어느 쪽을 받아들이느냐에 따

493 이미종, 「조선시대 중종-선조대 문묘종사논의의 교육학적 해석」, 『도덕교육연구』 22(2), 한국도덕교육학회, 2011, 163쪽.
494 김현수, 「조선시대 문묘석전(文廟釋奠)의 쟁점과 특징」, 『동양철학연구』 113, 동양철학연구회, 2023, 37쪽.
495 이승환, 『유교담론의 지형학』, 푸른숲, 2004, 137-149쪽.
496 이미종, 「조선시대 중종-선조대 문묘종사논의의 교육학적 해석」, 『도덕교육연구』 22(2), 한국도덕교육학회, 2011, 163쪽.

라 스승의 권위를 바라보는 관점 또한 달라질 수밖에 없었다. 제자의 입장에서는 스승의 삶에 오점이 없기를 바라는 마음이 컸다. 스승이라는 인물이 한평생 살아온 삶을 평가하고 그 인물이 지향했던 삶의 가치를 인정하고 이를 신념으로 받아들인 결과였다. 시간이 흐를수록 '존사'는 스승이 매개로 하는 학문[道]뿐만 아니라, 스승이 살아온 삶의 자취, 신념, 의지, 출사(出仕) 등을 계승하는 일이 되었다.

제7장

구한말 교사의 달라진 권위

1. 개화기 교육

개화기는 일반적으로 1876년 맺은 조일수호조규(朝日修好條規) 이후, 한국에 서양 문물이 유입됨으로써 종래의 전근대적 사회 질서 및 풍습이 타파되는 움직임이 나타나고, 근대적 사회로 변화되어 가던 시기를 이른다.[497] 1894년 조선 교육 제도의 근간을 이루었던 신분제와 과거제를 철폐한 후, 1895년에 '교육에 관한 조칙'을 발표하였고 이어 9월 7일 '소학교령'을 발표하여 본격적인 근대 교육을 실시하였다.[498] 이에 따라 한편으로는 정교(正教)를 바로 세우기 위해 전통적 교육 체제를 개편해 나가는 가운데, 다른 한편으로는 시세(時勢)에 발맞추어 서기(西器)를 배우기 위한 신식학교 교육을 적극 추진해 나간다.[499] 이 시기 개화기 교육은 국가 위기의 원인으로 지목된 전통 교육에 대한 비판과 이 위기에서 탈출하는 방안이라는 맥락으로 구성되었다.[500] 이를 반영하듯 '교육에 관한 조칙'에서 '교육의 역할은 국가를 보존하는 것이 근본'이라는 원칙을 밝혔다.

> 세상 형편을 돌아보면 부유하고 강성하여 독립하여 웅시(雄視)하는 여러 나라들은 모두 그 나라 백성들의 지식이 개명하고 지식이 개명함은 교육이 잘됨으로써 말미암은 것이니, 교육은 실로 나라

497 송승섭, 「개화기 한국 근대 도서관의 형성과정에 관한 고찰」, 『구보학보』 32, 구보학회, 2022, 12쪽.
498 정순우 외, 『사라진 스승: 다시 교사의 길을 묻다』, 현암사, 2019, 193쪽.
499 박종배, 「근대 전환기 한국 전통교육체제의 새로운 모색과 좌절」, 『한국교육사학』 42(1), 한국교육사학회, 2020, 70쪽.
500 정순우 외, 『사라진 스승: 다시 교사의 길을 묻다』, 현암사, 2019, 193쪽.

> 를 보존하는 근본이다. 그러므로 짐이 임금과 스승의 자리에 있으면서 교육하는 책임을 스스로 떠맡고 있다. 교육에는 또한 그 방도가 있으니, 허명과 실용의 분별을 먼저 세워야 할 것이다. 책을 읽고 글자를 익히어 고인의 찌꺼기만 주워 모으고 시대의 큰 형국에 어두운 자는 문장이 고금보다 뛰어나더라도 쓸모가 전혀 없는 서생이다. 이제 짐은 교육하는 강령(綱領)을 제시하여 허명을 제거하고 실용을 높인다. 덕양(德養)은 오륜의 행실을 닦아 풍속의 기강을 문란하게 하지 말며, 풍속과 교화를 세워 인간 세상의 질서를 유지하고 사회의 행복을 증진시킬 것이다. 체양(體養)은 동작에는 일정함이 있어서 부지런함을 위주로 하고 안일을 탐내지 말며 고난을 피하지 말아서 너의 근육을 튼튼히 하며 너의 뼈를 건장하게 하여 병이 없이 건장한 기쁨을 누릴 것이다. 지양(智養)은 사물의 이치를 연구하는 데서 지식을 지극히 하고 도리를 궁리하는 데서 본성을 다하여 좋아하고 싫어하며 옳고 그르며 길고 짧은 데 대하여 나와 너의 구별을 두지 말고 상세히 연구하고 널리 통달하여 한 개인의 사욕을 꾀하지 말며 대중의 이익을 도모하라. 이 세 가지가 교육하는 강령이다.[501]

국권이 위협받고 있던 당시 상황에서 교육의 가장 중요한 임무는 국가적 위기 상황에 대처하는 것으로 변경되었다.[502] 전통 교육인 유

501 『고종실록』, 권33, 1895년(고종 32) 2월 2일.(인용 출처: 국사편찬위원회 한국사데이터베이스, https://db.history.go.kr)

502 정순우 외, 『사라진 스승: 다시 교사의 길을 묻다』, 현암사, 2019, 193쪽.

학은 '헛된 이름에 몰두'하여 '시세의 대국에 눈 어두'웠으며, 따라서 전통 교육을 통한 국가의 보전은 불가능하다고 단정했다.[503] 전통 교육에 대한 비판의 근저에는, 세계는 도덕적 자연법칙으로 운행되는 도(道)의 세계가 아니라 진화 정도에 따른 약육강식 법칙이 지배하는 패권적 세계라는 근대적 세계관이 자리하고 있다.[504]

고종의 '교육에 관한 조칙'은 기존의 유학적 세계관과 교육에 대해 공식적으로 비판하고 본격적으로 근대 교육을 시작하기 위함이었다. 이제 교육은 개인의 수양으로 선한 본성을 회복하는 것이 아니라 국가와 개인의 경쟁력을 높여 부국강병을 꾀할 수 있어야 한다는 시대적 절박함이 담겨 있다. 여기서 주목되는 것은, 고종은 스스로를 '군사'로 자처하고 있다는 것이다. 또한 국가와 개인을 하나의 공동체로 여기고 있으며, 개인의 굳건함이 곧 국가의 강인함으로 이어짐을 강조하고 있다. 이에 국가를 보존할 수 있도록, 개개인의 교육의 목적과 내용, 방법상의 대대적 전환을 시도하였다. 이에 맞추어 1895년 한성사범학교를 운영하고 정부가 교사를 양성하기 위한 규율과 법령을 제정하였다. 정부는 1894년 이후 법령을 공포해 관·공립학교를 세웠으며 민간인 및 선교회가 세운 학교를 사립학교의 형태로 편입시켰다.

개화기 서구식 교육이 도입되면서 교사에 대한 요구 사항에도 변화가 생겼다. 고종의 발표에 따라 교사란 과학, 지리와 같은 실용적

---

503 정순우 외, 『사라진 스승: 다시 교사의 길을 묻다』, 현암사, 2019, 193쪽.
504 정순우 외, 『사라진 스승: 다시 교사의 길을 묻다』, 현암사, 2019, 193쪽.

학문에 대한 이해가 높으며 국민을 문명으로 이끌어 주는 자여야 했다. 국민적 지도자로서의 교사, 과학적 교양인으로서의 교사, 학생들을 인격적으로 감화시킴으로써 자연스럽게 학생들로부터 존경을 받는 합리적 교양인으로서의 교사가 당시 이상적 교사의 표상이었다.[505] 그러나 한성사범학교 학생들 대부분 새로운 학문에 대해 적대적인 경우가 많았으며 과학에 대해 무지했다.[506] 게다가 현실의 교사들은 궁핍한 생계를 이어 가기 위해 모멸과 멸시의 대상이 되기도 했다. 일례로 백범 김구의 기록을 살펴보자.

> 아버님은 문중과 인근 상놈 친구와 아동을 몇 명 모아 서당을 새로 하나 만드셨다. 수강료로 쌀과 보리를 가을에 모아주기로 하고 청수리 이생원을 선생으로 모셔왔다. 그분은 양반이지만 글이 넉넉지 못하여 '양반의 선생'으로 고용하는 사람이 없어 우리 같은 '상놈의 선생'이 된 것이다. 선생이 오시는 날, 나는 너무 좋아서 머리 빗고 새 옷 입고 마중나갔다. 저 앞에서 키 큰 쉰 살 남짓의 노인이 오신다. 아버님이 먼저 인사하신 후, "창암아, 선생께 절하여라"고 말씀하신다. 공손히 절하고 나서 선생을 바라보니 마치 신선이나 하느님처럼 거룩해 보였다. 이리하여 우리집은 사랑에 공부방을 열고 선생님 식사까지 봉양하게 되었다. …… 반 년이 되지 않아 신존위 부친과 선생 사이에 반목이 생겨 결국 선생님을 내보내

---

505 정순우 외, 『사라진 스승: 다시 교사의 길을 묻다』, 현암사, 2019, 207쪽.
506 정순우 외, 『사라진 스승: 다시 교사의 길을 묻다』, 현암사, 2019, 202-203쪽.

> 게 되었다. 표면적인 이유는 그 선생이 밥을 많이 먹는다는 것이었지만, 사실은 자기 손자는 둔재로 공부를 못하는 데 비해 나의 학문이 날로 발전하는 것을 시기한 것이었다. 일전에 매달 보는 시험을 앞두고 선생님은 나에게 은밀하게 "네가 늘 우등하였으니 이번에는 일부러 못 외는 것처럼 모른다고 대답하여라"고 부탁한 적이 있다. 내가 선생님 부탁대로 하였더니, 그날은 신존위 아들이 일등했다고 닭 잡고 술상 차려 잘 먹었다. 그런데도 결국 그 선생을 해고하였으니 이것은 진실로 소위 '상놈의 짓'이다.[507]

위의 인용글은 백범 김구의 열두 살(1887) 시절 회고 중 일부이다. 이 기록을 통해 구한말 교사의 권위가 실제로 어떠했는지를 짐작할 수 있다. 구한말 신분 상승을 위한 과거 시험 공부가 상민이나 양반 가리지 않고 성행했다. 상민 또한 신분 상승을 위한 수단으로, 과거 시험에 매달린 것이다. 상민을 가르치던 교사는, 양반 중에 학식이 부족하고 가난한 사람이었다. 이들은 돈을 주는 집을 찾아다니면서 가르쳐서 '돌림 선생'이라 불렸다.[508] 김구가 처음 선생을 만나는 장면에서 부형에 의해 선생에게 예를 갖춘 것으로 보아, 존사의 형식이 민간에서도 행해지고 있었음을 알 수 있다. 반면 김구는 당시 선생을 "신선이나 하느님"처럼 거룩하게 여겼는데, 그간 교육받을 기회가 전무했던 환경에서 간절히 원하던 교육을 받을 수 있었기 때

---

507 김구 지음, 도진순 주해, 『백범일지』, 돌베개, 2006, 30-31쪽.
508 김구 지음, 도진순 주해, 『백범일지』, 돌베개, 2006, 32쪽.

문이다. 김구의 부친은 가르침의 대가로 선생에게 숙식을 제공했다. 그러나 선생의 권위는 매우 낮은 편이었다. 학생과 부형의 눈치를 살펴야 했으며 결국 제 자식의 실력을 높이지 못했다는 이유로 그만두게 되었다. 선생의 실력이 경명행수가 아닌, 과거 입격 지도에 있었으며, 여기에 따라 대우가 달라졌음을 확인할 수 있다.

즉 교사가 받는 수당은 학생의 가시적인 학업 성과에 따라 결정되었다. 아무리 인자하고 인정이 많으며 인품이 훌륭해도, 성과를 이끌어 내지 못하면 무능한 교사로 평가받았다. 중앙집권 체제에서 국가가 교관의 성과를 평가하고 그에 따라 업적을 인정했다면, 이제 각 개인들이 그 일을 대신했다. 변함없는 것은, 교사는 시험 결과에 따라 업적을 인정받는다는 것이었다. 유학의 위상이 흔들리면서, '존사'를 정당화하는 '학문의 권위'가 약화됨에 따라, 스승의 권위 또한 추락하게 된 것이다.

앞의 기록은 더 이상 교사의 권위가 그가 추구하는 학문 또는 지식의 위상과 관련이 없음을 보여 준다. 교사의 권위는 자신에게 대가를 지불하는 수요자를 만족시키느냐 그렇지 못하느냐에 종속되었다. 교사는 가르칠 권한을 자율적으로 행사하지 못한 채 수요자의 요구에 부응해야 했다. 구한말에 들어서면 양반 말고도 다양한 계층의 지식 접근에 대한 요구가 폭발하는 가운데 교사는 수요자의 요구에 맞추어 교육의 목적, 내용, 방법 등을 변경해야 했다. 유교식 교사 외에도 다양한 지식과 기술을 가르치는 이들이 등장하였다. 부형과 제자는 교사를 유교적 이념과 가치에 근거하여 존중하기보다, 출세의 수단이자 방편으로 교사가 지닌 지식 또는 기술을 노골적으로 활용하기 시작했다. 가르침의 수준이 낮아질수록 교사의 권위 또한 덩달아 낮아졌다. 이러한 사례는 다음과 같이 지규식의 일생을 통해 구체적으로 확인할 수 있다.

2. 지규식의 사례로 본 교사의 권위

안팎으로 새로운 교육에 대한 요구가 커지는 상황에서 전통적 교육의 '존사'는 어떻게 전개되었을까? 이를 알아보기 위해 구교육과 신교육의 혼재 속에서 마을민을 위한 교육을 담당했던 지규식(池圭植, 1851~?)의 삶을 살펴보고자 한다. 지규식이 작성한 일기를 통해 당시 교육 및 교사의 달라진 역할, 기대, 위상 등을 단편적이지만 미시적으로 살펴볼 수 있다. 『하재일기(荷齋日記)』는 지규식이 만 40세 되던 1891년(고종 28) 1월 1일부터 만 60세 되던 1911년 윤6월 29일까지 20년에 걸쳐 한문으로 쓴 일기다.[509] 한문으로 일기를 쓸 수 있었던 계층은 한정적이었지만, 지규식은 예외적이었다. 조선 후기에 들어서면 양반층이 거의 독점하였던 성리학의 지식과 문화를 중인층도 소유하고 이런 지적·문화적 자부심에 의거해 사회적 안정과 신분 상승을 위한 집단적 운동을 실행할 수 있었다.[510] 중인층뿐만 아니라 경제력을 갖춘 평민 또한 서당 교육을 비롯한 교육의 혜택을 받을

509 본 절에서 인용한 『하재일기』는 서울특별시사편찬위원회가 편역한 『(국역) 하재일기』(1~8권)이다. 이하 『하재일기』로 표기한다.
510 우용제, 「조선후기 서당교육의 양면성」, 『교육사학연구』 4, 교육사학회, 1992, 92쪽.

수 있었다.[511] 지규식은 달라진 시대적 변화를 배경으로 이전 세대와 다른 교육 문화를 체험하거나 생산할 수 있었다.

지규식은 1851년(철종 2) 6월 17일에 태어났다. 일기를 쓸 당시에는 경기도 양근군 남종면 분원리(현 경기도 광주시에 편입)에 거주했다. 박은숙에 따르면 지규식의 신분은 (어용적 공인이라는) 직업과 아들의 혼인 관계로 미루어 볼 때 상한(常漢)으로 여겨진다.[512] 일기에서도 지규식은 스스로를 '미천한 후생'[513] 또는 '한미한 족속' 등으로 지칭하였다.[514] 지규식은 양반 이기보와 산송(山訟)을 두고 부딪힌 적이 있는데 사건의 경위에서도 지규식의 신분을 짐작할 수 있다.[515] 또한 공인이면서도 명례궁 고지기 자리를 구하고자 한 일화도 지규식이 중인 이하 신분이었음을 시사한다.[516] 류채형은 지규식의 신분을 다각도로 검토하여 본래 평민 또는 상한이었으나 지속적인 신분 상승을 통해 하급 중인이 되었을 것으로 추측하고 있다.[517] 선행 연구와 일기의 여러 정황상 지규식은 본래 평민 또는 상한 출신이었다고 본다.

한편 지규식이 거주하던 양근군 남종면 분원 3리 지역은 당시 호

---

511 정순우에 의하면 16세기 중기 이후 이미 전국의 향교 교생은 거의 대부분 평민층에 의해 충당되고 있었다. 정순우, 『서원의 사회사』, 태학사, 2013, 179쪽.

512 박은숙, 「분원 공인 지규식의 공·사적 인간관계 분석」, 『한국인물사연구』 11, 한국인물사연구회, 2009, 224쪽.

513 『하재일기』, 1891년 1월 1일.

514 『하재일기』, 1899년 9월 17일.

515 『하재일기』, 1899년 9월 17일.

516 『하재일기』, 1891년 8월 30일.

517 류채형에 따르면 지규식은 1883년(33세)에 분원공소의 공인이 되었으며 1891년 고지기 자리를 구하려고 한 점 등을 미루어 볼 때 본래 평민 또는 상한 계층으로 추론된다. 류채형, 「『하재일기』에 나타난 19세기 말~20세기 초 공인 지규식의 제사 설행」, 『역사교육논집』 61, 역사교육학회, 2016, 221쪽.

수가 합계 320호, 인구는 합계 1,496명인 곳이었다.[518] 분원리는 서울과 가깝고 도자기 납품으로 왕실과 밀접한 관련을 맺고 있었기 때문에 서울의 정세와 시국의 변화에 민감하게 영향을 받았다.[519] 따라서 일기를 통해 변화에 민감한 서울 및 경기 지역에서의 교사의 위상을 확인할 수는 있지만, 전국적 상황을 대변한다고는 할 수 없다. 그럼에도 신분 변화 등에 따른 시대 흐름의 일부를 확인할 수 있다.

먼저 지규식에 대한 인물 분석이 필요하다. 지규식은 개화기를 살아가던 하층민 출신이었음에도 불구하고 전통적 윤리를 거부감 없이 수용하고 있었다. 지규식은 새해가 되면 마을의 박 대감, 박 참봉, 김 교관(敎官), 박 참판, 안 생원(生員), 백 참판 등 친분이 있는 양반을 방문하고 새해 인사를 드렸다.[520] 이 외에도 김 판서 자제가 과거에 급제하자 메밀국수 1박스를 보내는 등[521] 이해관계가 얽힌 양반들의 경조사에 선물을 보내었다.[522] 『하재일기』에 지규식의 지인들로 등장하는 인물들은 초사, 생원, 진사, 참판 등이 다수이다. 하지만 조선 말기의 상황은 글을 모르는 사람들이 유학자의 글을 돈을 주고 사서 집집마다 생원이요 진사인 시절이었다.[523] 이들이 실제 양반이었는지, 돈으로 양반직을 샀는지는 알 수 없다. 이에 대한 도덕적·윤리적 판단은 보이지 않지만, 어찌됐든 지규식은 인맥 관리에 충실했다.

518 『하재일기』, 1907년 10월 16일. 당시 동내 호구조사 내역이다.
519 박은숙, 「사원 지주식의 러일전쟁과 을사조약을 둘러싼 시국 인식」, 『한국인물사연구』 17, 한국인물사연구회, 2012, 325쪽.
520 『하재일기』, 1891년 1월 1일, 2일.
521 『하재일기』, 1891년 6월 25일.
522 『하재일기』, 1891년 4월 17일.
523 권오영, 『근대 이행기의 유림』, 돌베개, 2012, 99쪽.

지규식은 스스로 계급적 정체성을 하층으로 규정하지만 사대부 중심의 지배 질서와 상하귀천의 윤리 기강을 유지하는 데 동참한 것으로 보인다. 지규식은 양반들에게 '공손하게' 행동하는 것을 당연하게 여겼다.[524] 지규식이 기존 질서에 크게 불만을 보이지 않았던 까닭은 무엇이었을까? 이는 유가의 수분론(守分論), 명분론(名分論), 풍교론(風敎論)[525]에 근거한 양반 지배층의 교화의 결과라 할 수 있다. 즉 조선 왕조가 평민을 교화의 대상으로서 단순히 수동적으로 바라보지 않고 이들을 이데올로기 교육에 동참시켜 온 노력들이 지규식에게 자연스럽게 습득된 결과, 지규식 또한 양반들과 동일한 이데올로기를 수용하고 내면화했다고 본다. 이에 본래 하층민 출신임에도 불구하고, 지배층의 문화와 질서 등을 거부감 없이 받아들이는 모습을 보인다.

그렇다면 지규식의 지식 수준과 내용은 어떠했는가? 지규식은 공인 일과 관련한 공문, 장부를 작성하거나 청탁 편지를 읽고 답장하였다.[526] 이 외에도 마을에 괴질이 성행하자 하늘에 제사를 지내기 위해 마을민의 부탁을 받고 축문을 지어 주기도 하였다.[527] 또 요청을 받아 지인 자녀의 혼서를 작성해 주었다.[528] 이처럼 갖가지 형식의 글을 작성할 수 있었다. 지규식의 중요한 취미 생활이자 사교 수단은 한시 짓기였다. 그는 마을의 양반들과 함께 시를 짓고 읊으며

524 『하재일기』, 1891년 2월 29일.
525 정순우, 『서원의 사회사』, 태학사, 2013, 155-156쪽.
526 『하재일기』, 1891년 1월 14일.
527 『하재일기』, 1902년 9월 30일.
528 『하재일기』, 1902년 9월 20일.

동네 유지들과 친분을 유지할 수 있었다.[529] 그 외에도 동네 아이들에게 글공부를 알려 준다든지 박 판서를 대신하여 족보 단자를 정리하기도 했으며, 생원이 지규식이 지은 시를 보고 탐복하는 등[530] 여러 일화를 보면 지규식은 문해력과 작문 실력이 높았던 것 같다.[531] 또 그는 여가 시간에 주로 자신의 감정을 드러내는 한시를 작성하고 읊곤 하였다.[532] 이러한 유학적 소양은 지규식이 신분 상승할 수 있는 발판으로 작용했다.

글 실력을 갖추었기에 지규식은 다양한 종류의 서적을 구입하고 읽을 수 있었다. 예를 들어 『방약합편』은 평소 지규식이 자신과 지인의 약을 지어 주기 때문에 구입한 것으로 보인다.[533] 지규식은 『술몽쇄언』을 사기 며칠 전, 매우 괴이한 꿈을 연달아 꾸었다.[534] 꿈의 내용은 밝히지 않았지만, 그 꿈과 관련해 이 책을 구입하지 않았을까 싶다. 지규식은 이 외에도 『서상기』, 언문 소설 『권용성전』 등 다양한 종류의 책을 구해 읽기도 했다.[535] 이러한 지규식의 독서는 일종의 즐거움과 지적 충족을 위한 근대적 취미 활동으로서의 독서에 가깝다고 할 수 있다. 지규식의 독서는 성리(性理)를 밝히는 유학 본연의 의리학과 거리가 멀고 실용적 목적에서 비롯되었음을 확인할 수 있다. 먼저 비슷한 시기에 활동한 유학자들이 성리학적 담론에

529 『하재일기』, 1891년 2월 26일.
530 『하재일기』, 1891년 10월 17일.
531 『하재일기』, 1898년 1월 10일.
532 『하재일기』, 1891년 1월 15일.
533 『하재일기』, 1891년 3월 21일.
534 『하재일기』, 1891년 1월 25일, 26일.
535 『하재일기』, 1891년 5월 16일

근거한 역사 인식과 문제 해결에 천착한 사유를 드러내는 것과 비교되는 지점이다. 대표적으로 이항로 문하의 경우 정(正)과 사(邪), 화(華)와 이(夷), 인류(人類)와 금수(禽獸)라는 이분법적 사유를 계승하고 위정척사 운동으로 나아갔다.[536] 이들과 비교하자면 지규식의 경우 전통적 유학 담론을 계승하거나 유학적 지식인의 정체성을 논할 수 있는 자의식을 보여 주지는 않는다. 즉 지규식은 글자를 알고 이를 실생활에서 유용하게 활용하는 데 능했지만, 유학적 도덕 담론을 논하거나 성리학적 명분론에 입각한 철저한 수양 행위는 보이지 않았다.

게다가 지규식의 경우 신(新)·구(舊)사상 사이에서의 뚜렷한 갈등이나 고민 등이 드러나지 않는다. 그렇다고 외세의 침략으로부터 조국의 어려움을 해결하기 위한 어떤 민족적 대의명분에 의해 다양한 신·구사상을 접하는 것도 아니었다. 지규식은 양반층의 유교적 지식과 문화 등을 거부감 없이 수용했지만 수용 과정에서 비판적 성찰의 모습은 보이지 않았다. 기존의 지배층은 무엇보다 명목상 성인지학(聖人之學)에 매진하며 성인됨을 추구하는 공부에 힘쓴 가운데 피지배층과 구분 짓는 도덕성을 함양하고자 노력했다. 이들이 보여 준 성리학적 담론과 수양은 강상 간 신분 질서에 대한 정당성을 부여할 수 있었다. 지규식은 어떠한 이유에서인지는 몰라도 성인지학을 통해 도덕성을 함양하는 수양의 공부 대신, 민중 교화 차원에서의 유교 지식과 문화 습득에 그쳤다. 지규식이 지은 시들의 내용은 주로 자신이

536 권오영, 『근대 이행기의 유림』, 돌베개, 2012, 29쪽.

처한 현실과 그 속에서의 감정 등을 담담하게 그린 것들이다.[537]

그렇다면 한시를 짓고 유학 경전을 읽을 줄 안다고 해서 지규식을 전통적 지식인이라 규정할 수 있을까. 그보다는 오히려 안정적 삶을 살아가기 위해 자신이 할 수 있는 여러 수단을 가리지 않고 활용한 자라고 규정할 수 있지 않을까. 지규식은 새해가 되면 관제묘(關帝廟)를 배알하고 자신의 운세를 보거나[538] 공방신(貢房神)에 대해 제사를 지내고 무녀들을 불러 굿을 하였다.[539] 이처럼 지규식은 실용적 이유로 자신의 삶에 유리한 사상과 지식을 활용하였다. 성리학적 독서인(讀書人)으로서 유학에 접근하지 않았다. 국가의 오랜 민중 교화의 결과 지규식 또한 유교 지식과 문화를 자연스럽게 수용하고 내면화했지만, 수기치인(修己治人)을 실천하는 성리학적 지식인이라는 정체성을 지니기에는 한계가 있었다고 본다. 이는 공인이라는 직업에 충실할 수밖에 없었던 경제적 환경의 영향이 크다고 본다. 지규식과 같은 인물의 출현은, 특정 계층에게는 교육이 도덕적 품성 계발이 아닌 출세와 지적 호기심 충족 등의 수단으로 작용했음을 보여 준다. 그렇다면 이런 교육과 관련한 교사의 경우, 그 권위를 어떻게 정당화할 수 있었을까? 더 이상 전수해야 할 학문의 위상이 예전과 같지 않다면? 이에 관해서는 당시 상황에 대해 좀 더 분석이 필요하다.

1891년 2월 동궁 저하의 탄생일을 기리고자 과장이 열렸다.[540] 지

537 『하재일기』, 1891년 3월 15일.
538 『하재일기』, 1891년 1월 1일.
539 『하재일기』, 1891년 4월 21일.
540 『하재일기』, 1891년 2월 8일 일기에 기록된 동궁 저하가 구체적으로 누구를 지칭하는지는 알 수 없다.

규식도 이날 과거에 응시하고 싶었지만 단순히 비가 와서 과장에 가지 않았다고 한 점과, 팔도의 선비들이 구름처럼 몰려왔다는 점으로 보아 당시 과장의 분위기를 알 수 있다. 일기 내용으로 보아 지규식은 과거 응시에 큰 비중을 두지 않았으며 합격을 위해 특별히 노력을 기울인 것 같지도 않다. 그렇다면 지규식이 형식적으로라도 과거에 응시하려고 한 까닭은 무엇일까? 조선 후기로 갈수록 과거에 합격하지 않아도 홍패를 매매하는 등 양반직을 사고팔아 신분 상승을 할 수 있었고 그 결과 양반호가 격증, 상민호가 격감했다. 과거에 응시하여 합격함으로써 획득한 신분을 보다 확실하게 보증받을 수 있었다. 그런데 과거에 응시하는 것 자체가 합격, 불합격 이전에 양반 신분을 확증하는 방편이기도 했다.[541] 이후 지규식은 또 한 번 과거 시험에 응시하였다.[542] 지규식은 이날 무과에 응시하였는데 활과 화살이 없어 임시방편으로 해결하고자 했으나 잘 되지 않아 통탄스러워했다.

이처럼 지규식 또한 과거 응시를 통해 평민 또는 상한에서 양반으로 신분 상승을 시도하거나, 보증받고자 노력했음을 확인할 수 있다. 그러나 중요한 점은, 일기 어느 곳에서도 당시 과장의 부정부패 등의 공정성 논란에 대한 언급이 없다. 주지하다시피 이미 조선 후기 비판적 지식인들에 의해 당시 타락한 과장과 과거제 문란에 대한 비난이 제기된 바 있다. 지규식은 이와 관련해 전혀 언급하지 않았음을 주목할 필요가 있다. 게다가 과거 시험에 필사적으로 매달리지

---

541 정석종, 『조선후기사회변동연구』, 일조각, 1983, 246-257쪽.
542 『하재일기』, 1891년 5월 15일.

도 않았다. 이미 마을 내에서 양반 못지 않은 대우와 인정을 받고 있었기 때문이라 생각한다. 아니면 지규식은 마음 한구석에서 평민-양반이라는 전근대적 신분이 더 이상 예전만큼 강렬하고 유의미한 가치를 지니지 않는다고 생각했을 수도 있다. 오히려 속으로는 경제력과 지식, 정보, 인맥 등 후천적 노력으로 성취해야 하는 것들이 신분이라는 타고난 요인들을 압도할 수 있다고 여겼을지 모른다. 실제로 지규식의 삶은 이미 당시 유랑 양반층 같은 몰락한 양반층보다 훨씬 나은 여건이었다. 가령 지규식은 취미로 독서를 하며 여행을 다니기도 했다. 여행의 주 목적지는 서울이었다.[543] 지규식은 아이들을 가르치는 선생으로 이 선비를 초청해 숙식을 제공해 주었다.[544] 이처럼 지규식의 삶은 가난하고 몰락한 양반의 처지보다 경제적으로 훨씬 나은 편이었다.

이상을 종합하자면, 지규식이 구교육에 적극 관심을 가지고 이를 활용한 까닭은 도덕인을 실천하기 위함은 아니었다. 오히려 신분적 질서의 한계 속에서 안락한 삶과 경제력을 유지하기 위한 생존 수단이면서 취미 활동에 가까웠다고 할 수 있다.

한편 지규식은 유학적 소양뿐만 아니라 신문물과 서양 사상 등에도 꾸준히 관심을 보이고 습득해 왔다. 1906년, 지규식의 마을 내 위상을 확인할 수 있는 사건이 있었다. 면내에 청렴결백하고 몸가짐이 단정하여 시폐(時弊)를 교정할 수 있는 자를 추천하여 보고하라는 본

543 『하재일기』, 1891년 4월 25일, 5월 12일.
544 『하재일기』, 1891년 8월 16일.

군의 지시가 내려온다. 이에 면장과 김 국장 등이 지규식을 추천하였다. 지규식은 계속 고사하였지만 결국 본관에 초청되었다.[545] 지규식이 관료들에게 신임받는 자였음을 확인할 수 있다. 국장은 귀천 김유정으로, 그가 황해도 장련 군수로 임명되자 지규식은 직접 하례를 드린다.[546] 국장은 지규식을 추천하기도 하고, 학교 총무장 서리(署理)를 시키기도 하였다.[547] 또한 마을 온 동의 노소가 일제히 지규식을 동임으로 추천하였다.[548] 마을 청년들이 지규식에게 가르침을 요청하자 지규식이 기쁘게 허락하였다.[549] 청년들은 마을의 교육 관련 사업을 추진할 때도 지규식과 논의하였다. 이 외에도 박노중이 서울에서 대동학회를 창설하는 일로 상의하고자 지규식을 서울로 부르기도 하였다.[550] 일제 강점기 초기 어느 기독교 선교사는 지역사회에서 가장 존경받고 명예롭게 간주되는 사람은 누추한 집에 살더라도 한문을 잘 알고 이해하는 사람이라고 보았다.[551] 이처럼 지규식은 분원 일대에서 계층, 성별, 나이, 직업에 구애받지 않고 두루 신임을 얻은 것으로 보인다. 그러나 이 과정에는 지규식 본인이 보유한 한문 지식뿐만 아니라, 관료를 비롯하여 누구든지 갈등 없이 교분을 유지할 수 있었던 그의 처세가 영향을 주었다고 본다. 이 과정에서 당국과 지역사회로부터 인망을 얻으면서 지규식은 지역 유지(有志)

---

545 『하재일기』, 1891년 8월 28일, 29일.
546 『하재일기』, 1904년 10월 21일.
547 『하재일기』, 1904년 10월 27일.
548 『하재일기』, 1907년 9월 17일.
549 『하재일기』, 1908년 1월 17일.
550 『하재일기』, 1907년 12월 19일.
551 강명숙 외, 『식민지 교육연구의 다변화』, 교육과학사, 2011, 52-53쪽.

로 성장할 수 있었다고 본다.[552]

그렇다면 1908년 경기도 분원리 마을민들의 문해 수준은 어떠했을까? 이와 관련하여 당시 본군 일본 순사청에서 호구조사를 위해 양식을 보냈으나, 마을민이 대부분 이해하지 못했다는 기록을 주목할 필요가 있다.[553] 이때 지규식은 호표지설편(戶表紙雪片)을 만들었는데 사람들이 몰려들어 물어보자 하루 종일 마을민을 대신해 호구조사 양식을 써 주었다. 이에 지규식은 온 동의 촌스럽고 몽매함이 언제 개명(開明)될까 하는 등의 한탄을 드러냈다. 여전히 대다수 마을민들은 문맹한 상태였다고 할 수 있다. 이런 상황에서 유학적 소양을 갖춰 먼저 개명한 지규식은 마을민들에게 신분적 한계를 극복한 '입지전적'인 인물이었을 것이다.

지규식은 유년기에서 장년기에 이르기까지 유학적 지식과 문화를 내면화하는 것과 더불어 신분적 한계를 극복하고 신분 상승을 꾀할 수 있었다. 그러나 이후 시간이 지나면서 경제력과 지식, 인맥 등 실용적 처세술과 세련된 문화를 기회가 되는 대로 습득하는 것이 무엇보다 안정적인 삶을 살아가는 데 도움이 된다는 것을 체감했다. 지규식은 혼란한 시대일수록 뭐든지 배우고 익히면 살아가는 데 도움이 된다는 실용적 교육관 내지 교육 만능적 사고를 견지하며 문명인으로서의 삶을 추구하였다고 본다.

---

552 '유지신사(有志紳士)'라는 이름으로 대한제국기부터 통칭된 지방 세력가를 유지라 하였는데, 유지의 요건으로 '재산, 사회활동 능력, 당국 신용, 사회 인망'을 제시한다. 김희주, 「일제하 진주지역 정상진의 성장기반과 유지활동」, 『동국사학』 64, 동국대학교 동국역사문화연구소, 2018, 335쪽.

553 『하재일기』, 1908년 11월 5일.

지규식의 이러한 사고는 어떻게 형성되었을까? 첫째, 지규식은 어릴 적부터 유학을 공부한 이들과 어울리며 세상을 바라보는 눈을 길렀다. 예를 들면 일찍이 일본을 유랑해 세계 형편을 잘 알고 있는 박노천과의 교제이다. 지규식은 그를 청주 박 석사(碩士)라고 지칭했는데, 박 석사를 통해 세계 소식을 듣고 탄식을 금치 못할 것이 한두 가지가 아니라 밤이 깊도록 이야기를 나누었다.[554] 이러한 교제를 통해 더 넓은 세상 소식을 접할 수 있었을 것이다.

둘째, 서울이라는 도시의 영향이다. 지규식은 『제국신문』, 『한성신문』, 『대한매일신보』, 『국민신보』, 『대한신보』 등 서울에서 지인들이 가져오는 신문을 어렵지 않게 접할 수 있었다.[555] 지규식은 『대한매일신보』에 실린 긴요한 내용을 뽑아 4권의 책으로 만들어 『경성록(警醒錄)』이라 하였다.[556] 지규식은 직업 특성상 자주 서울을 여행하거나, 서울 정보를 취할 수 있었다. 지규식은 서울의 동향을 수시로 접하면서 나라 형편이 엉망이 된 것을 매우 한탄스러워했다. 지규식은 신문을 통해 국민, 국가 의식을 구체적으로 가질 수 있었다. 홍만식, 민영환 등의 잇따른 자결 소식 등은 경악을 불러일으키고 시국에 대한 걱정을 증가시켰다.[557]

셋째, 새로운 사상의 영향이다. 일례로 기독교 사상을 들 수 있다. 지규식은 1905년 9월부터 기독교 신자가 되었다. 미국인 부인 2명

554 『하재일기』, 1904년 10월 18일.
555 『하재일기』, 1904년 7월 14일, 8월 17일.
556 『하재일기』, 1908년 5월 22일.
557 『하재일기』, 1905년 11월 6일, 12일.

과 한국인 부인 1명이 지인 집에 와서 전도할 때, 지규식은 마을 사람들과 함께 가서 보고 기독교를 믿고 예배당을 만들었다.[558] 지규식은 밤마다 마을 사람들과 예배당에 모여 찬송기도를 하고 성경을 외우고 예배를 보았다. 그리고 마을민을 신우(信友), 교우라고 부르는 등 호칭 또한 달라진다. 이전과 달리 남녀가 예배당에 모여 신앙 활동을 하고 함께 국밥을 먹고 밤이 늦도록 예배를 보는 등 유교적 질서와 다른 문화적 태도를 보여 주었다.[559] 이렇게 단기간에 저항 없이 이질적인 문화와 사유를 습득하게 된 까닭은 무엇일까? 지규식은 교회당을 구세교회(救世敎會)라고 명명하고 직접 현판을 썼다.[560] 비슷한 시기 황해도의 기독교 신자들과 개화 사상가들이 국권 회복 운동을 위해 인민을 각성시키고 애국 교육 운동에 참여했다는 사실을 상기한다면[561] 지규식 또한 순수한 신앙 내지 종교적 동기보다는 실리적 목적을 위해 기독교를 탐색했다고 추측해 볼 수 있다.

이를 뒷받침하듯, 지규식은 정식으로 세례를 받지는 않았고[562] 여전히 산신당에 고사를 지내고 치성을 드리는 등[563]의 모습을 보였다. 단지 지규식은 당시 어지러운 정세 속에서 난관을 극복하려는 방안으로 기독교를 선택한 것이라 짐작해 본다. 그리고 이 과정을 혼자가 아니라 마을민과 함께 모든 것을 공유하고 있었다. 마을과 나라

558 『하재일기』, 1905년 9월 29일.
559 『하재일기』, 1905년 12월 29일.
560 『하재일기』, 1905년 10월 18일.
561 권오영, 『근대 이행기의 유림』, 돌베개, 2012, 116쪽.
562 『하재일기』, 1906년 4월 17일.
563 『하재일기』, 1907년 4월 3일.

즉 공동체의 위기에 대한 대처 방안으로 마을민이 함께 기독교 신에 의한 구원, 즉 외부에 의지하고 희망을 찾아보고자 한 것으로 보인다. 한 가지 특기할 점은, 지규식의 사회적 역할과 위치로 인하여 그의 개인적 실천은 집단의 삶과 의식에도 큰 영향을 주었다는 것이다. 이런 상황에서 지규식은, 공인으로서 분원과 마을을 책임져 왔던 직업 특성상, 개인적 관심보다는 분원과 마을의 장래와 이해관계를 대표하여 자신보다는 집단을 우선시할 수밖에 없었다고 본다. 즉 지규식은 나라가 갈수록 혼란해지자 개인의 일신을 도모하는 것에 그치지 않고 어떻게 해야 분원과 마을을 지키고 유지하며 장래를 개선할 수 있을까 고민한 것으로 보인다.

이에 지규식은 학교를 세우고 마을민을 교육하는 사업에 적극적이었다. 1906년 1월 동네 청년들이 지규식에게 학교 설립을 상의하는 것을 시작으로 그해 4월 8일 학교가 설립되었다. 여기서 주목할 점은 분원 일대 학교 설립 및 운영의 대부분을 지규식이 담당하였다는 것이다. 학교 설립과 관련해 본관의 재정 협조가 필요했는데 지규식은 자신이 가진 인맥과 정보 등을 활용하여 협조를 이끌어 냈다.[564] 학교 설립과 관련하여 지규식의 역할을 살펴보면 다음과 같다. 먼저 그는 학교 건물, 교련장, 담장 등을 도배하고 만드는 일을 했다.[565] 이때 세워진 건물들은 전통적 교육기관과 달랐다. 또한 본군에 제출할 보통학교 보고서 작성, 교과서 제작 및 선정을 하였다.

564 『하재일기』, 1906년 7월 2일.
565 『하재일기』, 1906년 7월 22일.

지규식은 이 외에도 『수신서(修身書)』를 등초하여 학도들에게 토론하게 했다.[566] 또한 주자(朱子)의 계몽시를 베껴 책을 만들었다.[567] 그렇다고 학생들에게 전통적 성격의 수신 교육을 행하기 위함은 아니었다. 학교가 설립되고 본격적으로 운영됨에 따라 지규식이 맡은 역할 또한 더욱 늘어났다. 지규식은 학교 운영과 관련한 일이라면 무엇이든 했다. 정리하자면 다음과 같다.

첫째, 학교의 각종 행사 및 의식을 담당하였다. 지규식은 학도들에게 행사 때마다 애국가를 부르고 행진 연습을 하게 했다.[568] 학교는 태조 황제가 개국한 기원절 등 각종 기념일을 경축하는 행사를 치렀다.[569] 학교에서 점등식과 애국가를 부르는 집회를 하고 학동들에게 먹과 같은 학용품을 시상하였다. 둘째, 마을 아이들에게 근대적 교과인 체조를 교습하였다.[570] 그는 근대 교육에서 강조하는 전인교육 사상, 신체 단련의 중요성을 인식하고 있었다고 본다. 셋째, 학생들에게 시를 읊게 하거나 짓게 했다. 그는 종종 교사와 학도들을 거느리고 야외로 나가 시를 짓기도 했다.[571] 넷째, 교사를 임용하였다. 유 박사가 병으로 퇴직하자 정경시(鄭慶時)를 초빙했다. 지규식은 정식 교사는 아니었지만 학생들이 학업을 등한시하고 소홀히 하면 벌을 주기도 했다.[572] 또한 교사가 그만두면 임시 담임을 맡기도 했

566 『하재일기』, 1908년 10월 16일.
567 『하재일기』, 1909년 2월 28일.
568 『하재일기』, 1906년 6월 14일.
569 『하재일기』, 1906년 7월 16일.
570 『하재일기』, 1906년 8월 5일, 6일.
571 『하재일기』, 1907년 3월 2일.
572 『하재일기』, 1907년 6월 27일.

다.[573] 학생뿐만 아니라 학생들이 잘못할 경우 부형을 불러 놓고 훈계하기도 했다.[574]

이 과정에서 지규식은 학생과 교사 간 사이를 중재하기도 했는데, 학생들이 교사가 너무 엄격하다며 맞서려고 하자 학생들을 꾸짖고 교사에게 가서 사과하게 했다.[575] 이 외에도 교사에 대한 학생의 언사가 불순하여 교사가 그만두려고 하자 사과 및 중재시키기도 했다.[576] 학도와 교사 간의 불미스러운 일은 이후에도 일어났다. 교사에게 무례한 행동을 하는 것에 교사가 가르칠 수 없다고 개탄하자 학도들이 매를 짊어지고 대죄하기도 했다.[577] 또한 퇴학하는 학도들이 많이 발생하자 부형을 불러 훈계하기도 했다.[578] 지규식이 부형과 학도를 대상으로 훈계 또는 연설한 내용은 기록되지 않았지만, 자신이 읽은 신문 기사의 내용을 참고했을 것으로 보인다. 1908년 8월 이후부터는 부형회를 조직하여 학도 월사금을 포함하여 교육 방침을 부형과 협의하기로 결정하였다.[579]

이 외에도 지규식은 의병과 일본 병사들의 교전이 발생하는 와중에 동중 목동(牧童)들을 도가(都家)에 불러 모아 놓고 국문을 가르치는 야학교를 열었다.[580] 지규식은 국한문 모두 통달했으며 문자를 읽고

573 『하재일기』, 1909년 4월 5일.
574 『하재일기』, 1907년 6월 28일.
575 『하재일기』, 1908년 3월 14일.
576 『하재일기』, 1908년 5월 16일.
577 『하재일기』, 1909년 10월 28일.
578 『하재일기』, 1908년 5월 16일.
579 『하재일기』, 1908년 8월 16일.
580 『하재일기』, 1907년 10월 8일.

쓸 줄 아는 것이 중요하다는 것을 체험했기 때문이라 본다. 한편 지규식은 대동학회 지회를 설립하고자 온 동의 노소를 일제히 보통학교에 모아 종일 연설하고 집회를 하였다.[581] 또한 명륜학회를 조직하고자 각 면에 통첩하고 설명하기도 했다.[582]

지규식은 본관이 내려오면 학도들을 일제히 나가 영접하게 했다.[583] 학생들은 함께 기숙하였다. 지규식은 밤에도 학도들을 불러 행사를 하거나 시 짓기, 송독 등을 시키기도 했다. 학생들은 시제(詩題)를 받아 글을 지었다.[584] 또한 국채 보상에도 참여하였다. 학도들이 모은 의연금 약 1,700냥을 전달하였다.[585] 학교에서는 산술, 시 짓기, 체조, 일어, 기술, 한문 등을 가르친 것으로 보인다.[586] 시험은 특별한 날을 기념하여 실시하거나[587] 주일 시험, 월말 시험, 하기(夏期) 시험, 추기(秋期) 시험, 연말 시험을 시행했다. 시험 후에는 각 반의 우등을 가리고 성적을 발표하고 등급에 따라 상벌을 주었다.[588] 이와 관련하여 지규식은 학업 권면 연설을 하였다.

지규식은 1908년 8월부터 자신야학교(自新夜學校)를 설립하고자 교사(校舍)를 짓고, 학도 시간표와 교과목을 개정하였다. 이 학교에는 철봉을 갖추었다. 또 지규식은 『유년필독수신서(幼年必讀修身書)』를

581 『하재일기』, 1908년 1월 11일, 15일.
582 『하재일기』, 1908년 3월 16일.
583 『하재일기』, 1907년 3월 26일, 4월 8일, 4월 20일, 5월 6일.
584 『하재일기』, 1907년 3월 6일.
585 『하재일기』, 1907년 1월 16일.
586 일어교사, 체육교사, 한문교사 명칭으로 추측
587 『하재일기』, 1906년 12월 13일.
588 『하재일기』, 1907년 3월 23일, 12월 20일, 1908년 6월 26일.

가르쳤고, 전낙규가 산술을 가르쳤다.[589] 수업 방식은 주로 토론이었다. 지규식은 보통학교 학도들이 본군에서 개최하는 운동회에 참가하여 6등 중 5등을 하자 영광이라고 기뻐하면서도 시사(時事)를 생각하니 앞으로 교육계가 어찌될지 알 수 없다며 분개하며 눈물을 흘렸다.[590] 1910년 본교 학생 9명의 졸업식을 거행했다. 『서사건국지(瑞士建國誌)』를 소재로 연극을 펼치고 축하 행사를 했다.[591] 1910년에 와서 지규식은 중요 학교 행사에서 빈객을 초청하여 연극을 했다.[592]

이처럼 학교 설립과 운영에서 지규식이 담당했던 역할을 살펴보면, 유학적 소양뿐만 아니라 서구적 근대 지식과 체육, 근대 국가를 만들기 위한 국민 의식 등 새로운 지식과 사상을 적극 수용했음을 알 수 있다. 이 과정에서 지규식은 전통적 교육 방식을 고수하지 않았다. 지규식은 더 이상 전근대의 귀천(貴賤) 의식에 근거한 도덕적 지식만을 언급하지 않았다. 그때그때 유행하는 근대적 지식과 정보를 신속하게 습득하여 변화에 적응하고 살아남는 것이 중요하다고 판단했기 때문이라고 본다. 교사가 전수해야 하는 교과의 내용이 달라졌음을 확인할 수 있다.

1910년 8월 27일, 대한제국이 일본국에 합병되자 지규식은 "가슴 아파하고 한탄한들 어쩌겠는가."라며 짤막한 심정을 기록하였다. 이후 일본천황 천장절(天長節)을 기념하여 욱기(旭旗)를 게양했다.[593]

---

589 『하재일기』, 1908년 11월 23일.
590 『하재일기』, 1909년 4월 18일.
591 『하재일기』, 1910년 2월 25일.
592 『하재일기』, 1910년 2월 25일, 7월 10일, 8월 23일.
593 『하재일기』, 1910년 10월 3일

이후 1911년 윤6월 18일 공립 보통학교에서 사립 종남학교(終南學校)로 개정하였고 이후 얼마 못 가 일기는 중단되었다. 지규식은 이즈음에 천도교 지일(地日)을 기념하고 서울에 다녀온 김영배가 가져온 『천도교월보』를 읽었다.[594] “가슴 아파하고 한탄한들 어쩌겠는가.” 그가 내뱉은 이 한 문장이야말로 지규식의 삶과 교육에 대한 전반적 인식과 태도를 단적으로 보여 준다.

그는 “답답하고 한탄한들 성리학적 강상 간 신분질서를 어쩌겠는가.”라고 하면서도 자신과 가족이 살아남기 위해 유학적 소양뿐만 아니라 실용 지식을 익혔다. 또 달라진 시대 환경에서 “답답하고 한탄한들 달라지는 세상을 어쩌겠는가.”라고 하면서도 살아남기 위해 새로운 지식과 문화적 소양을 익히고 마을민에게 전수했던 것이다. 지규식은 시대 변화에 별다른 거부감 없이 적응했지만 어떤 적극적 계기나 의지를 지녔던 것은 아니었다. 단지 답답하지만 한탄한들 바뀌는 것은 없으니 그저 현실에 빠르게 적응할 수밖에 없다고 생각했던 것으로 보인다.

이상의 지규식의 생애에서 파악할 수 있는 구한말 교사의 모습을 정리하면 다음과 같다. 구한말 구교육과 신교육의 혼재 속에서 다양한 지식과 기술을 가르치는 새로운 교사들이 등장하였다. 이들은 기본적으로 한학을 할 수 있으며 글을 읽고 쓸 줄 아는 지식인들이었지만, 유학 정통의 지식인들과 비교해 보면 학문적 수준이 높은 편은 아니었다. 따라서 유학적 가치와 이념을 확고하게 고집할 이유는

594 『하재일기』, 1910년 윤6월 20일, 21일.

없었다. 이는 교사에게 경명행수, 즉 높은 도덕성과 유교적 소양을 요구할 필요가 없어졌다는 뜻이다. 다만 시대 변화에 능동적으로 대처하며 새로운 지식과 가치관을 수용하고자 노력한 편이었다. 이들은 유교적 가치관과 이념에 근거한 전통적 교사의 권위를 내세울 수가 없었다. 왜냐하면 각자가 교육을 통해 얻고자 하는 목적이 달랐기 때문이다. 더 이상 전통적 학문과 가치가 유효하지 않은 상황에서, 수요자에 해당하는 학생과 부형은 교사의 권위를 존중하기보다 가시적인 실적을 평가하고자 했다. 사제지간의 의리에 따라 교사를 존중하는 모습은 지규식의 기록에서 확인하기 어렵다. 일부 교사와 학생 간의 불신, 그로 인한 다툼은 교사나 학생 둘 중 어느 한 사람이 학교를 그만두게 할 정도로 심각한 문제가 되기도 했다.

물론 유교 사회를 표방한 조선 왕조 전 기간 동안에도 스승의 권위가 항상 세워졌던 것은 아니었다. 그럼에도 이론상 스승의 권위는 높았으며 사회 구성원 사이에서 '존사'는 의심할 수 없는 명제였다. 그렇다면 구한말 교사의 권위에 대한 의식이 이전과 달라지게 된 배경은 무엇일까? 더 이상 문묘에서 행해지던 의례가 교육 현장에서 사라진 것을 주목할 필요가 있다. 향교나 성균관 등의 교육기관은 배우는 이들이 제향을 통해 삶의 모범을 확인하는 동시에 존경하도록 하고 또한 그 삶의 모범들이 남긴 교재들을 강학게 하여 자신도 모르게 삶의 모범과 닮아 가기를 요청하였다.[595] 그리하여 배움이란 '일상에서

595 이우진, 「유학(儒學)에서의 배움: 본받음의 길: '희철학(希哲學)'과 '묘학제(廟學制)'를 중심으로」, 『퇴계학논집』 22, 영남퇴계학연구원, 2018, 164쪽.

초일상을 향하는 것이며 세속에서 신성으로 나아가는 것이며 형이하의 세계에서 형이상의 세계로 다가가는' 행위를 상징한다.[596]

하지만 지규식의 일기 그 어느 곳에서도 더 이상 교육 공간에서 문묘에서의 의례가 행해졌다는 기록을 찾아볼 수 없다. 그가 앞장서 설립 및 운영했던 근대식 학교의 공간들은 주로 실용적 목적을 위한 교육이 행해지는 곳이었다. 체육대회와 소풍, 근대 과목을 대상으로 하는 시험 등 근대식 교육으로 대체되었다. 교육의 목적과 내용도 눈에 띄게 달라졌다. 이제 성현의 학문을 계승한다는 도통 의식이 필요 없어지면서 문묘는 교육 공간에서 불필요한 곳이 되었다. 문묘가 사라지면서 '존사'를 의식적으로 행할 이유도 사라졌다. 더욱이 교사는 가르치는 능력에 따라 평가받으면 그만이었다. 유학이라는 전통적 가치와 명분이 사라지면서, 왜 교사를 존중해야 하고, 교사의 권위를 높여야 하는지를 정당화하는 이론적 근거를 내놓지 못했다. 교육구국과 부국강병을 위해 교육을 국가 생존을 위한 수단으로 발 빠르게 전환하는 과정에서 문묘가 상징하던 성현존사의 일체를 구교육의 폐단으로 여긴 결과라 할 수 있다.

구교육에 대한 불만에서 시작한 구한말 새로운 교육에 대한 요구와 수요는, 구교육을 상징하는 '존사'에 대해서도 회의적이었을 것이다. 조선 후기 문묘종사 논쟁, 형식적인 존사 의례는 의식에 참여하는 자와 그러지 못한 자를 구분하고 이들 간 차별로 이어지게 했다. 실리와 실

---

596 이우진, 「유학(儒學)에서의 배움: 본받음의 길: '희철학(希哲學)'과 '묘학제(廟學制)'를 중심으로」, 『퇴계학논집』 22, 영남퇴계학연구원, 2018, 164-165쪽.

용에 대한 요구는, 형식적 의례와 관념을 빠르게 사장시켰다. 이후 한국 교육사에서는 '권위' 문제에 대한 깊은 논의와 성찰이 결여된 채, '의례'와 '법체계' 사이에서 표류하는 한국 교육의 슬픈 자화상을 드러내고 있다.[597] 더 이상 학교 현장에서 교사가 전수해야 하는 교과의 위상은 전통시대의 그것과 같지 않다. 학교 외의 곳에서도 지식과 정보의 습득이 얼마든지 가능해지면서, 지식의 성역이라는 것도 존재하기 힘들어졌다. 교사가 전수하는 학문의 권위가 사라진 지금, 전통적 입장에 근거하여 교사의 권위를 정당화하기 어려운 상황이 되었다. 안타깝게도 구한말 이후 급격한 근대화와 강제적 식민교육은 전통적 교사가 지녔던 권위와 현대적 교사가 지녀야 할 권위 간의 이질적 모습을 극복하고 그간의 단절된 시간을 자연스럽게 연결해 줄 고리를 만드는 데 실패하게 했다. 하지만 학교가 추구하는 지식의 성격이 어떠하든, 교사의 권위가 바로 세워지지 않으면 그 지식 또한 온전히 교육될 수 없다. 이는 오늘날 교육 현장의 모습을 통해 다시 한번 확인할 수 있다. 다음 장에서는 전통적 '존사'가 사라진 오늘날, 교사의 권위를 정당화하는 이론적 근거가 무엇인지 살펴보고자 한다.

---

597 정순우 외, 『사라진 스승: 다시 교사의 길을 묻다』, 현암사, 2019, 17쪽.

제8장

현대적 논의: 교권에서 교육권으로

1. 교육권의 정당성을 뒷받침하는 논의

우리 사회에서는 흔히 교권이라는 말을 많이 사용하고 있다. 교권은 교사의 권리와 권위를 두루 포함하는 의미로 사용된다. 교권에 대한 개념은 크게 세 가지 즉 교원의 교육할 권리, 전문직 종사자로서의 권리, 인간으로서의 기본권으로 구분된다.[598] 여기에서 특히 교사의 권리를 지칭할 때에는 교사의 교육권이라는 말을 사용한다.[599] 교사의 교육권은 교사의 교육의 자유, 교사의 수업권, 교사의 수업의 자유 등으로 표현되기도 한다.[600] 이러한 표현에서 볼 수 있듯이 일반적으로 교사의 교육권은 교육 내용과 방법 등을 교사가 전문적이고 자주적으로 선택할 권리·권한을 의미한다. 즉, 교사는 교육할 권리를 가지며, 이 권리는 구체적으로 학교에서 학생을 가르칠 교사의 권리를 주로 가리킨다. 교사의 교육권에 대한 이러한 일반적인 개념에서, 왜 교사의 교육권을 존중해야 하는지에 대한 그 첫 번째 정당성을 찾을 수 있다. 즉, 학생의 교육받을 권리를 위해 교사의 교육권은 존중되어야 한다는 것이다. 교육에 있어서 가장 근본적이며 중요한 주체는 학생 개인이다. 개인은 인격의 형성과 인간의 존엄성 및 가치의 실현을 위하여 교육받을 권리가 있다. 이와 같은 교육받을 권리는 인간적인 성장과 발달을 위한 권리일 뿐만 아니라 개인

---

598 김은주, 「교권침해 실태와 요인에 대한 초·중·고등학교 교사의 인식」, 『학습자중심교과교육연구』 18(17), 학습자중심교과교육학회, 2018, 167-197쪽.
599 최인화, 「교원의 교육권 보장과 그 한계」, 『미국헌법연구』 22(3), 미국헌법학회, 2011, 44쪽.
600 한수웅, 「교육의 자주성·전문성·중립성 및 교사의 교육의 자유」, 『저스티스』 101, 한국법학원, 2007, 52쪽.

이 빠르게 변화하는 현대 산업사회에서 개인의 생활 능력을 발달시키고 인간다운 삶을 누릴 수 있게 하는 문화적 생존의 권리로서 반드시 보장되어야 하는 권리이다. 뿐만 아니라 학생의 교육받을 권리는 공동체에 참여하는 방식과 책임의식, 그리고 사회에서 개인의 권리와 사회의 이익을 조화시킬 수 있는 방법 등과 같은 주권자로서의 능력을 발전시켜 국민주권의 원리를 실현 가능하게 만들기에 민주주의 사회에서 매우 중요한 권리이다.[601] 이렇게 개인의 교육받을 권리는 교육의 본질과 이념으로 이루어지는 교육에 의해 실현되며 그것을 구체적으로 실천하는 것이 바로 교사에 의한 교육이다. 따라서 교사에게는 학생이 개인의 인격과 능력을 최대한 발전시킬 수 있도록 교육할 지위와 권리가 있어야 한다.[602]

교사의 교육권은 특히 학생들이 오늘날 민주주의 사회에서 가장 기본이 되며 핵심적인 가치인 자율성을 획득하는 것과 깊은 관련이 있다. 개인은 자신의 고유한 가치와 인생관을 형성하며 현재뿐만 아니라 미래의 삶을 독립적으로 계획하고 자율적으로 살아가기 위해 필요한 지식과 교양을 교육을 통해 획득하여야 한다. 지식과 정보에 있어서 우위에 있는 타인에 의한 구속과 의존성은 교육을 통해서만 벗어날 수 있기 때문이다.[603] 즉 학생들이 자율적인 태도를 배움

---

601 정현승, 「학생의 학습권과 교사의 교육권의 관계」, 『교육법학연구』 15(2), 대한교육법학회, 2003, 228쪽.

602 노기호, 「교원의 실체적 권리와 교육권의 제한에 관한 연구 -미국 연방대법원의 판례와 이론을 중심으로」, 『법학논총』 28(2), 국민대학교 법학연구소, 2008 2.

603 한수웅, 「교육의 자주성·전문성·중립성 및 교사의 교육의 자유」, 『저스티스』 101, 한국법학원, 2007, 45쪽.

으로써 스스로 합리적인 사고를 통해 선택한 행위에 책임을 지는 삶의 주체자가 되는 것이 교육을 받는 중요한 목적이다. 따라서 자율성 획득이라는 이러한 교육의 목적은 학생들이 교육받을 권리를 행사하는 주요한 이유라 할 수 있다. 이러한 자율성은 학생 개개인의 행복과도 밀접한 관련이 있다. 개인이 자율적으로 선택하는 것은 그 개인에게 있어 행복의 원천이 되기 때문이다.[604] 이러한 자율성을 발전시키기 위한 교육은 학생에게 지식과 정보를 전달하는 것과 함께 삶의 방식을 포함한다. 즉, 학생의 자율성은 자율적인 원리가 작동하는 교육 환경 속에서 학생들이 자라고 교육받을 때 가장 효과적으로 길러질 수 있다는 것이다.[605] 따라서 자율적이며 자기 주도적으로 학생들을 교육하기 위해서는 교육의 과정에서 교사가 자율적으로 교육과 교육과정을 운영할 필요가 있다. 이런 의미에서 학생의 교육받을 권리를 위해서 교사의 자율성과 이를 실천하기 위한 교사의 교육권은 보호되어야 한다.

둘째, 교사의 교육권은 교육의 두 주체로부터 위임받은 권리이기에 존중되어야 한다는 것이다. 먼저, 교사의 교육권은 부모에게 위임받은 권리이다. 일반적으로 자녀의 교육에 대한 결정권이 기본적으로 부모에게 있어야 한다는 것은 현대 학자들에 의해 지속적으로 논의되고 있다.[606] 이들 논의에 의하면 부모는 자녀의 특성을 가장

---

604 Mill, J. S., *On liberty*, Indianapolis: Bobbs-Merrill Press, 1956.
605 정동화 외, 「교사 수업자율성의 재개념화」, 『한국교육학연구』 10(2), 안암교육학회, 2004.
606 Brighouse, H. & Swift, A., "Parents' Rights and the Value of the Family", *Ethics*, 117(1), 2006; Callan, E., *Creating Citizens: Political Education and Liberal Democracy*, Oxford, UK: Clarendon Press, 1997; Dhillon, P. A. & Halstead, M.,

잘 알고 있는 대변자로서 자녀에게 가장 적합한 교육을 선택할 수 있다는 점, 자녀를 양육하면서 자녀와의 관계를 유지하기 위해 부모가 감당하는 도덕적 책무,[607] 그리고 자녀를 양육하면서 부모가 치르는 희생 등으로 인해 자녀의 교육에 관한 선택권은 부모에게 주어져야 한다고 주장한다. 이와 같이 자녀 교육에 관한 일차적인 책임과 권리를 가진 부모가 자녀를 학교에 보내기로 선택한 것은 교육을 실질적으로 담당하는 교육 전문가인 교사에게 그 교육권을 위임한 것이다.[608]

또 다른 한편으로, 부모에게 자녀 교육권이 주어지는 것처럼 국가 또한 교육에 대한 의무와 권위를 어느 정도 가지고 있다. 교육은 국

"Multicultural education", *in The Blackwell Guide to the Philosophy of Education*, edited by N. Blake, P. Smeyers, R. Smith and P. Standish, Oxford: Blackwell, 2003, pp. 146-161; Hannan S. & Vernon, R., "Parental Rights: A Role-based Approach", *Theory and Research in Education*, 6(2), 2008, pp. 173-189; Scheoman, F., "Rights of children, rights of parents, and the moral basis of the family", *Ethics*, 91(1), 1980, pp. 6-19; Vallentyne, P., "The Rights and Duties of Childrearing", *William and Mary Bill of Rights Journal*, 11, 2003; Warnick, B., "Parental Authority over Education and the Right to Invite", *Harvard Educational Review*, 84(1), 2014.

607 이 논의를 자세히 살펴보면, 부모와 자녀의 관계는 어른과 어른의 관계와는 달리 그 관계를 친밀하게 유지하기 위해서는 부모에게 도덕적 책무가 따른다. 자녀의 복리는 어리면 어릴수록 부모에 의해 유지되며 부모는 자녀를 비참하게 만들 수도 있고 행복하게 만들 수도 있다. 어른끼리의 관계에서는 한쪽이 불합리하다고 느끼면 그 관계를 끝내면 되지만 자녀는 어느 정도의 나이가 될 때까지 부모의 보살핌이 필요하기에 부모에게서 벗어날 수가 없다. 따라서 부모와 자녀가 친밀한 관계를 유지하는 것은 부모의 도덕적 책무이며 이러한 도덕적 책무는 부모에게 자녀 교육에 대한 권리를 부여해야 한다는 논의이다(Brighouse, H. & Swift, A., "Parents' Rights and the Value of the Family", *Ethics*, 117(1), 2006, pp. 91-93).

608 교사의 교육권은, 부모가 공교육 체제에서 공교육의 주체자인 국가에 일차적으로 자녀의 교육권을 위임한 것을, 국가가 교육기반을 확립한 다음 일정한 자격조건을 갖춘 교사에게 이를 다시 위임함으로써 발생하는 간접적으로 위탁받은 권한이다(정수현·황준성, 「국가수준 학교평가제도의 법적 근거 및 정당성 고찰」, 『교육법학연구』 14(2), 대한교육법학회, 2002, 441쪽).

가의 번영과 영속성에 깊은 관련이 있으며 따라서 다음 세대의 능력과 자질 향상을 위한 국가의 주요 책무이다. 이 책무에는 부모가 그들이 가진 자녀 교육에 대한 일차적인 의무와 권리를 잘 행사하도록 지원하고 협력하는 것이 포함되어 있다. 따라서 국가는 공교육이라는 국가적 사업을 마련하여 학교를 설립하고 운영하며 관리함으로써 개인의 교육받을 권리를 잘 행사하도록 지원하고, 국가의 필요한 생산인력을 양성하고 국가의 번영과 발전을 위해 자라나는 세대를 유능한 시민으로 교육하는 일을 담당한다. 이와 같이 국가에 의해 주도되는 공교육에서는 국가로부터 교원으로서의 자격을 부여받은 교사가 학생들에게 교육을 담당하도록 국가로부터 그 교육권을 위임[609]받은 것이다.

요컨대, 교사는 부모와 국가로부터 교육권을 위임받아 학생들에게 실질적으로 교육을 진행하는 교육 주체이기에 교사의 교육권은 보호받고 존중받아야 한다.

셋째, 교사의 학문의 자유를 위해 교사의 교육권은 존중되어야 한다는 것이다. 학문의 자유는 진리 탐구와 함께 탐구한 결과를 발표하거나 가르칠 수 있는 자유를 포함한다.[610] 어떤 학자들은 '학문의 자유'에 근거한 교육권은 교사가 아니라 대학교수에 해당하는 것으로 한정하여 해석하기도 한다.[611] 이들은 대학에서 교수의 교육 활동

609 강인수 외, 『교육법론』, 하우, 1996, 91-92쪽.
610 89헌마88.
611 권영성, 『헌법학원론』, 법문사, 2002, 472쪽; 김철수, 『헌법학개론』, 박영사, 2003, 640쪽; 허영, 『한국헌법론』, 박영사, 2001, 398쪽.

의 경우 단순한 지식의 전달이 아니라 학생들과 함께 진리를 탐구하는 학문 활동이 목적이기 때문에 학문의 자유 영역에 속하지만, 초등 및 중등 교사의 경우에는 지식의 전달이 교육 활동의 목적이기 때문에 학문의 자유와는 무관하다고 본다. 그러나 다른 학자들은 교사의 교육 활동을 단순한 지식의 전달로만 이해하는 것은 교육과 교육과정에 대한 이해의 부족으로 보고 있다.[612] 구체적으로, 교사의 교육 활동은 교수의 교육 활동에 비해 중앙정부나 지방정부에 의해 제한될 가능성은 더 크겠으나, 이것이 곧 교사의 교육 활동이 학문의 자유와 무관한 것으로 결론을 내려서는 안 된다는 것이다. 즉, 교사의 교육 활동 역시 대학교수의 교육 활동과 마찬가지로 학문의 자유에 근거하여 교사의 교육권을 이해해야 한다. 초등 및 중등학교가 단순히 지식의 전달만을 목적으로 하는 것이 아니라 지식 전달을 넘어 논리적인 비판 능력과 창의적인 사고력 등을 위해 교사와 학생이 서로 상호작용을 하고 학문과 지식을 탐구하는 교육의 장소라는 것이다.[613] 실제로 2015년에 개정된 교육과정의 비전을 살펴보면, '미래사회가 요구하는 창의융합형 인재 양성'이다. 이러한 '창의융합형 인재'에게는 단순한 지식의 전달만으로는 달성할 수 없는 사고력, 비판 능력, 창의력, 그리고 통합하고 융합할 수 있는 능력 등이 필요하다. 이러한 능력은 교실이 교사와 학생들이 학문과 지식을 탐구

612 전제철, 「교사의 수업의 자유에 관한 연구」, 『시민교육연구』 36(2), 한국사회과교육학회, 2004, 217-242쪽; 허종렬, 「한국 헌법상 교육기본권에 대한 논의와 일본 헌법과의 비교」, 『성균관법학』 17(1), 성균관대학교 법학연구원, 2005.
613 전제철, 「교사의 수업의 자유에 관한 연구」, 『시민교육연구』 36(2), 한국사회과교육학회, 2004, 224쪽.

하는 장소가 될 때 달성 가능한 능력들이다. 따라서 초등 및 중등학교는 지식 전달의 장소이면서 동시에 학문과 진리를 탐구하는 장소로 보아야 할 것이다. 다른 한편으로 초등 및 중등학생들의 경우 아직 스스로 비판하고 판단하는 능력이 미숙한 어린 나이이기에 교사 개인의 편향되거나 왜곡된 학문적 논리에 의한 견해를 가르치는 것은 옳지 않다고 생각할 수도 있다.[614] 말할 것도 없이, 저학년의 경우에는 학생의 인지 능력이 충분히 발달하지 않았으며, 경험과 지식이 부족한 것이 사실이며 따라서 상대적으로 지식 전달 형식의 교육이 높은 비중을 차지할 것이다. 그러나 어떤 아이들은 어느 정도의 나이가 되면 어른만큼 이성적으로 판단하고 성숙하여 학문적 논리에 대해 스스로 비판하고 선별할 수 있는 능력을 갖춘 경우도 있다. 이와 반대로 대학생 정도의 나이가 되었더라도 충분한 정보를 근거로 학문적 논리에 대해 스스로 비판하고 선별할 수 있는 능력을 갖추지 못한 경우도 있다. 이런 학생들에게 있어서는 자율성을 기를 수 있도록 돕는 교육의 역할이 더욱 중요하다고 볼 수 있다. 이런 의미에서 고학년으로 올라갈수록 그 아이들의 높아진 수준에 맞게 그리고 비판하고 선별하는 능력들을 발전시킬 수 있도록 교사의 교육 활동에 있어서 학문 탐구의 비중이 점점 높아져야 한다. 따라서 교사의 교육권은 고학년으로 올라갈수록 학문의 자유와 높은 관련성을 가졌다고 볼 수 있다.

넷째, 교사의 교육권은 교육의 전문성 실현을 위해 존중되어야 한

614 김철수, 『헌법학개론』, 박영사, 2003, 640쪽.

다는 것이다. 교사의 교육의 자유는 교사 개인의 기본권에 따른 개인적인 자유라기보다 교사의 직무와 관련된 자유이다.[615] 구체적으로 교사의 교육의 자유는 학교 교육의 목적, 학생의 교육받을 권리를 실현하기 위한 수단으로서 교사라는 직무상 요청되는 자유이다. 교사는 교육 활동을 하는 전문가로서 학생들의 발달단계를 이해하고 이에 적합한 교육의 내용을 결정하고 교재를 선정하며 교육 방법을 찾고 평가하고 학생을 지도하는 등 교육의 본질적인 사항들에 대한 전문성을 가지고 교육 활동에 참여하는 지위를 부여받았다. 무엇보다 전문직으로서 교원이 그 권리와 권위를 인정받지 못하는 상황에서는 교육 내용을 학생이 순순히 받아들이기 어렵다. 따라서 교육권은 교육 활동을 가능케 하는 토대이다. 이를 위해 국가는 교사가 교육의 전문가로서의 역할을 잘 수행할 수 있도록 제도적으로 지원할 의무가 있다.[616] 따라서 교사가 교육 활동을 함에 있어 필요한 전문적인 능력들을 원활하게 수행할 수 있도록 타인이나 국가의 간섭을 받지 않을 자율성이 보장되어야 하는 것이다. 교사의 교육 활동이 타율이 아니라 자율에 의해서, 외부의 통제가 아니라 자기 통제에 의해서 이루어지고, 상부의 지시를 맹목적으로 따르는 것이 아니라 개인의 필요에 따라 자신의 의지에 의해 결정하고 행동할 때 교육의 전문성은 실현된다.

---

615 한수웅, 「교육의 자주성·전문성·중립성 및 교사의 교육의 자유」, 『저스티스』 101, 한국법학원, 2007, 54쪽.

616 한수웅, 「교육의 자주성·전문성·중립성 및 교사의 교육의 자유」, 『저스티스』 101, 한국법학원, 2007, 48쪽.

다섯째, 교육에 대한 국가 권력의 부당한 지배에서 벗어나기 위해 교사의 교육권은 존중되어야 한다는 것이다. 일반적으로 교사가 자신의 개인적인 가치관이나 세계관을 학생들에게 전달하고 자의적으로 교육하는 것을 막기 위해 국가는 교육 활동에 있어서 교사의 자유를 제한한다. 앞에서 논의한 것처럼 국가가 국가의 목적을 실현하고 필요한 인재를 양성하기 위해 교육을 계획하고 운영하는 것은 국가의 주요 책무이다. 국가는 그 책무를 수행하기 위해 교육의 전반을 계획하고 통제해야 한다. 그러나 국가의 통제가 가지는 성격이 어떤 것인가에 따라 부당한 지배가 될 수도 있다.[617] 역사에서 보면 많은 경우 국가 권력이 그들의 이해를 실현하기 용이하게 교육을 지배하기 위한 통제의 기능을 해 왔다. 예를 들면, 우리나라의 경우 공교육 제도는 일제의 식민지 지배를 위한 방편으로서 국가통치기구의 성격을 가지고 시작되었으며, 이승만 정권은 그들의 권력을 유지하기 위해 교육을 정치적 도구로 이용했다. 이 예들은 교육이 개인의 교육받을 권리를 위한 것이 아니라 정권의 이익과 질서를 위해 국가에 의해 독점된 것이다. 이처럼 교육이 정치적 목적을 위한 도구로 사용되는 것을 막기 위해 마련된 것이 교육의 자주성, 전문성과 함께 정치적 중립성의 원리이다.[618] 교육의 정치적 중립성의 원리는 교육 활동이 국가를 포함한 외부세력의 부당

---

617 나병현, 「가치주장으로서의 교육의 자율성 - 교육자율부당론 비판」, 『교육철학』 11, 한국교육철학회, 1993, 279쪽.

618 김언순, 「기본권으로서 교권에 대한 논의: 교권보호의 출발점」, 『한국교육사학』 36(1), 한국교육사학회, 2014, 90쪽.

한 간섭을 받지 않도록 보호하고, 교육이 본래의 기능을 벗어나 정치 영역에 부당하게 개입하지 않는 것을 의미한다. 그럼에도 불구하고 '교육의 정치적 중립성'을 교사의 교육권을 제한하고 교육을 국가 권력이 통제하는 근거로 이용하는 경우가 많았다.[619] 정치적 이데올로기의 주입과 편향 교육을 배제한다는 이유로 정치권력에 의해 규정된 중립적인 내용을 학교에서 가르치게 하여 국가 권력이 일방적으로 교육을 지배하는 데 악용된 경우가 많았다는 것이다. 특히 과거 권위주의적인 정권에서는 국가가 교육 내용에 개입하여 국가의 이념이나 정책을 옹호하고 지지하는 일방적인 교육이 이루어지도록 함으로써 정권의 도구로 교육을 이용하기도 하였다.[620] 이와 같이 교육이 외부권력의 목적을 위한 수단으로 이용될 때 교육의 중립성은 훼손되고 교육은 그 고유의 기능을 제대로 수행하지 못하게 되는 것이다.[621] 이러한 이유로 교육의 정치적 중립성의 원리는 교육 활동이 권력의 지배로부터 독립할 때 그 원래의 의미를 잃지 않게 된다. 따라서 교사의 교육권을 보호하고 교과과정을 교사가 자율적으로 운영하도록 보장하는 것은 궁극적으로는 교육이 국가나 정치권력의 도구가 되고 부당한 지배를 받는 것으로부터 보호하기 위해 필요하다.

---

619 김언순, 「기본권으로서 교권에 대한 논의: 교권보호의 출발점」, 『한국교육사학』 36(1), 한국교육사학회, 2014, 91쪽.
620 노기호, 「교원의 실체적 권리와 교육권의 제한에 관한 연구 -미국 연방대법원의 판례와 이론을 중심으로」, 『법학논총』 28(2), 국민대학교 법학연구소, 2008, 32쪽.
621 정동화 외, 「교사 수업자율성의 재개념화」, 『한국교육학연구』 10(2), 안암교육학회, 2004, 235쪽.

2. 교사 교육권을 둘러싼 갈등과 쟁점

교육감 직선제가 시행된 이후, 경기도를 시작으로 일부 광역자치단체에서 학생인권조례가 제정되면서 체벌 금지, 학생인권 강조, 학부모의 교육권 향상 등으로 인해 교육 활동에 있어서 교사와 학생, 교사와 학부모 간의 갈등을 경험하는 경우가 많아지고 있다. 그러한 갈등의 유형을 살펴보면, 교육의 자율성 및 교사의 업무 등과 관련하여 교육행정기관과 교원단체와의 갈등, 교사의 교육 활동 중 교장의 지도나 감독을 둘러싼 갈등과 같이 교육행정기관 혹은 단위학교와 교사 개인 간의 갈등, 교사와 학부모 혹은 교사와 학생 간의 갈등 등이 있다.[622] 그러한 갈등 가운데에서도 학생에 의한 교사의 교육권 침해 사례는 지속적으로 발생하고 있으며, 사회적으로 크게 이슈가 되어 대중의 관심을 받는 경우가 빈번하다. 실제로 2015년에는 수업 시간에 교사를 빗자루로 폭행하고 욕설을 하는 동영상이 유포되면서 충격을 주기도 했으며, 2018년에는 일부 학생들이 수업 중에 학생들 앞에서 교사를 폭행하는 일이 발생했으며, 2019년에는 중학생이 수업 중 장난으로 교사의 머리를 때리는 등 해마다 교육권 침해 사건이 빈번하게 보도된다.[623] 특히 학생들에 의한 교육권 침해의 경

---

622 강인수, 「학교공동체의 안정적 발전을 위한 교원단체의 역할과 과제」, 『교육법학연구』 16(2), 대한교육법학회, 2004.

623 매년 2월과 8월에 시행되는 교원 명예퇴직 신청을 보면, 2017년에는 3,652명, 2018년에는 4,639명, 2019년에는 6,039명, 2020년에는 6,669명으로 매년 증가 추세를 보이고 있으며, 교총에서 실시한 교원 인식 설문조사에서 교원 명예퇴직이 매년 이렇게 증가하는 이유로 응답자의 89.4%가 교권 하락과 이에 따른 생활지도의 어려움이라고 응답한 것은 표현의 차이가 있기는 하지만 교육권 침해에 대한 교사의 고충을 나타내는 단적인 예이다(한국교육단체총

우 그 침해 정도가 범죄 수준인 경우가 많아지고 있으며,[624] 학부모에 의한 교육권 침해 또한 해마다 늘고 있는 실정이다.[625]

이와 같이 지속적으로 발생하는 교사의 교육권 침해 사건들은 교사로서의 정체성 혼란을 야기할 뿐만 아니라 교사들이 굉장한 위축감을 느끼게 만든다. 이렇게 우리 사회에서 발생하는 교사의 교육할 임무에 대한 방해로부터 교육 활동을 보호하기 위한 조치 중 하나로 서울특별시교육청에서는 교사의 정당한 교육 활동을 침해하는 학생이나 학부모에게 '무관용 원칙'으로 대응하겠다고 밝히기에 이르렀다.[626] 사실 교사의 교육권 침해는 단순히 교사들에게만 영향을 주는 문제가 아니다. 교사의 교육권 침해는 곧바로 학생들의 교육받을 권리에 영향을 미칠 뿐만 아니라 학생들의 교육관 형성에도 작용할 수 있기에 학생과 교사, 그리고 학부모에게 부정적인 영향을 미치는 심각한 문제이다. 이에 교사의 교육권과 관련된 갈등을 크게 세 가지 즉 학생과 교사의 갈등, 학부모와 교사의 갈등, 교육행정기관 혹은 단위학교와 교사의 갈등으로 나누어 살펴보고, 교권 침해 사안의 처리 및 조치에 대하여 살펴본 후, 교사 교육권을 바르게 이해하기 위해 교사의 교육권을 존중함에 있어 어떤 한계가 있는지를 살펴보고자 한다.

연합회, 「2월말 교원 명예퇴직 신청급증에 대한 교총 입장」, 보도자료, 2020년 2월 17일).

624 『동아일보』, 「학부모 교권침해 5년새 3배↑…교사 때리는 학생도 해마다 늘어」, 2019년 9월 23일.

625 2018년 시·도교육청에 신고된 교육권 침해 총 건수는 2,454건이며 이 중 학생에 의한 교육권 침해 건수는 2,247건으로 90%가 넘으며, 학부모에 의한 교육권 침해 건수는 2016년에 93건, 2017년에 119건에 이어 2018년에는 210건으로 증가 추세를 보이고 있다(박근영, 「교권침해 현황과 특성」, 『교육정책포럼』 311, 교육정책네트워크, 2019년 5월호).

626 서울특별시교육청, 『서울특별시교육청 교육 활동 보호 매뉴얼』, 2019.

(1) 학생과 교사의 갈등

교권과 관련한 갈등의 가장 큰 비중을 차지하는 것은, 말할 것도 없이 교육 현장에서 가장 많은 시간을 함께 보내면서 직접 부딪치는 교사와 학생 간의 갈등이다. 특히 학생에 의한 교권 침해는 자주 사회적 이슈가 되기도 한다. 앞에서 언급하였던 예시 외에도 최근의 사건들을 살펴보면, 2022년 8월 충남의 한 중학교에서 학생이 수업 중에 교사 옆에 누워 휴대폰을 조작하는 영상이 촬영되고 온라인상에 무단으로 배포되어 사회적 물의를 일으킨 바 있으며,[627] 2022년 4월 수원에서는 초등학생이 톱을 휘두르며 교사를 위협하는 일이 발생하는[628] 등 학생에 의한 교권 침해가 지속적으로 발생할 뿐만 아니라 그 정도도 심각해지고 있다. 교권 침해 현황을 조사한 교육부 자료[629]에 따르면 학생에 의한 교권 침해 건수가 2021년에 1,081건이었던 것이 2022년에는 2,098건으로 2배 가까이 증가하였다. 특히 2022년도 조사 결과에서 학생에 의한 교권 침해의 유형별 현황을 살펴보면, 교사에 대한 모욕과 명예훼손이 전체의 57.3%(1,203건)로 가장 높게 나타났으며, 폭행에 의한 교권 침해는 11%(231건), 성적 굴욕감 및 혐오감을 일으키는 행위는 9.5%(200건), 공무 및 업무 방해는 3.8%(80건), 정당한 교육 활동에 대한 반복적인 부당한 간섭은 3.8%(80건), 성폭력 범죄는 3.1%(65건) 등의 순으로 나타났다.

---

627 『교육플러스』, 「'학생에 의한 교권침해' 1년 새 2배 급증」, 2022년 9월 25일.

628 『머니투데이』, 「[단독] 교사에 톱 들고 덤벼든 초등생, 등교중지 30일·심리치료 처분」, 2022년 7월 13일.

629 교육부, 『교육 활동 침해 예방 및 대응 강화 방안』, 2022.

이러한 현상에 대하여 일각에서는 학생의 인권은 강조되고 있지만 교사의 교육권은 상대적으로 소홀히 다루고 있어 더 큰 문제라는 목소리도 있다. 학생의 인권이나 아동학대에 대해 높아진 사회적 인식이 교사의 정상적인 교육 활동에는 편향되게 적용되어 오히려 교사의 교육 활동에 위축을 가져왔다는 것이다. 분명 우리 사회는 오랫동안 학생의 인권에 크게 관심을 가지지 않았기에 지금이라도 학생의 인권을 강조하는 것은 고무적인 일이라 할 수 있다.[630] 그러나 학생의 인권이라는 이름으로 교사의 교권을 침해하는 일이 있어서는 안 될 것이다. 교권을 비롯하여 권리와 의무에 대한 교육 그리고 교권 침해 예방을 위한 교육 등은 물론이고 사건이 발생하였을 때 적절한 대처가 필요하다. 학생의 인권과 교사의 교육권 간의 균형을 위해 여러 법안들이 만들어지고, 교권 침해 예방과 교권 침해 사안이 발생하였을 때 처리에 대한 방침들을 마련하고 있다. 교권보호위원회가 구성되어 운영되고 있으며, 학교교권보호위원회의 심의를 거쳐 교권 침해 사실이 밝혀지면 가해 학생에게 봉사활동, 특별교육이나 심리치료, 출석 정지, 학급 교체, 전학, 퇴학 등의 조치가 취해진다. 교육부 자료에 따르면 가해 학생에게 주어진 조치 중 출석 정지가 전체의 45%로 가장 높게 나타났으며 교내 봉사가 14.1%, 특별교육 이수가 10.7%, 전학이 9.2%, 사회봉사가 7%, 퇴학이 1.9%로 나타났다.[631]

630 연구에 따르면 학생에 대한 인권 보장의 수준이 높고 인권 교육을 많이 받은 학생은 교사의 권위에 대한 인정과 교사의 교육권을 존중하는 수준이 높은 것으로 나타났다(구정화, 「학생의 인권 보장 정도와 교권 존중과의 관련성」, 『법과인권교육연구』 7(3), 한국법과인권교육학회, 2014).

631 교육부, 『교육 활동 침해 예방 및 대응 강화 방안』, 2022.

그러나 학교가 교육기관이라는 점을 생각할 때, 가해 학생을 선도하고 교육하는 것이 선행되어야 마땅해 보이지만, 앞의 자료에서 볼 수 있는 것처럼 징계가 우선적으로 이루어진 점에서, 과연 이러한 조치가 가해 학생에게 교육적인 조치였는가 하는 생각을 가지게 한다. 물론 교권 침해 사안이 발생하기 이전에 교육이 이루어지는 것이 가장 좋겠지만 사안이 발생하였다면, 사후 조치로 반드시 교육이 뒤따라야 한다는 것이다. 이는 실질적으로 학생을 교정하기 위한 교육 프로그램이나 상담 프로그램을 담당할 전문 인력을 갖추는 것을 의미하기도 한다. 학생들에게 자신의 행동에 대해 책임을 져야 한다는 사실과, 모든 사람들에게는 한 인간으로서 개인의 지위에 따른 권리가 있으며 나의 권리뿐만 아니라 다른 사람의 권리 역시 보호되어야 함을 가르쳐야 한다. 또한 자신들이 학생으로서 인권을 보장받을 권리를 누리기 위해서는 그에 대한 책무와 책임이 따른다는 것을 가르쳐야 한다. 「교육기본법」 제12조 3항에 나와 있는 것과 같이 "학생은 학습자로서의 윤리의식을 확립하고, 학교의 규칙을 준수하여야 하며, 교원의 교육·연구활동을 방해하거나 학내의 질서를 문란하게 하여서는 아니 된다."는 것을 이해하게 해야 한다는 것이다. 더욱이 오늘날 민주주의 사회에서 교사의 교육권은 다른 교육 주체들, 즉 학생, 학부모, 국가의 교육권과 밀접하게 연관되어 있기에 더욱 세심하게 다루어야 할 주제이다.

이와 관련하여, 2019년에 논쟁의 대상이 되었던 서울 인헌고등학교 사건은 주목할 만하다. 2019년 12월 인헌고등학교에서는 일부 학생들이 특정 교사가 아침에 출근을 하지 못하도록 차를 막아 세우고 출근을 방해하는 사건이 있었다. 이 학생들은 수업 중 카메라를 들고 교실로 들어가 유튜브 생중계를 진행하는 등 수업 방해 행위도 계속 이어 갔다.[632] 이 사건은 일부 학생들이 교사가 정치편향적인 교육과 사상 주입 교육을 하였다고 주장하면서 발생한 사건이다. 인헌고등학교의 일부 학생들은, 수업시간에 교사가 특정 정치 사건과 관련한 가짜뉴스를 믿는 사람들에 대하여 개, 돼지라는 표현을 썼으며, 학교는 교내 행사에서 학생들에게 반일 구호를 외치도록 하여 사상을 강요했다고 주장하였다. 이후 서울특별시교육청에서 사실 확인을 위해 학생들에게 설문조사를 실시한 결과 이러한 주장에 왜곡과 과장이 있다는 사실이 드러났지만,[633] 사상 주입 교육에 대한 반대 시위를 이유로 일부 학생들의 수업 방해 행위가 지속적으로 이루어졌다. 이것은 학생의 교육받을 권리와 관련한 문제에서 시작하여 학생들에 의한 교사의 교육권 침해 문제로 발전한 경우이다. 이 사건은 학생의 교육받을 권리에서 시작하였지만 교사의 교육권 침해의 심각성을 드러내는 사건이면서, 교사의 교육권이 학생의 교육받을 권리, 더 나아가 다른 교육 주체들의 교육권과 관련될 때 교사의 교육권은 어디까지 보장되어야 하는가와 같은 문제에 대해서 생

---

632 『오마이뉴스』, 「인헌고 학생, 교사 출근 저지하고 "교감 내쫓아라" 조롱」, 2019년 12월 6일.

633 '특정 정치 사건과 관련하여 가짜뉴스를 믿으면 안 된다'고 한 것과 관련해서는 미디어 비평 수업에서 언론에서 하는 말을 비판적으로 받아들여야 한다는 내용의 수업이었다는 것, 정치구호를 외치도록 했다는 것과 관련해서는 매년 학교에서 이루어지는 주제가 있는 마라톤 행사에서 그해에는 '임시정부 100주년을 축하한다'는 주제를 가지고 학생들이 구호를 만들어 외치게 한 것이며, 구호를 외치는 것과 관련하여 강제는 없었다는 것이 서울특별시교육청 조사에 의해 밝혀졌다(『노동자연대』, 「인헌고 사태: 우파의 '침소봉대'에 맞서 학교와 교사를 방어해야 한다」, 2019년 11월 13일).

각해 볼 필요성을 제기한다.

그렇다면, 학생과 교사 간의 갈등 상황에서 우리는 어떻게 좀 더 현명하게 대처할 수 있을까? 인헌고등학교 사건과 관련지어 살펴보자. 먼저 학생들이 정치 편향적인 교육을 학교에서 받고 있다고 느꼈을 때 자신들의 교육받을 권리가 침해받았음을 알리고 정치 편향적인 교육을 거부하는 목소리를 낼 수 있어야 한다. 그러나 학생들은 그 방법에 있어서 좀 더 신중할 필요가 있다. 다른 사람의 권리를 침해하지 않는 범위에서 자신의 목소리를 내야 하는 것이다. 교사의 출근을 막고 수업을 방해하는 등의 행위는 교사의 교육권을 침해하는 행위일 뿐만 아니라 다른 학생들의 교육받을 권리를 침해하는 행위이기에 정당하다고 볼 수 없다. 학교에서는 학생의 교육받을 권리를 비롯하여 스스로의 권리에 대해서뿐만 아니라 다른 사람의 권리도 존중하고 보호하여야 함을 가르치고 학생들을 이해시키는 과정이 필요하다. 특히 교사의 교육권이 학생들의 교육받을 권리와 밀접한 관련이 있다는 것을 이해한다면 학생들은 좀 더 이성적이고 지성적으로 자신의 권리를 표현할 수 있을 것이다. 또한 교육적인 의미에서 자신의 교육받을 권리가 침해받았음을 알리는 시위 그 자체와는 별개로, 다른 학생들의 교육받을 권리를 위해 그리고 교사의 교육권을 위해, 학교에서는 교칙에 따라 이 학생들의 행동에 상응하는 조치가 취해지는 것이 바람직하다고 하겠다.

그리고 만약 교사가 자신의 정치적 신념을 학생들에게 가르쳤다면 그것은 분명 교사의 교육권을 제한해야 하는 상황임에 틀림이 없다. 교사가 자신의 개인적인 정치적 신념을 학생들에게 가르치면 교사의 개인적인 정치적 신념을 학생들에게 주입하게 되고 학생들의 견해를 왜곡시킬 수 있기에 학생들의 교육받을 권리를 침해하는 것이다. 따라서 교사는 개인적인 정치적 신념을 교실에서 가르치거나 강요해서는 안 된다. 그렇지만 교사가 자신의 개인적인 신념을 배제하고 사회 현안이나 정치적 이슈를 교실에 가져와 그것에 대해 학생들이 관심을 가지게 하고 그것에 대해 생각해 보고 토론하게 하는 것은 민주시민 교육에 있어서 중요한 부분을 차지한다. 따라서 이후 인헌고등학교에서 이 사건과 관련하여 학교 전체 토론회를 열었다는 사실[634]은 의미 있는 일이라고 할 수 있다. 학교에서 정치 편향적인 교육, 사상 주입 교육을 했다는 일부 학생들의 주장을 무시하지 않고 학생들이 그 사건을 들여다보고 판단하고 토론하게 하였다는 점에서 매우 바람직하고 교육적인 조치였다고 여겨진다. 특히 2020년부터 만 18세에게도 투표권이 주어져 고등학생이 유권자에 포함되었다는 점에서 학교에서 사회 현안과 정치적 주제에 대한 교육이 실질적으로 이루어져야 할 필요성이 현실적으로 요구된다. 즉 교사가 개인적인 정치적 관점을 학생들에게 주입하는 것이 아니라 학생들이 사회 현안에 관심을 가지게 하며 사회에 존재하는 다양한 정치적 관점을 접하게 하고 그것에 대해 생각하고 토론하게 하는 것은 학생들의 교육받을 권리를 위해 장려되어야 한다.

요컨대 근본적으로 교사의 교육권은 학생의 교육받을 권리를 보

---

634 『노동자연대』, 「인헌고 사태: 우파의 '침소봉대'에 맞서 학교와 교사를 방어해야 한다」, 2019년 11월 13일.

호하고 지원하기 위해 행사되는 권리이기에 교사의 교육권을 존중하는 것은 곧 학생의 교육받을 권리를 보호하는 것이라는 의미를 내포하고 있음을 이해하는 것은 매우 중요하다. 이러한 이해가 바탕이 된다면 학생과 교사 간의 갈등을 줄이는 데 도움이 될 것이다.

(2) 학부모와 교사의 갈등

1980년대 민주화 운동 이후 자녀 교육에 있어서 부모의 권리에 대한 인식이 상당히 높아지면서 학부모들은 학교 교육에 있어서 그들의 권리를 행사하는 데 주저하지 않고 있다. 예를 들면, 1990년 초에 이미 시골에서 초등학교를 다니는 자녀를 도시의 상급학교로 진학시키기를 희망하는 학부모가 거주지를 기준으로 중·고등학교에 입학하는 것을 제한하는 교육법시행령은 학교 선택권을 침해하기에 위헌이라고 주장하며 소송을 제기한 바 있다.[635] 또 다른 사례로는 중학생과 고등학생을 둔 부모가 고교평준화 지역의 일반계 고등학교 진학과 관련하여 추첨에 의해 학교를 배정하는 초·중등교육시행령은 자녀가 원하는 학교에 지원할 기회를 막고 원하지 않는 학풍이나 종교 교육을 하는 학교에 배정될 수 있기에 학교 선택권, 종교 교육권, 행복 추구권 등을 침해한다고 주장하면서 소송을 제기하기도 하였다.[636] 이러한 목소리는 재판 결과와는 상관없이 부모가 교육의 주체 중 하나로서 자녀 교육권을 주장하기 시작하였다는 점에서 의

635 헌재 1995. 2. 23, 91헌마204.
636 헌재 2009. 4. 30, 2005헌마514.

미 있다고 볼 수 있다. 그러나 다른 한편으로는 부모의 권리 행사가 그 정도가 지나쳐 교사의 정당한 교육 활동에 대해서도 불만을 가지고 교사의 사직이나 담임 교체를 요구하거나 교사에게 지속적으로 민원을 제기하는 등 교권이 침해받고 있는 사례가 늘고 있다는 우려의 목소리도 있다. 실제로 부모에 의한 교권 침해 사례가 2020년 116건에서 2021년 171건으로 증가하였다.[637] 한국교원단체총연합회에서 2023년 7월 25일부터 26일까지 실시한 설문조사와 최근 홈페이지를 통해 접수된 교권 침해 실태 보고에 따르면 학부모에 의한 교권 침해는 총 11,628건으로 매우 높게 나왔으며, 그중에서도 정당한 교육 활동에 대한 악성 민원 및 과도한 아동학대 신고가 6,720건으로 가장 많은 수를 차지하였으며, 그다음으로 폭언과 욕설이 1,346건, 업무 방해 및 수업 방해가 173건, 폭행이 97건, 성희롱 및 성추행이 8건으로 나타났다.[638]

정당한 교육 활동에 대한 악성 민원으로 학부모가 교권을 침해한 대표적인 사례를 살펴보면, 2021년 9월에 경남의 한 고등학교에서 학부모가 자녀 교육과 관련하여 전화, 메시지, 학교 방문 등을 통하여 부당하고 반복적인 민원을 제기하여 교육 활동에 큰 불편을 주었다.[639] 같은 해 11월에는 인천 서구의 한 초등학교에서 학교폭력 가해 학생의 학부모가 자신의 자녀가 학교폭력 가해자로 학교폭력대

---

637 교육부, 『교육 활동 침해 예방 및 대응 강화 방안』, 2022.

638 한국교원단체총연합회, 보도자료, 「정성국 교총회장 "광화문의 외침, 이젠 정부·국회·사회가 응답할 때 '교권 5대 정책 30대 과제' 즉각 실현 나서 달라"」, 2023년 8월 3일.

639 『머니투데이』, 「교육위기 촉발 교권 추락 막을 수 있나...교육부 수업방해 적극 대응」, 2022년 9월 29일.

책심의위원회에 회부된다는 통보를 받고 학교로 찾아가 수업 중이던 교사에게 욕설을 하면서 교사를 복도로 강제로 끌어내는 과정에서 목 등을 때려 상해를 입히는 사건이 발생하였다.[640] 처음에는 다소 소극적으로 대처하던 인천광역시교육청에서는 인천교사노조에서 문제를 제기하고 나서야 교권보호위원회를 열어 가해 학부모가 교육 활동을 침해하였다는 판단을 내리고 그를 경찰에 고발하였다. 2023년에는 서울의 서이초등학교에서 교사가 자살하는 사건이 발생했는데, 고인이 학급에서 발행한 학교폭력 사건 등으로 학부모의 지속적인 악성 민원에 시달렸으며 고인이 이로 인해 괴로워했다는 증언이 나오면서 학부모에 의한 교권 침해 문제가 사회적 문제로 떠올랐다. 이 사건 이후 용인의 고등학교 교사가 자살한 사건[641]도 부모의 지속적인 악성 민원으로 인해 심한 스트레스를 받았다는 유족의 진술이 있어 학부모에 의한 교권 침해 문제는 사회적으로 더욱 심각한 문제로 다루어지고 있다. 특히 최근 들어 학부모가 교사를 부당하게 고소하거나 아동학대 등으로 신고하는 경우가 적지 않아 이에 대한 교사들의 스트레스가 적지 않다. 대전교사노조의 설문조사에 의하면 지역 교사 320명 중 94%가 학생을 지도하는 과정에서 아동학대 신고를 당할 것 같은 불안감을 느낀다고 답했으며, 실제로 아동학대로 신고를 당하거나 민원이 접수된 경험이 있는 교사가 53%로 나타났다.[642]

640 『KBS뉴스』, 「수업 중 교실 침입해 교사에게 욕설…학부모 입건」, 2022년 2월 17일.
641 『교육플러스』, 「용인 고교 60대 교사 숨진채 발견...유족 "학부모 민원 심한 스트레스"」, 2023년 9월 3일.
642 『디지털타임스』, 「"정당한 학생지도는 아동학대 아냐"…홍석준 의원, 교권회복법 대표발의」, 2023년 7월 26일.

이와 같은 학부모의 과도한 교권 침해에는 다양한 이유들이 있겠지만, 그중에서도 특히 경쟁적인 사회 분위기가 큰 몫을 차지한다고 볼 수 있다. 자본주의 사회에서 경쟁은 사회에서 생존하기 위한 필수적인 가치로 여기고 있으며 학교 교육에서도 예외는 아니다. 겉으로 드러나는 목표는 교육의 이름을 내걸고 있지만 실상은 우리의 학교 교육이 입시 위주, 시험 위주인 것이 사실이다. 최근에는 시장원리가 교육에 적용되면서 치열한 경쟁이 우리 학교 교육의 핵심 아젠다로 부각되고 있으며 학부모나 학생, 심지어는 교사까지 모든 교육 활동을 숫자로 드러나는 점수, 등급, 성적, 성과 등으로 재단하고 판단하며 의미를 찾는다.[643] 이런 치열하고 경쟁적인 학교 환경에서 자신의 자녀가 우위를 차지하기를 바라는 학부모들은 오로지 자기 자녀의 점수, 등급에만 관심을 가지는 듯하다. 학교에서 반드시 배우고 사회로 나가야 할 중요한 덕목인 민주시민으로서의 가치를 제대로 배우지 못한 채 사회에 나오게 된 어른들은, 자기 자녀의 유익을 위해서는 다른 사람의 권리나 인권, 공공의 이익 등에는 관심을 가지지 않게 되는 문제를 가져오게 된 것이다.

그렇다면 우리는 이 문제에 어떻게 접근할 수 있을까? 먼저 직접적인 조치에 대해 생각해 보자. 만약 학부모의 민원이 정당한 것이라면 합당한 조치를 취하는 것이 당연하다. 그러나 교사의 입장에서 지속적이고 과도한 민원이나 부당한 민원이라고 판단될 때, 학교장

---

643 정용교·백승대, 「경쟁교육의 실태와 문제점 및 대안: 현장 사회과교육을 중심으로」, 『사회과교육연구』 18(2), 한국사회교과교육학회, 2011, 93쪽.

이나 교감에게 이 문제를 공유하고 그들의 판단에 따라 이것을 막을 수 있도록 법적 조치(예를 들어 학교 접근 금지 등이 될 수 있을 것이다)가 마련되어야 할 것이다. 무엇보다 민원을 위한 공식적인 채널을 마련하고 교사 개인의 휴대폰 번호가 공유되지 않도록 엄격히 보호하여 학부모가 개인적으로 교사에게 민원을 제기하는 일을 근본적으로 차단하는 것이 무엇보다 중요하다. 좀 더 간접적인 조치에 대해 생각해 보면 먼저, 학교 교육에 대한 학부모의 신뢰를 회복하는 일이 선행되어야 할 것이다. 또한 당장은 어렵겠지만 경쟁적인 학교 분위기, 과도한 입시 경쟁에서 벗어나기 위한 노력이 필요하다. 이것은 단기간에 이루어지기 힘들며 일부의 노력으로 이루기도 힘든 일이겠지만 학교와 학부모, 교육당국이 모두 함께 노력해야 할 우리 시대의 숙제가 아닌가 한다. 우리가 할 수 있는 다음 노력은, 교육에 있어서 권리와 인권에 관한 의식을 강화하는 일이 될 것이다. 사실 앞에서 보인 사례들은 일부 학부모에 의해 벌어지는 일이기는 하지만 교사의 교육권에 대한 올바른 인식이 없다면 누구에게나 일어날 수 있는 문제이기도 하다. 따라서 학부모들이 교사의 교육권에 대한 올바른 의식을 가질 수 있도록 돕는 것이 이 문제를 해결하기 위한 중요한 한 가지 방안이 될 수 있을 것이다. 그러나 학부모를 재교육하는 일은 결코 쉬운 일이 아니며 어떤 면에서 불가능해 보일 수도 있다. 그러나 그 일이 완전히 불가능한 일도 아니다. 현재 초·중·고등학교에서는 학부모 교육이라는 프로그램이 있고 코로나19 이후 대면으로 뿐만 아니라 온라인을 통하여 다양한 교육정보를 제공하고 있다. 이 프로그램을 잘 활용한다면 그리고 학부모들의 참여율을 지금보다 높일 수 있는 방법을 모색한다면 지금보다는 좀 더 효율적으로 학부모들이 교권에 대해 올바른 인식을 가질 수 있도록 도울 수 있을 것으로 보인다. 다른 한편으로, 좀 더 시간이 걸리겠지만 근원적인 방안은 학생들이 아직 학교에 다니는 동안 미래의 교사, 학부모가 될 학생들에게 교권을 비롯하여 인간의 존엄성, 관용, 공동체 의식, 책무 등과 같은 덕목들에 대해 생각하고 토론하고 실천해 볼 기회를 주어 좀 더 성숙한 민주시민으로 자랄 수 있도록 도움으로써 결국은 시민 의식이 성숙한 사회적 환경을 만들어야 한다고 생각된다.

그러나 이런 교육들은 학교 교육에 대해 학부모가 관여하는 것을 차단하는 것이 목적이 되어서는 안 될 것이다. 자녀의 교육을 대변하는 교육 주체의 한 사람으로서 자신의 자녀가 안전한 공간에서 그리고 자신의 가족이 지향하는 가치와 신념을 지킬 수 있는 환경에서 양질의 교육을 받을 수 있도록 그들의 교육권을 정당하게 행사할 수 있다는 것 또한 강조할 필요가 있다.

(3) 교육행정기관과 교사의 갈등

일반적으로 우리는 교권 침해에 대해 이야기할 때 학생이나 학부모에 의한 교권 침해를 생각하기 쉽다. 그러나 가깝게는 동료 교사나 교육행정가, 멀게는 상급행정기관에 의해 교사의 교육권이 침해받는 경우가 있다. 교장이나 교감에 의한 교권 침해는 수업이나 교재 및 교구 선정, 학생 지도 등 교육 영역에 대해 지나치게 간섭하거나, 진학이나 취업과 관련한 사안에 관여하는 경우를 들 수 있다. 상급행정기관에 의한 교권 침해는 과다한 자료나 공문을 요구하거나 정치적으로 편향된 교육을 하도록 지시를 내리는 것과 같은 경우를 들 수 있다. 사실 학생이나 학부모에 의한 교권 침해는 여러 이슈들로 인해 사회적으로 주목을 받고 있을 뿐만 아니라 정부기관에서 이에 대한 대책을 다각적으로 마련하고 있는 데 반해, 교사를 지원하여야 할 교육행정기관에 의한 교권 침해는 상대적으로 크게 주목을 받지 못하고 있다.

지금은 많이 바뀌었다고는 하지만, 우리 사회의 권위적인 분위기는 여전해 그 잔재가 남아 있어 학교의 관리자나 상급행정기관에 의한 교권 침해를 교사들이 견뎌 온 경향이 있다. 실제로 1997년도까지는 교육법에 "교사는 교장의 명에 따라 교육해야 한다."라고 명시되어 있었기에 교장의 권위가 막강하였으며, 교장은 상급행정기관의 명령에 따랐으며 그것은 다시 교장에 의해 교사에게 전달되는 수직적인 조직 체계에서 교사는 상부의 지시를 충실히 이행하는 임무를 담당하였다.[644] 이러한 역사를 거쳐 온 학교 분위기는 많은 변화가 있었다고는 하지만 여전히 상급행정기관이나 교장 등에 의한 교권 침해 사안에 대해 받아들이는 분위기가 강하다고 할 수 있다. 예를 들면, 2023년 9월에 군산의 한 초등학교 교사가 군산의 동백대교 아래에서 숨진 채 발견된 사건이 있었다.[645] 6학년 담임이었던 해당 교사는 평소 과도한 행정 업무를 맡고 있었고 업무 처리 과정에서 학교장으로부터 계속되는 결재 반려 등으로 인해 업무 스트레스

---

644 이현, 「교사의 교육권을 어떻게 볼 것인가?」, 『진보교육』 69, 참교육연구소, 2018, 53-54쪽.
645 『서울경제』, 「"교장이 어떻게 해도 결재 반려"…숨진 군산 초등교사 '갑질' 시달렸나」, 2023년 9월 5일.

를 받고 있었던 것으로 알려졌다. 뿐만 아니라 해당 교사는 학교장의 사적인 일(교장의 관사에 놓을 가구를 나르는 일 등)을 하는 데에도 동원되었다고 전해졌다. 해당 교사는 교사로서 수업을 준비하고 가르치는 일 외의 업무에 시달려 정작 본업을 수행해 나갈 힘을 잃었고 결국 극단적인 선택에 이른 것으로 보인다. 지금까지의 권위적인 분위기와 함께 교장이나 교감은 교사들의 승진이나 성과와 관련하여 평가를 하는 위치에 있기에 교사들은 교장이나 교감에 의한 교권 침해 사안에 대하여 더욱 침묵하고 견딜 수밖에 없었을 것이다. 그런 의미에서 학교 사회의 민주화가 절실히 필요하다. 교육에 관한 권한을 중앙정부나 상위행정기관이 독점하는 것이 아니고 교사가 교장이나 교감의 지시를 받는 것이 아니라, 교사의 자율성을 존중하고 교육과정이나 수업, 학급 운영, 생활 지도 및 평가에 있어서 교사의 권한을 보호하는 민주적인 학교 분위기가 교사의 교육권을 보호하기 위해 한 발자국 더 나아가는 길이 될 것이다.

다른 한편으로, 교권 보호를 위한 법적 기반을 마련하기 위한 노력들을 보면 대부분 학생과 학부모에 의한 교권 침해에 대하여 다루고 있다. 학교에서 교장이나 교감, 상급기관에 의한 교사의 교육권 침해를 방지하기 위한 규정을 어느 정도 다루고는 있지만 구체적이지 않을 뿐만 아니라 미흡하다. 그러나 교육 현장에서 교사들이 직접적으로든 간접적으로든 상급교사나 상급행정기관으로부터의 부당한 간섭이나 지시로 인한 교권 침해를 경험하고 있기에 이에 대한 대처 방안을 마련하고 그것을 교육하고 명시적으로 나타내는 노력 또한 필요하다.

(4) 교권 침해 사안의 처리 및 조치

교권 침해는 어떤 식으로든 교사의 사기를 떨어뜨리는 요인이 되는 것은 분명하다. 실제로 교권 침해 사안을 다루는 여러 연구에 따르면, 교권 침해를 경험한 교사들은 분노, 수치심, 자책감,[646] 학생이나 학부모에 대한 두려움, 수업에 대한 집중력 저하,[647] 교사로서의 정체성 위기[648] 등의 후유증을 겪는 것으로 나타났다. 뿐만 아니라 교권 침해와 관련된 사안들을 해결하는 과정에서도 무기력감, 좌절감, 교직에 대한 회의감과 의미 상실 등을 경험하게 된다.[649] 교권 침해가 교사에게 미치는 이러한 영향은 결국 수업에도 영향을 미치게 될 것이기에 그 폐해가 고스란히 학생들에게 돌아가게 되는 것은 분명하다. 정부에서도 교권 침해에 대한 심각성을 인지하고 매년 교권 보호를 위한 정책을 발표하고 그 내용을 강화하고자 노력하고 있다. 2012년에는 교권 보호 종합대책을 발표하여 교권을 침해한 학생이나 학부모 등에 대한 초치를 강화하는 한편 피해 교사에 대한 상담과 치료를 지원할 뿐만 아니라 교권 침해 은폐 방지와 예방을 강화하고 교권 보호를 위한 인프라를 구축하며 교권 보호를 위한 법적 기반을 마련하고자 하였다. 2013년에는 교원 예우에 관한 규정

---

646 박경애·조현주(2015), 「교사의 학교폭력 피해 경험에 의한 교권침해 실태와 대처과정 연구」, 『한국교원교육연구』 32(2), 한국교원교육학회, 2015, 93-122쪽.

647 이규미·조은선, 「교사의 폭력피해경험과 후유증의 관계에서 매개변인에 관한 연구」, 『한국심리학회지: 상담 및 심리치료』 27(4), 한국상담심리학회, 2015, 1001-1022쪽.

648 김희정·박은정·김현정, 「학생·학부모로부터 폭력을 경험한 교사의 심리적 어려움과 상담에 대한 기대에 관한 질적 연구」, 『교사교육연구』 60(4), 부산대학교 과학교육연구소, 2021, 545-570쪽.

649 김은주, 「교권침해 실태와 요인에 대한 초·중·고등학교 교사의 인식」, 『학습자중심교과교육연구』 18(17), 학습자중심교과교육학회, 2018, 169쪽.

이 국무회의를 통과하면서 교육 활동 보호를 법제화하였다. 2016년에는 학교장이 교육 활동 침해 행위에 대하여 조치를 취하고 보고하는 것을 의무화하는 등 「교원의 지위 향상 및 교육 활동 보호를 위한 특별법」을 시행하였다. 2019년에는 「교원지위법」을 개정하여 피해 교원을 보호하고 치유하는 방안을 구체화하는 등 교육 활동 보호를 강화하여 시행하였다. 또한 교권 침해의 정도가 심하다고 판단되는 경우 시도교육청은 관할 수사기관에 고소할 수 있도록 하였다. 2021년에는 「교육 활동 보호 강화방안」을 발표하고 교육 활동 중 교사를 촬영하거나 녹화, 녹음, 합성하여 배포하는 것을 교권 침해의 범주에 넣고 교권 침해 피해 교원의 지원을 확대하고 신속, 엄정한 대응을 위한 규정을 정비하였다.

이렇게 해마다 교권 보호를 위한 방안들을 계속해서 제시하고 있으며, 교권이 법으로 잘 보장되어 있지만 교육 현장에서는 그 실효성이 크게 떨어지는 것으로 보인다. 한 연구[650]에 따르면, 특정 시의 초·중·고등학교 교사를 대상으로 한 설문조사 결과 응답 교사 중 42.5%가 교권 침해를 당했을 때 아무런 조치 없이 넘어간다고 답하였으며, 학교 차원의 전담기구에 보고하거나(3.3%) 교원치유센터를 이용하거나(1.9%) 법률 자문을 요청하는 경우(1.4%)는 매우 낮게 나타났다. 교권 침해 피해 교원을 위한 다양한 지원을 제공하고 있으며, 교사 혼자 해결하기 어려운 문제들이 많음에도 불구하고 실제로

650 김은주, 「교권침해 실태와 요인에 대한 초·중·고등학교 교사의 인식」, 『학습자중심교과교육연구』 18(17), 학습자중심교과교육학회, 2018, 183쪽.

교사들이 많은 경우 지원을 요청하지 않는 이유는, 교권보호위원회나 관리자, 교육청 등에 도움을 구하였을 때 공감이나 지지를 받지 못한다고 느꼈을 뿐만 아니라 오히려 문제를 덮거나 무마하는 등 문제 해결에 큰 도움을 받지 못했던 경험에 기인한다.[651]

한 가지 예를 들면, 2021년 3월 실업계 고등학교에 근무하던 교사 장 씨는 일과 중에 교문 밖에서 술 취한 학생들을 경찰로부터 인계받는 과정에서 한 학생에게 폭행을 당하는 일을 경험했다.[652] 학교에 들어가지 않겠다고 교사들을 발로 차고 밀치는 등 저항의 뜻이 강하여 학부모를 부른 뒤 장 씨는 교문 앞에서 해당 학생과 함께 학부모를 기다리고 학생부장 교사는 나머지 학생들을 학교 안으로 데려갔다. 장 씨는 혼자 그 학생을 감당하는 것이 불가능하다고 판단하여 학생부장 교사에게 다른 교사 한 명을 보내 달라고 요청했다. 학부모를 기다리는 90여 분 동안 장 씨는 술에 취한 학생에게 주먹으로 뺨을 맞고 발에 차여 길바닥에 뒹구는 등 폭행을 당했다. 그 과정에서 학교에 전화하여 도움을 요청하였으나 아무도 나타나지 않았고, 교감이 교문 앞으로 나오는 듯했으나 그 광경을 보고 그냥 다시 학교로 들어가는 것을 목격해야 했다고 한다. 이 사건에서 우리가 주목하고자 하는 것은 학교 측의 대응이다. 분명 이 사건은 학교 일과 중 학생의 생활지도 과정에서 발생한 폭행 사고로서, 교사 장 씨는 학교의 보호를 받아야 마땅했지만 당시 학교 측은 교사를 전혀 보호

---

651 김기도, 「교사의 교원침해 경험에 관한 연구: 강원도교사를 대상으로」, 『학습자중심교과교육연구』 20(12), 학습자중심교과교육학회, 2020, 514쪽.

652 『경향신문』, 「"교사가 90분간 맞는 걸 방치하고 출근 종용…사과조차 없었던 교감"」, 2023년 8월 27일.

하지 않았다. 즉, 법으로 교권 보호를 위한 방안이나 조치를 마련해 놓는다 하더라도 그것을 실제로 시행할 관리자들의 의식이 변화하지 않는다면 그 법은 교권을 보호하지 못함을 확인할 수 있다. 교사들은 학교나 교육청에서 교권 보호를 위해 그들의 편에서 대응해 주기를 바라지만 실상은 그렇지 못하다는 것이다.

그렇다면 교사들이 교권 침해 상황에서 어떻게 적절한 조치가 이루어지고 있다고 느끼며 교사들이 지원을 받고 있다고 느끼게 할 수 있는가? 먼저, 교장과 교감, 상급행정기관의 관리자들이 교사의 교육권에 대해 좀 더 명료하게 이해하고 교권 침해와 관련한 제반 사항들을 숙지하는 동시에 좀 더 적극적으로 대처할 필요가 있다. 교사의 교육권을 제대로 이해한다는 것은 학생과 학부모 혹은 국가의 교육권의 성격과 내용 그리고 그들 간의 상관관계, 다른 주체들과 충돌이 일어났을 때 어떻게 해석할 것인지 등 다양한 측면에서 이해할 필요가 있다. 따라서 학교와 상급행정기관/교육기관에서 학생과 학부모뿐만 아니라 교원과 행정가를 대상으로 하는 내실 있는 인권교육을 위한 시스템이 자리 잡아야 한다. 뿐만 아니라 교권 침해와 관련하여 그 예방과 문제 해결의 과정에서 교장이나 교감이 더 실질적인 역할을 담당하고 적극적으로 지도하고 지원하기 위한 제도적 조치를 마련할 필요가 있다. 더욱이 문제가 발생하였을 때 그것을 은폐하거나 숨기는 것이 아니라 그 사안을 공식적으로 논의하고 공정하고 교육적인 방식으로 해결하려는 노력이 필요하다.[653] 그리하

653 전제상, 「교원의 교육권 침해 현황과 개선과제」, 『교육논총』 50(2), 경인교육대학교 교육연구원, 2013, 95쪽.

여 교사들이 상급행정기관이 자신들에게 지시하고 요구하기만 하는 기관이 아니라, 자신들을 지원하기 위해 준비되어 있다는 것 그리고 실제로 교권 침해 상황에서 교사들이 학교로부터, 교육청으로부터 그리고 더 나아가 교육부로부터 지지받고 있음을 느끼고 신뢰를 가질 수 있도록 해야 할 것이다.

교권 침해 사안과 관련하여 중요하게 다루어야 할 부분은, 교사의 자존심을 세우기 위한 것이라거나 학생이나 학부모가 학교에서 목소리를 내지 않고 순응하게 만들기 위한 것이 되어서는 안 된다. 학교에서는 학생회 등과 같은 제도를 통하여 공식적으로 그들의 목소리를 낼 수 있는 창구를 만들고, 마찬가지로 학부모들이 가진 학교 교육에 대한 다양한 요구를 수용할 수 있도록 제도를 마련하여 그들의 목소리를 들을 충분한 준비를 갖추는 것 또한 필요하다. 학생의 교육받을 권리가 중요하게 다루어지고 학생의 발달과 성장이 주요 관심사가 되며, 그와 함께 학생의 인권과 교사의 교육권이 존중되고 민주주의가 살아 있는 학교를 만들고자 하는 노력이 선행되어야 한다.

(5) 교사의 교육권의 한계

교사의 교육권을 제대로 이해하는 것은 간단한 문제가 아니다. 지금까지 살펴본 바와 같이 교사의 교육권은 공교육 제도하에서 교사 개인뿐만 아니라 다른 교육 당사자 즉 학생, 학부모, 국가의 권리와 의무가 복잡하게 얽혀 있어 서로 충돌할 가능성이 있으며 실제로 그러하다. 그러므로 교사의 교육권을 제대로 이해하기 위해서는 학생,

학부모 혹은 국가의 교육권의 성격과 내용 그리고 그들 간의 상관관계, 그리고 다른 주체들과 충돌이 일어났을 때 어떻게 해석해야 할 것인지 등 다양한 측면에서 이해할 필요가 있다. 한편, 앞에서 살펴본 교육권에 대한 정당성에 관한 논의들은 교사의 교육권을 항상 존중하여야 한다는 의미는 아니다. 교권 침해 사안이라 할지라도, 위에서 제시하였던 인헌고등학교 사건과 같이 학생의 교육받을 권리와 교사의 교육권이 얽혀 있는 문제들이 있기에, 분명 교사의 교육권이 제한되어야 할 상황이 있을 수 있다. 따라서 학생, 학부모, 국가와 같은 교육의 다른 주체들의 교육권과의 관련 속에서 교사의 교육권을 둘러싼 갈등 상황에서 교사의 교육권을 어떻게 해석해야 할 것인지에 대해 앞에서 논의된 교사의 교육권의 정당성과 관련지어 살펴보고자 한다. 특히 교사의 교육권과 다른 교육 주체들의 권리와 의무 사이에서 교사의 교육권을 어떻게 이해해야 할 것인지에 대하여 생각해 보고자 한다.

첫째, 학생의 교육받을 권리와 교사의 교육할 권리 사이에서 교사의 교육권을 어떻게 이해해야 할 것인지에 대해 생각해 보자. 우리는 앞에서 학생의 교육받을 권리를 위해 교사의 교육권은 존중되어야 한다는 것에 대해 살펴보았다. 같은 의미에서 학생의 교육받을 권리를 위해 교사의 교육권이 제한되어야 할 상황이 있을 수 있다. 교사의 교육권은 교사의 권리이기도 하지만 근본적으로는 학생의 교육받을 권리를 실현하기 위한 것이다. 교사의 교육권은 학생의 교육받을 권리와 조화를 이루는 방향으로 행사되어야 하며 학생의 교육받을 권리를 보장하기 위하여 조정되거나 제한될 수 있다.[654] 일반적으로 초등 및 중등학교 학생들은 특히 나이가 어릴수록 아직 스스로 가치를 판단하거나 비판하는 능력을 갖출 만큼 성숙하지 못할 가능성이 크며 감수성이 예민하고 자신에게 영향력 있는 사람의 가치판단에 따라 쉽게 가치관이 변화하는 시기에 속한다고 볼 수 있다. 따라서 검증되지 않았거나 논란이 될 만한 내용, 혹은 교사 개인의 가치관에 따른 편향된 내용을 담은 교육은 교사의 개인적인 신념이나 지식이 주입될 위험이 있을 뿐만 아니라 학생들의 가치관을 쉽게 왜곡시킬 수 있다. 뿐만 아니라 학생들이 일정한 수준의 교육을 균등하게 받을 기회를 빼앗는 것이다. 따라서 학생의 종합적이고 전인적 성장을 돕는 일정한 수준의 검증된 내용을 학생들이 학습할 수 있도록 교사의 교육권은 제한될 수 있다. 이와 같은 이유로 일반적으로 교사가 자신의 개인적인 가치관이나 세계관을 학생들에게 전달하고 자의적으로 교육하는 것을 막기 위해 국가는 교사의 교육의 자유를 제한한다.

그렇다고 하여 몇 년 전 박근혜 정부가 역사 교과서를 국정화하고자 시도했던 것처럼 국정 교과서를 쓰게 한다거나 국가에서 정한 교육과정을 엄격히 준수하도록 규정한다면 이는 교사의 교육 내용과 방법을 자율적으로 선택할 권리에 대한 침해라고 볼 수 있다.[655] 이와 같은 교사의 자율성 침해는 앞에서도 살펴본 바와 같이 학생들

654 전제철, 「교사의 수업의 자유에 관한 연구」, 『시민교육연구』 36(2), 한국사회과교육학회, 2004; 정현승, 「학생의 학습권과 교사의 교육권의 관계」, 『교육법학연구』 15(2), 대한교육법학회, 2003; 최인화, 「교원의 교육권 보장과 그 한계」, 『미국헌법연구』 22(3), 미국헌법학회, 2011.

655 전제철, 「교사의 수업의 자유에 관한 연구」, 『시민교육연구』 36(2), 한국사회과교육학회, 2004, 232-233쪽.

의 자율성에도 영향을 미칠 뿐만 아니라 학생들이 자신들이 접하는 내용이나 주제에 대하여 다양한 시각을 배울 수 있는 기회를 박탈하는 것이기에 학생의 교육받을 권리에도 심각한 영향을 미칠 수 있다. 교사가 편향된 가치관이나 자신의 주관적인 가치관을 학생들에게 주입하지 않고 일정 수준의 내용을 가르치면서도 학생들이 다양한 견해를 접하고 그것들을 비교할 수 있는 기회를 제공하는 범위에서 교사에게 교육권이 주어져야 할 것이다. 따라서 교사의 교육권은 학생의 교육받을 권리를 위해 제한해야 하는 경우가 있을 수 있지만 그럴 때에도 학생의 교육받을 권리를 보호하는 방향으로 제한되어야 할 것이다.

둘째, 부모의 교육권이나 국가의 교육권과 교사의 교육권 사이에서 교사의 교육권을 어떻게 이해해야 할 것인지에 대해 생각해 보자. 교사의 교육권은 부모와 국가로부터 위임받은 권리이기에 존중해야 할 이유가 되기도 하지만, 부모와 국가로부터 위임받은 권리이기 때문에 부모와 국가에 의해서 제한받는 상황이 있을 수 있다. 먼저, 부모는 자녀의 교육받을 권리를 보호하고 자녀에게 가장 알맞은 교육을 제공하기 위해 교사의 교육권에 어느 정도 영향을 미칠 수 있다. 그중 중요한 한 가지는, 부모가 자녀에게 문화적으로 연속되고 안정된 환경을 제공하여 문화적 소속감을 느끼면서 자랄 수 있도록 교육적 환경을 제공하고자 할 경우이다. 자라나는 자녀의 경우 자신이 성장한 문화적 배경과 상반되거나 다른 신념에 쉽게 노출될 가능성이 있는 환경에서 교육을 받게 되면 정신적 혼돈이나 정체성에 대한 혼란 등을 느낄 수 있다.[656] 자녀는 때가 되면 다양한 문화를 접하고 자기 자신에게 맞는 문화와 신념을 스스로 선택하게 되겠지만, 그 전까지는 자신이 성장한 환경의 문화와 신념의 진정한 의미를 파악하고 안정적이고 일관성 있게 자신이 속한 문화의 구성원이 되어 정체성을 가질 수 있도록 교육적 환경을 제공하는 것이 중요하다. 따라서 부모는 자녀가 자신이 속한 공동체의 구성원으로서 자신이 믿고 있는 신념을 지키고 헌신하는 문화에 소속되는 것이 가지는 의미의 중요성을 배우지 못하는 환경에서 교육받지 않을 수 있도록 교육과정에 참여할 수 있으며, 특정 과목의 이수나 학교 행사에 자녀가 참여하는 것을 거부할 수 있다.

예를 들면, 부모는 그들의 가치관이나 종교적 신념과 다른 가치관을 가르치는 학교 교육이 자녀의 가치관이나 종교적 삶의 방식에 위협이 된다고 느끼는 경우가 있을 수 있다. 만약 성소수자의 인권과 그들의 자유 및 평등에 대한 존중을 가르치기 위해 학교에서 이루어지는 인권 교육에 대해 부모는 인간으로서 그들의 인권은 존중하지만 자신들의 종교적·도덕적 신념에 비추어 볼 때 성소수자들의 신념과 행동을 용납할 수 없을 뿐만 아니라 그런 가치들을 접하고 나서 자신의 자녀들이 받게 될 영향을 우려할 수 있다. 따라서 그런 영향으로부터 자녀를 보호하기 위해 부모는 학교에서 이루어지는 성소수자와 관련된 인권 교육에 대해 문제를 제기하거나 자신의 자녀가 그 교육에 참여하는 것을 거부할 수 있다. 또한 교사가 가르치는 교

---

656 Dhillon, P. A. & Halstead, M., "Multicultural education", *in The Blackwell Guide to the Philosophy of Education*, edited by N. Blake, P. Smeyers, R. Smith and P. Standish, Oxford: Blackwell, 2003, pp. 146-161.

육 내용에 담긴 특정 이데올로기나 가치관이 자신의 자녀에게 영향을 미친다고 판단된다면 부모는 자녀가 그러한 영향으로부터 보호받을 수 있도록 요구할 수 있다. 이와 같이 부모는 자녀에게 가장 알맞은 교육을 제공하기 위해 교사의 교육권에 영향을 미칠 수 있다. 그러나 부모의 개인적 기호에 맞는 교육을 위해 혹은 부당한 이유로 인한 간섭으로 교사의 교육 활동의 자율성 및 전문성을 침해해서는 안 된다.

다음으로, 교사의 교육권은 학생의 교육받을 권리를 보호하고 장려하기 위한 국가의 교육행정과 교육정책에 의해 제한받는 상황이 있을 수 있다. 국가는 개인의 권리와 복리를 보호할 의무와 권위가 있으며, 개인의 교육받을 권리는 여기에 포함된다. 특히, 의무교육 제도하에서 모든 아이들은 일정 기간 학교에 반드시 다니도록 법으로 정해져 있기에 국가는 교육 현장에서 학생들이 일정 수준의 검증된 내용을 균등하게 교육받을 기회를 제공할 의무가 있다. 이런 의미에서 교육 목표나 교육과정, 수업 내용 등에 있어서 모든 학생들이 균등한 교육을 받을 수 있도록 국가가 규율할 수 있다.[657] 또한 교육은 국가가 시행하고 있는 공적인 것이기에 교사가 가르치는 내용이 국가의 이념이나 이데올로기와 상반된 내용이거나 공동선을 저해하는 내용이라면 교사의 교육권은 제한될 수 있다. 그러나 교사의 가르치는 내용이, 국가가 제시한 기본교육 이념과 내용을 담고 있으

657 한수웅, 「교육의 자주성·전문성·중립성 및 교사의 교육의 자유」, 『저스티스』 101, 한국법학원, 2007, 55-57쪽.

면서 학생들의 수준에 비추어 적절하며 객관적이고 보편적인 것이라면 구체적인 교육 방법과 내용에 대한 교사의 전문성과 자율성은 보호받아야 한다. 궁극적으로는, 국가에 의해 교사의 교육권이 제한되는 것은 교육 활동에 있어서 교육에 관하여 국가가 정한 규율을 따랐는지가 아니라 학생의 교육받을 권리를 침해하였는지의 여부에 따라 결정되어야 한다.

셋째, 교사의 학문의 자유라는 이름으로 교사가 학문적으로 연구한 모든 것들을 가르치도록 교사의 교육권을 존중하여야 하는가? 교사가 학문을 이론적으로 연구하고 탐구하는 단계에서는 학문의 자유가 보장된다 하더라도 그 결과에 대해 학생들과 공유하고 가르치는 것에 있어서는 제한이 있을 수 있다. 학문연구의 결과에 대해서 아무리 교사가 스스로 확신을 가졌더라도 그것을 교사의 교육권을 내세워 학생들에게 여과 없이 전달해서는 안 된다는 것이다.[658] 그 연구의 결과를 학생들에게 가르칠 때에는 그 내용이 편견이 아니라 학술적으로 검증 과정을 거친 내용이며, 공공의 이익을 훼손하지 않는 것이어야 하고, 사회에 해악이 되지 않으면서 헌법적 질서를 해치지 않는 내용이어야 한다.[659] 따라서 교사의 교육권은 학생의 교육받을 권리를 보호하고 사회의 질서와 국가의 교육 이념을 지키기 위한 것이기에 교사가 연구한 학문의 결과를 학생들에게 가르칠 권한은 학생의 교육받을 권리를 보호하고 사회의 질서와 국가의 교육

658 정현승, 「학생의 학습권과 교사의 교육권의 관계」, 『교육법학연구』 15(2), 대한교육법학회, 2003.
659 전제철, 「교사의 수업의 자유에 관한 연구」, 『시민교육연구』 36(2), 한국사회과교육학회, 2004, 229쪽.

이념을 지키기 위해 제한될 수 있다.

넷째, 교육의 전문성 실현을 위해 모든 교사의 교육권은 존중되어야 하는가? 모든 교사가 동등하게 교육의 전문성을 가지고 있는 것은 아니다. 더 많은 준비를 하고 더 많은 연구를 하는 반면 타성에 젖어 더 이상 발전이 없는 교사도 있다. 또 어떤 교사는 임용시험에서 좋은 성적을 얻어 교사가 되었지만 교사로서의 전문성을 갖추기 위해 노력을 하지 않는 교사도 있을 수 있다. 그런 의미에서 교사의 교육권은 교사의 전문성에 대한 신뢰가 기반이 될 때 보장된다고 할 수 있다.[660] 즉 교사로서의 전문성이 부족하다면 그 자체로 교사의 교육권에 대한 한계를 포함하고 있다고 할 수 있는 것이다. 어느 한 분야에서 그 분야의 전문적인 지식이나 경험이 부족하다면 그 사람은 그 분야에서 자율적으로 결정할 수도 없으며 그 결정에 대한 책임도 질 수 없다. 교사의 경우, 만약 그 교사에게 전문성이 부족하다면 그것은 교육의 자율성 즉 교육권을 행사하는 데 있어 제한을 받을 수 있음을 의미한다. 따라서 교육 현장에서 교사가 스스로 교육 목표를 세우고 교육 내용, 방법, 평가의 방향을 결정할 수 있는 능력을 갖추었을 때에만 전문가로 대접받을 수 있는 것이다.[661] 더욱이 빠르게 정보화 사회로 변화하고 있는 오늘날 학생들은 정보통신 기술의 발달로 인해 정보의 홍수 속에서 살고 있으며 마음만 먹으면

660 김언순, 「기본권으로서 교권에 대한 논의: 교권보호의 출발점」, 『한국교육사학』 36(1), 한국교육사학회, 2014, 109쪽.

661 Tanner, D. & Tanner, L. N., *Curriculum Development: Theory and Practice*, New York: Macmillan publishing Co., 1980.

교실에서보다 교실 밖에서 더 많은 정보를 얻을 수 있게 되었다. 특히 이런 환경은 학생들이 무분별한 정보에 노출되게 하였으며 이로 인한 위험 또한 간과할 수 없는 문제이다. 따라서 이제는 교육 활동이 단순히 지식이나 전통을 전달하는 수준을 넘어 시대의 흐름에 따라 더 복잡한 전문성을 요구하게 되었다. 저학년의 경우 지식 전달에 더 큰 비중을 두게 되더라도 고학년으로 올라갈수록 교육은 논리성, 비판 능력, 창의적 사고력은 물론이고 학생들이 변화하는 환경에 더 잘 대처하도록 돕는 기능을 담당해야 한다.[662] 따라서 정보통신기술이 학생들에게 제공할 수 없고 교사만이 줄 수 있는 그런 전문성이 필요해졌다. 결국 교사가 교육 전문가로서 교육권을 보장받기 위해서는 끊임없이 자신의 전문성을 향상시켜 더 높은 수준의 전문성을 갖추기 위해 노력해야 한다.

이와 같이, 교사의 교육권은 교육의 전문성이 갖추어졌을 때 보장되는 것이며, 이러한 전문성은 교사의 교육권이 존중될 때에 효과적으로 발휘될 수 있다. 이것은 교육의 자율성 즉 교사의 교육권의 존중이 가져오는 '선(善)순환'[663]의 기능이며 교사의 교육권이 존중되어야 할 중요한 이유가 되기도 하고 그렇지 못했을 때에는 교육권이 제한되어야 할 이유가 된다.

다섯째, 교육에 대한 국가의 부당한 지배에서 벗어나기 위해 교사의 교육권은 존중되어야 한다는 논의와 관련하여 본다면, 만약 교사

662 주삼환, 「교육 생태계 관점에서 교권 재정립의 방향 탐색」, 『한국교원교육학회 제69차 춘계 학술대회 발표집』, 한국교원교육학회, 2016, 14쪽.
663 정동화 외, 「교사 수업자율성의 재개념화」, 『한국교육학연구』 10(2), 안암교육학회, 2004, 240쪽.

가 정치적 성향을 가지고 그것을 학생들에게 전달하려고 한다면 이런 경우에도 여전히 교사의 교육권은 존중되어야 하는가? 이것은 '교육의 정치적 중립성'과 깊은 관련이 있다. 즉 교육이 본래의 기능을 벗어나 정치 영역에 부당하게 개입할 경우 교사의 교육권은 제한받을 수 있느냐는 것이다. 앞에서 논의한 것처럼, 많은 경우 초·중등 학생들은 스스로 가치판단을 할 만큼 성숙하지 못하였기에 교사의 개인적인 정치적 견해를 학생들에게 가르칠 경우 교사의 정치적 견해가 주입되거나 학생의 정치적 견해가 왜곡될 수 있다. 이것은 교사가 학생들에게 정치에 대하여 가르쳐서는 안 된다는 의미가 아니라 정치적으로 편향된 내용을 가르쳐서는 안 된다는 것이다.[664] 정치와 관련하여 교사가 가르치는 내용이 사회 일반적인 신념, 과학성, 객관성, 보편성에 바탕을 둔 국가의 기준에서 벗어나거나 특정 정당을 지지하거나 반대하는 내용을 학생들에게 가르치게 될 경우에는 교사의 교육권은 제한될 수 있다.[665] 그러나 학생들이 다양한 정치적 관점을 접하는 것은 우리 주위에 존재하는 다양한 관점들을 이해하도록 도와 사회적으로 그리고 정치적으로 존재하는 다양성에 대하여 배우는 좋은 방법이 될 수 있다. 또한 그런 다양한 견해들에 대해 서로 토론하고 생각을 나누면서 민주시민으로서의 역량을 기를 수 있는 좋은 기회가 될 수 있다. 따라서 학생들이 다양한 정치적 관점을 접할 수 있는 기회까지 제한해서는 안 될 것이다.

---

664 나병현, 「지방교육자치제도의 철학적 기초-교육의 자율성, 전문성, 정치적 중립성, 주민통제의 의미와 한계」, 『입법조사연구』 통권 제245호, 1997.
665 한국교육행정학회, 『교육법론』, 하우, 1995.

3. 교권에서 교육권으로

우리 사회에서는 일반적으로 교사의 교육권은 교권의 일부로 이해되고 있으며, 교육권은 교사의 교육권이라는 말보다 교권이라는 말이 더 흔히 사용되고 있다. 사실 교권은 교사의 권위, 교사의 권리, 교사의 교육권, 교사의 인권 등으로 학자들에 의해 다양하게 해석되고 있다.[666] 이러한 해석에도 불구하고 우리 사회에서는 일반적으로 교권을 그 사전적 의미인 교사의 권위 혹은 권력으로 인식하는 경향이 강하며, 특히 교사의 교육권에 대해서 대중이 관심을 갖게 된 것은 그리 오래되지 않았다.[667]

주지하다시피, 우리 사회에서는 오랫동안 교육 현장에서 교사가 권위를 행사하는 것을 당연하게 여기는 경향이 강하였다. 근대화 이전 우리 사회에서 교육의 목적은 지적으로 우수하고 유교적 교양을 지녔을 뿐만 아니라 도덕적인 인격을 갖춘 군자를 길러 내기 위한 수단을 제공하는 것이었다. 학문적 자질을 갖출 뿐만 아니라 사회가 요구하는 윤리적인 원리를 지키며 살아가는 사람이 교사가 되었으며 교사들은 계속해서 그러한 삶을 살아감으로써 그들의 위치를 유지하였다. 따라서 교사와 그들의 권위는 학생들뿐만 아니라 사회로

---

666 이덕난, 「교권조례 및 학생인권조례를 통해 본 교권의 의미 분석」, 『교육철학』 52, 한국교육철학회, 2014; 이종근, 「교사의 교육 활동보호를 위한 법제적 방안에 관한 연구」, 『법학논고』 49, 경북대학교 법학연구원, 2015; 조기성·정상우, 「교권의 개념과 침해 구제방안」, 『교육문화연구』 22(6), 인하대학교 교육연구소, 2016; 황준성, 「법제적 차원에서 본 교권의 의미」, 『교육철학연구』 52, 한국교육철학학회, 2014.

667 정명자, 「교권: 교사의 권리인가? 교육의 권위인가?」, 『광신논단』 22, 광신대학교출판부, 2013, 419쪽.

부터 높은 존중을 받았다. 그러나 근대 사회로 접어들면서, 특히 일제 강점기에는 근대화라는 이름 아래 식민 체제에 적합한 인간으로 기르기 위한 교육이 이루어졌으며 학교에서는 존중받는 교사에 의해서가 아니라 강제적이고 강압적인 규제에 의한 권위로 교육이 이루어졌다.[668] 그러나 교사에게 막강한 권위가 주어지기는 했지만 교육은 교사의 자율에 의해서가 아니라 일본 제국주의의 수단으로서 상부의 명령에 충실히 따르는 정권의 도구 역할을 하였다.[669] 이러한 수직적인 권위는 해방 이후에도 지속적으로 우리 교육에 영향을 미친 것이 사실이다. 이후 군사정권을 거치면서 사회에서의 권위적인 분위기는 학교에서도 그대로 반영되어 교사의 권위는 지속적으로 학교 환경에 영향을 미쳤다.

그러나 우리 사회가 경제적·문화적·정치적으로 급변하는 시대를 지나오면서 학교에서 교사의 위치에 대한 인식도 조금씩 변화하기 시작하였다. 구체적으로 보면, 1960년대 이후 산업화를 거치고 사회가 변화함에 따라 많은 사람들이 전문직에 종사하게 되었고, 이러한 과정에서 교사도 하나의 전문직이라는 인식이 생기기 시작하였다. 특히 1980년대 후반 민주화 운동 이후 인권 의식이 확대되면서 교사라는 직업이 사명감만으로 그 일을 할 수 있는 것이 아니라 교원으로서 법적 보호를 받아야 된다는 인식과 함께 교원으로서의 권리를 보장받아야 한다는 생각도 생겨나기 시작하였다. 다른 한편으로, 민

---

668 이성은, 「근대화에 따른 학교 질서교육의 문제와 새로운 방향 모색」, 『한국교육』 21(2), 한국교육개발원, 2004, 246쪽.
669 이현, 「교사의 교육권을 어떻게 볼 것인가?」, 『진보교육』 69, 참교육연구소, 2018, 53-54쪽.

주화 운동은 권위적인 군부정권의 점진적인 해체를 가져왔으며 우리 사회가 권위주의적인 분위기에서 점차 벗어나게 하였다. 게다가 1995년 문민정부가 자율과 다양성, 수요자 중심, 세계화 등을 목표로 추진했던 '5·31 교육개혁'은 우리 교육과 교사에 대한 인식을 크게 바꾸어 놓았다. 이 시기에 제정된 「교육기본법」에서 학부모도 교육 주체 중 하나로 법제화되면서 학부모가 교육 현장에 큰 영향력을 미치기 시작했다. 학부모가 학교 운영에 참여하고 심지어 수업에 대해서도 의견을 제시할 수 있도록 하면서 학부모의 교육권이 크게 부각되었을 뿐만 아니라 이제 교사는 학생의 교육을 돕는 보조자로 인식되기 시작하였다.[670] 이러한 사회적 분위기와 함께 특히 고학력 부모의 증가와 교육열 증가로 인해 스스로 교육 전문가라고 여기는 부모들이 많아지게 되면서 교사에 대한 존중이나 권위가 눈에 띄게 약화되었다. 교실에서도 과거에는 당연하게 받아들였던 교사의 권위가 저항을 받고 그 정당성과 합리성에 대한 의문이 제기되기 시작했다.[671] 특히 입시 위주의 우리 교육 현실에서 공교육을 믿지 못하는 부모와 학생들이 사교육을 더 신뢰하게 되면서 교실 붕괴와 함께 교사 권위의 실추를 가져오게 되었다. 더 나아가 2008년 교육감 직선제가 시행된 이후, 일부 광역자치단체에서 학생인권조례가 제정되면서 학생의 권리에 대한 이슈가 공론화되었고 교사의 권위는 더 큰 위기를 경험하게 되었다. 학교에서 학생들이 인간으로서 누려야 할

---

670 하윤수, 「관계적권리에서 본 교권의 재검토」, 『교육법학연구』 30(2), 대한교육법학회, 2018, 186쪽.
671 류방란, 「교사의 권위와 학교교육의 위기」, 『교육사회학연구』 11(3), 한국교육사회학회, 2001, 58쪽.

기본적인 권리를 보장받아야 한다는 시각이 형성되면서 그동안 소홀히 다루었던 학생의 인권을 존중하게 되었다는 점에서 학교현장에 긍정적인 영향을 끼친 것은 분명하다. 그러나 한편에서는 교권을 보장할 만한 충분한 대안적 제도나 여론 수렴 없이 학생의 인권을 지나치게 강조함으로써 교권 추락과 교실의 위기를 가져왔다는 비판의 목소리도 높다.[672] 학생인권조례 제정에 반대하는 사람들은 인권조례 제정 이후, 그동안 교실에서 학생들의 훈육 수단이 되었던 체벌을 금지한 것은 교실의 질서를 무너뜨릴 뿐만 아니라 최근 우리 사회에 크게 이슈가 되고 있는 학교폭력 문제를 더욱 가중시키고 있다고 비판하고 있다.[673] 이와 같이 학생의 인권을 강조하면 교권이 약화되고 교권을 강조하면 학생의 인권이 약화되는, 서로 대립하는 관계로 이해하고 있다.

이러한 이해의 이면에는 앞에서 살펴본 바와 같이, 우리 사회에서 교권을 교사의 권위나 권력으로 이해하는 경향이 강하게 작용한다. 물론 사회적 제도가 교사에게 부여한 교사로서의 권위, 그리고 교사가 이룩한 지적 권위에 대해서는 인정해야 한다.[674] 또한 교실에서 배움이 제대로 이루어지기 위해, 그리고 교실의 질서를 세우기 위해 교사의 권위는 분명히 필요하다. 그러나 우리 사회에서 교사의 권위

672 최수철, 「안양옥 한국교총 회장 - 진보 교육감들의 무리한 정책 추진, 현재의 교실 위기 및 교권 추락의 원인 교육기본법 개정, 교육활동보호법 제정에 적극 노력할 계획」, 『사학』 129, 대한사립학교장회, 2011, 3쪽.

673 최병태, 「교사의 권위: 지적 권위와 직위상의 권위를 중심으로」, 『인문학연구』 35(2), 충남대학교 인문과학연구소, 2008, 386쪽.

674 이동순·송도선, 「교사 권위의 형성 요인」, 『교사교육연구』 54(4), 부산대학교 과학교육연구소, 2015, 730-731쪽

에 거부감을 가지고 학생의 인권과 대립하는 것으로 생각하는 이유는 권위를 "어떤 우월성에 의하여 복종을 요구하는 힘"[675]으로 생각하기 때문이다. 이러한 이해는 교사의 교권을 강제적으로 그리고 강압적으로 학생들을 통제하는 교사의 권위 혹은 권력으로 간주함으로써 교사의 권위를 교육 현장에서 존중의 대상이 아니라 배격해야 할 대상으로 받아들여지도록 만들었다. 교사의 교권을 이렇게 권위주의적인 개념으로 생각한다면, 교사의 교권은 학생의 인권과 대립하는 개념임이 분명하다.[676]

이런 의미에서 교권은 학생을 통제하거나 처벌하기 위한 권력이 아님을 이해하고 교사로서 가르칠 권리, 권한 즉, 교사의 교육권의 의미로 이해할 필요가 있다. 교사의 교육권에 대한 올바른 이해는 분명 저절로 이루어지지 않을 것이며 학생과 교사, 학교와 교육행정기관, 더 나아가 사회가 함께 연구하고 노력할 필요가 있다. 이러한 노력에는 학생들에게도 인간으로서 누려야 할 기본적인 권리가 인정되어야 하는 것처럼 교사들도 교사로서의 권리가 있다는 것에 대한 사회적 이해가 이루어질 수 있도록 해야 한다. 이것은 곧 교사의 교육권을 포함하여 권리와 의무에 대한 실질적인 교육이 학교에서

---

675 교육학사전편찬위원회, 『교육학대사전』, 교육서관, 1995, 237쪽.

676 물론 '권위' 개념에 대한 올바른 이해와 교육 현장에서 어떻게 권위가 정당하게 존중받을 수 있을지에 대한 논의가 필요하겠지만, 연구 주제와의 관련성 그리고 지면의 한계로 인해 '권위'에 대해서는 김상현, 「듀이 교육이론에 나타난 교사중심성에 대한 연구: 권위개념을 중심으로」, 『교육철학연구』 34(3), 한국교육철학회, 2012; 이동순·송도선, 「교사 권위의 형성 요인」, 『교사교육연구』 54(4), 부산대학교 과학교육연구소, 2015; 이병승, 「교사의 실질적 권위와 그 정당화 논의」, 『교육연구』 25, 성신여자대학교 교육문제연구소, 2011; 최병태, 「교사의 권위: 지적 권위와 직위상의 권위를 중심으로」, 『인문학연구』 35(2), 충남대학교 인문과학연구소, 2008 참조.

중요하게 다루어져야 함을 의미한다. 특히 앞서 다루었던 인헌고등학교의 경우처럼 학교에서 교육권과 관련된 사안이 발생하였을 때, 학생과 교사가 그 문제에 대하여 심도 있는 토론을 하고 바람직한 방향에 대하여 의견을 나누는 장을 만든다면 그들은 더욱 성숙한 민주시민으로 성장할 수 있을 것으로 보인다.

다른 한편으로, 교사의 교육권은 교사의 권리 자체만을 위한 것이 아니라 학생의 교육받을 권리를 위해 존재한다는 것에 대해서 그리고 교육의 과정에서 교사에게 주어지는 의무와 권리에 대해서 교사가 제대로 이해하도록 하는 교사교육이 포함되어야 한다. 이것은 교사 스스로 교육권을 존중받을 수 있도록 준비를 갖추는 한 가지 방법이 될 것이다. 특히 교사와 학생의 관계는 교사가 학생에게 일방적으로 권력을 행사하고 강제하며 훈육하는 관계가 아니라 학생도 독립적인 인간으로서 자율적인 학습자임을 교사들이 이해할 필요가 있다. 교사의 이러한 인식 없이, 여전히 권위적인 모습으로, 학부모나 학생들에게 교권을 교사의 가르칠 권리로 이해하라고 강요할 수는 없다. 헌법에서 모든 국민이 보장받고 있는 인간으로서의 존엄성을 학교에서 교사와의 관계에서도 보장받고 있음을 학생들에게 느끼게 해 주어야 한다. 교육은 교사가 학생들에게 지식을 가르침으로써 이루어지기도 하지만 교사의 모범을 통해서도 이루어진다. 따라서 단순히 이론적으로만 학생들을 이해하는 것이 아니라 실제로 학교현장에서, 교사가 학생들을 훈육의 대상이 아니라 존중받아야 할 인간으로 그리고 가능성을 가진 학습자로 대한다면 분명 학생들도 동료 학생들과 교사를 포함하여 다른 사람들을 존중하는 법을 배우게 될 것이다. 이것은 자신에게 교육권이 있음을 외치는 것보다 훨씬 더 큰 교육적인 힘을 가질 것이라 생각된다.

교권을 교사의 교육권으로 받아들이게 하는 노력은, 교사나 교육행정가들뿐만 아니라 학생, 학부모가 모두 교사의 교육권이 교사의 고유 권한임을 인식하도록 돕는 것이고 교사의 교육권과 학생의 교육받을 권리가 서로 보완적인 관계임을 이해하도록 돕는 것이다. 이렇게 될 때 교사의 교육권은 학생의 교육받을 권리를 보호하기 위해서 존재한다는 것을 이해하게 되고 교사의 교육권과 학생의 인권이 서로 공존할 수 있음을 이해하게 될 것이다. 이렇게 교권을 교사의 교육권으로 이해하는 것은, 오늘날 우리 교사들이 실제로 학교현장에서 경험하고 있는 교권 침해 문제를 예방하는 데 도움이 될 것이다.

참고문헌

논저

강명숙 외, 『식민지 교육연구의 다변화』, 교육과학사, 2011.

강문식, 「여말선초 성리학의 수용과 그 성격」, 『역사비평』 122, 역사비평사, 2018.

강인수, 「학교공동체의 안정적 발전을 위한 교원단체의 역할과 과제」, 『교육법학연구』 16(2), 대한교육법학회, 2004.

강인수 외, 『교육법론』, 하우, 1996.

계승범, 『중종의 시대: 조선의 유교화와 사림운동』, 역사비평사, 2014.

고대혁, 「유학의 전통에서 스승의 규범적 지위와 현대적 의미」, 『한국초등교육』 22(2), 서울교육대학교 초등교육연구원, 2011.

고석규 외, 『조선은 지방을 어떻게 지배했는가』, 아카넷, 2003.

고영섭, 「국가불교의 '호법'과 참여불교의 '호국': 호국불교의 전개와 의미」, 『불교학보』 64, 동국대학교 불교문화연구원, 2013.

곽신환, 『1583년의 율곡 이이』, 서광사, 2019.

교육부, 『교육활동 침해 예방 및 대응 강화 방안』, 2022.

교육학사전편찬위원회, 『교육학대사전』, 교육서관, 1995.

구정화, 「학생의 인권보장 정도와 교권 존중과의 관련성」, 『법과인권교육연구』 7(3), 한국법과인권교육학회, 2014.

권영성, 『헌법학원론』, 법문사, 2002.

권오영, 『근대 이행기의 유림』, 돌베개, 2012.

김가람, 「중종 대 사회 질서 구축과 효행 정책」, 『서강인문논총』 66, 서강대학교인문과학연구소, 2023.

김교빈, 「명재 윤증과 하곡 정제두의 교유」, 『시대와 철학』 21(1), 한국철학사상연구회, 2010.

김구 지음, 도진순 주해, 『백범일지』, 돌베개, 2006.

김기도, 「교사의 교원침해 경험에 관한 연구: 강원도교사를 대상으로」, 『학습자중심교과교육연구』 20(12), 학습자중심교과교육학회, 2020.

김대식, 「조선 전기 교사상과 사제 관계의 성격」, 『한국교육』 37(1), 한국교육개발원, 2010.

김문식, 『정조의 제왕학』, 태학사, 2007.

김문식·김정호, 『조선의 왕세자교육』, 김영사, 2003.

김상현, 「듀이 교육이론에 나타난 교사중심성에 대한 연구: 권위개념을 중심으로」, 『교육철학연구』 34(3), 한국교육철학회, 2012.

김성우, 「16세기 사족층의 관직 독점과 반상제의 대두」, 『한국사연구』 106, 한국사연구회, 1999.

김성혜, 「사학 교관에 관한 일연구」, 『교원교육』 30(4), 한국교원대학교 교육연구원, 2014.

김언순, 「기본권으로서 교권에 대한 논의: 교권보호의 출발점」, 『한국교육사학』 36(1), 한국교육사학회, 2014.

김연지, 「고려시대 왕사·국사 책봉 의례와 군신·사자 관계의 구현」, 『역사와현실』 119, 한국역사연구회, 2021.

김영수, 「동아시아 군신공치제의 이론과 현실: 태조-세종대의 정치운영을 중심으로」, 『동양정치사상사』 7(2), 한국동양정치사상사학회, 2008.

김영태, 『숭산박길진박사화갑기념 한국불교사상사』, 원광대출판부, 1975.

김용한, 「고려사 열전의 이인칭 대명사 연구(II)」, 『한자한문교육』 1(15), 한국한자한문교육학회, 2005.

김용한, 「『삼국유사』의 '사(師)'와 일연(一然)의 승려 인식」, 『정신문화연구』 42(2), 한국학중앙연구원, 2019.
김윤경, 「기묘사화와 중화론(中和論): 16세기 사림의 신권강화」, 『유교사상연구』 72, 한국유교학회, 2018.
김은주, 「교권침해 실태와 요인에 대한 초·중·고등학교 교사의 인식」, 『학습자중심교과교육연구』 18(17), 학습자중심교과교육학회, 2018.
김인걸, 「율곡 향약 재론: 양민을 위한 인재 육성」, 『한국사론』 53, 서울대학교 국사학과, 2007.
김인규, 「홍재 정조의 학문관」, 『온지논총』 23, 온지학회, 2009.
김정신, 「16세기 조선의 주자학 향정논 수용과 향약: 향약의 시행 방식과 성격의 분기를 중심으로」, 『동방학』 53, 연세대학교 국학연구원, 2018.
김정신, 「조선전기 사림·사림정치 연구의 쟁점과 전망」, 『한국사상사학』 64, 한국사상사학회, 2020.
김철수, 『헌법학개론』, 박영사, 2003.
김학주 역, 『논어』, 서울대학교 출판문화원, 2009.
김학주 역, 『맹자』, 서울대학교 출판문화원, 2013.
김현수, 「조선시대 문묘석전(文廟釋奠)의 쟁점과 특징」, 『동양철학연구』 113, 동양철학연구회, 2023.
김희정·박은정·김현정, 「학생·학부모로부터 폭력을 경험한 교사의 심리적 어려움과 상담에 대한 기대에 관한 질적 연구」, 『교사교육연구』 60(4), 부산대학교 과학교육연구소, 2021.
김희주, 「일제하 진주지역 정상진의 성장기반과 유지활동」, 『동국사학』 64, 동국대학교 동국역사문화연구소, 2018.
나병현, 「가치주장으로서의 교육의 자율성 – 교육자율부당론 비판」, 『교육철학』 11, 한국교육철학회, 1993.
나병현, 「지방교육자치제도의 철학적 기초 – 교육의 자율성, 전문성, 정치적 중립성, 주민통제의 의미와 한계」, 『입법조사연구』 통권 제245호, 1997.
노기호, 「교원의 실체적 권리와 교육권의 제한에 관한 연구 – 미국 연방대법원의 판례와 이론을 중심으로」, 『법학논총』 28(2), 국민대학교 법학연구소, 2008.
류방란, 「교사의 권위와 학교교육의 위기」, 『교육사회학연구』 11(3), 한국교육사회학회, 2001.
류채형, 「『하재일기』에 나타난 19세기 말~20세기 초 공인 지규식의 제사 설행」, 『역사교육논집』 61, 역사교육학회, 2016.
박경애·조현주, 「교사의 학교폭력 피해 경험에 의한 교권침해 실태와 대처과정 연구」, 『한국교원교육연구』 32(2), 한국교원교육학회, 2015.
박균섭, 「선비의 공부와 인격: 유교 지식인의 국가·사회적 책임을 논함」, 『인문학연구』 59, 조선대학교 인문학연구원, 2020.
박근영, 「교권침해 현황과 특성」, 『교육정책포럼』 311, 교육정책네트워크, 2019.
박연호, 「조선전기 향교정책의 성격과 한계」, 『교육사학연구』 8, 교육사학회, 1998.
박영진, 「『순자』의 사(師)론 연구」, 『윤리연구』 105, 한국윤리학회, 2015.
박은숙, 「분원 공인 지규식의 공·사적 인간관계 분석」, 『한국인물사연구』 11, 한국인물사연구회, 2009.
박은숙, 「사원 지주식의 러일전쟁과 을사조약을 둘러싼 시국 인식」, 『한국인물사연구』 17, 한국인물사연구회, 2012.
박제균, 「정조의 군사론 연구」, 『유교사상문화연구』 88, 한국유교학회, 2022.
박종배, 「4서(四書) 중심 유학(儒學) 교육과정의 성립과 그 의의」, 『한국교육사학』 27(2), 한국교육사학회, 2005.
박종배, 「근대 전환기 한국 전통교육체제의 새로운 모색과 좌절」, 『한국교육사학』 42(1), 한국교육사학회, 2020.
박찬수, 「고려의 국자감과 사학 십이공도」, 『한국사시민강좌』 18, 한국사시민강좌, 1996.

박현모, 「경국대전의 정치학: 예치국가의 이념과 실제」, 『한국정치연구』 12(2), 서울대학교 한국정치연구소, 2003.
백민정, 「정조의 경학 이해와 정치의 문제」, 『한국문화』 89, 서울대학교 규장각한국학연구원, 2020.
백민정, 「『경사강의』를 통해 본 정조시대 학문적 논쟁의 양상: 사서에 관한 정조와 학인들의 대화 내용을 중심으로」, 『국학연구』 16, 한국국학진흥원, 2010.
사마천 저, 김원중 역, 『사기 열전 Ⅰ』, 민음사, 2011.
서울대학교동양사연구실, 『강좌 중국사 Ⅰ: 고대문명과 제국의 성립』, 지식산업사, 1989.
송수진, 「근대 전환기 평민 지규식(1851-?)의 교육 인식과 실천: 『하재일기』를 중심으로」, 『국학연구』 49, 한국국학진흥원, 2022.
송수진, 「명재 윤증의 교육사상 검토」, 『인격교육』 12(1), 한국인격교육학회, 2018.
송수진, 「조선 전기 부형(父兄)의 위상과 교육적 책무」, 『민족문화연구』 98, 고려대학교 민족문화연구원, 2023.
송수진, 「조선 전기 태조-중종 대 '존사(尊師)': 유교 이념과 현실 사이에서」, 『민족문화연구』 101, 고려대학교 민족문화연구원, 2023.
송수진, 「조선 중기 율곡 이이의 사 이해: 사인에서 진유로」, 『교육사상연구』 36(3), 한국교육사상학회, 2022.
송수진, 「한국 전통 교육에서 '학우(學友)' 개념 검토: 유가(儒家) 교유(交遊)관을 중심으로」, 『한국교육사학』 43(3), 한국교육사학회, 2021.
송승섭, 「개화기 한국 근대 도서관의 형성과정에 관한 고찰」, 『구보학보』 32, 구보학회, 2022.
송웅섭, 「연산군 초반 정치적 갈등에 대한 구조적 접근」, 『인문과학연구』 20, 덕성여자대학교 인문과학연구소, 2015.
송웅섭, 「연산군의 의례 및 가치 체계에 대한 파괴와 도덕적 권위로부터의 탈피」, 『사림(성대사림)』 68, 수선사학회, 2019.
송웅섭, 「중종반정 핵심 주동자들과 반정 경위에 대한 검토」, 『조선시대사학보』 92, 조선시대사학회, 2020.
신병주, 「북인의 영수 정인홍의 사상과 현실 대응」, 『동양학』 42, 단국대학교 동양학연구원, 2007.
안세현, 「조선중기 문풍의 변화와 과문」, 『대동문화연구』 74, 성균관대학교 대동문화연구원, 2011.
안외순, 「호혜적 공감의 문화정전 『논어』와 『맹자』」, 『동방학』 45, 한서대학교 동양고전연구소, 2021.
안호상, 「한국윤리의 사상적 고찰: 배달겨레의 정통적 윤리사상」, 『한국사상과 문화』 2, 한국사상문화학회, 1998.
오영교 편, 『조선 건국과 경국대전체제의 형성』, 혜안, 2004.
오정일·천일석, 「유학의 권위와 현대적 권위주의」, 『공자학』 17, 한국공자학회, 2009.
우경섭, 「군사(君師) 정조와 그의 시대에 대한 새로운 해석: 『정조학 총서』(휴머니스트, 2020)에 대한 비평」, 『역사와 현실』 122, 한국역사연구회, 2021.
우용제, 「조선후기 서당교육의 양면성」, 『교육사학연구』 4, 교육사학회, 1992.
유승원, 「조선시대 '양반' 계급의 탄생에 대한 시론」, 『역사비평』 79, 역사비평사, 2007.
유승원, 『사대부시대의 사회사: 조선의 계급·의식·정치·경제구조』, 역사비평사, 2020.
육수화, 『조선의 왕과 왕세자: 왕관을 쓴 자의 무게』, 2017, 민속원.
윤국일, 『(국역)경국대전연구』, 신서원, 1990.
윤사순, 「16세기 조선 유교사회와 유교사회와 죽천 박광전의 선비정신」, 『퇴계학과 유교문화』 3, 경북대학교 퇴계연구소, 2003.
윤사순, 「16세기 초 선비정신의 형성에 대하여: 신비복위소(愼妃復位疏)를 중심으로」, 『오늘의 동양사상』 20, 예문동양사상연구원, 2009.

윤주필,「동아시아 문명권의 공자 형상과 인식」,『민족문화연구』 61, 고려대학교 민족문화연구원, 2013.
이규미·조은선,「교사의 폭력피해경험과 후유증의 관계에서 매개변인에 관한 연구」,『한국심리학회지: 상담 및 심리치료』 27(4), 한국상담심리학회, 2015.
이근호,「18세기 전반 송시열 문묘 종사 논란의 정치적 의의」,『한국사학보』 62, 고려사학회, 2016.
이덕난,「교권조례 및 학생인권조례를 통해 본 교권의 의미 분석」,『교육철학』 52, 한국교육철학회, 2014.
이동순·송도선,「교사 권위의 형성 요인」,『교사교육연구』 54(4), 부산대학교 과학교육연구소, 2015.
이미종,「조선시대 중종-선조대 문묘종사논의의 교육학적 해석」,『도덕교육연구』 22(2), 한국도덕교육학회, 2011.
이병승,「교사의 실질적 권위와 그 정당화 논의」,『교육연구』 25, 성신여자대학교 교육문제연구소, 2011.
이성은,「근대화에 따른 학교 질서교육의 문제와 새로운 방향 모색」,『한국교육』 21(2), 한국교육개발원, 2004.
이승환,『유교담론의 지형학』, 푸른숲, 2004.
이우진,「유학(儒學)에서의 배움: 본받음의 길: '희철학(希哲學)'과 '묘학제(廟學制)'를 중심으로」,『퇴계학논집』 22, 영남퇴계학연구원, 2018.
이우진,「조선시대 사림(士林)의 스승담론 연구: 사설류(師說類) 분석을 통해」,『한국교육사학』 36(1), 한국교육사학회, 2014.
이욱,『조선시대 재난과 국가의례』, 창비, 2009.
이정민,「영조 여제서의 편찬과 의의」,『한국사론』 51, 서울대학교 국사학과, 2005.
이정철,「기묘사화 전개과정과 중종의 역할」,『국학연구』 34, 한국국학진흥원, 2017.
이종근,「교사의 교육활동보호를 위한 법제적 방안에 관한 연구」,『법학논고』 49, 경북대학교 법학연구원, 2015.
이종서 외,『고려시대사 2: 사회와 문화』, 2017, 푸른역사.
이준영,「군자의 사회적 지위에 대한 연구: 주나라의 권위 상실을 중심으로」,『유학연구』 53, 충남대학교 유학연구소, 2020.
이치억,「『맹자』 사단(四端)과 사덕(四德)의 관계에 대한 고찰: 고등학교『윤리와 사상』 서술 개정 제언을 겸하여」,『유교사상문화연구』 81, 한국유교학회, 2020.
이현,「교사의 교육권을 어떻게 볼 것인가?」,『진보교육』 69, 참교육연구소, 2018.
임태홍,「한중일 삼국의 "사(士)" 개념 비교 고찰: 선비, 신사, 무사 개념의 형성을 중심으로」,『동양철학연구』 65, 동양철학연구회, 2011.
장재천,『조선 성균관 교육 문화』, 교육과학사, 2012.
전제상,「교원의 교육권 침해 현황과 개선과제」,『교육논총』 50(2), 경인교육대학교 교육연구원, 2013.
전제철,「교사의 수업의 자유에 관한 연구」,『시민교육연구』 36(2), 한국사회과교육학회, 2004.
정경희,「군사 영조의 성리학 진흥책」,『한국학보』 25(4), 일지사, 1999.
정동화 외,「교사 수업자율성의 재개념화」,『한국교육학연구』 10(2), 안암교육학회, 2004
정두희,「기묘사화와 조광조」,『역사학보』 146, 역사학회, 1995.
정두희,『조선시대의 대간연구』, 1994, 일조각.
정명자,「교권: 교사의 권리인가? 교육의 권위인가?」,『광신논단』 22, 광신대학교 출판부, 2013.
정석종,『조선후기사회변동연구』, 일조각, 1983.
정수현·황준성,「국가수준 학교평가제도의 법적 근거 및 정당성 고찰」,『교육법학연구』 14(2), 대한교육법학회, 2002.
정순우,『서당의 사회사』, 태학사, 2013.
정순우,『서원의 사회사』, 태학사, 2013.

정순우 외, 『사라진 스승: 다시 교사의 길을 묻다』, 현암사, 2019.
정용교·백승대, 「경쟁교육의 실태와 문제점 및 대안: 현장 사회과교육을 중심으로」, 『사회과교육연구』 18(2), 한국사회교과교육학회, 2011.
정일영, 「조선시대 유교적 상장례 정착으로 보는 유교화 과정: 연산군·중종대 상기(喪期) 관련 논의를 중심으로」, 『서강인문논총』 50, 서강대학교 인문과학연구소, 2017.
정재훈, 「영조의 제왕학과 국정운영」, 『한국사상과 문화』 77, 한국사상문화학회, 2015.
정진영, 「사족과 농민: 대립과 갈등, 그리고 상호 의존적 호혜관계」, 『조선시대사학보』 73, 조선시대사학회, 2015.
정현승, 「학생의 학습권과 교사의 교육권의 관계」, 『교육법학연구』 15(2), 대한교육법학회, 2003.
조기성·정상우, 「교권의 개념과 침해 구제방안」, 『교육문화연구』 22(6), 인하대학교 교육연구소, 2016.
조미옥, 「한국선도의 복본 사상과 스승 전통」, 『유라시아문화』 1, 유라시아문화학회, 2019.
주삼환, 「교육 생태계 관점에서 교권 재정립의 방향 탐색」, 『한국교원교육학회 제69차 춘계학술대회 발표집』, 한국교원교육학회, 2016.
주희, 『대학장구』, 상해고적출판사, 2002.
지규식 지음, 서울특별시사편찬위원회 편역, 『(국역) 하재일기』 1~8권, 예서문화사, 2005~2009.
陳澔 저, 정병섭 역, 『(역주) 예기집설대전: 학기』, 학고방, 2014,
차세영, 「조선의 인사임용제도와 유교적 실적주의에 관한 시론적 고찰」, 『한국행정학보』 55(2), 한국행정학보, 2021.
최병태, 「교사의 권위: 지적 권위와 직위상의 권위를 중심으로」, 『인문학연구』 35(2), 충남대학교 인문과학연구소, 2008.
최봉영, 「한국사와 선비의 전통」, 『남명학』 14, 남명학연구원, 2009.
최수철, 「안양옥 한국교총 회장 – 진보 교육감들의 무리한 정책 추진, 현재의 교실 위기 및 교권 추락의 원인 교육기본법 개정, 교육활동보호법 제정에 적극 노력할 계획」, 『사학』 129, 대한사립학교장회, 2011.
최인화, 「교원의 교육권 보장과 그 한계」, 『미국헌법연구』 22(3), 미국헌법학회, 2011.
카이즈카 시세키 저, 박연호 역, 『공자 생애와 사상』, 서광사, 1991.
Peter K. Bol 저, 김영민 역, 『역사 속의 성리학』, 예문서원, 2010.
하원수, 「중국 중앙관학과의 비교를 통해 본 성균관의 특성」, 『인문과학』 75, 성균관대학교 인문학연구원, 2019.
하윤수, 「관계적권리에서 본 교권의 재검토」, 『교육법학연구』 30(2), 대한교육법학회, 2018.
한국교육단체총연합회, 「2월말 교원 명예퇴직 신청급증에 대한 교총 입장」(보도자료), 2020년 2월 17일.
한국교원단체총연합회, 「"광화문의 외침, 이젠 정부 · 국회 · 사회가 응답할 때 '교권 5대 정책 30대 과제' 즉각 실현 나서 달라"」(보도자료), 2023년 8월 3일.
한국교육행정학회, 『교육법론』, 하우, 1995.
한수웅, 「교육의 자주성·전문성·중립성 및 교사의 교육의 자유」, 『저스티스』 101, 한국법학원, 2007.
함영대, 「경사강의의 안과 밖: 조선학술사에서 군사라는 지위」, 『태동고전연구』 44, 한림대학교 태동고전연구소, 2020.
허영, 『한국헌법론』, 박영사, 2001.
허종렬, 「한국 헌법상 교육기본권에 대한 논의와 일본 헌법과의 비교」, 『성균관법학』 17(1), 성균관대학교 법학연구원, 2005.
胡廣·胡渭 撰, 『中庸章句大全』, 臺北: 中國子學名著集成編印基金會, 1978.

홍나영,「원광의 사상과 그 진영 복원을 위한 일고」,『정토학연구』 34, 한국정토학회, 2020.
황인규,「고려 유생의 하과와 사찰」,『종교교육학연구』 22, 한국종교교육학회, 2006.
황인규,「조선 건국초 무학의 흥법과 전도」,『불교연구』 56, 한국불교연구원, 2022.
황준성,「법제적 차원에서 본 교권의 의미」,『교육철학연구』 52, 한국교육철학학회, 2014.

Brighouse, H. & Swift, A., "Parents' Rights and the Value of the Family", *Ethics*, 117(1), 2006.
Callan, E., *Creating Citizens: Political Education and Liberal Democracy*, Oxford, UK: Clarendon Press, 1997.
Dhillon, P. A. & Halstead, M., "Multicultural education", *in The Blackwell Guide to the Philosophy of Education*, edited by N. Blake, P. Smeyers, R. Smith and P. Standish, Oxford: Blackwell, 2003.
Hannan S. & Vernon, R., "Parental Rights: A Role-based Approach", *Theory and Research in Education*, 6(2), 2008.
Mill, J. S., *On liberty*, Indianapolis: Bobbs-Merrill Press, 1956.
Scheoman, F., "Rights of children, rights of parents, and the moral basis of the family", *Ethics*, 91(1), 1980.
Tanner, D. & Tanner, L. N., *Curriculum Development: Theory and Practice*, New York: Macmillan publishing Co., 1980.
Vallentyne, P., "The Rights and Duties of Childrearing", *William and Mary Bill of Rights Journal*, 11, 2003.
Warnick, B., "Parental Authority over Education and the Right to Invite", *Harvard Educational Review*, 84(1), 2014.

고전 참고 사이트

『가정집』(한국고전번역원 고전번역 DB, https://db.itkc.or.kr)
『고려사』(국사편찬위원회 한국사데이터베이스, https://db.history.go.kr)
『고문진보 후집』(한국고전번역원 고전번역 DB, https://db.itkc.or.kr)
『국조오례의』(국사편찬위원회 한국사데이터베이스, https://db.history.go.kr)
『경국대전』(국사편찬위원회 한국사데이터베이스, https://db.history.go.kr)
『경국대전주해』(국사편찬위원회 한국사데이터베이스, https://db.history.go.kr)
『내암집』(한국고전번역원 고전번역 DB, https://db.itkc.or.kr)
『명재유고』(한국고전번역원 고전번역 DB, https://db.itkc.or.kr)
『삼국유사』(국사편찬위원회 한국사데이터베이스, https://db.history.go.kr)
『삼국사기』(국사편찬위원회 한국사데이터베이스, https://db.history.go.kr)
『삼봉집』(한국고전번역원 고전번역 DB, https://db.itkc.or.kr)
『순자집해』(한국고전번역원 고전번역 DB, https://db.itkc.or.kr)
『율곡전서』(한국고전번역원 고전번역 DB, https://db.itkc.or.kr)
『조선왕조실록』(국사편찬위원회 한국사데이터베이스, https://db.history.go.kr)
『홍재전서』(한국고전번역원 고전번역 DB, https://db.itkc.or.kr)

언론 기사 등 참고 사이트

『경향신문』, 「"교사가 90분간 맞는 걸 방치하고 출근 종용···사과조차 없었던 교감"」, 2023년 8월 27일.
https://www.khan.co.kr/print.html?art_id=202308270830011

『교육플러스』, 「'학생에 의한 교권침해' 1년 새 2배 급증」, 2022년 9월 25일.
https://www.edpl.co.kr/news/articleView.html?idxno=7172

『교육플러스』, 「용인 고교 60대 교사 숨진채 발견...유족 "학부모 민원 심한 스트레스"」, 2023년 9월 3일.
https://www.edpl.co.kr/news/articleView.html?idxno=10221

『노동자연대』, 「인헌고 사태: 우파의 '침소봉대'에 맞서 학교와 교사를 방어해야 한다」, 2019년 11월 13일.
https://wspaper.org/article/22937

『동아일보』, 「학부모 교권침해 5년새 3배↑···교사 때리는 학생도 해마다 늘어」, 2019년 9월 23일.
https://www.donga.com/news/article/all/20190923/97541333/1

『디지털타임스』, 「"정당한 학생지도는 아동학대 아냐"···홍석준 의원, 교권회복법 대표발의」, 2023년 7월 26일.
https://www.dt.co.kr/contents.html?article_no=2023072602109958044007

『머니투데이』, 「[단독]교사에 톱 들고 덤벼든 초등생, 등교중지 30일·심리치료 처분」, 2022년 7월 13일.
https://news.mt.co.kr/mtview.php?no=2022071314270324215

『머니투데이』, 「교육위기 촉발 교권 추락 막을 수 있나..교육부 수업방해 적극 대응」, 2022년 9월 29일.
https://news.mt.co.kr/mtview.php?no=2022092910144678937

『서울경제』, 「"교장이 어떻게 해도 결재 반려"···숨진 군산 초등교사 '갑질' 시달렸나」, 2023년 9월 5일.
https://www.sedaily.com/NewsView/29UKC9PUKK

서울특별시교육청, 『서울특별시교육청 교육활동 보호 매뉴얼』, 2019.
https://sbedu.sen.go.kr/CMS/supportCenter/supportCenter03/1300053_6147.html

『오마이뉴스』, 「인헌고 학생, 교사 출근 저지하고 "교감 내쫓아라" 조롱」, 2019년 12월 6일.
http://www.ohmynews.com/NWS_Web/View/at_pg.aspx?CNTN_CD=A0002593916

『K스피릿』, 「장영주의 국학칼럼: 나에게는 스승이 계십니다」, 2014년 5월 11일.
http://www.ikoreanspirit.com/news/articleView.html?idxno=42341

『KBS뉴스』, 「수업 중 교실 침입해 교사에게 욕설···학부모 입건」, 2022년 2월 17일.
https://news.kbs.co.kr/news/pc/view/view.do?ncd=5397345

한국교원단체총연합회 보도자료, 「정성국 교총회장 "광화문의 외침, 이젠 정부·국회·사회가 응답할 때 '교권 5대 정책 30대 과제' 즉각 실현 나서 달라"」, 2023년 8월 3일.
https://www.kfta.or.kr/page/pressView.do?menuSeq=170000000015&currPageIndex=8&searchText=%EA%B4%91%ED%99%94%EB%AC%B8&seq=230803000000

Chinese Text Project Dictionary, "師"
https://ctext.org/dictionary.pl?if=en&char=%E5%B8%AB에서 2023년 11월 19일 인출.

색인

ㅈ

ㅊ

ㅌ

ㅎ